美術

Brazilian Jujitsu

Die überlegene Kampfkunst

von

Renzo Gracie und John Danaher

mit 234 Abbildungen

Aus dem Englischen übersetzt von

Marcus Rosenstein

mit fachlicher Unterstützung
des Präsidenten des
Brazilian Jiu-Jitsu Bundes Deutschland e.V.,
Michael Haselein

4. Auflage
2021

VERLAG WEINMANN — BERLIN

Autor und Verlag haften in keiner Weise für Verletzungen, die bei der Ausübung der hier beschriebenen Instruktionen und Ausführungen auftreten können. Eine Haftung für Personen-, Sach- und Vermögensschäden ist ausgeschlossen.

Bibliografische Information Der Deutschen Nationalbibliothek
Die Deutsche Nationalbibliothek verzeichnet diese Publikation in der Deutschen Nationalbibliografie; detaillierte bibliografische Daten sind im Internet über http://dnb.ddb.de abrufbar.

INHALTSVERZEICHNIS

VORWORT

Das auf der ganzen Welt sprunghaft gestiegene Interesse an Jujitsu ist für meine Familie eine riesengroße Freude. Die meisten Kampfsportler sind nun mit einigen der elementaren Grundsätze der Kampfphilosophie meiner Familie vertraut. Diese besagt, dass der Ausgang nahezu aller Kämpfe größtenteils durch das Grappling (*Anmerkung des Übersetzers:* Grappling ist ein Element vieler Kampfsportarten und beinhaltet Hebel, *takedowns*, Würge-, Halte- und Aufgabegriffe. Entsprechend ist ein Grappler ein Kämpfer, der diese Techniken anwendet. Die Termini „Grappling" und „Grappler" sind Bestandteil der internationalen Fachsprache und werden in diesem Buch deshalb nicht übersetzt)– und zwar in der Hauptsache am Boden – entschieden wird. Deshalb gilt es nun, Theorie und Strategie der Grapplingelemente des Jujitsu einer näheren Betrachtung zu unterziehen, um den Verständnishorizont des Lernenden zu erweitern. Anstatt sich mit platten Verallgemeinerungen nach dem Motto „Alle Kämpfe enden am Boden" zu begnügen, erarbeiten mein Neffe Renzo und sein Freund und Schüler John Danaher eine ausgewogene Analyse sämtlicher Aspekte des Kampfs. Sie wollen zeigen, wie unterschiedlich Kampftechniken eingesetzt werden können, um einen Gegner daran zu hindern, seine Stärken auszuspielen und ihn dadurch angreifbarer zu machen.

Als einer der Hauptlehrer Renzos fand ich es wundervoll, seine Entwicklung zu einem der führenden Mitglieder unserer Familie verfolgen zu können. Noch interessanter ist es jedoch, die Entwicklung seiner persönlichen Einstellung zum Kampf zu beobachten, die auf seinen eigenen Erfahrungen als professioneller Kämpfer basiert. Jetzt können Kampfsportler auf der ganzen Welt von dieser durch und durch modernen Methode profitieren. Es ist mir ein Vergnügen, der Allgemeinheit und der Welt der Kampfsportfreunde dieses Buch als Manifest des modernen Jujitsu zu empfehlen.

Carlos Gracie, Jr.

ZUM GELEIT

Vor vielen Jahrzehnten entwickelte Carlos Gracie das Brazilian Jujitsu und im Rahmen einer rasanten Entwicklung verbreitete sich die Sportart über die USA auch bis nach Europa. 1997 habe ich an der zweiten Weltmeisterschaft in Rio de Janeiro teilgenommen und mir vorgenommen, die Verbreitung dieser Sportart auch in Deutschland zu fördern. So habe ich mit Unterstützung von Carlos Gracie Jr., sowie meiner Vereinskameraden im Jahr 2000 den Brazilian Jiu-Jitsu Bund Deutschland e.V. als Dachverband gegründet, welchem sich mittlerweile zahlreiche Vereine angeschlossen haben.

Um die Ausbildung aller an Jujitsu interessierten Schülerinnen und Schüler noch weiter zu entwickeln, bzw. zu fördern, habe ich durch fachliche Unterstützung gerne geholfen, dieses Buch aus dem Englischen in die deutsche Sprache zu übersetzen und hoffe, damit einen weiteren Beitrag für unseren Sport zu liefern. Es handelt sich hier um ein umfassendes Werk, das wichtige Regeln erklärt und Techniken darstellt, wie z.B. den Übergang vom Standkampf in den Bodenkampf, darüber hinaus aber auch wertvolle Techniken für den Straßenkampf behandelt. Grundlegende Techniken, vor allem im Clinch, Würgetechniken, Armhebel, verschiedene Varianten aus der guard und der mount sowie vieles mehr werden ausführlich erklärt und mit gut nachvollziehbaren Fotos veranschaulicht. Der Schwerpunkt des Buchs liegt im Bereich des Submission Wrestlings und des Free Fights, jedoch kann der größte Teil dieser Techniken auch beim Brazilian Jujitsu im Kimono angewandt werden. Das vorliegende Werk soll eine Anleitung und eine Ergänzung für das Training in den Dojos sein. Ich danke vor allem Carlos Gracie Jr., aber auch Renzo Gracie und John

Danaher, die dieses Buch geschrieben und mir die Möglichkeit gegeben haben, einen kleinen Beitrag zur Förderung des Brazilian Jujitsu hierzulande zu leisten. Dank gilt aber auch meinen Sportkameraden, die mich in meiner Arbeit im BJJB Deutschland unterstützen.

Gemeinsam werden wir unseren Sport voranbringen.

Michael Haselein im Jahre 2008
(Präsident und Lehrwart des Brazilian Jiu-Jitsu Bund Deutschland e.V., offizieller Black Belt im Weltverband unter Carlos Gracie Jr.)

EINFÜHRUNG

Nahezu jede Kultur und Gesellschaft der Erde besitzt eine kriegerische Tradition, einen Stil und eine Methode des Kampfs, die sich im Rahmen dieser Kultur entwickelt hat und mit dieser in Verbindung gebracht wird. Das Ergebnis spiegelt sich in der Existenz einer Vielzahl von Kampfstilen wider, von denen jeder eine ganz besondere Methode vermittelt, die dazu dient, einen Sieg über einen potenziellen Gegner zu erringen. Eine ständig unter den Kampfsportlern kursierende Frage war immer, welcher der zahlreichen Stile denn nun der beste sei. Anders formuliert: Welches ist der wirkungsvollste Kampfstil überhaupt?

Ungeachtet aller Schwierigkeiten, eine Antwort auf diese immerwährende Frage zu finden, erfolgte in den neunziger Jahren ein großer Schritt, als überall in den Vereinigten Staaten *Mixed Martial Arts* (MMA) – Wettbewerbe veranstaltet wurden. Bei diesen Wettkämpfen wurden unterschiedliche Kampfsportarten mit nur wenigen Regeln miteinander verglichen. Zur großen Überraschung Vieler wurden die grundlegenden Theorien vieler Kampfkünste in der rauen Praxis über den Haufen geworfen. Man erwartete Siege der größten, stärksten, schlag- und trittkräftigsten Männer. In Wahrheit erwiesen sich bei diesen Turnieren aber fast immer diejenigen als beständigste Sieger, die einfach nur in den Grapplingtechniken der Kampfstile – besonders aber in bestimmten Jujitsu-Techniken – versiert waren. Anstatt sich über boxerisches Können und Kraft zum Sieg durchzuschlagen, nahmen diese Grappler ihre Gegner – sofern sie nicht im Kampf gewichtsmäßig unterlegen waren – fest in den Clinch und entschieden den Kampf dann am Boden. Hier wussten sich die Gegner kaum noch aus der Affäre zu ziehen, wobei ihnen ihre Schlagkraft nicht mehr viel nutzte. Einmal am Boden, hatten die Grappler kaum noch Mühe, ihre unglücklichen Gegner mit wirksamen Aufgabegriffen – Gelenkhebeln und Würgegriffen – zu einer unblutigen Kapitulation zu zwingen.

Der überwältigende und unerwartete Erfolg dieser Jujitsu-Kämpfer bei den frühen MMA-Wettbewerben verursachte eine regelrechte Welle des Interesses an Jujitsu. Die Leute erkannten schnell, dass Techniken und Trainingsphilosophie des Jujitsu maßgeblich zum Erfolg im „richtigen" Kampf beitrugen und dass die Grapplingtechnik, die für die Dominanz des Jujitsu bei den MMA-Events verantwortlich war, von der Kampfsportcommunity jahrzehntelang geradezu stiefmütterlich behandelt worden war. Vertreter aller Kampfstile erwachten plötzlich aus ihrem Dornröschenschlaf und registrierten auf einmal das, was schnell als die „Grapplingrevolution" bekannt wurde. Obwohl die Nachfrage nach Jujitsu-Unterricht beispiellose Rekorde erreichte, gab es zu diesem Thema seltsamerweise fast überhaupt keine Überlegungen in schriftlicher Form. Es kamen Dutzende Jujitsu-Videos auf den Markt und Jujitsu-Kurse waren regelmäßig ausgebucht. Aber trotzdem sind noch immer kaum Bücher über die tiefgreifenden Veränderungen im Bereich des Jujitsu und den anderen Kampfsportarten erschienen.

Dieses Buch soll die riesengroße Nachfrage nach schriftlicher, qualitativ hochwertiger Jujitsu-Unterweisung befriedigen. Anders als die bisher erschienenen Jujitsu-

Bücher analysiert das vorliegende Werk die Veränderungen in den letzten Jahren und weist neue Wege für diese alte Kampfkunst.

Die meisten Kampfsportler haben inzwischen die herausragende Bedeutung der Grapplingfertigkeiten im richtigen Kampfgeschehen erkannt. MMA-Wettkämpfe haben immer wieder gezeigt, dass die Grapplingtechnik wahrscheinlich den bedeutendsten Beitrag zum Erfolg im Kampf liefert. Die äußert effektiven (bei MMA-Veranstaltungen kampferprobten) Grapplingtechniken des Jujitsu werden dem Leser von Renzo Gracie, einer der wichtigsten Persönlichkeiten im Bereich des modernen Jujitsu und der MMA-Wettbewerbe sowie seinem Schüler John Danaher übersichtlich präsentiert und ausführlich dargestellt.

Der sich derzeit vollziehende Sinneswandel zugunsten der Grapplingtechniken betrifft jeden Kampfsportler. Selbst Stilisten, die das Ringen zum Zweck der Selbstverteidigung weitgehend ablehnen, müssen die Grapplingtechniken erlernen, um sich selbst gegen Grappler verteidigen zu können. Diejenigen, die den Wert des Grapplings zur eigenen Verteidigung anerkennen, brauchen ein modernes Jujitsu-Buch, das die für die richtige Beherrschung der entscheidenden Grapplingfertigkeiten erforderlichen Techniken ausführlich erklärt. Diejenigen aber, denen diese Akzeptanz schwer fällt, sollten sich den Inhalt dieses Buchs zur Selbstverteidigung gegen einen Grapplingangriff trotzdem zu Gemüte führen.

Bei allem, was man tut, ist die Beherrschung der Grundlagen von elementarer Wichtigkeit für den Erfolg. Gleichzeitig benötigt der Lernende aber auch technische Unterweisung auf höherem Niveau, die ihm sowohl bei Wettkämpfen als auch bei ernsten Auseinandersetzungen einen Vorteil verschafft. „Brazilian Jujitsu“ soll beim Unterricht neue Wege beschreiten. So muss viel des Unterrichtsstoffs sehr ausführlich bei den Anfängen beginnen und von da aus aufbauend, erarbeitet werden. Durch die detaillierten Erläuterungen der Grundbegriffe, die die Basis der neuen Jujitsu-Methode ausmachen, kann der Lernende schnell an das fortgeschrittene Niveau herangeführt werden, das im Mittelpunkt dieses Buches steht. Wir hoffen, dass sich das Spektrum dieses Buchs erfolgreich vom Anfänger bis hin zum Fortgeschrittenen erstreckt. Der Schlüssel gründlichen Unterrichts liegt in der Tiefe, mit der eine Technik analysiert und erklärt wird; deshalb bieten wir in diesem Buch eine für manchen ungewöhnliche Menge an Details und Erläuterungen zu sämtlichen Techniken, so dass jeder Leser das zu vermittelnde Konzept begreifen kann.

Ein Teil des Problems, einen Unterrichtsleitfaden für die Technik des Jujitsu anzubieten, liegt in der außergewöhnlichen Breite des zu behandelnden Materials. Jujitsu ist eine Kampfkunst, die sämtliche Schlagarten umfasst; darüber hinaus müssen Würfe, *takedowns*, Gelenkhebel und Würgegriffe, Festhaltetechniken und Übergänge, Feger usw. behandelt werden. Jeder dieser Punkte könnte schon allein ein ganzes Buch füllen, und sie alle in einem einzigen Band abzuhandeln, wäre unrealistisch. Durch die Einteilung des Buchs in zwei grundlegende Teile – Stand und Bodenkampf – glauben wir, die Komplexität und Breite der Thematik im Rahmen zweier zweckmäßiger Unterteilungen behandeln zu können, die die jüngsten Veränderungen im Jujitsu-Sport am besten wiedergeben. Diese beiden umfassenden Kategorien werden ihrerseits wieder in sachbezogene Unterthemen gegliedert, so dass wir diesen umfangreichen Themenbereich auf Erfolg versprechende Weise in seiner Gesamtheit abdecken können.

Erfahrung und Wissen, das Kampfsportler, besonders aber die herausragenden Jujitsu-Kämpfer, im MMA-Wettbewerb mühsam erworben haben, können nun an den Leser weitergegeben werden. Dieses Wissen ist die am einfachsten zu bekommende und wirklichkeitsgetreueste Annäherung an die wirkungsvollsten Kampftechniken und -taktiken für Kampfsportler, Sicherheitspersonal, Gesetzeshüter sowie die breite Öffentlichkeit. Darüber hinaus bietet unser Buch die neuesten Trends für

Kampfsportler, die an Wettkampferfolgen im Bereich des sich schnell ausbreitenden Aufgabe-Grapplings, sportlichen Jujitsu und verwandten Sportarten wie Judo und Sambo interessiert sind.

Das vorliegende Buch ist einzigartig in seinem Bestreben, die Stagnation sowie die ständigen Wiederholungen zu vermeiden, die man in anderen derzeitig erhältlichen Jujitsu-Lehrbüchern findet. Wir versuchen, das Festhalten an historischer Tradition durch jüngste, im Kampf erprobte Informationen zu ersetzen. Dank der Vermittlung von klarem und vollständigem Wissen und Erkenntnissen durch eine der führenden Persönlichkeiten der zeitgenössischen Jujitsu-Ringkampf-Revolution, wird „Brazilian Jujitsu" die Methodik derjenigen verändern, die an diese alte, aber stets im Wandel begriffene Kampfkunst herangehen und sie erlernen.

DANKSAGUNG

Meiner Familie, meiner Frau und meinen Kindern

Und zum Beweis – wie kann ein Mensch jemals Gewissheit haben?
Gewissheit, das ist sicher, liegt jenseits des menschlichen Begriffsvermögens.
Aber dessen ungeachtet, ist es in der Regel so, dass der Ruhm dem Handelnden zukommt, und nicht dem Übervorsichtigen oder dem Zauderer.
Nur durch große Wagnisse kann man auch große Erfolge erringen.
- Herodot, Bücher der Geschichte, 7. Buch -

Renzo Gracie

Meinem lieben Bruder Tom und meiner ganzen wunderbaren Familie.
Mein Licht, meine Inspiration, mein bester Freund, mein Blut.

Wäre die Nacht ewig
und der Winter die einzige Jahreszeit
könnte ich nicht dennoch leben, lieben und ausharren,
um wieder ein Lächeln auf deine Lippen zu bringen?

John Danaher

Ich danke Renzo Gracies phantastischen Schülern, die zur Fertigstellung dieses Buches beigetragen haben: Matt Serra, Renzo Gracies erster amerikanischer Schwarzgurt, Weltmeister in BrazilianJujitsu und wahrhaft herausragender MMA-Kämpfer, gemeinsam mit seinem ebenfalls den schwarzen Gurt tragenden Bruder Nick Serra; Shawn Williams, Schwarzgurt unter Renzo Gracie, und Paul Creighton, Schüler von Renzo Gracie sowie ausgezeichneter MMA-Kämpfer.

EINLEITUNG

Die meisten bekannteren Kampfstile, die seit dem 2. Weltkrieg den Weg von Asien nach Europa fanden, genossen hier eine Art Trendstatus. So war Judo in den Fünfzigerjahren des 20. Jh. die bekannteste asiatische Kampfsportart, doch mit jedem weiteren Jahrzehnt kamen Karate und Kempo, Kung Fu, Taekwondo und Ninjutsu hinzu. Einer der ältesten der asiatischen Kampfkünste, dem Jujitsu, wurde hingegen nur wenig Aufmerksamkeit zuteil. Dies änderte sich jedoch grundlegend, als die *„Mixed Martial Arts“*-Wettbewerbe (MMA) in den neunziger Jahren in Nordamerika eingeführt wurden.

Der Kerngedanke bei der Ausrichtung dieser Veranstaltungsform bestand darin, die verschiedenen Kampfstile, Methoden und Philosophien unter Beachtung einiger weniger Regeln gegeneinander auszuspielen um festzustellen, welche Kampfmethode sich am Ende durchsetzen würde. Der unerwartete und spektakuläre Erfolg einiger Jujitsu-Stile verschaffte dieser zuvor stiefmütterlich behandelten Kampfkunst enorme Anerkennung und ein riesengroßes Interesse. In der Sichtweise der Öffentlichkeit wandelte sich Jujitsu in kurzer Zeit von einer veralteten, uneffektiven Kunst zu einem wahrlich Respekt einflößenden Kampfstil. Zeitgleich mit diesem Sinneswandel entstand ein großes Interesse am Erlernen der Techniken, die die Jujitsu-Kämpfer bei den MMA-Veranstaltungen derart gut abschneiden ließen. Schon bald bot nahezu jede Kampfsportschule auf dem nordamerikanischen Kontinent „Grappling- und Bodenkampftechniken“ als Bestandteil ihres Unterrichts und Kursprogramms an. Diese Aufnahme war die unmittelbare Anerkennung des Erfolgs, den Jujitsu als Ergebnis seiner höchst wirkungsvollen, größtenteils am Boden eingesetzten Grapplingtechnik, verbuchen konnte.

Die derzeit stattfindende Spaltung im Jujitsu-Sport

Obwohl das rapide gestiegene Interesse an Jujitsu durchaus erfreulich ist, hat es gleichsam ein Problem mit sich gebracht, dass die Sportart in zwei unterschiedliche Lager gespalten hat. Die Kämpfer, die sich dafür eingesetzt haben, das Interesse am Jujitsu neu zu beleben, kamen fast ausschließlich aus dem Bereich einer bestimmten Stilrichtung, nämlich der des Brazilian Jujitsu. Dieser besondere Zweig des Jujitsu geht auf japanische Wurzeln zurück, doch hat er sich im Laufe der Zeit zu einer Disziplin entwickelt, deren Technik, Kampfphilosophie, Strategie und Trainingsmethoden sich deutlich von denen des traditionellen Jujitsu unterscheiden. Zwischen den Kämpfern der brasilianischen Schulen – die in großer Zahl (und erfolgreich) bei den MMA-Veranstaltungen vertreten waren und den traditionellen Jujitsu-Schulen, die unterrepräsentiert waren, gab es ein eklatantes Ungleichgewicht. Allerdings vertreten auch viele der Jujitsu-Traditionalisten die Auffassung, dass das gesamte Konzept der Herausforderungskämpfe und MMA-Turniere (die ein wichtiger Bestandteil des Brazilian Jujitsu sind) sich nicht mit dem Geist ihrer Kampfkunst vereinbaren lasse. Andere wiederum meinen, dass die Bedeutung, die dem am Boden stattfindenden Grappling beim Brazilian Jujitsu beigemessen wird, zwar den MMA-Veranstaltungen gut tue, für den Straßenkampf und die Selbstverteidigung allerdings verhängnisvoll sei.

Das Ergebnis dieser unterschiedlichen Auffassung war eine Abspaltung derer, die sich den Verfechtern des brasilianischen Stils anschlossen, von denen, die mehr Interesse an historisch oder klassisch geprägten Inhalten zeigten. Die Spaltung ist äußerst unglücklich, da die beiden Ansätze der jeweils anderen Methode durchaus viel zu bieten haben.

Das traditionelle Jujitsu war eine Kunst, die nach etwas strebte, das man als „kämpferische Vollständigkeit“ bezeichnet. Es umfasste alle Arten von Schlagtechniken, takedowns, Würfen, Hebeln, Würgegriffen und Festhaltetechniken. Es gab sogar Techniken für die Entwaffnung, die Leibwache, und das Fest- und Zurückhalten eines Gegners, zusätzlich zu einer großen Anzahl weiterer spezieller Vorgehensweisen. Moderne Jujitsu-Techniken konzentrieren sich hingegen viel mehr auf das Grappling am Boden. Diese Konzentration brachte Jujitsu nach vorn, da das Grappling am Boden eine Fertigkeit war, die die Jujitsu-Kämpfer in die Lage versetzte, ihre Widersacher in den frühen MMA-Turnieren mit Leichtigkeit zu beherrschen. Mit der Zeit lernten auch die Gegner, am Boden zu kämpfen und vielen der Grappling-Bodentechniken des Jujitsu Paroli zu bieten. Als Folge davon benötigt man bei den heutigen Vergleichskämpfen zwischen verschiedenen Kampfsportarten viel mehr als nur reines Bodengrappling. Die Kämpfer müssen mit allen Aspekten des Kampfs vertraut sein, also mit Schlag- und Haltetechniken ebenso wie mit der Arbeit am Boden.

So kommt also das Idealbild der „Vollständigkeit", das beim traditionellen Jujitsu eine so große Rolle spielte, wieder in Mode, und so können beide, Traditionalisten als auch Verfechter der modernen Form voneinander profitieren. Traditionelles Jujitsu kann sein Ideal des „vollständigen Kämpfers" als positiven Einfluss auf die moderneren Grapplingstile des Jujitsu in die Waagschale werfen. Ebenso können die modernen Grapplingstile des Jujitsu den Traditionalisten ungemein effektive Bodenkampftechniken und eine fortschrittliche Trainingsmethode bieten, die sie in der Welt der Mixed-Martial-Arts an die Spitze geführt haben.

I. KLASSISCHES JUJITSU THEORIE UND GESCHICHTE

Um das Wesen des Jujitsu begreifen zu können, bedarf es zweier entscheidender Komponenten. Die erste ist das theoretische Element, das sich mit den philosophischen Grundlagen der Kampfkunst, deren Zielstellung sowie der Strategie, mit der sie dieses Ziel zu erreichen versucht, beschäftigt. Bei der zweiten handelt es sich um das historische Element, das sich mit der Geschichte der Kampfkunst, ihrer Entwicklung und ihren Veränderungen auseinandersetzt. Ein ungetrübtes Verständnis des Jujitsu als Kampfkunst erfordert eine Analyse beider Komponenten.

Die theoretischen Grundlagen des Jujitsu

Eine exakte Übersetzung des Begriffs „Jujitsu" vermittelt nur ein beschränkt brauchbares Bild der Kampfkunst. Wörtlich übertragen bedeutet das Schriftzeichen „Ju" „behutsam", „sanft" oder „geschmeidig". „Jitsu" wird abwechselnd mit „Technik" oder „Kunst" übersetzt. „Sanfte Kunst" oder „Geschmeidige Kunst" hilft uns nicht wirklich weiter. Tatsächlich steckt sogar eine gehörige Portion Ironie darin Jujitsu als „sanfte Kunst" zu bezeichnen, da viele seiner Techniken sogar äußerst grob sind. Es bedarf natürlich einer tiefergehenden Analyse. Der Schlüssel zum theoretischen Kern des Jujitsu liegt in einem angemessenen Verständnis des Begriffs „Ju". Um die Bedeutung von „Behutsamkeit" oder „Geschmeidigkeit" im Rahmen von Jujitsu zu erfassen, müssen wir uns zunächst deren Gegensätze vor Augen führen. Behutsamkeit steht in scharfem Kontrast zu einer Eigenschaft, die wir normalerweise mit kämpferischem Können in Verbindung bringen – Kraft. Im Allgemeinen gehen wir davon aus, dass der Stärkere in jeder Kampfsituation einen klaren Vorteil hat. Daher will sich Jujitsu deutlich von roher Kraft abheben.

Unter diesem Gesichtspunkt betrachtet wird die theoretische Basis des Jujitsu klarer. Eher als Kraftmeierei und Aggression beinhaltet der hinter „Ju" stehende Leitgedanke die Idee einer schwächeren (sanfteren) Kraft, die mit Hilfe der Technik, oder Jitsu, die Oberhand über eine stärkere Kraft behält. Auf die Kernaussage reduziert bedeutet Jujitsu den Einsatz von Intelligenz und Technik zur Bekämpfung roher Gewalt und Aggressivität. In diesem Zusammenhang macht es auch Sinn, eine Kampfkunst, die sich bei gewaltsamen Konfrontationen regelmäßig potentiell gefährlicher Techniken bedient, als „sanft" zu bezeichnen. Dies sollte jedoch keineswegs als Schwäche oder Sanftheit missverstanden werden. Kraft kommt beim Jujitsu sehr wohl zum Einsatz. Sie kann auch durchaus dazu dienen, Stärke zu zeigen, doch wird diese Kraft auf intelligente, vernunftgesteuerte Weise als Teil einer Strategie eingesetzt, die von einer effektiven Technik begleitet wird. Statt Kraft mit Kraft zu begegnen, begegnet Jujitsu der Kraft mit wirksamer Technik und Strategie, sodass auch der Schwächere gewinnen kann. In der Praxis bedeutet das, einen hohen Anteil deiner Gesamtkraft gegen einen geringen Anteil der Gesamtkraft des Gegners einzusetzen.

Dieses Prinzip kann mit einem einfachen Beispiel verdeutlicht werden. Wendet ein schwächerer Kämpfer einen wirksamen Würgegriff gegen einen Gegner an, setzt er einen hohen Anteil seiner Gesamtkraft gegen einen geringen Anteil der gegnerischen Gesamtkraft (Hals und Kehle) ein. Kann also ein schwächerer Kämpfer einen leicht empfindlichen Körperteil (wie z.B. Hals oder Gelenke) seines Gegners mit mehr Kraft angreifen als dieser für seine Verteidigung aufbringen kann, ist er in der entsprechenden Situation stärker als sein Gegner, auch wenn er an seiner Gesamtkraft gemessen der Schwächere ist. Dies ist die theoretische Grundlage des Jujitsu, die uns durch „Ju" vermittelt wird. Technisch versierte Kämpfer können daher auf wirkungsvolle Weise die ihnen zur Verfügung stehende Kraft so einsetzen, dass sie ausreichend ist, um einen Kampf zu beenden.

Ein Weg hin zum Verständnis von „Ju“, ergibt sich aus einer Analyse des Satzes „ju yoku sei go“, den man mit „Weichheit kontrolliert Härte“ übersetzt. Dieser Satz vermittelt das Bild einer geringeren Kraft, die einer größeren Kraft zunächst ausweicht oder sich ihr unterwirft, um sie am Ende zu bezwingen. So kommt es also auf die Strategie an, die sich gegen die Kraft mit Technik, und nicht etwa mit noch mehr Kraft, zur Wehr setzt.

Der Nutzen der historischen Betrachtung der Kampfkünste

Bei den traditionellen Kampfkünsten gibt es seit je her ein ausgeprägtes Geschichtsbewusstsein. Die meisten von ihnen verfügen zumindest über eine zusammenhängende Darstellung ihrer Ursprünge, selbst wenn gesicherte Beweise manchmal fehlen. Oft wird angenommen, dass eine Betrachtung unter historischen Aspekten wichtige Wahrheiten über das Wesen eines bestimmten Kampfstils enthüllt und den Lernenden auf diese Weise in die Lage versetzt, grundlegende Zielsetzungen und Besonderheiten dieses Stils zu begreifen. Durch die Analyse der gesellschaftlichen, politischen und praxisorientierten Faktoren, die sich hinter der Geschichte einer Kampfkunst verbergen, kann man viel über ihren Ur-Zweck und die mit ihr verbundenen Absichten lernen. Jede Kampfkunst entsteht und entwickelt sich als Antwort auf ein bestehendes Problem oder eine größere Problematik. Betrachtet man die Geschichte einer Kampfkunst, kann man genau erkennen, wie sie entstanden ist und wie sie sich angesichts solcher Schwierigkeiten verändert hat.

Theorien zur Geschichte der Kampfkünste

Beim Versuch, eine geschichtsbezogene Erklärung zu den Kampfkünsten im Allgemeinen oder aber zu einer einzelnen Kampfkunst im Besonderen zu liefern, muss man sich mit mehreren Schlüsselfragen beschäftigen. Eine aussagekräftige Prüfung einer jeden historischen Erklärung liegt dann vor, wenn sie angemessene Antworten auf diese Fragen liefern kann. Müsste man einen breit gefächerten Überblick über die Kampfsysteme der Welt geben, würde man auf etliche bemerkenswerte Besonderheiten stoßen. Zunächst einmal gäbe es da viele Ähnlichkeiten bei den Techniken innerhalb der unterschiedlichen Stile – und dies sogar bei gewaltigen geographischen Entfernungen oder zeitlichen Abständen. So hat beispielsweise fast jeder bekanntere Stil eine Variation beim Grund-, Vorwärts-, Seit- oder *roundhousekick*. Nahezu jeder Grapplingstil verfügt über eine Variante des gegen beide Beine ausgeführten *takedowns* oder des Hüftwurfs. Dies zeigt schon die zahlreichen Ähnlichkeiten zwischen den einzelnen Kampfstilen. Anders formuliert: Wie kommt es, dass sich die vielen unterschiedlichen Kampfkünste in derart ähnliche Richtungen entwickelt haben?

Zweitens - und dies steht im Gegensatz zu der ersten Frage - muss man sich gleichermaßen über die deutlichen Unterschiede wundern, die im Rahmen der verschiedenen Kampfstile entstanden sind. Hier findet man eklatante Unterschiede zwischen den Kampfkünsten einer Nation oder einer Region und denen einer anderen Umgebung. Zwar gibt es z.B. viele gemeinsame Techniken zwischen japanischem Karate und koreanischem Taekwondo, und dennoch führt die Art, in der diese gleichen Techniken angewandt werden, zu zwei verschiedenen Kampfstilen.

Das dritte Problem besteht darin, die Veränderungen zu erklären, die sich im Laufe der Zeit im Rahmen einer bestimmten Kampfkunst sowie bei den Kampfkünsten im Allgemeinen vollziehen. Im letzten Jahrhundert trat manch eine Kampfkunst für eine Weile ins Rampenlicht, um schließlich von einer anderen in den Schatten gestellt zu werden, die dann ihrerseits wieder durch einen Neuling verdrängt wurde. Selbst innerhalb der Grenzen einer ganz bestimmten Kampfkunst kann es massive Veränderungen geben. So ist z.B. das Judo, das sich derzeit als Olympische Sportart präsentiert, anders als das Judo, das man vor dem Zweiten Weltkrieg kannte.

Unsere Bemühungen, eine Theorie der Geschichte des Kampfsports zu präsentieren, müssen also diese drei Probleme berücksichtigen.

Die Theorie des zentralen Ursprungs

Bei der Beantwortung von Fragen zu den geschichtlichen Ursprüngen einer Kampfkunst gibt es im Allgemeinen drei Hauptherangehensweisen. Die erste bezeichnet man als *Theorie des zentralen Ursprungs*.

Diese geht von der Vorstellung aus, dass eine einzelne Person oder eine kleine Gruppe die Begründer einer Kampfkunst – oder sogar *aller* Kampfkünste – waren und dass von ihrer Urfassung ausgehend sämtliche nachfolgenden Kampfstilvarianten abstammen, die uns in späteren Epochen und an anderen Orten begegnen. Häufig wird auf halb in das Reich der Legende gehörende Figuren verwiesen, wie z.B. den im sechsten Jh. lebenden Bodhidharma, der von Indien nach China reiste und den Mönchen des Shaolin-Tempels seine Kampfkünste vermittelte.

Von dieser zentralen Entstehung ausgehend entwickelten sich die unterschiedlichen Kampfkünste und verbreiteten sich im Laufe der Zeit. Zweifelsohne wurde diese Theorie der Geschichte der Kampfkünste für viele Stile herangezogen, um deren Wurzeln zu erklären. Dies ist jedoch ziemlich überraschend, da es praktisch keine Beweise oder glaubhafte Quellen dafür gibt, dass eine einzelne Person oder eine Gruppe die erste und beispiellose Gründung der Kampfsportarten herbeigeführt hat.

Eine solche Theorie wirft mehrere ernste Probleme auf. Zu häufig steht das für die zentrale Entstehung einer Kampfkunst angegebene Datum im Widerspruch zu eindeutigen historischen Beweisen, die die bereits zuvor bestehende Existenz verwandter Kampfstile belegen. So wird der angebliche Einfluss des Shaolin-Tempels auf die japanischen Kampfstile in das späte sechste Jahrhundert datiert. Aus dem Jahr 23 v.Chr. liegt uns aber eine bekannte Erwähnung eines vor dem Kaiser ausgetragenen unbewaffneten Duells zweier regionaler Meister (Kuyehaya und Nomi no Sukune) in der *Nihongi-Schrift*, einer Chronik der frühen japanischen Geschichte, vor. Nach einem beiderseitigen Grappling endete die Begegnung damit, dass einer der beiden Kämpfer zu Tode getreten wurde. Dieser Bericht datiert jede Einflussnahme durch den vermeintlich alleinigen Ursprung aller Kampfkünste eindeutig zurück. Und tatsächlich kannten die alten Griechen im Westen eine hoch entwickelte Kampfform namens „Pankration", die schon Hunderte Jahre vor Christi Geburt eine verblüffende Ähnlichkeit mit modernen Jujitsu-Grapplingtechniken aufwies.

Natürlich gibt es Beispiele für die Entwicklung einer vollständig ausgebildeten Kampfkunst lange vor der mehrheitlich für den zentralen Ursprung gehaltenen. Im Fall des Jujitsu hält man Chin Genpin, einen Mann, der sich durch herausragende Leistungen auf so unterschiedlichen Gebieten wie der Literatur, der Dichtkunst, der Architektur und dem Kampf hervortat, häufig für den zentralen Ausgangspunkt. Oft bezeichnet man ihn als Gründer des Jujitsu. Obwohl er mit Sicherheit existierte und auch irgendwann im 17.Jh. (um 1619) von seiner chinesischen Heimat aus nach Japan reiste, erscheint es unwahrscheinlich, dass er mehr tat, als einen gewissen Einfluss auf die Jujitsu-Techniken in den räumlich begrenzten Gegenden, die er durchquerte, auszuüben.

Als ehemaliger Schüler des Shaolin-Tempels traf Chin Genpin Fukunu Masakatsu einen Mann, der sich für die Kampfkunst begeisterte. Man nimmt an, dass Gempin sein Kempo einem kleinen, aber interessierten Kreis beibrachte. Dass er aber für den Ursprung des Jujitsu verantwortlich war, ist hingegen unwahrscheinlich. Viele schriftliche Zeugnisse belegen die Existenz der schon bekannten *Ryus* (Jujitsu-Schulen) lange vor 1626, als Fukuno Genpin begegnete. Es gibt keinen Zweifel, dass Fukuno schon Kampfkünste erlernt hatte, bevor er das erste Mal mit Genpin zusammentraf, was ein Beweis dafür ist, dass es schon vorher Kampfschulen in Japan gegeben haben muss. Hier zeigt sich erneut, dass die Vorstellung von einer einzigen Urquelle der Kampfkunst problematisch ist.

Ein weiteres Problem, das gegen die Theorie eines zentralen Ursprungs spricht, ist, dass eine solche dem gesunden Menschenverstand entgegensteht. Es wäre schon recht außergewöhnlich, wenn einer Einzelperson oder einer kleinen Gruppe die allumfassende Erleuchtung bezüglich einer Kampftechnik zuteil werden würde, die dem Rest der Welt vorenthalten bliebe. Darüber hinaus sind die Umstände, die Kampftechniken notwendig machen – kriegerische sowie private Auseinandersetzungen – nicht auf eine bestimmte Region oder Zeit beschränkt. Die Wirklichkeit eines Konflikts bringt naturgemäß Menschen an jedem beliebigen Ort dazu, ein Kampfsystem zu entwickeln. Dabei ist die Entwicklung eines solchen Systems gar nicht so kompliziert, dass man dafür ein überragendes Genie bräuchte. Entsprechend unwahrscheinlich erscheint es demzufolge auch, dass die Welt auf die Ankunft eines Kampfkunst-Messias warten musste, um die Kunst des Kämpfens begreifen und beherrschen zu lernen.

Ein dritter Schwachpunkt der Theorie eines zentralen Ursprungs liegt darin, dass sie keine Erklärung für die augenscheinlichen Unterschiede zwischen den Kampftechniken unterschiedlicher Regionen und Epochen liefern kann. Wenn die wahren Fundamente der Kampfkünste wirklich an einem „Geburtsort“ anzusiedeln und allem Anderen gegenüber derart überlegen wären – wieso gibt es zwischen ihnen dann solch große Unterschiede? Zu behaupten, dass die Menschen sie später nach und nach verändert hätten, ist nicht angemessen. Wenn wir annehmen, dass eine selbständige Entwicklung der Kampfkünste so normal und einfach ist, können wir wahrscheinlich auch Zweifel daran hegen, dass ein zentraler Schöpfer erforderlich war, um sie überhaupt erst zu erschaffen. Grundlegende Schwachpunkte so wie diese stellen die Glaubwürdigkeit der Theorie des zentralen Ursprungs in Frage und zwingen uns, an anderer Stelle nach einer zufriedenstellenden Darstellung der Geschichte der Kampfkunst zu suchen.

Die Theorie der gleichen Voraussetzungen

Eine weitere Theorie zur Geschichte der Kampfkunst, die breite Anerkennung findet, ist die Theorie *der gleichen Voraussetzungen*. Dahinter steht der Gedanke, dass es die Hauptprobleme und Umstände - Kriegsführung, zwischenmenschliche Konflikte, Kriminalität - die das Erschaffen einer Kampfform erforderlich machen, in fast jeder Kultur und zu jeder Zeit gibt. Darüber hinaus ist das „Grundmaterial“, für den die Kampfform geschaffen wird – nämlich der menschliche Körper –, zu allen Zeiten und an allen Orten nahezu dasselbe. Folglich wurden unterschiedliche Menschen in verschiedenen Gegenden zu verschiedenen Zeiten mit denselben Problemen konfrontiert. Angesichts der körperlichen Ähnlichkeiten zwischen den Völkern zu diesen unterschiedlichen Zeiten und an diesen unterschiedlichen Orten, überrascht es nicht, dass sich ähnlich geartete Antworten auf diese ursprünglichen Probleme ergaben. Eine hervorragende Abhandlung zur Theorie der gleichen Voraussetzungen stammt von Koizumi Sensei (7. Dan, *Kodokan* Judo).

„Zu Entstehung und Ursprungsland des Jujitsu gibt es mehrere Meinungen, die sich jedoch als reine Vermutungen erwiesen haben, welche auf Erzählungen basieren, die sich auf die Gründung bestimmter Schulen oder zufällige Berichte oder bildliche Darstellungen in alten Handschriften beziehen. Und dies nicht nur in Japan, sondern auch in China, Persien, Deutschland und Ägypten. Es gibt keine Aufzeichnung, anhand derer die Ursprünge des Jujitsu eindeutig nachgewiesen werden könnten. Es entspräche aber dennoch der Vernunft, anzunehmen, dass der Mensch seit seiner Schöpfung aus seinem Selbsterhaltungstrieb heraus für seinen Fortbestand kämpfen musste und dazu angeregt wurde, eine Fertigkeit oder ein Geschick zu entwickeln, seinen Körpermechanismus zu diesem Zweck einzusetzen. Bei diesen Bemühungen mag die Entwicklung je nach Lebensbedingungen oder stammesbezogenen Verhältnissen in verschiedene Richtungen gegangen sein. Aufgrund der gemeinsamen Körpermerkmale können die Ergebnisse jedoch nicht allzu unterschiedlich ausgefallen sein. Zweifelsohne ist das auch der Grund, warum man in unterschiedlichen Teilen der Welt Aufzeichnungen findet, die sich auf die Ausübung von Kampftechniken beziehen, die dem Jujitsu ähnlich sind.... „ (Sterling Publishing 1960)

Die historische Beweislage spricht deutlich für diese Theorie. Mehrere anschauliche Lehrbücher, Illustrationen und Kunstwerke, die dem Jujitsu ähnliche Kampfstile darstellen, stammen aus Gebieten und Zeiten, die unmöglich mit der Entwicklung des Jujitsu in Japan oder an anderer Stelle in Fernost in Verbindung gebracht werden können. Die Schlussfolgerung ist klar: Kampfstile entstanden und entwickelten sich in ganz verschiedenen Gegenden aus einer Notwendigkeit heraus. An allen Stellen traten die gleichen Bedingungen und Probleme auf, und der menschliche Körper ist nahezu überall und zu allen Zeiten ungefähr gleich geartet. Er kann nur festgehalten, geschlagen, getreten, geworfen, aus dem Gleichgewicht gebracht, und durch Beinstellen oder Fußfeger in vielfältiger Weise angegriffen werden. Deshalb, und dies überrascht nicht, gelangte jede Partei zu ähnlichen Antworten auf die gemeinsamen Probleme. Keine Kultur hat ein Erfindermonopol!

Deshalb erscheint die Vorstellung einleuchtend, dass jede Kultur unabhängig von der anderen einen bodenständigen Kampfstil entwickelt haben könnte, der einige deutliche Ähnlichkeiten mit Stilen fremder Kulturen aufweist.

Das Hauptproblem bei der Theorie der gleichen Voraussetzungen liegt jedoch in der Schwierigkeit, wichtige Unterschiede zwischen den Kampfstilen sowie die Veränderungen und Umwälzungen nachweisen zu können, die von Zeit zu Zeit sowohl im Rahmen einer einzelnen Kampfkunst als auch im Bereich der Kampfkünste überhaupt auftreten. Obwohl eindeutige Gemeinsamkeiten zwischen den Stilen verschiedener Zeiten und Lokalitäten existieren, ist es ebenso klar, dass es auch wichtige Unterschiede gibt. Manche Kampfarten legen Wert auf weit reichende Trittattacken (Koreanisches Taekwondo); andere bevorzugen Gymnastik und Rhythmusgefühl (Afro-brasilianisches Capoeira); wieder andere geben geradlinigen Schlägen den Vorzug (Karate); noch andere bedienen sich Umklammerungen und des *infights* (Thai- und Burmaboxen). Die Liste der verschiedenen Stile ist lang, und jeder von ihnen zeichnet sich durch seine eigene ganz besondere Schwerpunktausrichtung aus. Die Theorie der gleichen Voraussetzungen leistet keinen besonderen Beitrag zu solchen Abweichungen, mit Ausnahme der naheliegenden Erkenntnis, dass örtliche Gegebenheiten möglicherweise die Richtung beeinflusst haben, in die sich eine bestimmte Kampfkunst ausgedehnt hat. Darüber hinaus gibt es noch das Problem des Wandels und der Entwicklung der Kampfkünste. Wie und warum haben sich Stile im Laufe der Zeit verändert? Warum kamen manche von ihnen in Mode und wurden dann wieder durch andere ersetzt? Um diese Fragen angemessen beantworten zu können, müssen wir uns mit einer weiteren Theorie zur Geschichte der Kampfkünste auseinandersetzen.

Die Theorie der bedeutenden Persönlichkeit

Die *Theorie der bedeutenden Persönlichkeit* vertritt in der Geschichte der Kampfkünste die folgende Interpretation: Die Geschichte der einzelnen Stile ist im Wesentlichen die Geschichte großer Persönlichkeiten, die in ihrem Umfeld und zu ihrer Lebenszeit durch eine Kombination aus Können, Innovationskraft, persönlicher Ausstrahlung, Lehrbegabung und bedeutenden Leistungen berühmt wurden. Sie machten durch die außergewöhnliche Demonstration ihres Könnens - häufig im Rahmen von Herausforderungskämpfen oder im Gefecht - auf sich aufmerksam. Konnten sie diese Fähigkeiten auch noch anderen beibringen und gelang es ihnen, genügend Schüler anzuwerben und an sich zu binden, war es ihnen möglich, darauf aufbauend ein neues Brauchtum, eine Schule oder einen Kampfstil zu begründen. Recht oft begannen diese Leute selbst zuerst mit altbekannten Stilen. Mit zunehmendem Wissen und Erfahrung entwickelten sie Neuerungen. Sie beschäftigten sich mit der Erschließung und der Verfeinerung bestimmter neuer Elemente und veränderten so die Sichtweise der Menschen bezüglich Training und Theorie der Kampfkünste.

Die Theorie der bedeutenden Persönlichkeit ist eine anerkennenswerte Herangehensweise an die Geschichte der Kampfkunst. Ein Überblick über die Kampfkunst im Allgemeinen sowie über Jujitsu im Besonderen konfrontiert uns mit wirklich faszinierenden Charakteren, die grundlegend neue Ausrichtungen und Strömungen im Kampftraining hervorgebracht haben. Der Hauptvorteil der Theorie der bedeutenden Persönlichkeit ist die Leichtigkeit, mit der sie die zahlreichen Richtungsänderungen innerhalb des Jujitsu zu erklären vermag. Talentierte Führungspersönlichkeiten erarbeiten neue Techniken, Trainingsmethoden oder Drillverfahren für Schüler, die dadurch herausragende Leistungen im Kampf oder Wettkampf erbringen. Ein solcher Erfolg findet entsprechende Anhänger, was schließlich die Entwicklung einer neuen Schule oder eines neuen Stils zur Folge hat.

In der jüngsten Vergangenheit gilt die aus Brasilien stammende Gracie-Familie als gutes Beispiel einer Gruppe von Leuten, die aufgrund ihrer Erfolge bei Wettkampfveranstaltungen eine große Anhängerschaft gewann. Diese Jujitsu-Kämpfer vertraten eine kontrovers diskutierte und zu Beginn unpopuläre These – nämlich dass das Grappling (insbesondere am Boden) für den Erfolg in ernsten Kämpfen von grundlegender Wichtigkeit sei. Durch ihren beispiellosen Erfolg bei MMA-Wettkämpfen brachten sie diese Auffassung einem anfangs skeptischen Publikum näher. Die Leute zeigten sich beeindruckt vom Anblick kleiner, körperlich eher untalentierter, von den Gracies trainierter Kämpfer, die mit relativer Leichtigkeit viel größere und dynamischere Gegner besiegten.

Es ist wichtig, dass man sich den Unterschied zwischen der Theorie der bedeutenden Persönlichkeit und der Theorie des zentralen Ursprungs bewusst macht. Letztere beurteilte man früher als in großen Teilen unhaltbar. Die Theorie des zentralen Ursprungs basiert auf der Existenz einer Urperson oder -gruppe, die den Grundstein für die Kampfkunst legte. Bei allen nachfolgenden Entwicklungen handelt es sich somit um eine Verwässerung der Ursprungsform. Dies könnte einem verglichen mit der Theorie der bedeutenden Persönlichkeit sehr ähnlich vorkommen, zumal sich der vermeintliche Gründer in der Geschichte der Kampfkünste mit Sicherheit als bedeutende Persönlichkeit hervorgetan haben müsste. Der Unterschied liegt jedoch darin, dass die Theorie der gleichen Voraussetzungen einzig und allein auf den Gründer der Stile ausgerichtet ist, während alle anderen Beteiligten eine zweitrangige oder als Verwässerer eines Urstils gar eine negativ belastete Rolle spielen. Die Theorie der bedeutenden Persönlichkeit hingegen betrachtet den vermeintlichen Urvater eines Stils lediglich als **eine** herausragende Figur in einer langen bis in die Zukunft reichenden Kette anderer Größen. Folglich gibt es dort auch keine besondere Verehrung von Alter und Tradition. Wenn wir uns später der Gegenwartsgeschichte des

Jujitsu in Japan widmen, werden wir die Schlüsselrollen berühmter Persönlichkeiten wie Takenouchi Hisamori, Jigoro Kano und anderer kennen lernen.

Die Theorie der geschichtlich-politischen Umstände

Ein weiterer wichtiger Ansatz bei jedem ernsthaften Versuch, Licht in die Geschichte des Jujitsu zu bringen, ist die *Theorie der geschichtlich-politischen Umstände*. Jede bestehende Kultur hat ein großes und komplexes Repertoire an regionalen politischen und kulturellen Traditionen, in deren Umfeld eine Kampfkunst entstanden ist. Häufig verändern sich diese politischen und kulturellen Traditionen im Laufe der Zeit unter dem Einfluss der Geschichte. Ebenso erfolgen Veränderungen in Verlauf und Entwicklung der Kampfkünste oftmals als Reaktion auf die sich ändernden politischen, historischen und kulturellen Bedingungen. Durch die nachfolgenden politischen Regime vollzog sich beispielsweise ein beachtlicher Wandel der politischen Umstände im zuvor durch die Feudalherrschaft geprägten Japan. Es gab lang andauernde Kriegszeiten und lange Zeiten relativen Friedens - und dieses Wechselspiel hatte bedeutende Auswirkungen auf die nachfolgende Entwicklung des Jujitsu. Letztendlich sorgten sie alle dafür, dass Jujitsu seine ursprüngliche Bedeutung als ergänzende Kampftechnik auf dem Schlachtfeld verlor und zu einem autonomen Kampfstil für den persönlichen Schutz und die Selbstverteidigung im zivilen Bereich wurde.

Die Theorie der gesellschaftlichen Schichten

Zuletzt kommen wir zur *Theorie der gesellschaftlichen Schichten*. Diese befasst sich mit dem Gedanken, dass in jeder Kultur ein Klassensystem existiert, dass seine Bürger nach Einkommen, Beruf, Abstammung, usw. unterschiedlichen Gruppen zuordnet. Der Feudalstaat Japan ist ein extremes Beispiel dieses Hierarchiedenkens, da unterschiedliche gesellschaftliche Klassen unterschiedliche soziale Rollen und Stellungen einnahmen. Entsprechend hatten diese auch einen recht unterschiedlichen Bezug zur Kampfkunst. So gab es für die bäuerliche Bevölkerung, die Jujitsu betrieb, beispielsweise andere Regeln und Besonderheiten als für die höher stehenden kämpfenden Klassen. Derartige soziologische Faktoren spielten bei der Entwicklung des Jujitsu eine entscheidende Rolle.

Abschließend können wir die zahlreichen verschiedenen Theorien zur Frage, wie sich die Kampfkunst im Allgemeinen und Jujitsu im Besonderen entwickelt hat, recht bequem zu Rate ziehen. Jede dieser Theorien hat ihre Stärken und Schwächen. Für eine zufriedenstellende Darstellung der Geschichte des Jujitsu benötigt man Elemente all dieser Theorien (mit Ausnahme der Theorie des zentralen Ursprungs). Nachdem wir diese von einander abweichenden Darstellungsweisen vorgestellt haben, können wir uns nun mit einem Überblick über die Entwicklung des Jujisu beschäftigen, wobei wir sehen werden, welche Rolle eine jede dieser Theorien dabei gespielt hat.

Kurze Einführung in die Geschichte Japans

Wenn man sich mit der Geschichte des Jujitsu auseinandersetzt, ist es eine nützliche Hilfe, die Geschichte Japans in markante Abschnitte zu unterteilen, die jeweils auf verschiedenen politischen Amtszeiten basieren. Der Name des Zeitabschnitts ist in der Regel mit der geographischen Lage der herrschenden Regierungskräfte der betreffenden Zeit verbunden. Ein großer Vorteil dieser Herangehensweise ist das Ausmaß, in dem sie deutlich die starke Einflussnahme politischer und historischer Umstände auf die Entwicklung der japanischen Kampfkunst (geschichtlich-politische Theorie) demonstriert. Normalerweise gibt es eine direkte Verbindung zwischen dem herrschenden politischen Klima einer Zeit und der jeweiligen Kampfart, die zu dieser Zeit entwickelt wurde. Diese geschichtlichen Abschnitte werden häufig folgendermaßen unterteilt:

Die Alte Zeit (vor 650 n.Chr.)

Politisch wie historisch gilt der Aufbau der kaiserlichen Yamoto-Linie als Hauptmerkmal der Alten Zeit. Diese Erbfolge begründete die königliche Dynastie, die eine zentrale imperialistische Regierungsform ermöglichte (auf gleicher Ebene wie das chinesische System). Diese Linie wurde bis zum heutigen Tag nicht unterbrochen. Tatsächlich dreht sich viel in der japanischen Geschichte um das Streben nach einer zentralen Kontrolle der Nation; trotzdem war eine Kontrolle der gesamten Nation nicht immer möglich.

Häufig mobilisierten mächtige Provinz-Kriegsherren (*Daimyo*) ausreichende militärische Kräfte, um lokale Befugnisse an sich zu reißen und den Kampf für eine wirkungsvolle politische Kontrolle der Nation fortzusetzen. Dabei ging es darum, eine effektive politische Kontrolle in Form einer Militärdiktatur (*Shogunate*) aufzubauen und sich den Kaiser dabei untertan zu machen. Manchmal mussten sich diese mächtigen Clans und Kriegsherren gegenseitig bekämpfen, um ihre Vormachtstellung zu behaupten. Innerhalb dieser Machtkämpfe sorgten zivile und militärische Streitigkeiten für die Entstehung der militärischen Klasse (*Bushi oder Samurai*) und der Kampfkünste des klassischen Japans. Gelegentlich führte der Verlust der Kontrolle des Kaisers über die ländlichen Gebiete dazu, dass die örtlichen Kriegsherren zunächst eine erfolgreiche Kontrolle über ihre Bezirke ausübten, dann weitere Bezirke übernahmen und schließlich fast die ganze Nation überwachten. So war das kaiserliche Recht zu regieren im weit verbreiteten Bewußtsein Japans dahingehend verankert, dass diese Militärherrscher (*Shogun*) im Namen des Kaisers zu regieren hatten, obwohl sie selbst diejenigen waren, die die tatsächliche politische Kontrolle ausübten.

Die früheste Phase japanischer Geschichte brachte *Sumai* als Beginn der japanischen Kampfkultur hervor. Dabei handelte es sich um einen frühen Vorläufer des modernen Sumo-Ringens. *Sumai* war eine wesentlich härtere und kämpferische Variante des freien Ringens und es scheint, als sei es der Kampfstil, den Nomi no Sukune in dem epischen Todeskampf von 23 v.Chr. anwandte (diesen bezeichnete man früher als den Beginn der japanischen Kampfkunst). Der Mangel an greifbaren historischen Beweisen sowie die verbreiteten Mythen und Legenden verhindern jede vernünftige Diskussion zu den Anfängen des *Sumai*. Es scheint, als fände man die sinnvollsten Erklärungen mit Hilfe der Theorie der gleichen Voraussetzungen. Mit Kämpfen beschäftigte Menschen sind stets auf der Suche nach leichteren Siegen. Ähnlichkeiten in der Mechanik des Körpers sowie örtliche Gegebenheiten führen unweigerlich dazu, dass unterschiedliche Menschen ähnliche Antworten auf Fragen finden, mit denen sie konfrontiert werden.

Die Nara-Zeit (650-793 n.Chr.)

Über die Entwicklung der Kampfkünste in dieser Zeit gibt es nur wenige Auskünfte. Wir können, aber immerhin recht sicher mutmaßen, dass sich damals ein Wechsel vom rein kampforientierten *Sumai* zu einem sportlicheren und religiös angehauchten Sumo-Ringstil vollzog. Es gibt einen Erlass des Kaisers Nimmyo (834-850) aus der frühen Heian-Zeit, in dem die Rückkehr zu einem mehr kämpferisch ausgerichteten, militärischen Ringstil gefordert wird. Daraus können wir nur schließen, dass sich Sumai bereits früher zu einem Zuschauersport entwickelt hatte.

Die Heian-Zeit (794-1191 n.Chr.)

Die wichtigste Entwicklung in der Heian-Zeit war der weit verbreitete Übergang von Sumo und Sumai zu einem *Kumiuchi* oder *Yori-Kumiuchi* genannten militärischen Ringstil. Zum Ende der Heian-Zeit war dies das mehr oder weniger vereinheitlichte Training der emporstrebenden sozialen Klasse der Krieger. Eine der wichtigsten Militäreinrichtungen der japanischen Geschichte, das Butokuden (Halle der militärischen Tugend) wurde auf militärischen Befehl in Kyoto, der damaligen Hauptstadt Japans, errichtet. Kaiser Kanmu erließ ein Edikt, in dem er jeden, der ein besonderes kämpferisches Geschick hatte, in das *Butokuden* einberief, um sein Können dort unter Beweis zu stellen. Das Ergebnis war ein Zentrum für technische Entwicklung, das die volle Unterstützung des Kaisers genoss und der Entstehung der klassischen Kampfschulen vorausging.

Die Kamakura-Zeit (1192-1335 n.Chr.)

Die nächsten beiden Abschnitte der japanischen Geschichte, die Kamakura- und die Muromachi-Zeit erwiesen sich als Phasen fortwährender politischer Wirren innerhalb des Landes. Das politische Chaos führte zu einem ständigen Kriegszustand und der Etablierung einer berufsmäßigen Kriegerkaste – den Samurai. Daraus resultierte ein Bedarf an Schulungen und fachlicher Kompetenz auf dem Gebiet der Kriegsführung. Als Antwort darauf entstanden die klassischen Militärschulen – die Bugei *(Kakuto Bugei)* oder *Bujutsu Ryuha*. Aufgabe dieser Schulen war es, die Klasse der Bushi (Krieger) für die offene Kriegsführung auf dem Schlachtfeld vorzubereiten. Dort konzentrierte man sich in erster Linie auf den Umgang mit Waffen, da es noch keine waffenlose Kampfkunst nach heutigem Verständnis gab. Der Kampf mit leeren Händen war nur ein kleiner Bestandteil des Programms und wurde als letzter Ausweg im Falle einer Fehlfunktion oder eines Verlustes der Waffe gesehen. Unbewaffnete Kampftechniken waren somit lediglich Teil einer ganzheitlichen Herangehensweise an das Geschehen auf dem Schlachtfeld.

Die Muromachi-Zeit (1337-1563 n.Chr.)

Durch die anhaltende politisch instabile Situation in Japan und dem daraus resultierenden immer länger währenden Kriegszustand wurde die Bushi-Kaste zu einer zunehmend wichtigeren Gesellschaftsschicht. Im Laufe der Zeit wurden die Bushi zur Kaste der Samurai, wo ihre Hauptaufgabe aus gewissenhaftem Dienst für ihren jeweiligen Feudalherren bestand. Eine besondere Eigenschaft des Lebensstils eines Samurai war die pflichtbewußte Dienstbarkeit, die am besten auf dem Schlachtfeld zur Geltung kam. Dadurch entstand eine immer größer werdende Nachfrage nach militärischer Unterweisung. In der Muromachi-Zeit wuchs die Anzahl an *Bugei/ Bujutsu*-Schulen beträchtlich. Zusätzlich schufen Errungenschaften in der Waffentechnologie neue militärische Disziplinen, und durch die Einführung der Feuerwaffen im Jahr 1543 entstand *Hojutsu* (Schießwesen). Dem Trend der Zeit folgend spezialisierten sich die Bugei-Schulen in ihrem Unterrichtsangebot. Oft konzentrierten sie sich auf einige ausgewählte Waffengattungen oder Techniken, für die eine bestimmte Schule dann bekannt wurde.

Die *Bugei*-Kunst beschränkte sich somit auf eine aristokratische, militärische Klasse und blieb den unteren Schichten der japanischen Gesellschaft nahezu vorenthalten.

Dies war das Ergebnis der hohen Kosten für Waffen und Rüstungen sowie der immer schon strengen Beschränkungen, denen gemäß der Waffenbesitz dem Bürgertum untersagt war. Gegen Ende der Muromachi-Zeit wurde mit dem *Takenouchi Ryu* 1532 die erste historisch belegte Jujitsu-Schule Japans ins Leben gerufen.

Die Azuchi-Zeit (1564 – 1602 n. Chr.)

Gesellschaftlich betrachtet wurden die Klassenunterschiede zwischen den bürgerlichen Ständen und den Samurai durch die „Schwerternte" (*Katana Gari*) im Jahr 1588 nachhaltig verschärft. Den Bürgern wurde das Tragen und sogar der Besitz von Schwertern verboten. Der Besitz von mit Klingen versehener Waffen wurde auf die Samurai beschränkt. Dies erforderte ein separates waffenloses Jujitsu für das Bürgertum (*Shomin Yawara*), das den Grundstein für die Entwicklung eines mit leeren Händen ausgeübten bürgerlichen Kampfstils legte. Politische Streitigkeiten rückten in der „Zeit der sich bekriegenden Staaten" (*Sengoku*) in den Vordergrund, die 1601 mit der großen Schlacht von Sekigahara ihren Höhepunkt fanden und zur Einsetzung des Tokugawa-Shogunats als einziger Basis der politischen Macht in Japan führte.

Die Edo-Zeit (1603 – 1867 n .Chr.)

Wie durch viele Zeugnisse belegt, war die Edo-Zeit ohne Zweifel die wichtigste Zeitspanne in der Entwicklung des in unserem Sinne klassischen Jujitsu. Zunächst versuchte das Tokugawa-Shogunat seine hart erkämpfte Macht mit Hilfe einer Reihe rigoroser gesellschaftlicher Kontrollen zu festigen, die Japan vom Rest der Welt isolierte. Japanische Schiffe wurden 1635 daran gehindert, die Heimat zu verlassen, und alle Fremden (mit Ausnahme der Holländer, die in Nagasaki isoliert waren) wurden bis 1639 des Landes verwiesen. Reisen innerhalb Japans wurden rigoros eingeschränkt; um den eigenen Bezirk zu verlassen, benötigte man eine Genehmigung. Religiöse Unterdrückung war an der Tagesordnung und die strikten Kontrollen in den Bereichen der Erziehung, der öffentlichen Meinungsäußerung und der sozialen Mobilität wurden weiter verschärft. Auf diese Weise befreite man sich von Bürgerrevolten und Kriegszuständen, dies jedoch auf Kosten völliger Isolation und gesellschaftlicher Unterdrückung. Zum ersten Mal seit Hunderten von Jahren gab es in Japan einen dauerhaften Frieden. Das Ergebnis war allerdings eine völlige Veränderung der Bedeutung der Kriegerkaste (Bushi).

Durch den Frieden verlor sich die traditionelle Rolle als Diener der regionalen Herrscher zu Kriegszeiten. Das Hauptaufgabengebiet der Kriegerkaste lag zunehmend im bürokratischen und immer weniger im militärischen Bereich. Die *Bugei- / Bujutsu*-Kampfkünste, die zu ihren Stärken gezählt hatten, erlebten einen Niedergang, und Bildung und Kultur traten als Hauptanliegen der Samurai an die Stelle militärischen Könnens. Mit dem Niedergang der Kriegskamptechniken gewann das Erlernen ziviler Kampfkünste zunehmend an Bedeutung. Viele Ryus wandten sich vollständig vom Waffentraining ab, und neue Ryus entstanden, die sich ausschließlich auf den Kampf mit der „leeren Hand" konzentrierten.

In der Edo-Zeit entstanden mit Abstand die meisten klassischen Jujitsu-Schulen (*Koryu Jujitsu*), die sich von der Bujutsu-Tradition früherer Zeiten lossagten. In einigen Gegenden Japans wurde Jujitsu zweifelsohne von der Ankunft des Chinesen Chin Genpin im Jahr 1619 beeinflusst. Er war ein versierter *Kempo*-Spezialist, und offensichtlich unterrichtete er auch einige Jujitsu-Schüler in dieser Kampfkunst. Es scheint, als habe er im Gegensatz zu den für Japan typischen Grapplingtechniken größeren Wert auf Schlagtechniken gelegt.

Aus dieser Geschichte folgerten verschiedene Leute, dass Genpin Jujitsu nach Japan gebracht hatte. Es steht aber fest, dass Japan schon viele Jahre vor Chin Genpins Geburt auf eine lange Geschichte der Kampfkunst zurückblicken konnte.

Das Tokugawa-Shogunat regierte von Edo aus über zweieinhalb Jahrhunderte. In dieser Zeit expandierten die *Koryu-Jujitsu*-Schulen sowohl zahlenmäßig (mehr als 700 nachgewiesene *Ryus*) als auch in Bezug auf die angebotenen Techniken. Dennoch ging das klassische Jujitsu gegen Ende der Edo-Zeit zurück. Der lang anhaltende Frieden dieser Periode bewirkte fundamentale Veränderungen innerhalb der Bushi-Kaste und schmälerte das Interesse an Kampfdisziplinen ganz beträchtlich. Darüber hinaus betrachtete man die Tokugawa-Führung im Laufe der Zeit als in ihrer Isolationspolitik fehlgeleitet, was sie zunehmend unbeliebter machte. Jujitsu galt im Gegensatz zu den aus dem Ausland kommenden Neuheiten als Relikt des alten Japans. Es gab so viele *Ryus*, die um ihre Schüler buhlten, dass Rivalitäten zwischen den Schulen aufflammten. Häufig resultierten diese in brutalen Herausforderungskämpfen, mit dem Ziel, die Überlegenheit eines Stils gegenüber einem anderen zu demonstrieren. Man betrachtete Jujitsu oft als Domäne der Schläger und Verbrecher. Darunter litt sein gesellschaftliches Ansehen, was den Untergang des *Koryu* Jujitsu zur Folge hatte. In die Edo-Zeit fiel somit der Aufstieg, die Blütezeit und der endgültige Niedergang des *Koryu* Jujitsu.

Die Meiji-Zeit (1868 n.Chr bis heute)

Wachsende innere Unzufriedenheit mit der Isolation und die Peinlichkeiten der Kanonenbootdiplomatie des Kommodore Perry im Jahr 1854 riefen eine Widerstandsbewegung gegen das gewaltsame Tokugawa-Regime ins Leben. Eine Bewegung, deren Schaltzentrale die Intellektuellen waren, verschaffte Kaiser Meiji mit Hilfe einer unblutigen Revolution die Kontrolle über die Nation und startete den Versuch, Japan innerhalb der kürzestmöglichen Zeit in ein modernes Zeitalter zu führen. In dem eiligen Bemühen westliche Denkweise und Technologien anzunehmen, wurden traditionelle japanische Werte und Aktivitäten (wie auch Jujitsu) häufig verunglimpft und als altmodisch abgetan. Angesichts dieses konzertierten Strebens nach neuen Idealen, bestand für Jujitsu die Gefahr, endgültig von der Bildfläche zu verschwinden. Die Gesellschaftsschicht, die einst das Rückgrat des Jujitsu war, die Kaste der Samurai, wurde in der Meiji-Zeit vollständig diskreditiert und abgeschafft. 1877 wurde das Wahrzeichen der Samurai, das Schwert (Katana), in der Öffentlichkeit verboten.

Viele in den Ryus beschäftigte Jujitsu-Meister mussten sich eine neue Arbeit suchen. Zu dieser Zeit begann Jigoro Kano mit seinen Jujitsu-Studien. In den frühen Zwanzigerjahren hatte er sich mit zwei *Koryu-Jujitsu*-Stilen, die er erlernt hatte, einen Namen gemacht. Von vielen Kernbereichen des traditionellen Jujitsu enttäuscht, machte sich Kano daran, die japanischen Kampfkünste zu reformieren, indem er das *Kodokan-Judo* entwickelte und 1882 sein eigenes Ryu eröffnete. In nur kurzer Zeit versammelte er eine große und talentierte Schülerschaft um sich herum, deren Begabungen er mit neuen Trainingsmethoden förderte. Die *Kodokan*-Truppe bestritt zahlreiche Herausforderungsturniere gegen traditionelle Jujitsu-Schulen. Absoluter Höhepunkt war das Polizeiturnier in Tokio im Jahr 1886. Ein überwältigender Erfolg bei dieser Veranstaltung verschaffte dem jungen Kano und seiner Schule große Glaubwürdigkeit auf Kosten der älteren Jujitsu-Stile. Von dieser Zeit an entwickelte sich Judo zum führenden Kampfstil in Japan, während der Stern des *Koryu*-Jujitsu langsam verblasste.

DIE URSPRÜNGE DES JUJITSU

Die ersten Wurzeln des Jujitsu sind unklar. Indien, China und sogar das antike Griechenland werden oft als Ursprungsquelle des Jujitsu genannt. All diese Behauptungen entbehren jeglicher Beweisgrundlage und sind somit nicht mehr als reine Spekulation. Schon vorher haben wir festgestellt, dass die gesamte Diskussion über eine „urknallähnliche" Entstehung des Jujitsu (oder – wenn wir schon dabei sind – irgendeiner anderen Kampfkunst) schon von Natur aus keinen Sinn macht. Der Bedarf an kämpferischen Fähigkeiten besteht in jeder Kultur, und die groben Ähnlichkeiten in Körperbau, Erfindungsgabe und Kampfbedingungen gibt es auch in allen Kulturen, bei allen Rassen und zu allen Zeiten. Deshalb ist es wesentlich sinnvoller, sich klar zu machen, dass für die Entstehung der regionalen Kampfstile kein exakt festgelegter oder zentraler Ursprung erforderlich war. Genau das verdeutlichen uns auch die historischen Aufzeichnungen in Japan.

Die Geschichtstheorie, die die Anfänge des Jujitsu in Japan am besten erklärt und belegt, ist die Theorie der gleichen Voraussetzungen. Die frühe japanische Gesellschaft lebte unter denselben Umständen, die auch in anderen Gesellschaften die Forderung nach kämpferischem Können aufkommen ließen. Kämpferische Fähigkeiten entstanden aus einem Grundbedürfnis nach effektiven Kampftechniken, das durch soziale Konflikte ausgelöst wurde. Angesichts dieses Bedürfnisses erfanden verschiedene Leute in unterschiedlichen Gegenden Kampfmethoden, die ihnen gegenüber ihren Gegnern einen gewissen Vorteil verschafften. Da der „Rohstoff" des Kampfs – der menschliche Körper – in allen Gegenden fast gleich beschaffen ist, verwundert es kaum, dass es bei den Techniken verschiedener Regionen und Epochen bemerkenswerte Überschneidungen gibt.

Die fehlende Systematik bei dieser anfänglichen Entwicklung einer Kampfmethode zeigt sich daran, dass den ersten Kampfkünsten in ihren frühen Anfängen viele verschiedene Namen und Bezeichnungen gegeben wurden. So ist auch der Begriff *Jujitsu* in der japanischen Geschichte erst relativ spät dokumentiert. Statt dessen finden sich Hinweise auf Techniken namens *Yori-Kumiuchi, Taijitsu, Ya-Wara* und *Wajutsu*. Was diesen frühen Bemühungen, eine Kampfmethode zu entwickeln, allerdings fehlte, war eine systematische Auseinandersetzung mit dem Problem. Es gab keine offiziellen Lehreinrichtungen, keine dauerhafte Auseinandersetzung mit der Thematik und auch keinen Lehrplan. Was man brauchte, war eine professionelle Herangehensweise an die Erfassung, Weiterentwicklung und Verbreitung der gewonnenen Erkenntnisse.

Der Aufbau des Ryu-Systems

Aus der alten Zeit vor 650 n.Chr. gibt es keine Aufzeichnungen über einen Begründer des Jujitsu; eher finden wir Hinweise auf Menschen, die sich eindeutig dem Erlernen und Praktizieren lokaler Kampftechniken verschrieben hatten. Die wichtigsten, nämlich den Auszug aus dem Nihongi, der den Kampf zwischen Kuyehaya und Nomi no Sukume im Jahr 23 v.Chr. beschreibt, haben wir bereits kennen gelernt. Außer ein paar verstreuten Hinweisen auf Kämpfe und Ringwettkämpfe existieren nur wenige historische Aufzeichnungen, die auf irgendeine systematische Auseinandersetzung mit der Entwicklung und der Erforschung eines komplexen Kampfstils hindeuten. In dieser frühen Phase der japanischen Geschichte hat es für die Kampfkünste offensichtlich keine systematische Ausbildungsform gegeben, und es scheint, als hätten Einzelpersonen und kleinere Gruppen versucht, ihre kämpferischen Fertigkeiten so gut wie möglich weiterzuentwickeln. Unter solchen Bedingungen kann die Entwicklung eines Kampfstils allerdings keine großen Fortschritte machen. Selbst der engagierteste Amateur kann nicht die Zeit aufbringen, die erforderlichen Quellen zu erschließen, die man benötigt, um einen kompletten Kampfstil von Grund auf systematisch zu entwickeln. Vereinzelte Fachleute können sich selbständig einen gewissen Fundus erarbeiten, doch welche Fertigkeiten sie auch immer entwickeln, gehen diese unwiderruflich verloren, wenn sie nicht an Schüler weitervermittelt werden. Unter diesen Bedingungen gab es für die frühen Kampfkünste Japans kaum Hoffnung auf eine Zukunft.

Dieses Phänomen war in anderen Gebieten der Welt nicht so.

Im antiken Griechenland sorgten anders geartete soziale Bedingungen für eine unglaubliche Entwicklung und Verbesserung der örtlichen Kampfkünste. Die griechischen Stadtstaaten unterstützten den Bau und die Instandhaltung sogenannter „Gymnasien", in denen Ringen, Boxen und Pankration betrieben wurde. Berufsmäßige Trainer unterrichteten in diesen Gymnasien zahlreiche Athleten, von denen viele bei sportlichen Großveranstaltungen wie den Olympischen Spielen an den Start gingen.

Erfolge waren in diesen Disziplinen mit beachtlichem Prestigegewinn verbunden. Entsprechend investierte man viel Geld und Aufwand in ihre Förderung. Das Ergebnis war eine systematische Auseinandersetzung mit den Übungen, der technischen Weiterentwicklung und dem Training wie bei den Sportarten unserer heutigen Zeit. Das wiederum verursachte einen explosionsartigen Fortschritt im Bereich des Niveaus und der Technik, der seiner Zeit buchstäblich Hunderte von Jahren voraus eilte. Die Entwicklung einer derart professionellen und systematischen Auseinandersetzung mit dem Kampftraining begann in Japan erst viel später, wartete dann aber mit vielen der Merkmale auf, die der griechischen Methode zu einem solchen Erfolg verholfen hatten.

Für die Entwicklung eines systematischen und vollständigen Kampfstils bedarf es zunächst einmal der Notwendigkeit einer Kampftechnik. Diese Notwendigkeit entsteht durch politische oder soziale Instabilität, die Konflikte auslöst. Die frühe japanische Geschichte (bis hin zur Ära der Feudalherrschaften) barg mit Sicherheit eine Menge soziales und politisches Konfliktpotential; folglich gab es auch mit Sicherheit eine Nachfrage nach Kampftechniken. Weiterhin benötigt man eine Örtlichkeit, an der eine Gruppe von Übungswilligen zusammenkommen kann, um eine Technik durch regelmäßiges Experimentieren und Üben zu entwickeln und zu verfeinern. Je mehr Zeit und Engagement diese Leute für ihr Vorhaben aufbringen können, desto besser. Diese Entwicklung und Verfeinerung der Technik gilt es zu systematisieren und zu überliefern, so dass sie im Laufe der Zeit weiter verbessert und verändert werden können und Teil eines ständig wachsenden Wissensfundus werden.

Im Wesentlichen braucht man für den Kampf ein Ausbildungssystem. Genau dieses entwickelte sich in Japan rechtzeitig in Form des *Ryu*- (Schul-) Systems. Es entstanden zahlreiche Jujitsu-*Ryus*, in denen professionelle Lehrer (*Sensei*) die Kampftechniken weiterentwickelten und verfeinerten, die sie selbst von ihren Lehrern gelernt hatten. So lange wie die unsicheren sozialen und politischen Zustände den Bedarf an Kampftechniken aufrecht erhielten, konnten diese Schulen gedeihen und hohes Ansehen genießen. Diese Nachfrage ebnete den Weg für zahlreiche künftige Schüler und schuf die Grundlagen, um das *Ryu* und das dort vermittelte Kampfsystem beizubehalten und auszubauen.

Die finanzielle Unterstützung dieser *Ryus* kam üblicherweise von den örtlichen *Daimyo*, Gebietsaufsehern, die für die Kontrolle der kommunalen Verwaltung zuständig waren. Im feudalen Japan hatten diese Kriegsherren die absolute Gewalt über ihren Bezirk. In unruhigen Zeiten wurden sie oft gebeten, Soldaten für andere Kriegsherren abzustellen, mit denen sie verbündet waren. Dementsprechend musste ihnen eine gut ausgebildete Einsatztruppe zur Verfügung stehen. Diese Truppe zu trainieren war Aufgabe des örtlichen *Ryu*. Am Anfang hatten diese *Ryus* ein recht allgemein gehaltenes Ausbildungsprogramm, doch mit der Zeit vollzog sich eine beeindruckende Spezialisierung, wobei sich manche *Ryus* in speziellen Kampfkünsten große Verdienste erwarben. Ein *Ryu* wurde von einem Ryuso gegründet, der seinen Schülern sein Wissen über körperliches Training, *Theorieunterricht* sowie mit Hilfe von schriftlichen Aufzeichnungen oder Zeichnungen vermittelte. Kontinuität und Fortschritt wurde im Laufe der Zeit durch die Übertragung der Unterrichtstätigkeit auf neue Lehrer gewährleistet, die das Erbe des *Ryus (Denshoha)* antraten und ihrerseits die Verantwortung für die Entwicklung und Verbreitung des Wissensfundus dieser Schule übernahmen.

Der Aufstieg der Grapplingtechniken auf dem Schlachtfeld

Bis zur Kamakura-Zeit (1192) hatte sich in Japan ein klarer und unverwechselbarer Kampfstil entwickelt, der in engem Zusammenhang zu den Konfrontationen auf dem Schlachtfeld stand. Diese Kampfkunst war allgemein unter dem Namen *Kamiuchi* bekannt, sozusagen ein Oberbegriff für Grapplingtechniken. Im Verlauf des Kampfs benötigten die Krieger häufig eine Auswahl an Nahkampftechniken oder Maßnahmen für die unbewaffnete Auseinandersetzung mit bewaffneten Gegnern in Folge der Beschädigung oder des Verlusts der eigenen Waffe in der Schlacht.

Während dieser Zeit spielte sich das militärische Kampfgeschehen in schweren Schutzausrüstungen ab. Da Schläge wegen der schweren Rüstungen wirkungslos blieben (weil ein Fausthieb oder ein Tritt einem in einer Rüstung steckenden Mann vermutlich nichts anhaben kann), ging es bei diesen Kampfkünsten hauptsächlich um Grapplingqualitäten. Die meisten dieser Techniken waren darauf ausgelegt, in voller Kampfausrüstung angewendet zu werden. Dabei ging es vorrangig darum, den Gegner aus dem Gleichgewicht sowie zu Boden zu bringen, wo man ihn entweder mit einer Waffe mit kurzer Klinge töten oder ihn zwecks Gefangennahme fesseln konnte. Als die Rüstungen der Soldaten mit der Zeit viel leichter und bequemer wurden, änderten sich entsprechend auch die Kumiuchi-Techniken, die nun mehr Bewegungsfreiheit sowie ein größeres Repertoire an Grapplingtechniken zuließen.

So lange wie (durch politische Instabilität verursachte) militärische Konfrontationen ein typisches Merkmal der Geschichte Japans blieben, behielten diese Schlachtfeldtechniken ihre Bedeutung. Die unbewaffnete Kampftechnik wurde einfach zu einem der zahlreichen Spezialgebiete der Kriegsführung (wenngleich auch zu keinem besonders wichtigen, da dem Umgang mit den Waffen auf dem Schlachtfeld eindeutig der Vorzug gegeben wurde).

Die Verbreitung von Kriegen im feudalen Japan führte auf direktem Weg zur Entstehung einer Berufs-Kriegerkaste. Ihr Wunsch, in ihren militärischen Bestrebungen erfolgreich zu sein, schuf die Notwendigkeit für Fachwissen und die Unterrichtung der Schlachtfeldtechniken. Das Aufkommen von *Bugei-Ryus*, Schulen für militärische Kampfführung, repräsentieren die unmittelbare Vorstufe der Entwicklung klassischer Jujitsu *Ryus*. Diese Militärschulen vermittelten Fachwissen im Bereich der Waffenkunde, wobei sie sich manchmal auf eine bestimmte Waffe z.B. *Kenjutsu* (Schwertkampf), *Sojutsu* (Umgang mit dem Wurfspeer) usw., spezialisierten. Man sollte sich vor Augen halten, dass Japan schon vor der nachgewiesenen Gründung der *Bugei Ryus* eine intensive Tradition in den Bereichen der Kriegsführung und der technischen Entwicklungen pflegte. So wurde beispielsweise das *Butokuden* durch den Kaiser Kanmu zu Beginn der Heian-Zeit ins Leben gerufen, um die Entwicklung der Kriegskunst voranzutreiben. Die Errichtung der echten *Bugei / Bujutsu-Ryus*, in denen militärisches Wissen auf eine systematischere Art und Weise vermittelt wurde, erfolgte erst mit Beginn der Muromachi-Zeit.

Die Anfänge des Jujitsu lagen in diesem Dunstkreis der Schlachtfeldtechniken. Die Kriegerkaste brauchte unbestreitbar einige Nahkampftechniken, da immer wieder die Gefahr bestand, dass man seine Waffe verlor oder ohne Waffe in Gefangenschaft geriet. Deshalb schulte man in diesen *Bujutsu-Ryus* einige Fertigkeiten im unbewaffneten Kampf, auch wenn der Nahkampf für einen bewaffneten Krieger von eindeutig untergeordneter Bedeutung war. Dies war sozusagen die Keimzelle, aus der heraus der gesamte Komplex des unbewaffneten Kampfs geboren wurde.

Der Aufstieg des *Koryu-Jujitsu*

Mit dem schrittweisen Niedergang des Kampfs auf dem Schlachtfeld in Japan nach 1601, verlagerte sich der Schwerpunkt der Kampfschulung von eben diesem hin zum zivilen Selbstschutz. Hieraus wurde zunehmend ein Mittel für den Einzelnen, um sich gegen Angriffe im Alltag zu verteidigen. So änderte sich das Wesen des Jujitsu als Reaktion auf den Wandel der gesellschaftlichen Umstände. Es war die letzte Phase des offenen Feudalkriegs in Japan, die zu der Einführung dessen führte, was im Gegensatz zu dem nur für den militärischen Kampf konzipierten *Bugei-Ryu* allgemein als erstes Jujitsu-*Ryu* bezeichnet wurde.

Das *Takenouchi-Ryu* wurde im Jahr 1532 gegründet. Obwohl dort sicherlich viele Waffentechniken unterrichtet wurden, stand auch eine große Auswahl an waffenlosen Nahkampftechniken auf dem Lehrplan, die ihren Ursprung im *Yoroi-Kumiuchi*-Grappling (Grappling in Rüstungen) hatten. Das Takenouchi-Ryu sorgte für eine neue Schwerpunktsetzung zugunsten des unbewaffneten Nahkampfs, die in der friedlichen Edo-Zeit intensiviert wurde. Das Wissen wurde nur unter Familienmitgliedern vererbt, und innerhalb von zwei Generationen kannte man fast nur noch nicht-militärische Techniken. Dieser Wandel entsprang dem Wunsch des Gründers der Schule, Takenouchi Hisamori. Er verkündete, dass sich seine Söhne von ihrer Treuepflicht gegenüber sämtlichen mächtigen Kriegsherren *(Daimyo)* lossagen sollten. Diese Entscheidung war die Konsequenz aus seinen eigenen schlechten Erfahrungen mit den Kriegsherren. Seine Erklärung besagte, dass die Schule Menschen aus allen gesellschaftlichen Kasten unterrichten würde, darunter die meisten, denen das Tragen von Waffen untersagt war und die nicht den militärischen Ständen angehörten. Folglich musste man den Schwerpunkt nun auch auf die zivile Selbstverteidigung verlagern.

Das *Takenouchi-Ryu* hatte auf viele Ryus in Japan einen überaus großen Einfluss. Da der lange Friede der Edo-Zeit weiterhin andauerte und das militärische Kampfwesen sich auf dem Rückzug befand, wurde es zum Vorbild für die *Koryu*-Jujitsu-Schulen. Zu dieser Zeit entwickelte sich das traditionelle Jujitsu (wie wir es heute kennen) zu einem unabhängigen, vorwiegend waffenlosen Selbstverteidigungssystem für Situationen im Alltag. Während die Wurzeln der früheren Bugei-/Bujutsu-Kunst bei der aristokratischen Kriegerkaste zu finden sind, sind die Ursprünge des Koryu-Jujitsu wesentlich volksnäher. Der Ruf nach einer waffenlosen Kampfkunst ging hauptsächlich vom Bürgertum aus, das keine Waffen tragen durfte. Diese „*Yawara* des gemeinen Volkes“ *(Shomin Yawara)* wurde in der Edo-Zeit durch für die Öffentlichkeit geschriebene Handbücher bekannt, in denen Kampftechniken beschrieben wurden. Dahinter stand der Gedanke, Zivilisten mit Techniken vertraut zu machen, um sich im Alltagsleben gegen mögliche Gefahrensituationen verteidigen zu können. Alte Aufzeichnungen belegen die Existenz von wenigstens 170 *Koryu*-Jujitsu-Schulen um die Mitte der Edo-Zeit und dokumentieren die Beliebtheit, die ihnen entgegen gebracht wurde, als sie an die Stelle der klassischen militärischen Kampfkünste traten.

Der soziologische Wandel und der Niedergang des traditionellen Jujitsu

Ironischerweise führten ausgerechnet die gesellschaftliche Stabilität und der Frieden, der das Aufblühen des *Koryu*-Jujitsu ermöglicht hatte, auch zu dessen Untergang. Die extreme Isolationspolitik des Tokugawa-Shogunats führte dazu, dass

Japan im Zeitalter des Feudalismus stecken blieb, während der Rest der Welt die wissenschaftlichen und industriellen Revolutionen durchlebte, die eine Kluft zwischen der technologischen, wirtschaftlichen, industriellen und militärischen Stärke Japans und den europäischen Nationen verursachte. Dies eskalierte als Kommodore Perry 1854 mit modernen Kanonenbooten in japanische Gewässer eindrang und den Zugang zu den Häfen forderte.

Die politische und militärische Schwäche Japans war mehr als deutlich, und es wurde auch zunehmend klar, dass das alte System aufgegeben werden musste. Japan teilte sich in die Konservativen, die für die Aufrechterhaltung des alten Feudalsystems eintraten und die wachsende Schicht der Intellektuellen, die einen sofortigen Wandel forderten. 1868 brach das alte System zusammen und Kaiser Meiji kam an die Macht. Das Ergebnis war eine schwindelerregende Jagd, neue, zumeist europäische Gedanken aufzugreifen und fast 300 Jahre des europäischen Fortschritts aufzuholen. Die Inthronisierung Meijis hatte die sofortige Auflösung des Samuraistandes, deren Lehnsherren und deren Regierungsbezirke *(Han)* zur Folge.

Die Abschaffung der Berufskriegerkaste und der von ihnen praktizierten Kampfmethoden dämpfte den Bedarf an traditionellen Jujitsu-Schulen stark. Die Nachfrage nach Unterricht sank drastisch, was einen sowohl quantitativen als auch qualitativen Rückgang der Jujitsu-Ryus zur Folge hatte. Noch schlimmer aber war, das Jujitsu in einen engen Zusammenhang mit dem alten Japan und dem alten System gebracht wurde, die für die Machteinbuße Japans im Vergleich zur restlichen Welt verantwortlich waren. Deshalb hielt man es für veraltet und wertlos.

Das Interesse an *Koryu*-Jujitsu ging rapide zurück. Zusätzlich sorgte die Aufhebung des Feudalsystems, der Provinzverwaltungen und der Reisebeschränkungen in Verbindung mit der raschen Entwicklung der Industrialisierung dafür, dass viele Japaner vom Land in die Stadt umsiedelten. Folglich zogen auch viele Jujitsu-Lehrer, die nun nicht mehr von einem *Daimyo* finanziell unterstützt wurden, in die Städte. Zusammen mit der sinkenden Schülerzahl führte dies zu einem ernsten Wettbewerb um die zahlenden Schüler. Das Ergebnis waren viele blutige Herausforderungskämpfe, die dazu dienten, die Überlegenheit einer *Ryu* gegenüber einer anderen unter Beweis zu stellen, um neue Schüler anzuwerben. Jujitsu geriet in den schlechten Ruf, eine Angelegenheit von Gaunern und Raufbolden zu sein, was das allgemeine Interesse daran noch mehr dämpfte. Das Ganze führte zu einer regelrechten Krise für das *Koryu*-Jujitsu. Die meisten Lehrer suchten sich neue Betätigungsfelder, um ihren Lebensunterhalt bestreiten zu können.

Jigoro Kano und der Aufstieg des Judo

Als Jigoro Kano in den späten Siebzigern des 19. Jahrhunderts mit dem Jujitsu-Unterricht begann, war das Ansehen dieser Kampfkunst derart ramponiert, dass es für ihn schwierig war, überhaupt eine Schule zu finden. Er bekam die negative öffentliche Meinung zu spüren, der zufolge Jujitsu ein brutales, aus der Mode gekommenes Relikt vergangener Tage war. Trotzdem sah Kano in Jujitsu einen wichtigen und lebendigen Teil des japanischen Erbes. Er bemühte sich, es zu verändern und die Kampfkünste wieder als Bestandteil der allgemeinen Erziehung salonfähig zu machen. Als Reaktion auf andauernde Hänseleien, die ihm als Kind und Heranwachsender widerfahren waren, wandte sich Kano dem Jujitsu zu, um damit seine körperliche Konstitution und seine Robustheit zu verbessern. Er musste dies gegen den ausdrücklichen Wunsch seines Vaters tun, der die zu dieser Zeit vorherrschende geringe Wertschätzung des Jujitsu teilte. Während er an der Universität in Tokyo war, widmete sich Kano einem intensiven zweijährigen Studium des *Tenjin-Shinyo Ryu* Jujitsu unter der Leitung des Meisters Fukuda. Als Fukuda 1879 starb, musste Kano seine Lehrzeit unter Mataemon Iso fortsetzen, der 1881 ebenfalls verstarb. Dieser

Verlust zwang Kano dazu, unter Tsunetoshi Ikubo zum *Kito Ryu* Jujitsu überzuwechseln, bei dem Wert auf eine dem Judo nahestehende Wurftechnik gelegt wurde. Insgesamt lernte Kano vier Jahre lang Jujitsu und entpuppte sich in dieser Zeit als ein besonders engagierter und erfindungsreicher Schüler. Als Belohnung gab man ihm das Symbol der Führerschaft des *Tenshin Shinyo Jujitsu Ryu* – Schriftrollen, die die Geschichte und die Technik des Systems dokumentierten.

Kanos Vision ging allerdings weit über die reine Vermittlung einer alten Tradition hinaus. Während er Jujitsu erlernte, notierte er sich das, was er für die elementaren Schwächen des Koryu Jujitsu hielt und entschloss sich dazu, diese zu beheben. Es ist durchaus interessant, einen Blick auf diese Schwächen zu werfen. Zuerst einmal ging es bei der sozialen Frage um den zweifelhaften Ruf des Jujitsu, insbesondere bei Gaunern und Schlägern beliebt zu sein. Kano kam aus einer angesehenen, intellektuellen Familie; die Vorstellung von lärmenden Straßenschlachten passte nicht zu einem Mann seines Standes. Einer der großen Verdienste Kanos bestand in der Einführung legitimierter, offiziell gebilligter Veranstaltungen *(Shiai)*, die gesellschaftsfähige Wettkämpfe möglich machten. Kanos Anliegen war es, das Kampfkunsttraining mehr zu einer Teilstrecke auf dem Weg zur Selbstvervollkommnung als zu einer reinen Kampfübung werden zu lassen. Es sollte sich dabei genausoviel um Charakterbildung wie um Kampftraining handeln.

Darüber hinaus führte Kano einen strengen Verhaltenscodex ein, der unter anderem das Kämpfen für Geld untersagte. Auf diese Weise gelang es ihm, die öffentliche Meinung, die die Kampfkunst eng mit Krawall in Verbindung brachte, im Wesentlichen wieder gerade zu rücken. Aus diesem Grund verwendete Kano die Bezeichnung *Judo* für seinen Stil lieber als *Jujitsu*. Anstatt nur ein Hinweis auf die reine Technik oder die Kunst (Jitsu) zu sein, implizierte Judo das Streben nach etwas Höherem. *Do* bedeutet *der Weg* (im Chinesischen *tao*) und beinhaltet den Gedanken des „Sich-selbst-in-den-Griff-Bekommens“ und der Perfektion, im Gegensatz zu einer bloßen Ansammlung verschiedener Techniken.

Zweitens kannte Koryu-Jujitsu keinen festen Lehrplan und keine Ausbildungsstufen. Diese offene Gestaltung führte dazu, dass Anfänger häufig mit weit Fortgeschrittenen trainierten, da es ja keine Gürtelstufen gab, die die Schüler nach ihrer Erfahrung und ihrem Können unterschieden. Dieses Vorgehen vergrößerte jedoch das Risiko schwerer Verletzungen beim Training. So gab es zum Beispiel kein systematisches Training für Anfänger, das ihnen die Methoden des sicheren Fallens *(Ukemi)* näherbrachte, um Würfe ohne Verletzungen schadlos zu überstehen. Der Unterricht war recht eigenwillig und dem Zufall unterworfen.

Drittens bestand das wichtigste Problem, das Kano in Zusammenhang mit Koryu-Jitsu sah, im Fehlen einer Gesamtstrategie. Im Wesentlichen handelte es sich dabei nur um ein Sammelsurium von Tricks, mit denen man einen Gegner in bestimmten Situationen besiegen konnte. Einige dieser Tricks standen durchaus im Einklang mit der Vorstellung von einer wirkungsvollen Technik zur Abwehr von roher Gewalt, aber eben nicht alle. Kano machte gewissenhaft die Maxime des *Seiryoku Zenyo* (maximale Wirkung bei minimalem Aufwand) zum Leitprinzip seiner neuen Kampfkunst. Jede Technik musste auf dieses Prinzip abgestimmt werden. Der mit Abstand wichtigste Aspekt, auf den Kano bei der Anwendung dieses Prinzips Wert legte, hieß *Kuzushi* (Aus dem Gleichgewicht bringen). Im Rahmen seiner Untersuchungen stellte Kano fest, dass ein aus dem Gleichgewicht gebrachter Gegner weder angreifen noch Würfe oder *takedowns* wirkungsvoll abwehren kann. Der Aufwand an Kraft, den man benötigt, um einen aus dem Gleichgewicht geratenen Mann zu Boden zu werfen, ist erheblich geringer als bei einem, der sich im Gleichgewicht befindet.

Entsprechend legte Kano großen Wert darauf, einen Gegner vor dem Wurf zunächst einmal aus dem Gleichgewicht bringen zu können. Dadurch hatte auch ein kleinerer

Mann eine hervorragende Chance, einen größeren Gegner unter Kontrolle zu bringen und dann niederzuwerfen. Kano hatte somit ein über allem stehendes Prinzip, um die Technik des Kämpfers zu prägen, so dass dieser mit dem geringsten Aufwand die größte Wirkung erzielte und körperlich in der Lage war, das *Kuzushi*-Prinzip, d.h. das „Aus-dem-Gleichgewicht-Bringen" in die Tat umzusetzen.

Ein viertes gravierendes Problem des *Koryu* Jujitsu war das Fehlen geeigneter Trainingsmethoden. Traditionelles Jujitsu wurde fast ausschließlich über die *Kata* gelehrt. Dies bedeutete, dass zwei sich gegenüber stehende Partner ohne Gegenwehr eine vorgegebene Bewegungsabfolge ausführen mussten. Der Hauptgrund für diese Regelung lag in der Tatsache, dass *Koryu* Jujitsu felsenfest auf Techniken vertraute, die in keiner anderen Situation als in einem kompromisslosen Überlebenskampf eingesetzt werden konnten. Dabei handelte es sich um eine Hinterlassenschaft aus der Zeit der Schlachten, als an den Haaren ziehen, in die Augen stechen, Angriffe gegen den Unterleib, Einhaken der Finger in Augen, Nase, Mund und Ohren, Kratzen usw. gängige Praxis waren. Es leuchtet ein, dass solche Techniken nicht mit voller Kraft gegen einen Trainingspartner eingesetzt werden können. Die stark idealisierten Bewegungen der *Kata*-Formen beförderten sich jedoch schnell selbst ins Abseits. Das Beherrschen der *Kata*-Bewegungsabläufe wurde gleichgesetzt mit dem Beherrschen des offenen Kampfs. Obwohl die Kata eine ungefährliche Methode waren, um den Schülern Bewegungsabfolgen zu vermitteln, waren sie vollkommen ungeeignet, um sie auf den „richtigen" Kampf vorzubereiten. Es ist ein himmelweiter Unterschied, ob man eine Aktion gegen einen sich nicht widersetzenden, kooperierenden Partner oder einen „unter Strom stehenden" Gegner im echten Kampf ausführt.

Angesichts dieser Probleme versuchte Kano das *Koryu*-Jujitsu neu zu gestalten und eine neue Kampfmethode zu erschaffen, die solche Fallen umgehen würde. Bei der Ausgestaltung seiner Reformen orientierte sich Kano an seinen Maßstäbe setzenden Vorstellungen von dem, was beim traditionellen Jujitsu falsch gemacht worden war und dem, was geändert werden musste.

Neben seinem Engagement für die gesellschaftliche Bildung und die Wiederherstellung des öffentlichen Ansehens des Jujitsu, war Kano daran interessiert, eine wirklich kampftaugliche Methode zu entwickeln. Er erkannte, dass die Kampfkünste damals nicht nur im technischen Bereich, sondern auch hinsichtlich der Trainingsmethoden verbessert werden mussten. Zu Beginn der Meiji-Zeit gab es buchstäblich Tausende weit verbreitete Jujitsu-Techniken, von denen viele durchaus effektiv waren. Kano war in den vier Jahren, in denen er sich mit Koryu-Jujitsu beschäftigt hatte, selbst mit vielen dieser Techniken konfrontiert worden, aber er war klug genug, um zu erkennen, dass es eine große Kluft zwischen einer Technik und der Anwendung derselben gab. Anders gesagt: eine existierende Technik kann durchaus eine effektive Technik sein, wenn man sie unabhängig von demjenigen sieht, der sie anwendet; wird sie allerdings schlecht angewendet, erzielt sie auch nicht die gewünschte Wirkung. Kanos Vorhaben zielte deshalb darauf ab, das Augenmerk von den eigentlichen Techniken auf diejenigen zu verlagern, die diese Techniken auch tatsächlich anwendeten. Im Kampf wird der Wert einer Technik von der Fähigkeit des Schülers, diese anwenden zu können bestimmt. Deshalb ist es für den Trainer sinnvoller, sich vorrangig darum zu bemühen, Methoden zu finden, um den Schülern die Techniken im Training zu vermitteln, als einfach nur Unmengen an Techniken anzuhäufen.

Bedienen wir uns einer einfachen Analogie: Im Kampf ist ein Gewehr nur so treffsicher wie die Person, die es abfeuert. Es nutzt gar nichts, wenn man alle Zeit und Mühe darauf verwendet, ein besonders zielgenaues Gewehr zu konzipieren, wenn derjenige, der es benutzt, keine Begabung für das Schießen mitbringt. Genauso verhält es sich mit der Jujitsu-Technik: Im Kampf erweist sie sich nur so wirkungsvoll wie die Geschicklichkeit desjenigen, der sie anwendet. Entsprechend unternahm Kano nur wenig, um die Jujitsu-Technik neu zu gestalten; In der Praxis war fast die gesamte Technik, die er unterrichtete, dem *Koryu*-Jujitsu entnommen. So umfasst beispielsweise sein Lehrplan des Jahres 1895 *(Gokyo)* 40 Würfe, was im Vergleich mit anderen Schulen ziemlich wenig ist. Seine wirklich wichtigen Veränderungen betrafen die Trainingsmethoden. Das Problem, mit dem Kano sich auseinanderzusetzen hatte, bestand darin, eine dem richtigen Kampf ähnliche Trainingsmethode zu konzipieren, bei der die Schüler mit dem im Kampf zu erwartenden Stress und der Ermüdung konfrontiert wurden, ohne sich dabei jedoch zu großen Gefahren oder einem hohen Verletzungsrisiko auszusetzen.

Wir haben gesehen, dass realitätsnahes Training *(Randori)* einen wichtigen Bestandteil des Kampftrainings ausmacht. Das Problem des Koryu-Jujitsu bestand darin, dass die Mehrzahl der Techniken unsichere Elemente (z.B. Stechen in die Augen) beinhalteten, die sie für das tägliche realitätsbezogene Training ungeeignet machten. Wenn *Randori* zu gefährlich wird, machen die Schüler aufgrund einer nicht mehr hinnehmbar hohen Verletzungsanfälligkeit und Zermürbung keine Fortschritte. Eine Reaktion auf dieses Problem bestand darin, *Randori* vollständig abzuschaffen, was die meisten *Koryu-Jujitsu*-Schulen auch taten. Sie konnten diese Reaktion mit der Begründung rechtfertigen, dass die Aktionen einfach zu gefährlich waren, um sie gegen einen Trainingsgegner auszuführen. Das offensichtliche Problem, das eine solche Reaktion mit sich bringt, ist, dass die Schüler die Techniken, die sie in einem richtigen Kampf benötigen, gar nicht anwenden können. Somit befinden wir uns in einem echten Dilemma. Einerseits können wir eine große Wirklichkeitsnähe erreichen, indem wir ein völlig freies Training zulassen, wodurch wir unvertretbar viele Verletzungen und Ausfälle riskieren. Andererseits können wir das Training sicher und bequem gestalten, indem wir das *Randori* zu Lasten der Effektivität im Kampf herausnehmen.

Kano war sich dieses Dilemmas absolut bewusst, und die Lösung, die er fand, wurde zweifelsohne zu einem der wirklich großen Durchbrüche in der Geschichte des Kampfsports. Als Kano feststellte, dass bestimmte Techniken für die meisten Verletzungsprobleme beim Kampftraining verantwortlich waren, suchte er einen Mittelweg zwischen dem wirklichkeitsnahen, jedoch unsicheren Extrem des unlimitierten *Randori* und dem sicheren, aber wirklichkeitsfernen Extrem des Trainings idealisierter Bewegungen (Kata). Er grenzte die Formen der Techniken ein, die man beim *Randori* anwenden konnte und ließ nur diejenigen zu, die man mit geringem Verletzungsrisiko unter Einsatz der ganzen Kraft gegen einen sich wehrenden Gegner anwenden konnte.

Diese Methode, Techniken gewisse Grenzen zu setzen, wurde zum Vorbild für alle nachfolgenden Grapplingstile und ebenso für viele schlagende Kampfstile. Auf diese Weise konnte die Realitätsbezogenheit des Kampftrainings gewahrt werden, ohne die Schüler einem übergroßen Verletzungs- und Ausfallrisiko auszusetzen.

Dennoch wurde Kanos Lösung des Realitäts-/Sicherheitszwiespalts nicht von allen als zufriedenstellend erachtet. Vertreter verschiedener Kampfstile stimmten den exakten Grenzen, die Kano dem *Randori* gesetzt hatte, nicht immer zu. Dabei war er tatsächlich recht konservativ vorgegangen – er verbot jegliches Schlagen, verschiedene Würfe sowie zahlreiche Aufgabewürfe, die andere Stile zuließen. Es gab auch einige Bedenken, dass Kano Jujitsu durch das Streichen gefährlicher Techniken zu sehr verwässerte und es für den Kampf weniger wirksam machte. Letztendlich lag es an Kano, zu zeigen, dass diese Einwände falschen Vorstellungen entsprangen. Dennoch erntete seine Lösung des Problems trotz einiger Beschwerden und Kritik riesengroße Zustimmung und Erfolg.

Um die traditionellen Kampfkünste rankt sich der weitverbreitete Glaube, dass die allgemeine Effektivität eines Kampfstils proportional von der Anzahl seiner Techniken und der scheinbar tödlichen Wirkung derselben abhänge. So betrachtet man beispielsweise einen Stil der viele Techniken beinhaltet, die dazu da sind, einem Gegner das Genick zu brechen, ihm die Augen auszustechen oder mit anderen Mitteln furchtbare Verletzungen oder den Tod herbeizuführen als wirksame und gefährliche Kampfkunst. Diese Einstellung vertrat man auch im Umfeld des Koryu-Jujitsu. Viele *Ryus* priesen ihre Durchschlagskraft anhand der Anzahl und der angeblichen Tödlichkeit der von ihnen angebotenen Techniken an, und offengestanden hält sich dieser Glaube immer noch. Offenbar wirkt die Vorstellung von einem Mann, der einem anderen die Augen auskratzt oder ihm mit einer gewaltigen Ohrfeige das Trommelfell platzen lässt, immer noch sehr beeindruckend.

Viele Leute erkennen jedoch nicht, dass diese gefährlichen Aktionen körperliche Handlungen sind wie alle anderen Techniken auch. Als solche muss man sie – genauso wie das perfekte Schwingen des Golfschlägers oder den *Slam Dunk* beim Basketball - auch realitätsähnlich trainieren, um die Anwendung zu perfektionieren. Genauso wie niemand darauf hoffen kann, durch das bloße Trainieren einer „Basketball-Kata“ zum Bundesligaspieler zu werden, darf auch niemand ernsthaft glauben, die realitätsnahe Anwendung solch tödlicher Aktionen über eine Kampfkunst-Kata erlernen zu können. Demjenigen, der diese angeblich tödlichen Techniken anwendet, würde jede echte Erfahrung fehlen, wie man solche Aktionen in einer realistischen Situation gegen einen sich zur Wehr setzenden Gegner einsetzt. Deshalb hätte er auch nur minimale Erfolgsaussichten.

Entsprechend ist den „tödlichen Techniken“, die von so vielen traditionellen Kampfsportarten favorisiert werden, lediglich eine *theoretische* Tödlichkeit bei geringer *praktischer* Tödlichkeit zueigen. Diesen Irrglauben, der im Umfeld der traditionellen Kampfkünste so weit verbreitet war, aufzudecken, war ein Teil von Kanos Plan. Er fand heraus, dass die gesamte Effektivität einer Kampfkunst von weit mehr als nur der Anzahl ihrer Techniken und deren theoretischer Tödlichkeit abhing. Der andere Teil, der für die Gesamteffektivität mitverantwortlich ist, ist die Trainingsmethodik, mit deren Hilfe die Techniken fest im Bewusstsein der Schüler verankert werden. Genau dieser eminent wichtige Aspekt war in den meisten *Koryu-Jujitsu*-Stilen außer Acht gelassen worden. Das traditionelle Jujitsu hatte einen Fetisch erschaffen, wobei es die Technik an sich als das eigentliche Ziel verstand und folglich keinen Bedarf an Methoden sah, mit denen man Schülern die Anwendung näher bringen konnte. Das Ergebnis war, dass man dem Irrglauben an die „tödliche Technik“ verfiel – in der trügerischen Annahme, dass die Effektivität einer Kampfkunst in einem direkten Verhältnis zur Anzahl und scheinbaren Tödlichkeit der in ihr enthaltenen Techniken stand. Deshalb unterrichtete Kano nicht einfach nur Technik. Er lehrte eine Trainingsmethodik, die den Schülern die sicheren Techniken erfolgreich vermitteln konnte, sodass diese in der Lage waren, sie effektiv und vertrauensvoll in einer Kampfsituation anzuwenden. Auf diese Weise hoffte Kano, zu einer kampftauglicheren Kampfkunst zu gelangen.

Eine überraschende Folge, die aus Kanos Entscheidung resultierte, Judo von vielen gefährlichen Techniken des Koryu-Jujitsu zu säubern, war, dass hierdurch ein für den Kampf wirkungsvollerer Stil entstand. Das war das genaue *Gegenteil* dessen, was Viele erwartet hatten. Normalerweise würde man denken, dass sich die Effektivität einer Kampfkunst mit der Anzahl tödlicher und gefährlicher Techniken erhöhen sollte. Wir haben aber bereits gesehen, dass ein solches Denken ein Beispiel für den „tödliche Technik-Irrglauben“ ist. Kano erkannte, dass man wesentlich effektiver kämpfen konnte, wenn man mit vollem Einsatz mit einem sich wehrenden Partner trainierte und dabei Techniken anwandte, die im täglichen Training sicher eingesetzt werden konnten. Dem entgegen stand derjenige, der nur Katas mit theoretisch tödlichen Techniken mit passiven, keinen Widerstand leistenden Partnern übte.

Um diesen Aspekt zu verstehen, müssen wir uns darüber im Klaren sein, was eine „sichere" Technik überhaupt ausmacht. Sichere Techniken sind solche, die man im täglichen Training unter Einsatz seiner vollen Kraft gegen sich wehrende Gegner ausführen kann. Viele der Techniken des *Koryu*-Jujitsu gehören eindeutig nicht zu dieser Kategorie. Schläge gegen empfindliche Körperteile, Stiche in die Augen, Angriffe gegen die Weichteile und Ähnliches können nicht Teil eines sicheren Trainingsplans für den Alltag werden. Darüber hinaus gibt es auch einige Würfe und Gelenkhebel, deren Anwendung ein überdurchschnittlich hohes Verletzungsrisiko beinhaltet. Auch diese müssen entfallen. Die verbleibenden Techniken können in das Repertoire eines sicheren und unterhaltsamen Sparring-Programms aufgenommen werden, in dem sie sich nicht allzu sehr von ihrer Anwendung im richtigen Kampf unterscheiden.

Es muss klar darauf hingewiesen werden, dass der Begriff „sicher" keinesfalls bedeutet, dass die Technik ineffizient ist. Die Techniken sind nur insofern sicher, als dass sie unter Aufsicht auf Matten *(Tatami)* von Schülern angewandt werden, die sich darauf verständigt haben, die Anwendung abzubrechen, sobald der Partner aufgibt. Werden diese Sicherheitsbeschränkungen nicht beachtet, kann ein Gegner mit diesen „sicheren" Techniken auch durchaus verletzt, zur Bewusstlosigkeit gebracht oder sogar getötet werden. So können beispielsweise die zu einem späteren Zeitpunkt in diesem Buch vorgestellten Armhebel von den Trainingspartnern sicher angewandt werden, wenn sich beide darauf einigen, die Technik sofort abzubrechen, sobald ihre Wirkung einsetzt. Unterlässt man eine solche Absprache, wäre ein komplizierter Armbruch die Folge. Man stelle dies einem Stich in die Augen oder irgendeiner anderen unsicheren Technik des *Koryu*-Jujitsu gegenüber, die nicht mit vollem Krafteinsatz ausgeführt werden kann, ohne ein nicht hinnehmbar hohes Verletzungsrisiko einzugehen. Wenn die Schüler diese sicheren Techniken erst einmal in jedem Training anwenden, gewöhnen sie sich auch schnell die Feinmotorik an, die beim Einsatz gegen einen sich entschlossen zur Wehr setzenden Feind erforderlich ist.

So kommen wir zu dem paradox klingenden Ergebnis, dass der, der sich im Training einiger sicherer Techniken bedient, im richtigen Kampf besser zurecht kommt als der, der anscheinend tödliche Techniken trainiert hat. Dies war der auf den ersten Blick nicht nachvollziehbare und revolutionäre Gedanke, der hinter Kanos Reformen stand. Man brauchte nun noch einen greifbaren, empirischen Test, der die Gültigkeit dieser innovativen Ideen unter Beweis stellte. Ohne diese wären Kanos Reformen nichts weiter als bloße Theorie geblieben. Die Feuerprobe dieses neuen Denkansatzes folgte vier Jahre nach Eröffnung des Kodokan.

Das Turnier von 1886

1882 gründete Kano seine *Kodokan* Judo-Schule. Dies war eine herausragende Leistung für ihn. Er war erst 22 Jahre alt und hatte sich gerade einmal vier Jahre lang mit Jujitsu beschäftigt. Er eröffnete eine kleine Schule mit nur neun Schülern. Im Lauf der Zeit vergrößerte er die Schule und zog mehrere Male um. Es gelang ihm sogar, einige der besten Jujitsu-Kämpfer Japans in seinen Kodokan aufzunehmen. Durch Kanos Trainingsmethoden (von denen *Randori* die wichtigste war) verbesserten diese Männer ihr bereits beachtliches Können noch weiter, was dem Kodokan den Ruf einbrachte, eine der führenden Schulen Tokios zu sein.

Ein solcher Erfolg blieb natürlich nicht unbemerkt. Die Folge waren zahlreiche Herausforderungen an den *Kodokan*, die von *Koryu*-Schulen und Einzelpersonen ausgingen. Die besten *Kodokan*-Schüler (die früher einmal Jujitsu-Kämpfer waren und nun zum *Kodokan*-Judo gewechselt waren) besiegten alle Herausforderer mit relativer Leichtigkeit. Kano hatte für diese Herausforderungskämpfe strenge Regeln und Auflagen erlassen. Er wollte vermeiden, dass sich die Jujitsu-Schulen das unerwünschte Image sich in der Öffentlichkeit prügelnder Horden verschafften. Deshalb fanden alle Kämpfe im *Kodokan* statt, wobei unfaire Taktiken und Schläge streng reglementiert waren. So handelte es sich mehr um Grapplings als um Auseinandersetzungen, bei denen jedes Mittel erlaubt war.

Nach wie vor beeindruckte die Leichtigkeit, mit der die *Kodokan*-Kämpfer ihre Gegner abfertigten. 1886 beriet die Tokioter Polizei über eine Kampfkunst für die Ausbildung ihrer Beamten. Man veranstaltete ein Turnier, für das man aufwändig Werbung gemacht hatte, um die Effektivität verschiedener Stile auf die Probe zu stellen und anschließend einen für die Ausbildung der Polizisten auszusuchen. Am Ende lief es auf eine Entscheidung zwischen dem neuen Judo-Stil und einigen der bekanntesten *Ryus* des klassischen Jujitsu hinaus. Der *Kodokan*, der von einigen wirklich legendären Persönlichkeiten wie z.B. Saigo und Tomishita vertreten wurde, gewann 13 von 15 Kämpfen und erreichte in den beiden anderen Begegnungen jeweils ein Unentschieden. Siege wurden erzielt, wenn ein *Ippon* (Wurf) gelang, man den Gegner flach auf den Rücken legte oder dieser aufgab. (Es ergab sich, dass die Siege in allen Hauptkämpfen durch Würfe zustande kamen; in den Aufzeichnungen gibt es kaum Hinweise auf Bodengrappling oder Aufgabegriffe.) Offensichtlich waren die Techniken, die man benutzen durfte, eingeschränkt. Unerlaubte Taktiken waren verboten und das Ganze ähnelte mehr einem Grapplingturnier als einem offenen Kampf. Für den Kodokan wurde es zu einem wahren Triumph.

Nach nur zweijährigem Bestehen hatte es der *Kodokan* unter seinem jugendlichen Leiter vor öffentlicher Kulisse mit den herausragenden *Koryu*-Jujitsu-Meistern der damaligen Zeit aufgenommen und diese eindrucksvoll besiegt. Die Auswirkungen zeigten sich schon bald. Kanos Einrichtung wurde von einem Kampfkunst-*Ryu* unter vielen zur erfolgreichsten Schule Japans. 1887 hatte er schon mehr als 1500 Schüler. Mit wachsendem Ruhm und Ansehen des *Kodokans*, geriet das traditionelle Jujitsu immer mehr in den Hintergrund. Darüber hinaus sorgte Kanos Stellung als hoch angesehene Persönlichkeit im japanischen Bildungssystem dafür, dass Judo 1911 in die öffentlichen Schulen Einzug hielt. Innerhalb kurzer Zeit wurde aus dem privaten Kampfstil ein Nationalsport. Kanos Vormachtstellung und seine Dynamik als Volkspädagoge waren so groß, dass ihm auch außerhalb der Grenzen Japans internationale Anerkennung zuteil wurde. Er wurde zu einem Mitglied des Olympischen Komitees ernannt und setzte sich fortan dafür ein, Judo zu einer internationalen Disziplin zu machen. Um dieses Ziel zu erreichen, entsandte er viele seiner besten Schüler ins Ausland, um für das Erlernen des Judosports zu werben. Darüber hinaus nahm er auch viele Ausländer als Schüler in Japan auf. Angesichts dieses gewaltigen Erfolgs wurde *Koryu*-Jujitsu völlig verdrängt und lief sogar Gefahr, gänzlich von der Bildfläche zu verschwinden.

II. MODERNES JUJITSU - NEUE KONZEPTE, NEUE WEGE

In Kapitel 1 haben wir den Aufstieg einer kämpferischen Tradition in der frühen Geschichte Japans verfolgt, die zu einem systematisch strukturierten und umfangreichen Beitrag zur Kampfkunst heranreifte. Als politische Unruhen eine Nachfrage nach Kampftechniken aufkommen ließen, wurde das militärische Training zu einem wertvollen Gut. Rechtzeitig entstanden professionelle Schulen (*Ryuha*), die von den örtlichen Kriegsherren finanziell unterstützt wurden. Die Umstände der Zeit und die zur Verfügung stehenden Mittel versetzten diese *Ryuhas* in die Lage, bedeutende Fortschritte auf den Gebieten der Technik und des Trainings zu machen. Das Ergebnis war ein zunehmend raffinierterer Beitrag zur militärischen Kampfführung, der in der späten Phase der Feudalzeit seinen Höhepunkt erreichte. Als das Tokugawa-Shogunat wieder für politische Stabilität sorgte und die Notwendigkeit eines militärischen Trainings somit entfiel, entstand eine Nachfrage nach ziviler Kampfkunst. Verschiedene *Ryuhas* begannen, sich auf unbewaffnete Kampfstile zu spezialisieren. Das Resultat war die Entstehung eines speziellen Lehrplans, dessen Inhalte dem, was wir unter modernem Jujitsu verstehen, durchaus sehr ähnlich war.

Im 17. und 18. Jh. gelangte diese Art des Jujitsu in Japan zu großer Bedeutung. Allerdings führte die extreme Politik des Tokugawa-Shogunats in eine politische und kulturelle Isolation und endete schließlich im Verfall der japanischen Gesellschaftsordnung und der militärischen Kaste. Parallel dazu erlebte das klassische Jujitsu einen dramatischen Niedergang. Jigoro Kano erschuf eine neue Kampftradition, das *Kodokan* Judo, in dem er bestimmte Elemente des traditionellen Jujitsu abzuschaffen versuchte, von denen er glaubte, dass sie zu diesem Niedergang beigetragen hatten. In einer Reihe von Herausforderungskämpfen trat das klassische Jujitsu gegen den *Kodokan* an. Das Ergebnis war eine Serie eindeutiger Siege für Kanos Schule. Deren überlegene Trainingsmethodik und die Gesamtstrategie verschafften ihr einen entscheidenden Wettbewerbsvorteil. Angesichts dieser Niederlagen setzte sich der Abstieg des klassischen Jujitsu noch weiter fort, was dazu führte, dass Judo zu Japans prominentester Kampfkunst wurde.

FUSEN RYU UND DIE ENTWICKLUNG DES GRAPPLING-JUJITSU

Gegen Ende des 19. Jh. hatte Judo die unangreifbare Stellung der führenden Kampfsportart Japans inne. Auf überzeugende Weise hatte es sämtliche Konkurrenten auf die Plätze verwiesen und genoss zudem Unterstützung durch das japanische Bildungssystem (zumal Kano in diesem System selbst hoch angesiedelt war). Zur Überraschung Vieler erhielt der *Kokodan* eine Herausforderung von Mataemon Tanabe, dem Leiter einer verhältnismäßig kleinen Jujitsu-Schule namens Fusen Ryu.

Das Fusen Ryu war eine Schule mit langer Tradition. Gegründet worden war sie von Takeda Motsuge, der 1794 geboren, als buddhistischer Priester schon in jungem Alter trainierte. Er nahm den Namen Fusen an und widmete sich dem Studium verschiedener klassischer Kampfkünste. Nach seinem Tod 1867 wurde sein Werk fortgesetzt. Zur Art der Herausforderung an den *Kodokan* bestehen Meinungsverschiedenheiten bezüglich der Details. Es scheint, als habe alles mit einer persönlichen Herausforderung Tanabes gegenüber verschiedenen Mitglieder des *Kodokans* begonnen und habe sich dann irgendwann zu einem Herausforderungsturnier zwischen den beiden Schulen entwickelt.

Die Vorstellung einer Herausforderung durch ein weiteres klassisches Jujitsu-*Ryu* konnte den *Kodokan* nicht schrecken, da man bereits die bekanntesten Jujitsu-Schulen geschlagen hatte. Nun jedoch hatte man es mit einem unbekannten Gegner zu tun, der völlig anders war, als alle die, mit denen man sich zuvor gemessen hatte. Über das Fusen Ryu gibt es nur wenige zuverlässige Informationen, doch wissen wir, dass der Großmeister der 1890er-Jahre Mataemon Tanabe das Grappling am Boden intensiv trainiert hatte und es zum Herzstück des Trainings seiner Schule gemacht hatte. Es bleibt jedoch unklar, ob dies Tanabes eigenes Werk war, oder ob dies schon immer so im Fusen Ryu gehandhabt wurde.

Davon abgesehen war Grappling am Boden bis zu einem gewissen Grad stets Bestandteil des klassischen Jujitsu. Erfahrungen auf dem Schlachtfeld belegten die Häufigkeit, mit der richtige Kämpfe damit endeten, dass die Gegner – wenn auch ungewollt – am Boden rangen. Ebenso war dies ein wesentlicher Bestandteil des Kampfes, wenn man den Feind gefangen nehmen und festhalten wollte.

Dennoch war es für eine Schule ungewöhnlich für ein komplettes System des Bodengrapplings einzutreten und das Ringen auf der Erde über eine lange Zeit hinweg so zu praktizieren, als handele es sich dabei um den beliebtesten Ort beim richtigen Kampf. Man sollte bedenken, dass der Ausgang der Kämpfe bei den Vergleichen zwischen der *Kodokan* Judo-Schule und den klassischen Jujitsu Ryus immer über die Wurftechnik entschieden wurde. Der ursprüngliche Ausbildungsplan für Techniken im *Kodokan*-Judo bestand aus einer Reihe von Würfen ohne Grapplingeinlagen am Boden. Kano bevorzugte eindeutig Würfe als Fundament seines Systems und seine Schüler waren in der Lage, ihre Gegner in perfekter Manier auf den Rücken zu werfen, um bei Wettbewerben zu gewinnen. Tatsächlich scheint es so, als habe es beim Judo vor 1900 wenn überhaupt so gut wie kein Grappling am Boden gegeben, Tanabe hatte diesen Umstand registriert und wartete mit einer innovativen und brillanten Antwort auf. Er wolle sich nicht mit den Wurftechniken der Judoka messen. Vielmehr wolle er den Kampf am Boden annehmen, wo er – das wusste er – einen gewaltigen Vorteil in Hinblick auf technisches Wissen und Geschick hatte. So konnte er die Judoka leicht aus ihrem bevorzugten Hoheitsgebiet stürzen und auf eine Ebene bringen, wo nur noch wenig Gefahr von ihnen ausging. Anstatt durch einen Wurf zu gewinnen, mit dem man den Gegner flach auf den Rücken warf (Ippon), wollte er gewinnen, indem er den Gegner nach Anwendung eines schmerzhaften Hebels oder eines Würgegriffs zur Aufgabe zwang.

Es gibt verschiedene Berichte über das was geschah, als *Fusen-Ryu-Jujitsu* gegen *Kodokan*-Judo antrat. Einige besagen, dass der Wettstreit damit begann, dass Mataemon Tanabe selbst den Kampf mit führenden Mitgliedern des Kodokan aufnahm und das Ganze in einem Vergleich zwischen den beiden Schulen gipfelte, in dem das *Fusen-Ryu* den *Kodokan* deutlich besiegte. Darüber hinaus bestehen einige Meinungsverschiedenheiten bezüglich des Datums dieser Begebenheit. Die meisten Quellen datieren den Vergleichskampf der Schulen auf das Jahr 1900, einige andere auf wenige Jahre früher und andere sogar auf 1905. Alle stimmen jedoch darin überein, dass der bis dato unbesiegbare *Kodokan* seine erste und einzige Niederlage in einem Herausforderungskampf gegen das bis dahin unbekannte *Fusen-Ryu* hinnehmen musste.

Die meisten Berichte über die Kämpfe bestätigen, dass die Vertreter des *Fusen-Ryu* eine neue Taktik anwandten, bei der sie sofort nach Kampfbeginn zu Boden gingen und die Auseinandersetzungen auf diese Weise zu Grappling-Duellen machten, die am Boden ausgetragen wurden. Es ist nicht klar, ob sie sich dabei einfach auf die Matte setzten oder aktiv in die *Guard-Position* sprangen (eine Grapplingposition am Boden, die von vielen Jujitsu-Ringern sehr geschätzt wird. Die *Guard-Position* wird ausführlich im Kapitel 7 behandelt). Waren die Judoka erst einmal am Boden, wussten sie nicht mehr, was sie mit den *Fusen-Ryu*-Kämpfern machen sollten, und wurden mit Aufgabegriffen schnell besiegt. Das einseitige Ergebnis war ein großer Schock für Jigoro Kano und den *Kodokan*. Er erkannte, dass es seinem Judo schmerzlich an Grapplingtechniken am Boden fehlte und bat Tanabe, den Kodokan-Schülern die Inhalte seines Lehrplans zu vermitteln. Einer der bekanntesten und glaubwürdigsten Berichte über den Wettstreit zwischen dem *Fusen-Ryu* und dem *Kodokan*-Judo stammt von Kainan Shimomura (8. Dan Kodokan-Judo). In der Septemberausgabe von 1952 schrieb Shimomura in der *Henri Plées Revue Judo Kodokan*: „Begegnungen zwischen den Vertretern der beiden Lager waren die Ausnahme. Dennoch schlug die öffentliche Diskussion so hohe Wellen, dass im Januar 1891 ein Vergleichskampf der beiden Lager stattfand, bei dem Tobari (damals 3. Judo-Dan, er verstarb als Inhaber des 8. Dan) für den Kodokan gegen Mataemon Tanabe, eine Koryphäe der Fusen-Ryu-Schule antrat. Man sollte nicht den Fehler begehen, das altehrwürdige Jujitsu schon von vorn herein als dem modernen Judo unterlegen zu betrachten. Tanabe suchte sofort den Kampf am Boden, doch gelang es Tobari auf den Beinen zu bleiben. Nach einem leidenschaftlich geführten Kampf gewann Tanabe durch einen erfolgreichen Würgegriff am Boden. Der wegen der Niederlage zutiefst enttäuschte Tobari begann danach, sich fieberhaft mit der Bodentechnik auseinander zu setzen.

Im darauffolgenden Jahr forderte er Tanabe erneut heraus. Dieses Mal entwickelte sich ein Bodenkampf und Tanabe siegte wieder. Er war jetzt berühmt und forderte die Mitglieder des Kodokan im Namen der alten Schulen heraus. Selbst Isogai (damals 3. Dan und bei seinem Ableben 10. Dan) geriet durch seine Bodentechnik in Gefahr. Das Kodokan schlussfolgerte daraus, dass ein wirklich kompetenter Judoka nicht nur im Stand sondern auch am Boden über eine gute Technik verfügen musste. Dies war der Ursprung der hochgelobten „Ne-waza der Kansai Region". Letztendlich darf man behaupten, dass auch Mataemon Tanabe, unbewusst zur Perfektionierung des Kodokan-Judo beigetragen hat." (Quelle: *Blood on the Sun: The Odyssey of Yokio Tani* von Graham Noble.)

Auswirkungen der Herausforderungskämpfe des *Fusen-Ryu*

Es lohnt sich durchaus, die Kämpfe zwischen dem *Kodokan* und dem *Fusen-Ryu* einer näheren Betrachtung zu unterziehen, da sie Maßstäbe für einen Großteil der modernen Entwicklung des Jujitsu vom 20. Jh. bis in die heutige Zeit setzten. Der wichtigste Effekt des *Fusen-Ryu*-Siegs war die Einführung einer Gesamtstrategie, die mit einer Kampftechnik verknüpft wurde, die für die Gegner mit einem klaren und unerwarteten Nachteil verbunden war. Die Absicht, die dahinter stand, war, den Gegner aus der Position, in der er sich am wohlsten fühlt, zu verdrängen, ihn in eine Situation zu bringen, auf die er nur schlecht vorbereitet ist, um gleichzeitig die eigenen Stärken in diesem besonderen Bereich ausspielen zu können. Genau diese Strategie übernahm Mataemon Tanabe.

Er merkte, dass das Judo-Training vor Beginn des 20. Jh. in Bezug auf das Bodengrappling geradezu erbärmlich unzureichend war. Darum schulte er in besonderem Maße die Grapplingtechniken seiner Schüler am Boden, da er wusste, dass es relativ einfach war, einen Kampf auf den Boden zu verlegen. Dort konnte er von seinen Schülern erwarten, dass sie ihre Gegner schnell in eine Kampfsituation brachten, der sie einfach nicht mehr gewachsen waren. Diese unerwartete Strategie funktionierte im empirischen Test des offenen Kampfs absolut hervorragend. Der Kerngedanke der neuen Strategie war die Vorstellung, dass man einen unbewaffneten Kampf in *Phasen* unterteilen kann, von denen sich jede in ihrer Art grundlegend von den anderen unterscheidet. So ist der Kampf im Stand völlig anders geartet als der Bodenkampf. Ein Kämpfer kann gut in dem einen, aber schlecht in dem anderen sein. Darüber hinaus ist der Kampf im Stand ganz anders, wenn sich die beiden

Kämpfer gegenseitig packen und stehend in den Clinch gehen. An dieser Stelle wird der Verlauf des Kampfs durch die Kontrolle, die sie gegenseitig auf einander ausüben verglichen mit der Situation als noch keine Berührung zwischen beiden stattfand, grundlegend verändert.

Tanabe stellte fest, dass die Judoka sehr geschickt waren, wenn sie ihre Gegner in stehender Position im Griff hatten. In dieser Stellung waren sie in der Lage ihre Gegner in den vorausgegangenen Herausforderungskämpfen, wie z.B. dem Tokyoter Polizeiturnier, zu bezwingen. Die Griff- und Wurftechniken, die durch das offene Kampftraining (*Randori*) den letzten Schliff bekamen, hatten den Vertretern der Judozunft bei Turnieren einen entscheidenden Vorteil gegenüber den klassischen Jujitsu-Schulen verschafft. Der Fehler, den die traditionellen Jujitsu-Ryus gemacht hatten, bestand darin, dass sie sich mit dem *Kodokan* in dessen Paradedisziplinen – nämlich dem Greifen und Werfen – maßen.

Vertreter des *Fusen-Ryu* erkannten, dass die Erfolgsaussichten wesentlich besser sein würden, wenn es ihnen gelänge, die Kämpfe in eine Situation zu lenken, mit der die Judoka nur schlecht zurechtkamen. Das Grappling am Boden war die nahe liegende Lösung. Für geübte Kämpfer ist es leicht, den Kampf auf den Boden zu verlagern, ganz besonders dann, wenn sie selbstbewusst genug sind, sich einfach in die *Guard-Position* (in Rückenlage) zu begeben und den Kampf von dort aus zu führen. Darüber hinaus führt der Weg zum Sieg am Boden über Aufgabegriffe, gegen die sich die meisten untrainierten Menschen nicht zu verteidigen wissen. Tanabes große Erkenntnis war daraufhin das Konzept der *Kampfphasen.* Dabei ging es um eine Strategie, die diese Phasen dazu nutzte, den Gegner aus seiner bevorzugten Umgebung heraus in eine Phase zu zwingen, in der es für ihn nur noch geringe Chancen auf einen Erfolg gab.

Analyse des Fusen-Ryu Jujitsu

Eine der großen Überraschungen in der Geschichte des Kampfsports ist die Tatsache, dass den bemerkenswerten Leistungen des *Fusen Ryu* nur so wenig Aufmerksamkeit geschenkt wurde. Einige Kampfsportler haben sogar noch nie etwas über das *Fusen-Ryu* oder Mataemon Tanabe gehört. Angesichts des gewaltigen und unerwarteten Erfolgs den sie in den Herausforderungskämpfen gegen die mächtige *Kodokan*-Judoschule hatten, ist das durchaus erstaunlich. Hört man zum ersten Mal von ihren bemerkenswerten Heldentaten, kommen einem sofort einige interessante Fragen in den Sinn: Erstens, wer war Mataemon Tanabe überhaupt? Wer trainierte ihn und was wurde nach den Herausforderungskämpfen aus ihm? Zweitens, hatte sich das *Fusen-Ryu* in den ungefähr 65 Jahren seiner Existenz vor den Herausforderungskämpfen immer schon auf das Grappling am Boden spezialisiert? Mit welchen Trainingsmethoden brachte es seine Schüler auf ein derart hohes Niveau? Drittens, was wurde danach eigentlich aus dem *Fusen-Ryu*? Warum verschwand es trotz seiner fantastischen Errungenschaften von der Bildfläche?

Leider gibt es zur Beantwortung dieser Fragen nur wenige Informationen, von denen die meisten aus indirekten Quellen stammen. Bis heute bleibt Mataemon Tanabe eine schemenhafte Gestalt. Allerdings existiert ein berühmtes Foto von Jigoro Kano mit einer Gruppe führender Meister des klassischen Jujitsu, darunter auch Tanabe, das um 1906 aufgenommen wurde. Zu dieser Zeit war Kano gerade mit dem Versuch beschäftigt, die traditionelle Jujitsu Technik schriftlich aufzuzeichnen, um eine *Kata*-Sammlung zu erstellen, die diese Technik für die Nachwelt erhalten sollte. Die meisten Jujitsu-Kämpfer stammen aus bekannten Schulen und sind bereits ziemlich alt. Tanabe hebt sich von den anderen ab, da er jung, stark und durchtrainiert aussieht. Dass er in diesem Alter inmitten einer solch ehrwürdigen Truppe stehen darf, zeigt wie hoch angesehen er bereits war. Diese Tatsache lässt es umso seltsamer erscheinen, dass er danach schnell in Vergessenheit geriet.

Von Tanabe selbst wissen wir nur sehr wenig. Man sagt, dass er der vierte Großmeister des *Fusen-Ryu* Jujitsu war, was auch nachvollziehbar ist. Das *Fusen-Ryu* begann 60 Jahre bevor diese dramatischen Ereignisse an die Öffentlichkeit kamen, und in einem solchen Zeitrahmen unterrichten ungefähr vier leitende Lehrmeister an einer Schule. Tanabe hatte es anscheinend um die Jahrhundertwende in Japan aufgrund seiner Verdienste zu beachtlicher Berühmtheit und Anerkennung gebracht. Er wird von mehreren anderen hoch angesehenen Kampfsportlern erwähnt – so zum Beispiel von Mitsuyo Maeda (von dem wir später noch in Zusammenhang mit der Entwicklung des Brazilian Jiu Jitsu lesen werden).

Wir wissen jedoch, dass Jigoro Kano – zu dieser Zeit Großmeister der führenden Kampfsportschule Japans und einflussreiche Persönlichkeit in der japanischen Regierung (im Bildungsbereich) - zu ihm kam und ihn um Unterricht im Bodengrappling bat. Tanabe kam diesem Wunsch nach, und es ist durchaus möglich, dass diese Zusage, mit der er sich bereit erklärte, die wichtigsten Details des *Fusen-Ryu*-Bodengrappling preiszugeben, zum Untergang des *Fusen-Ryu* Jujitsu führte. Nachdem das Grappling am Boden erst einmal Bestandteil des *Kodokan* Judo-Unterrichts geworden war, wurde es äußerst populär. Innerhalb kurzer Zeit wurde es vom Fachwissen rund um das Bodengrappling (*Ne Waza*) beherrscht. In der Zeit unmittelbar nach den Kämpfen des *Fusen-Ryu* stieg das Interesse an der *Ne Waza*-Technik so sprunghaft an, dass die Technik im Stand schon fast überhaupt keine Beachtung mehr fand. Dem modernen Leser mag dies seltsam vorkommen, ist Judo für ihn doch ein vornehmlich im Stehen ausgeübter durch Würfe geprägter Kampfstil mit einem geringeren Anteil an Bodengrappling. In den frühen Jahren des Judo, vor dem Zweiten Weltkrieg und speziell von 1920 bis 1925 wurde ganz besonders viel Wert auf *Ne Waza* gelegt. Die Mehrheit der Judokämpfe wurde am Boden gewonnen oder verloren. Angesichts dieser *Ne Waza*-Welle, ist *Fusen-Ryu* wahrscheinlich einfach „entschlummert".

Bezüglich der Trainingsmethoden des *Fusen-Ryu*, darf man annehmen, dass sie über das selbe Element verfügten, das auch für den Erfolg des *Kodokan*-Judo von entscheidender Bedeutung war, nämlich das offene Kampftraining (Randori). Im vorigen Kapitel haben wir gesehen, dass Kano auf Randori als ein Stützpfeiler des Trainings bestanden hatte und seinen Schülern für Wettkämpfe damit einen entscheidenden Vorteil gegenüber ihren Gegnern verschafft hatte, die einzig und allein mit Hilfe der *Kata* trainierten. Ein derart realitätsnahes Training wurde ermöglicht, indem man die Technik von gefährlichen Elementen befreite, so dass die Schüler jeden Tag sicher, bei annähernd vollem Krafteinsatz mit lebendigen, sich wehrenden Gegnern trainieren konnten. Die vorhandenen Hinweise deuten darauf hin, dass es die Schüler des *Fusen-Ryu* genauso mit dem *Ne Waza*-Training machten. Wir können dies aus der Tatsache ableiten, dass sie gerne an Wettkämpfen mit Regeln teilnahmen. Sie hatten sich entschieden von unfairen Taktiken (z.B. beißen, Stiche in die Augen) und Schlägen (*Atemi*) distanziert, die ein fester Bestandteil des klassischen Jujitsu waren. Sie hatten sich dem Geist des sportlichen Wettkampfs angepasst.

Darum gab es auch nichts, was sie von der sicheren Teilnahme am *Randori* abhielt. Die Aufgabegriffe, typisches Merkmal ihrer Techniken im Bodengrappling – sämtliche Siege in den Herausforderungskämpfen resultierten aus Aufgabegriffen – konnten zu einem sicheren Bestandteil des *Randori*-Trainings gemacht werden, sofern sich beide Gegner darauf einigten, dass man den Kampf unterbrach, sobald ein Aufgabegriff erfolgreich angewendet wurde. Darüber hinaus veranstaltete einer der bekanntesten *Fusen-Ryu*-Schüler, Yukio Tani (dessen faszinierendes Leben wir gleich noch näher betrachten werden), mit seinen Schülern regelmäßiges *Randori*-Training in England, wohin er um die Wende vom 19. zum 20. Jh. ausgewandert war. Dort wendete er genau dieselben Trainingsmethoden an, die er zuvor in Japan erlernt hatte.

Fallstudie: Yukio Tani, Repräsentant des Fusen-Ryu

In der Geschichte des Grappling-Jujitsu es gibt es einige wirklich faszinierende Persönlichkeiten, deren Leben so aufregend, unterhaltsam und lehrreich war, dass es sich lohnt, über einige Details daraus zu berichten. Eine dieser Persönlichkeiten war Yukio Tani. Irgendwann um 1900 (über das genaue Datum herrscht Uneinigkeit) kam er mit seinem Bruder einem (mit Mr. Barton-Wright geschmiedeten) Plan folgend nach England, um eine Jujitsu-Schule zu eröffnen und Technik zu unterrichten. Das Unternehmen schlug schon bald fehl und Tani ging eine Partnerschaft mit William Bankier ein, einem ehemaligen Kraftprotz und Schausteller, der in Tanis Schule gerungen hatte.

Man hatte vor, der englischen Öffentlichkeit japanisches Jujitsu als Unterhaltungsprogramm zu präsentieren und auf diese Weise reich zu werden. Tanis Bruder gab bald auf, doch Yukio machte weiter und begann eine Karriere mit einem Nachtclubprogramm, in dem er für Geld mit Gästen rang. Das Besondere an dieser Nummer war Tanis Erscheinungsbild. Er war zierlich, nur 152 cm groß und 54 kg schwer. Die Besucher wurden aufgefordert, gegen ihn anzutreten; Konnten sie einige Minuten gegen ihn bestehen, erhielten sie einen ansehnlichen Geldbetrag. Überstanden sie 15 Minuten, bekamen sie sogar noch mehr.

Die einzigen Regeln legten fest, dass Schlagen und unfaires Verhalten verboten war (obwohl nicht wenige zu diesen Mitteln gegriffen haben dürften). Interessanterweise verlangte Tani sogar persönlich, dass seine Gegner ein japanisches Gi trugen, eine schwere Leinenjacke, wie sie von Judoka und brasilianischen Jujitsukämpfern getragen wird. Dadurch konnte Tani eine Reihe von Griffen, Würfen, Fegern und Würgegriffen anwenden, mit denen seine arglosen Gegner absolut nicht rechneten. Dadurch gelang es dem winzigen Japaner, fast jeden der Tausenden von Gegnern, denen er im Laufe der vielen Jahre seiner Auftritte gegenüberstand, zu besiegen. Im Durchschnitt hatte er es wöchentlich mit 40 bis 50 Gegnern zu tun!

Er wurde in England schnell berühmt und machte sich einen Namen als der unverwundbare japanische Ringer. Selbst in einem Stück des großen Dramatikers George Bernard Shaw (Major Barbara) wird er erwähnt, als einer der Akteure von einem Kampf in einem Club mit dem „ringenden Japsen“ berichtet, in dessen Verlauf ihm der Arm gebrochen wurde! Tani wurde durch seine Taten reich und trug mit Sicherheit dazu bei, dass die Engländer eine bessere Vorstellung von der Effektivität des Jujitsu bekamen. Tani kämpfte nicht nur gegen die örtlichen Schläger und die starken Jungs in den Nachtclubs; er bestritt auch ausgewählte Kämpfe gegen viele der besten Ringer und stärksten Männer Englands, von denen die meisten doppelt so groß waren wie er. Fast alle wurden mit Hilfe von Tanis Lieblingstechniken – Armhebel und Würgegriffe – mit Leichtigkeit geschlagen.

Das Grappling am Boden sowie Aufgabetechniken waren die Schlüssel zu Tanis Erfolg. Ziemlich oft wurde er von seinen körperlich größeren Gegnern auf dem Rücken liegend am Boden festgehalten, was trotzdem ohne größere Folgen blieb. Tani kämpfte einfach seinen Rücken frei und setzte Würgegriffe und Armhebel von unten an. Dies war praktisch eine Vorwegnahme der Methoden, die die Gracies anwandten, als sie nach Nordamerika kamen. Auch sie überraschten viele ihrer Gegner damit, dass sie sie von unten besiegten. Tani benutzte auch zahlreiche Würfe, mit denen er seine Kämpfe aber nicht beendete; sie dienten lediglich dazu, den Kampf auf den Boden zu verlagern, wo er mit Leichtigkeit und Erfolg eine Reihe von Aufgabegriffen anwenden konnte.

Viele von Tanis Kämpfen sind gut dokumentiert. So gibt es Aufzeichnungen von seinem Sieg in einem Ringkampf gegen den britischen Meister im Catchen, Jimmy Mellor. Dieser Kampf belegt die Vielseitigkeit Tanis, da er unter Anwendung der Catchregeln ausgetragen wurde und sein Gegner nicht mit einem Gi bekleidet war. Man kann den Mut und das Können dieses schmächtigen Mannes nur bewundern, der in den englischen Clubs Nacht für Nacht, jahrein jahraus gegen die härtesten Kneipenschläger, Ringer, Boxer und Kraftprotze kämpfte. Tagsüber kämpfte er sogar gegen die örtlichen Grappling-Champions und seine eigenen Schüler, und dies alles in einem fremden Land und in einem Kulturkreis, der Asiaten nicht unbedingt freundlich gesonnen war.

Man sollte bedenken, dass Tani erst 19 Jahre alt war, als er sich für diesen Lebenswandel entschied, und man sieht auch, warum man ihn derart schätzte. Trotz allem blieb er gelassen und bescheiden und behauptete stets, im Vergleich mit den Besten in Japan lediglich ein durchschnittlicher Jujitsu-Kämpfer zu sein. Man vermutet, dass Tani mehrere Jujitsu-Stile wie z.B. Tenshin yo Ryu und Yoshin Ryu trainierte. Dennoch berichtet der Historiker Graham Noble *(Blood on the Sun: The Odyssey of Yukio Tani)* über Tanis Verbindungen zum Fusen Ryu.

„Wir wissen wenig über Tanis frühes Training. Anscheinend waren sein Vater und sein Großvater Jujitsu-Lehrer und er selbst begann schon im frühen Alter mit dem Training. Dies muss ungefähr um 1890 gewesen sein. Shingo Ogami erzählte mir, dass Tani mit den Bodenspezialisten des Fusen Ryu, Torajiro Tanabe und / oder Mataemon Tanabe trainiert hatte. Dies wird durch Informationen in Takao Marushimas *Maeda Mitsuyo*: Conte Koma (1997) bestätigt, aus denen hervorgeht, dass Mataemon Tanabe mit Tanis Vater befreundet war."

Die ständigen Kämpfe ermüdeten Tani irgendwann und er eröffnete seine eigene Schule. Als Jigoro Kano im Rahmen seiner Bemühungen, das *Kodokan*-Judo auf der ganzen Welt bekannt zu machen, nach England kam, bot er Tani Hilfe an, wenn dieser sich bereit erklärte, als Judo-Vertreter in England zu unterrichten. Für Tani war dies eine gute Gelegenheit: Judo war inzwischen der Nationalkampfsport Japans, und diese Stellung sorgte für ein entsprechend hohes Ansehen. Er nahm das Angebot an und machte sofort den schwarzen Gürtel im Judo (2. Dan). Von da an unterrichtete er als Judoka und half dem Sport sich in England zu etablieren. In gewisser Weise spiegelt seine Geschichte das Schicksal des gesamten *Fusen-Ryu* Jujitsu wider – es wurde von der wesentlich größeren und besser organisierten Judobewegung geschluckt.

Mitsuyo Maeda:
Ein Schützling der Ne Waza-Revolution

Eine der wichtigsten Persönlichkeiten in der Geschichte des Jujitsu-Grapplings war Mitsuyo Maeda (1878-1941). Ursprünglich war er ein hoch angesehener Schüler des klassischen Jujitsu, der aber wie alle anderen seiner Zeitgenossen gelegentlich zum *Kodokan*-Judo wechselte. Maeda begann um 1896 mit Judo und verschaffte sich aufgrund seiner überragenden Begabung schnell eine besondere Stellung innerhalb des *Kodokans*. Interessanterweise fiel die Zeit, in der Maeda mit Judo begann mit der Zeit zusammen, die auf Mataemon Tanabes persönliche Herausforderungskämpfe gegen Mitglieder des *Kodokans* folgte. Judoka beschäftigten sich bereits mit *Ne Waza*, um sich gegen die bekannten Bodentechniken zur Wehr setzen zu können (wobei sie erfolglos waren). Maeda war tatsächlich Augenzeuge, als das *Kodokan*-Team gegen das Fusen-Ryu verlor, ein Ereignis, das der Hinwendung zum Ne Waza-Training vorausgegangen war. Maeda hatte einen hohen Rang innerhalb des *Kodokan* und war ohne Zweifel eine der Antriebsfedern, die das Fachwissen über *Ne Waza* voranbrachten.

Gleichzeitig bemühte sich Jigoro Kano darum, Judo zum japanischen Exportschlager zu machen. Er schickte Gesandte in die ganze Welt, um Judo durch hochqualifizierte Judoka in Amerika und anderen Teilen der Erde zu verbreiten. Maeda (und Tomita, einer der ersten Schüler Kanos) wurde an die Ostküste der Vereinigten Staaten entsandt, um Judo 1904 vorzustellen und zu fördern. Dort verzeichnete er jedoch einen eher gemischten Erfolg. Er bestritt einige Herausforderungskämpfe und gewann; allerdings hielt er Amerika, aufgrund der starken antiasiatischen Resentiments, denen er dort begegnete, für ein Land, in dem er nicht leben konnte.

Also startete er eine bemerkenswerte Weltreise, ähnlich der des Yukio Tani, in deren Verlauf er eine Unzahl von Herausforderungskämpfen bestritt, aus denen er, wo immer er auch antrat, bis auf zwei Mal als Sieger hervorging. In Europa gab er sich den Namen „Count Comde", der auf einem lustigen Wortspiel basierte. Dabei handelte es sich um eine Anspielung sowohl auf das spanische Wort für „Kampf" als auch auf den japanischen Terminus für „Schwierigkeiten". Zusammen genommen deutete der Name an, dass er „der stets in Schwierigkeiten steckende Fürst des Kampfes" sei.

Kurz vor dem Ersten Weltkrieg zog Maeda nach Brasilien. Dort war er an dem japanischen Regierungsprogramm zur Kolonialisierung im Ausland beteiligt. Dies war die Zeit der Kolonialmächte. Als aufstrebende Macht wollte Japan Teil der Kolonialelite sein und sich Nationen wie England, Frankreich und Deutschland anschließen. Man startete ein nationales Auswanderungsprogramm nach Brasilien, das von einer beachtlichen Anzahl Japaner genutzt wurde. Maeda war eine Schlüsselfigur dieser Bewegung, die sich enthusiastisch für Brasilien als neue Heimat der Japaner einsetzte.

Auf seiner Suche nach Land zur Ansiedelung der Kolonialisten schloss Maeda Freundschaft mit Gustao Gracie, einem Mann schottischer Abstammung, dessen Familie nach Brasilien ausgewandert war und sich dort in der Lokalpolitik einen gewissen Namen gemacht hatte. Beide Männer interessierten sich für den professionellen Kampf. Maeda war in Brasilien zu einer Art Legende geworden, indem er in Herausforderungskämpfen gegen Gegner aus allen Bereichen antrat und sein Können an eine stets wachsende Schülerschaft vermittelte. „Count Comde" war aufgrund seiner Verdienste ziemlich reich und Besitzer beachtlicher Ländereien geworden. Als Dank für die Hilfe, die er von Gustao erhalten hatte, bot sich Maeda an, Carlos, den ältesten Sohn Gustaos, in seinen berühmten Kampfkünsten zu unterrichten. Über eine Dauer von zwei bis vier Jahren lernte Carlos von Maeda, bevor dieser – ein ewiger Reisender – in eine andere Gegend Brasiliens zog.

Überlegungen zu Maedas Kampfstil

Im Laufe seiner vielen Reisen bestritt er zahlreiche Kämpfe. Bei einigen handelte es sich um Herausforderungskämpfe, bei anderen um unvorbereitete Straßenkämpfe oder reine Grapplingdemonstrationen am Boden; andere waren in Regeln gefasste Ringkämpfe oder wurden in einem japanischen Gi ausgetragen, andere wiederum nicht. Diese umfangreichen Erfahrungen in vielen unterschiedlichen Umgebungen verschafften Maeda ein reichhaltiges Wissen über die Kunst des Kampfes. Sein formales Wissen lag im Bereich des Tenshin Shin´yo Jujitsu und des Kodokan Judo. Dennoch scheint es, dass er angesichts seiner eigenen praktischen Erfahrung damit begann, seinen Kampfstil zu ändern.

Zunächst traf er auf Gegner, die anders waren als die, gegen die er in Japan gekämpft hatte. Die meisten waren westliche Boxer und Ringer, die ganz andere Probleme verursachten, als die, die er aus Japan kannte. So kämpften die Ringer z.B. ohne den japanischen Gi und wandten viele *takedowns* und Grapplingtechniken am Boden an, die sich von denen der Judo- und Jujitsu-Kämpfer unterschieden, mit denen Maeda begonnen hatte. Boxer verursachten wiederum ein anderes Problem. In Judo-Wettkämpfen gab es keine Schläge, und die Schläge des traditionellen Jujitsu hatten überhaupt nichts mit dem westlichen Boxen gemeinsam. So musste Maeda eine völlig neue Technik erlernen, die seitdem zum Elementarwissen der grapplingorientierten Jujitsu-Kämpfer gehört, wenn diese an modernen Turnieren mit gemischten Kampfstilen teilnehmen. Dabei handelt es sich um die Fähigkeit, die Lücke zu schließen und in einen sicheren Clinch mit einem gefährlichen Schläger zu gehen. Befindet er sich erst einmal in einem engen Clinch, kann der Jujitsu-Kämper den Schlagenden an sich binden und die Kraft seiner Schläge wirkungslos machen; danach kann er ihn zu Boden bringen, wo Schläge sowieso nur von begrenztem Wert sind. Über dieses Problem berichtet Maeda in seiner Biographie. Er benutzte gerne Ellenbogenchecks und tiefe Tritte, um die Entfernung zu verringern und in einen stehenden Clinch zu gelangen. Dort angekommen setzte er sein Judokönnen ein, um seinen Gegner zu werfen. Er bediente sich derselben Strategie, die auch das *Fusen-Ryu* anwandte, nämlich den Gegner zu Boden zu bringen und ihn dann mit Festhaltetechniken und Aufgabegriffen zu traktieren, so dass er nicht mehr wusste, wie er sich verteidigen sollte.

Maeda übernahm also das Konzept der *Kampfphasen* und ging dabei noch einen Schritt weiter. Sein Kerngedanke bestand darin, seine Gegner in eine Phase des Kampfs zu führen, in der sie keinerlei Erfahrung besaßen, er dafür aber umso mehr. Maedas Training im *Kodokan* während der *Ne Waza*-Revolution hatte ihm zu einem enormen Fachwissen über den Bodenkampf verholfen. Boxer hingegen kannten sich mit dem Grappling am Boden überhaupt nicht aus. Ringer hingegen fühlten sich auf der Matte wohl, wussten aber mit den ganzen Aufgabegriffen, die Maeda gegen sie einsetzte, nichts anzufangen. Genauso wie die *Fusen-Ryu*-Kämpfer, versuchte Maeda daraus Kapital zu schlagen, indem er den Kampf bei der ersten sich bietenden Gelegenheit auf den Boden verlagerte. Anders als die *Fusen-Ryu*-Kämpfer musste Maeda aber mit dem Problem fertig werden, die Lücke zwischen ihm und einem aggressiven geschickten Schläger zu schließen, was ihm auf dem Gebiet der Technik einige Neuerungen abverlangte. Maeda gehörte zu den Ersten, die den Nutzen der Phasentheorie im offenen Kampf beim Vergleich unterschiedlicher Kampfkünste und der Beteiligung besonders erfahrener Gegner unter Beweis stellte. Außerdem demonstrierte er die hohe Effektivität des Bodenkampfs gegen gefährliche Schläger. Seine beeindruckende Erfolgsstatistik lässt keine Zweifel am Nutzen seiner Strategie aufkommen.

Die Anfänge des brasilianischen Jujitsu

Wir haben bereits gelesen, dass Maeda Carlos Gracie angeboten hatte, ihm Jujitsu beizubringen. Maeda hatte eine Kampfsportakademie gegründet, in der er das unterrichtete, was er „Jujitsu" nannte. Es scheint, dass der Inhalt seiner Lehre hauptsächlich eine Mischung aus klassischem, japanischen Jujitsu, *Kodokan* Judo und seiner eigenen Kampfmethoden war, die er im Laufe seiner kampferfüllten Jahre entwickelt hatte. Carlos Gracie schrieb sich bei ihm ein und wurde einer seiner Schüler.

Es ist nicht klar, wie lange er unter Maeda trainierte, aber neueste Schätzungen gehen davon aus, dass es nicht mehr als vier Jahre waren, wahrscheinlich eher etwas weniger. Außerdem reiste Maeda zu dieser Zeit häufig durch Brasilien. So ist es wahrscheinlich, dass ein großer Teil von Carlos Training unter der Leitung seiner besten Schüler erfolgte, die in Maedas Abwesenheit häufig die Verantwortung dafür übernahmen. Aus den geschichtlichen Aufzeichnungen geht allerdings eindeutig hervor, dass Maeda zwischen Beginn und Mitte der Zwanziger Jahre des 20. Jh. weggezogen war, um sich mit ganzer Kraft dem japanischen Kolonisationsprojekt zu widmen.

1925 eröffnete Carlos seine eigene Jujitsu-Schule. Er hatte damit angefangen, seine Brüder zu trainieren, und so begannen sie Jujitsu auf der Grundlage von Maedas Technik zu unterrichten. Interessant ist die Feststellung, dass Carlos nicht weit über sein zwanzigstes Lebensjahr hinaus war, als er seine Schule eröffnete und selbst nur ungefähr vier Jahre trainiert hatte – eine Situation, die an die Verhältnisse von Jigoro Kano erinnert. Als Schüler Maedas hatte Carlos die entscheidenden Feinheiten der Kampfkunst erlernt, die einmal als Brasilianisches Jiu Jitsu bekannt werden sollte.

(Eine kurze Anmerkung zur Schreibweise: *Jujitsu* und *Jujutsu* gelten beide als korrekte Wiedergabe der japanischen Schriftzeichen. Trotzdem gab es, als Jujitsu in den Westen gelangte, zahlreiche (falsche) Schreibweisen, da die Menschen mit Übersetzungsproblemen und einer angemessenen Wiedergabe der japanischen Sprache zu kämpfen hatten. Die geläufigste frühe Bezeichnung von *Jujitsu* war *Jiu Jitsu*. Da die Gracies mit dem Jujitsu-Training zu einer Zeit begannen, als *Jiu Jitsu* die gängigste Schreibweise des Begriffs war, schrieben sie ihre Kampfkunst natürlich *Jiu Jitsu*. Von da an wechselten die meisten Völker zu den richtigeren Schreibweisen *Jujitsu* oder *Jujutsu*. Da die Brasilianer aber eine neue Tradition begründet hatten, blieben sie bei dem veralteten *Jiu Jitsu* – und damit bei der Schreibweise, die in diesem Buch Verwendung findet, wenn es um die brasilianische Variante geht.)

Maeda brachte Carlos die großartigen Trainingsmethoden des *Kodokan* Judo bei, mit besonderer Konzentration auf das *Randori* und die *Ne Waza*-Techniken (man erinnere sich, dass Maeda zu Beginn der *Ne Waza*-Revolution des Judo ein *Kodokan*-Schüler war). Er unterrichtete außerdem klassische Aufgabegriffe, die nicht Bestandteil des Judo-Lehrplans waren. Weil Maeda auf seinen Reisen mit vielen Kampfstilen konfrontiert worden war, beschränkte er seinen Unterricht nicht nur auf Judo. So zeigt ihn ein altes Photo beim Training ohne den traditionellen Gi und überführt ihn gleichzeitig einer beim westlichen Catchen gängigen Kontroll- und Aufgabetechnik – ein halber Nelson und ein *Hammer Lock* (Armbeugehebel). Maeda nahm während seiner Zeit in England regelmäßig an Catch-Wettkämpfen teil, und es gibt keinen Zweifel, dass er das, was ihm bei diesen Kämpfen brauchbar erschien, mitnahm und in sein Training und seinen Unterricht integrierte.

Am wichtigsten war vielleicht, dass er die gesamte Kampfphasenstrategie erklärte. Er machte deutlich, wie Grappler gefährliche Gegner in eine Kampfsituation hineinmanövrieren konnten, mit der diese nicht vertraut waren, um so den Sieg zu erringen. Maeda erschuf und verfeinerte den klassischen Kampfablauf, wie man eine Lücke schließt, in einen engen Clinch geht, den Gegner zu Boden bringt (wo man ihn unter Kontrolle bringen kann) und den Kampf dann beendet. Dieses bedeutende Thema, das so ausschlaggebend für Maedas unglaublichen Erfolg in den echten Kämpfen war, wurde zum Wegweiser der nachfolgenden Entwicklung des Brasilianischen Jiu Jitsu. Die Feinheiten mussten noch erarbeitet werden, aber Carlos hatte Maedas Lehren im Groben übernommen und machte an dieser Stelle weiter.

Auf den Grundlagen aufbauend, die ihnen Maeda vermittelt hatte, begannen die Gebrüder Gracie in ihrer Akademie mit einem Vollzeit-Unterricht und –Training und machten sich mit ihren Technikkenntnissen schon bald einen guten Namen. Was ihren Ruf und ihr Ansehen aber wirklich weiterbrachte, war ihre Teilnahme an Herausforderungskämpfen gegen Vertreter anderer Kampfkunstdisziplinen. Mit Beginn der späten Zwanziger- und frühen Dreißigerjahre des 20.Jh. hatten die Gracies ein ausreichendes Selbstvertrauen in ihre Fähigkeiten gewonnen, um öffentliche Herausforderungskämpfe auszurichten.

Die Leute wurden in offiziell genehmigten Kämpfen mit wenigen oder gar keinen Regeln aufgefordert, gegen sie anzutreten. Es ist kaum anzunehmen, dass solche Kämpfe irgendwo anders als in Brasilien hätten stattfinden können. Der Rekord, den die Gracies in dieser frühen Phase in unbesiegten Zweikämpfen aufstellten, verschaffte ihnen in Brasilien wegen ihres Kampfesmuts einen großartigen Ruf sowie einen hohen Bekanntheitsgrad.

Die eminent wichtige Rolle der Herausforderungskämpfe in der Geschichte der am Boden stattfindenden Kampfkünste ist bemerkenswert. Kanos Judo kam durch seine großartigen Erfolge in den Herausforderungskämpfen gegen die klassischen Jujitsu-Schulen ins Rampenlicht. Das *Fusen-Ryu* machte durch seine erfolgreichen Herausforderungskämpfe gegen den *Kodokan* von sich reden. Yukio Tani und Mitsuyo Maeda gelang es ebenfalls mit Hilfe offener Herausforderungskämpfe, skeptische Bewohner der westlichen Hemisphäre vom Wert der Jujitsu-Technik zu überzeugen. Selbiges taten auch die Gracies in Brasilien. Es ist unwahrscheinlich, dass irgendeiner der zuvor Genannten, den Ruhm und den Erfolg, zu dem sie alle gelangten, ohne die Herausforderungskämpfe erreicht hätten. Für die Effektivität eines Kampfstils gibt es keinen Beweis, der annähernd so überzeugend wäre, wie eine lange Siegesserie in Kämpfen, die wenigen oder gar keinen Regeln unterliegen. Solche Resultate beenden jede Diskussion über Kampftechniken mit einer Beweiskraft, die man mit Worten niemals erreicht.

Im Laufe der Zeit lernten die Gracies eine ganze Menge aus diesen Kämpfen. Während sie weiter trainierten und kämpften, begannen sie, ihre Technik und Strategie aufgrund der Erfahrung, die sie in den Kämpfen gesammelt hatten, in ihrem Unterricht zu ändern. Da die Gracie-Brüder von recht kleiner Statur waren, hielten sie es für erforderlich, einige ihrer Techniken leicht abzuändern, um die Hebel wirkungsvoller zu gestalten und dadurch wiederum weniger Kraft im Kampf einsetzen zu müssen. Ebenso dachten sie, dass sie recht oft längere Zeit auf dem Rücken kämpfen sollten, weil viele ihrer Gegner ihnen gegenüber einen beträchtlichen Größenvorteil hatten. Deshalb mussten sie diesen Aspekt ihrer Taktik grundlegend weiterentwickeln.

Auch weil der eigentliche Kampf (und nicht das reine Grappling) ihr Hauptanliegen war, mussten sie ihre Strategie in Bezug auf das, was sie ursprünglich gelernt hatten, ein wenig ändern. Die Erfahrung hatte sie gelehrt, dass die bei den meisten Grapplingstilen gängigste Art des Siegs – die Festhaltetechnik – im richtigen Kampf von untergeordneter Bedeutung war. Man gab nicht auf, nur weil man zu Boden gedrückt wurde; deshalb wurde das am Boden Halten eines Gegners als siegbringendes Kampfelement gestrichen. In den Sportarten Judo und Ringen zählten die Festhaltetechniken, mit denen der Gegner auf den Boden gedrückt wurde.

Die Gracies stellten fest, dass es in einem richtigen Kampf oft vorteilhafter war, *hinter* einen Gegner zu gelangen und ihn von hinten zu kontrollieren, während sich dieser mit dem Gesicht nach unten am Boden befand. Für diese Konstellation erhält man beim Judo oder Ringen kaum Punkte, doch hat sie in einem richtigen Kampf eine potentiell vernichtende Wirkung. Des Weiteren fanden die Gracies heraus, dass in einem richtigen Kampf nicht alle festhaltenden Positionen gleich sind. Manche eröffnen weitaus bessere Gelegenheiten einen Gegner zu schlagen oder zu verletzen als es andere tun. Also versuchten sie, ein System einzuführen, das die verschiedenen Formen der Festhaltetechniken nach deren potentiell zerstörerischer Wirkung auf den Gegner im richtigen Kampf einstufte. So wurde der unwahrscheinlich große Erfahrungsschatz, der sich den Gracies bei ihren richtigen Kämpfen erschloss, allmählich als Datenbank für die Entwicklung eines Kampfsystems genutzt, das auf hart erarbeiteten empirischen Erkenntnissen basierte – ganz ähnlich wie ein wissenschaftliches Projekt.

Die weitere Entwicklung des Brasilianischen Jujitsu

Im Verlauf vieler Jahre der Forschung und hart erarbeiteter Erfahrung bereicherten die Gracies den Bodenkampf mit nie zuvor gekannter Raffinesse.

Diese basierte auf der Theorie der überlegenen Stellung, die sich folgendermaßen erklärt: Wurde der Kampf erst einmal auf den Boden verlagert, können die beiden Kontrahenten je nachdem, wo sich der andere gerade befindet, eine große Anzahl unterschiedlicher Stellungen einnehmen, die auf einer Skala alles Mögliche von sehr gut bis sehr schlecht sein können. Dazwischen gibt es Stellungen, die mehr oder weniger neutral sein können, ohne dass einer der Kämpfer durch sie einen entscheidenden Vorteil hätte.

Die Gracies entwickelten ein Repertoire an Techniken, die einen Kämpfer in die Lage versetzten, von Stellung zu Stellung zu gelangen, schlechten zu entrinnen sowie gute einzunehmen und zu verteidigen. Es wurde ihnen klar, dass sowohl die Stellung als auch deren Verteidigung der Schlüssel zum Erfolg waren, sobald Kämpfe am Boden ausgetragen wurden. Einige Stellungen ermöglichen es einem Kämpfer, den Gegner mit einem Trommelfeuer von Schlägen einzudecken, dem dieser nichts entgegensetzen kann, während andere es deinem Gegner überaus schwer machen, dich unter Kontrolle zu bringen und zu treffen. Darüber hinaus stellten die Gracies eine enge Verbindung zwischen der überlegenen Stellung und der Anwendung von Aufgabegriffen fest. Überlegene Stellungen machen die erfolgreiche Anwendung von Aufgabegriffen normalerweise wesentlich einfacher: Der Gegner kann unter einen so großen Druck gesetzt werden, dass ihm mit einer viel größeren Wahrscheinlichkeit ein Fehler unterläuft und er unbeabsichtigt in einen simplen Aufgabegriff gerät. Weiterhin fand man heraus, dass es für den Gegner weit aus schwieriger wurde, selbst einen erfolgreichen Aufgabegriff anzubringen, wenn es dem Anderen erst einmal gelungen war, in eine überlegene Stellung zu gelangen. Um keinen Zweifel aufkommen zu lassen: Aufgabegriffe können aus nahezu jeder Position - in manchen Fällen selbst aus ungünstigen - eingesetzt werden. Diese haben in der Regel allerdings wesentlich geringere Erfolgsaussichten, insbesondere in einem richtigen Kampf, in dem die ständige Gefahr besteht, von Schlägen getroffen zu werden, wenn man den Griff anzusetzen versucht.

Ein dauerhaftes Thema, dem sich die Gracies widmeten, beschäftigte sich mit dem Ausbau der Hierarchie der Stellungen, um den Druck auf den Gegner immer weiter zu vergrößern. Je größer der Druck war, unter dem er stand, desto größer war auch die Wahrscheinlichkeit, dass ihm irgendwelche Fehler unterliefen, die ihn für einen geschickt angebrachten Aufgabegriff anfällig machten. Dies wiederum verringerte die Wahrscheinlichkeit, dass er seinerseits mit Schlägen reagieren oder seine eigenen Aufgabegriffe anbringen konnte. In einigen Fällen – besonders in solchen, in denen der Gegner besonders groß oder stark oder besonders schwer zu Boden zu bringen war – bedurfte es einer Änderung dieser Strategie. In solchen Fällen operierte der Brazilian Jiu Jitsu-Kämpfer aus einer nicht wirklich überlegenen Stellung, in der er sich *unter* seinem Gegner befand. Dahinter stand der Gedanke, in eine Position zu gelangen, in der einen der Gegner, obwohl man sich zuunterst befand, nicht wirkungsvoll kontrollieren und beherrschen konnte.

Auf Maedas Jujitsu- und Judo-Kenntnisse zurückgreifend, bedienten sie sich der sogenannten *Guard-Position*, wobei du den Gegner zwischen deinen Beinen festklammerst, während du selbst auf dem Rücken liegst. Solange du deine Beine und Hüften dazu benutzen kannst, deinen Gegner unter Kontrolle zu halten, hast du selbst eine ausgezeichnete Chance, dich zu Aufgabegriffen vorzuarbeiten, während du es ihm gleichzeitig erschwerst, dich erfolgreich zu treffen. Auch wenn du seinen Körper nicht genauso unter Kontrolle hast, als wenn du ihn aus einer Position in der Oberlage heraus am Boden festhieltest, übst du genügend Kontrolle aus, um viele Aufgabegriffe und Konter auszuführen; also kann man den Kampf durchaus auch von dort her gewinnen. Die Gracie-Brüder machten häufig Gebrauch von der *Guard-Position* und entwickelten sie bis zu einem wirklich außergewöhnlichen Stadium, wobei sie unbedachte Gegner häufig aus einer Situation heraus überraschten, die anfangs noch wie eine schwache Position aussah.

Die wirklich innovative Idee, die die Gracies der Welt des Grapplings bescherten, war die Einführung eines Punktesystems. Es basierte auf den Merkmalen der überlegenen Stellung am Boden und konnte zu einem Bestandteil des sicheren täglichen Trainings und des Wettkampfs gemacht werden. Punkte gab es entsprechend der Stufe der überlegenen Stellung, die sich ein Kämpfer im Verlauf einer Auseinandersetzung erarbeiten konnte.

Ein Kämpfer erhielt Punkte, wenn er sich in der Hierarchie der Stellungen des Bodengrapplings nach vorn arbeiten konnte. Kann beispielsweise ein Kämpfer den anderen zu Boden bringen, wo man die Kontrolle über den Gegner erlangen kann, erhält er zwei Punkte. Gelingt es ihm dort, hinter die Beine des Gegners und in eine überlegene festhaltende Positionen quer zum Gegner zu gelangen, erhält er weitere Punkte usw. Zwingt irgendein Kämpfer den anderen zur Aufgabe, verlieren die Punkte ihre Bedeutung und der Kampf ist beendet – dasselbe wäre auch bei einem echten Kampf der Fall. Auf diese Weise lernen die Schüler die gleichen stellungsbezogenen Bewegungen und Gewohnheiten zu entwickeln, die sie auch in der Realität zum Einsatz bringen würden. Ihr tägliches Training ähnelt somit ihrem Verhalten in einem richtigen Kampf.

Diese stellungsbezogenen Gewohnheiten, die den Schülern in ihrem täglichen Grapplingtraining geradezu eingeimpft werden, dienen auch als ausgezeichnete Vorbereitung auf den Kampf. Dies belegen die MMA-Veranstaltungen (Vergleichskämpfe mit unterschiedlichen Kampfsportarten), bei denen die Jiu Jitsu-Kämpfer überdurchschnittlich erfolgreich abschnitten, ebenso wie die zahlreichen Straßenkämpfe, an denen sie beteiligt waren (viele davon wurden mit Videokameras aufgezeichnet). Es besteht kein Zweifel daran, dass es die Erfolge des Brazilian Jiu Jitsu bei den jüngsten MMA-Wettkämpfen waren, die das öffentliche Interesse an Jujitsu als Kampfsport neu erweckten. Andererseits ist es unbestreitbar, dass unter allen Jujitsu-Stilen nur Brazilian Jiu Jitsu bei den MMA erfolgreich war. Es lohnt sich deshalb, die Unterschiede zwischen Brazilian Jiu Jitsu und den älteren, klassischen Jiu Jitsu-Formen im Rahmen unseres historischen Streifzugs zu beleuchten, um diese Diskrepanz zu erklären.

Unterschiede zwischen Brazilian Jujitsu und traditionellem Jiu-Jitsu

Brazilian Jiu Jitsu war außerhalb seines Herkunftslandes weitgehend unbekannt, bis es in den neunziger Jahren des 20. Jh. die Weltbühne erstürmte. Die ersten Reaktionen auf diesen bis dato nicht in Erscheinung getretenen Kampfstil waren seitens der Kampfsportcommunity - vorsichtig ausgedrückt – gemischt. Aufgrund moralischer und ästhetischer Prinzipien lehnte so mancher das gesamte Konzept der Herausforderungskämpfe und der MMA-Wettbewerbe rigoros mit der Begründung ab, dass solche Veranstaltungen dem „Geist“ des Kampfsports entgegenstünden. Andere wiederum machten geltend, dass MMA-Veranstaltungen nichts anderes seien, als eine interessante Zusatzshow, die nicht viel mit dem wahren Kampf zu tun hatte, da echte Auseinandersetzungen mit mehreren Gegnern, Waffen, Zementböden und ähnlichem abliefen.

Unter den zahlreichen Kampfsportlern, die die MMA-Kämpfe als wichtigen Beweis für die kämpferische Effektivität sahen, entstand große Verwirrung in Bezug auf das Wesen des Kampfstils – Brazilian Jiu Jitsu. Viele erkannten die Ähnlichkeiten zwischen bestimmten Elementen des traditionellen Jujitsu und der Technik des Brazilian Jiu Jitsu, insbesondere bei einigen der Aufgabegriffe und der festhaltenden Positionen. Davon ausgehend interpretierten manche Brazilian Jiu Jitsu fälschlicherweise als eine bloße Unterart des traditionellen Jujitsu. Die gleichlautende Benennung der beiden Kampfkünste trug dabei nicht gerade zur Auflösung des anfänglichen Durcheinanders bei.

Gerade deshalb ist es wichtig zu erkennen, dass es eklatante Unterschiede zwischen Brazilian Jiu Jitsu und traditionellem Jujitsu gibt, die wesentlich wichtiger sind als der Unterschied in der Schreibweise! Die Tatsache, dass Brazilian Jiu Jitsu überragende Erfolge in den MMA-Wettbewerben verzeichnen konnte, die dem traditionelle Jujitsu nicht beschieden waren, ist ein klares Zeichen dafür, dass Brazilian Jiu Jitsu über wichtige Kampf- und Trainingselemente verfügt, die dem traditionellen Jujitsu fehlen.

Nur wenigen Menschen ist es gelungen, diese Unterschiede schriftlich zum Ausdruck zu bringen, was zu dem hartnäckigen Glauben geführt hat, dass die Erfolge des Brazilian Jiu Jitsu irgendwie auch alle anderen Jujitsu-Stile rechtfertigen.

Also bedarf es einer klaren Auflistung der Unterschiede zwischen Brazilian Jiu Jitsu und dem traditionellen Jujitsu. Wenn Autoren sich mit diesem Thema auseinandersetzen, liest man immer wieder recht plumpe Hinweise, denen zufolge Brazilian Jiu Jitsu ein „Bodenkampf-Stil“ sei, oder dass es sich Hebel und Technik effizienter zu Nutze mache als das traditionelle Jujitsu. Obwohl in diesen Aussagen ein wahrer Kern steckt, gehen die eigentlichen Unterschiede doch viel weiter.

Bevor wir uns jedoch daran machen, die Unterschiede zu untersuchen, wollen wir mit etwas Grundsätzlichem beginnen. Zuerst einmal haben alle Jujitsu-Stile eine klare philosophische Einstellung in Bezug auf den Einsatz einer effektiven Technik, die der Vereitelung roher Gewalt und Aggression dient. Zur Umsetzung dieses Ziels, gibt es viele seit Jahrhunderten existierende klassische Techniken – Aufgabegriffe, Würfe, *takedowns* usw. -, die ebenso Bestandteile des Brazilian Jiu Jitsu wie auch des traditionellen Jujitsu sind. Trotzdem sind die Unterschiede zwischen dem traditionellen Jujitsu und dem Brazilian Jiu Jitsu eklatant, weshalb wir sie nachfolgend im Detail untersuchen.

Stellungsstrategie

Der größte Unterschied zwischen den beiden Kampfarten ist die Verwendung einer alles umfassenden Stellungsstrategie, die nur das Brazilian Jiu Jitsu kennt. Diese Stellungsstrategie geht auf die Beobachtungen des offenen Kampfs durch die Gracie-Familie zurück, die diese in den Jahren der Entstehung ihrer Kampfkunst gemacht hatte. Wie wir gesehen haben, ist der Kerngedanke folgender: Wenn zwei Leute miteinander kämpfen, gibt es eine ganze Anzahl Stellungen, die sie abhängig von der Position des jeweils Anderen einnehmen können. Einige dieser Stellungen verschaffen einem Kämpfer einen Vorteil, andere hingegen einen Nachteil, und andere sind wiederum mehr oder weniger neutral. Würde es einem Kämpfer zum Beispiel gelingen, hinter seinen Gegner zu gelangen, hätte er einen deutlichen Stellungsvorteil und könnte ihn wirkungsvoll attackieren, wohingegen es für den anderen wiederum schwierig würde, seinerseits genauso wirkungsvoll zu agieren, wie derjenige, der sich hinter ihm befindet. Folglich macht es für einen Kämpfer Sinn, im Verlauf eines Kampfs zu versuchen, hinter seinen Gegner zu kommen. Wenn man sich daran hält, baut man seine Möglichkeiten dem Gegner zu schaden, beträchtlich aus, während man das Risiko, selbst durch den Gegner verletzt zu werden, erheblich verringert.

Die effektive Kontrolle der Stellungen ist ebenfalls eng mit einer weiteren für sämtliche Jujitsu-Stile wichtigen Eigenschaft verbunden, der Fähigkeit, einen Kampf mit einem effektiven Aufgabegriff zu beenden. Das traditionelle Jujitsu verfügt über eine riesige Auswahl an Aufgabegriffen, die dazu dienen sollen, dass der Gegner entweder seinen Widerstand aufgibt oder aber ernste Verletzungen oder Bewusstlosigkeit riskiert. Viele dieser Aufgabegriffe sind im richtigen Kampf jedoch nur mit Mühe wirkungsvoll einsetzbar und dies aus dem einfachen Grund, weil der Gegner in dem Moment, in dem der Hebel ausgeführt werden soll, unter einer nur unzureichenden Kontrolle steht. Die dem Brazilian Jiu Jitsu zugrunde liegende Stellungsstrategie gestaltet die Verwendung von Aufgabegriffen wesentlich effektiver, da sich die Anwendung von Aufgabegriffen beim Brazilian Jiu Jitsu nur dann empfiehlt, wenn mit Hilfe einer überlegenen Stellung auch eine ausreichende Kontrolle über den Gegner sichergestellt wurde. Hierbei handelt es sich um einen weit zurückgehenden Schlüsselgedanken, der die unvergleichlichen Erfolge des Jiu Jitsu in MMA-Veranstaltungen, Herausforderungskämpfen und richtigen Kämpfen erklärt. Die Stellungsstrategie lässt sich am besten über die Grapplingtechniken umsetzen. Der Grund hierfür ist mehr als klar. Hast du deinen Gegner erst einmal im Griff, kannst du seine Bewegungsfreiheit einschränken und ihn so in den von dir gewünschten Positionen halten. Hast du ihn nicht im Griff, kann er sich beliebig aus allen für ihn nachteiligen Positionen befreien.

Der beste Ort, an dem du die Bewegungsfreiheit eines Anderen einschränken kannst, ist der Boden, weil sich die meisten Menschen dort nicht wirkungsvoll bewegen können (dies muss erst erlernt werden) und auch das Körpergewicht am Boden viel leichter dazu eingesetzt werden kann, einen Anderen festzuhalten und bewegungsunfähig zu machen als im Stand. Deshalb befürwortet man es beim Brazilian Jiu Jitsu normalerweise auch, den Kampf in einen Clinch zu führen – von wo aus man eine überlegene Stellung über seinen Gegner einnehmen kann – und den Kampf dann, wenn es angebracht erscheint, auf den Boden zu verlagern, wo eine noch überlegenere Position leicht eingenommen und verteidigt werden kann.

Obwohl das Brazilian Jiu Jitsu eine relativ große Anzahl an Bewegungen in seinem Repertoire hat, kann man diese allesamt in zwei große Kategorien einteilen, und zwar in:

1. die, die es einem Kämpfer ermöglichen, die Strategie anzuwenden, mit der er sich von einer Stellung zu einer anderen überlegeneren vorarbeitet (Stellungsbewegungen).
2. die, die es einem Kämpfer ermöglichen, einen Kampf schnell und effizient zu beenden (Aufgabeaktionen).

Im Allgemeinen ist es so, dass die Stellungsbewegungen einem Kämpfer die Gelegenheit zu Aufgabegriffen eröffnen. Stellungskontrolle verschafft optimale Bedingungen für das Ansetzen eines Aufgabegriffs, während sie gleichzeitig die Möglichkeiten des Gegners einschränkt, seine eigenen Aufgabegriffe gegen dich einzusetzen. Somit kümmert man sich normalerweise zuerst um die Stellung und dann um die Aufgabe.

So viel zur grundlegenden Stellungsstrategie, die der strategische Dreh- und Angelpunkt des Brazilian Jiu Jitsu ist. Wir fahren nun fort und betrachten die weiteren entscheidenden Unterschiede zwischen Brazilian Jiu Jitsu und traditionellem Jujitsu.

Trainingsmethode

Der zweitwichtigste Aspekt, der Brazilian Jiu Jitsu von den traditionellen Stilrichtungen unterscheidet, ist die *Trainingsmethode*, die dazu dient, den Schülern die Stellungsstrategie und Technik eingehend zu vermitteln. Sie ist das Erbe Maedas, der einer der herausragenden Schüler Kanos war und der, wie wir gesehen haben, das realitätsnahe Training (*Randori*) zur Grundlage seiner Trainingsmethode gemacht hatte.

Traditionelles Jujitsu wird fast ausschließlich durch *Kata* erlernt – festgelegte Bewegungssequenzen, die mit einem kooperierenden Trainingspartner ausgeführt werden. Während der simulierten Schlagbewegungen gibt es keine Kontakte und der „Gegner" reagiert passiv. Im Gegensatz dazu verwendet das Brazilian Jiu Jitsu eine Trainingsmethode, die der des Judo wesentlich näher steht. Sie basiert auf der Ausübung von Techniken gegen einen sich wehrenden Trainingspartner, der sein Bestes gibt, um eine Niederlage zu vermeiden und einen Sieg zu erringen. Das ist realitätsbezogenes Grapplingsparring. In einem solchen Sparring eignen sich die Schüler die wichtige Fähigkeit an, Grapplingtechniken gegen jemanden einzusetzen, der nicht kooperiert und versucht, mit seiner eigenen Technik zum Gegenangriff überzugehen.

Wie man sich vorstellen kann, ist so etwas weitaus schwieriger als das Arbeiten mit vorgefertigten *Katas*. Um die Sicherheit während dieses realitätsnahen Grapplingsparrings zu gewährleisten, dürfen die Schüler keine Schläge gegeneinander einsetzen – auch wenn diejenigen, die sich auf MMA-Kämpfe vorbereiten normalerweise Handschuhe anziehen und auch Schläge in ihr Training mit einbeziehen – und natürlich auch keine Stiche in die Augen, Haareziehen, Schläge in die Weichteile und ähnlich geartete Taktiken anwenden, die in einem richtigen Kampf durchaus vorkommen können. Die Erfahrung zeigt jedoch, dass der Grapplingaspekt sowieso der wichtigste Bestandteil eines richtigen Kampfs ist. Durch das Training dieser Grapplingtechnik im Rahmen des täglichen Sparrings arbeiten die Schüler laufend am wichtigsten Element eines echten Kampfs und dies in einer Weise die der tatsächlichen Anwendung im Ernstfall ähnelt. Mit nur geringfügigen Änderungen, die solche Elemente betreffen, die Eingang in den Straßenkampf finden können (z.B. unfaire Taktiken), kann sich der Brazilian Jiu Jitsu-Schüler leicht von einer Sparringeinheit auf eine ernste Auseinandersetzung umstellen.

Genau diese stellungsbezogene Strategie und die entsprechenden Bewegungen, die eng verbunden mit den Aufgabetechniken im harten, täglichen Sparring verbessert werden, haben zum bemerkenswerten Erfolg der Brazilian Jiu Jitsu-Kämpfer in echten Auseinandersetzungen beigetragen.

Dennoch gibt es wichtige Unterschiede zwischen dem *Randori* des Judo und dem des Brazilian Jiu Jitsu. Viele Grapplingstile verbieten die Anwendung bestimmter Aufgabegriffe, während das dem Brazilian Jiu Jitsu zueigene realitätsnahe Ringkampftraining bemerkenswerterweise keine Einschränkungen kennt. So sind zum Beispiel beim Judo nur Hebel am Ellenbogengelenk in Verbindung mit Würgegriffen erlaubt. Sambo verbietet Würgegriffe generell, wohingegen das Olympische Ringen jede Art von Aufgabegriffen untersagt. Brazilian Jiu Jitsu gestattet nahezu sämtliche an den Gelenken angesetzte Aufgabegriffe und Würgegriffe. Somit lernen die Schüler, das gesamte Spektrum möglicher Aufgabegriffe anzuwenden und sich auch dagegen zu verteidigen. Darüber hinaus wird das Training sowohl mit als auch ohne Gi (Kimono) ausgeführt. Auf diese Weise werden die Schüler einer großen Vielfalt an Trainingsbedingungen ausgesetzt.

Das Punktsystem

Das Herzstück des Brazilian Jiu Jitsu-Trainings ist die Anwendung eines Punktsystems (das auch bei Brazilian Jiu Jitsu-Wettkämpfen Anwendung findet), und dazu dient, den Charakter eines richtigen Kampfs widerzuspiegeln. Schon zuvor haben wir festgestellt, dass sich die beiden Gegner, von dem Moment an, in dem der Kampf beginnt, zu einer Reihe verschiedener Stellungen vorarbeiten können. Diese Stellungen kann man in eine Hierarchie einordnen: manche sind sehr gut, andere sehr schlecht, und wieder andere liegen irgendwo dazwischen. Nach dem Punktsystem des Brazilian Jiu Jitsu erhält ein Kämpfer jedes Mal dann Punkte, wenn es ihm gelingt, eine bessere Stellung einzunehmen. Je besser die Stellung ist, desto höher fällt die Punktwertung aus. Gelingt es ihm hingegen, einer schlechten Position zu entkommen, erhält er für dieses Entkommen *keine* Punkte, denn dies ist reine Pflichterfüllung. Hast du dir beispielsweise in einer richtigen Auseinandersetzung eine stabile, kontrollierende Position hinter deinem Gegner erkämpft, ist es ganz klar, dass du dir einen beachtlichen Vorteil verschafft hast. Aus dieser Position heraus ist es für deinen Gegner schwierig, einen Aufgabegriff gegen dich einzusetzen und noch schwieriger, dir einen wirkungsvollen Schlag zu versetzen. Für dich hingegen ist es leicht, dich einer breiten Palette an Schlägen, Würgern, Arm- und Genickhebeln und so weiter zu bedienen. Ein solch klarer Stellungsvorteil würde durch das Punktsystem honoriert. Das Einnehmen einer Kontrolle ausübenden Rückenposition führt zur Höchstwertung von vier Punkten. (Das Punktsystem des Brazilian Jiu Jitsu wird im Kapitel 9 ausführlich erklärt).

Unterschiede in der Technik

Zwischen traditionellem Jujitsu und Brazilian Jiu Jitsu gibt es auch noch andere wesentliche Unterschiede. Anders als das Brazilian Jiu Jitsu kennt die traditionelle Variante viele Techniken, die nicht im rein sportlichen Bereich oder im Training angewandt werden könnten. So richten sich zum Beispiel viele der beim traditionellen Jujitsu bevorzugten Schläge gegen die Genitalien, die Augen und andere empfindliche Stellen des menschlichen Körpers; darüber hinaus gibt es viele unfaire Taktiken wie Beißen, Haareziehen, Stampftritte und Ähnliches. All diese Techniken gibt es beim Brazilian Jiu Jitsu nicht. Jede Technik des Brazilian Jiu Jitsu darf in zugelassenen sportlichen MMA-Wettkämpfen angewandt werden.

Zur Verbannung von Techniken, die nicht mit voller Kraft gegen einen sich wehrenden Gegner eingesetzt werden dürfen, wurden seitens der Stilisten weitgreifende Überarbeitungen im Bereich der Technik durchgeführt. Zum Teil erfolgte dies wegen der geringen Körpergröße vieler einflussreicher Mitglieder der Familie Gracie. Aufgrund fehlender Größe und Stärke waren sie gezwungen, nach dem wirkungsvollsten Einsatz von Hebeln und biomechanischen Vorgängen zu suchen, um ihre eigenen Techniken erfolgreich anwenden zu können.

Das Ergebnis waren einige wesentliche Überarbeitungen traditioneller Techniken. So legt Brazilian Jiu Jitsu beispielsweise großen Wert auf eine Technik, die sich sogenannter grobmotorischer Bewegungen bedient. Dabei handelt es sich um Bewegungen, bei denen große Muskeln des Körpers in Gang gesetzt werden und die sich klar von feinmotorischen Bewegungen abheben, bei denen kleine Muskelgruppen (z.B. Bewegungen der Hände und Finger) feinfühlig und präzise aktiviert werden. Das Schleudern eines Baseballs wäre ein alltägliches Beispiel einer grobmotorischen Bewegung, während das Einfädeln mit einer Nadel für eine feinmotorische Bewegung steht.

Viele der Kerntechniken des traditionellen Jujitsu umfassen feinmotorische Bewegungen. So setzen zum Beispiel viele der im Stand ausgeführten Handgelenkhebel, Fingerhebel und Augenstiche – die in den traditionellen Jujitsu-Stilen sehr verbreitet waren – eine präzise Positionierung der Finger voraus. Allerdings sind feinmotorische Bewegungen unter dem Stress und den Belastungen eines richtigen Kampfs nur sehr schwer auszuführen. Stell dir einmal vor, wie schwierig es wäre, mit wild pochendem Herz und unter der Einwirkung eines heftigen Adrenalinschubs, einen Faden durch ein Nadelöhr ziehen zu müssen. In der Hitze des Gefechts sind grobmotorische Bewegungen wesentlich leichter auszuführen. Deshalb fehlen viele der Kerntechniken des traditionellen Jujitsu beim Brazilian Jiu Jitsu entweder gänzlich, oder sie wurden zumindest erheblich verändert.

Vergleicht man Brazilian Jiu Jitsu mit dem traditionellen Jujitsu, wird schnell klar, dass es anderen Grapplingstilen wesentlich ähnlicher ist, als der traditionellen Variante. Dies überrascht nicht, wenn man die Abstammung der bekannten Brazilian Jiu Jitsu-Experten betrachtet. Maeda, der japanische Kämpfer, der Carlos Gracie unterrichtete, lernte eine Zeit lang traditionelles Jujitsu. Dann aber, im Alter von 18 Jahren, erlernte er Jigoro Kanos Judostil. Seine wirklich herausragenden Leistungen erbrachte er auch im Judo, womit er schnell in den Kreis der Kodokan-Oberen aufstieg. Er verfügte über ein derartiges Können, dass ihn Kano als Judobotschafter nach Nordamerika entsandte. Eine solche Ehre wurde nur den besten *Kodokan*-Kämpfern zuteil, was uns nur zeigt, wie hoch Maeda in seinen Kreisen und bei seinen Lehrern angesehen war.

Maeda wurde stark von Kanos Trainingsmethoden beeinflusst, deren Schwerpunkt auf realitätsnahem Sparring (*Randori*) lag und die durch den Einfluss von Bodentechniken geprägt waren, die als Ergebnis der Turnierniederlage gegen das Jujitsu des *Fusen Ryu* in das Judo Eingang gefunden hatten. Wir sollten uns darüber im Klaren sein, dass Judo heute ganz anders ist als vor 1925, als es noch weniger durch Regeln und Eingriffe der Schiedsrichter eingeschränkt wurde. Das Bodengrappling *(Ne Waza)* war wesentlich ausgeprägter als heute. Es dominierte den Judosport sogar dermaßen, dass Jigoro Kano 1925 weit greifende Regeländerungen durchsetzte, um so zu verhindern, dass Judo von den Grapplingaktionen am Boden völlig beherrscht wurde.

Seitdem haben zahlreiche Nachträge zu den Regeln des Judo nach und nach den bei Wettkämpfen zulässigen Anteil am Bodengrappling reduziert. Dies geschah aus einer Reihe von Gründen. Zunächst einmal hegte Kano bezüglich seiner Sportart zweifelsohne olympische Bestrebungen (die 1964 schließlich auch verwirklicht wurden), und zudem werden ihn auch Sorgen um das Interesse der Zuschauer dazu bewogen haben, Ne Waza zu beschränken. Das Ergebnis war, dass die Judoka kaum Interesse am Bodengrappling und dessen Training zeigen, da es aufgrund der aktuellen Judoregeln unwahrscheinlich ist, dass sich intensives *Ne Waza*-Training auszahlt.

Zu diesem allgemeinen Trend gibt es allerdings eine wichtige Ausnahme. Eine spezielle Unterart des Judo – das *Kosen*-Judo – hat sich dem Druck, die Wurftechniken aus dem Stand über die des am Boden stattfindenden Grapplings zu stellen - dauerhaft erwehrt. Beim *Kosen*-Judo entscheidet *Ne Waza* nahezu immer den Ausgang eines Kampfs. Wenn es irgendeine Kampfsportart gibt, die dem Brazilian Jiu Jitsu am ähnlichsten ist, so ist dies zweifelsohne das vor 1925 praktizierte Judo, das heute nur noch in den wenigen *Kosen*-Judo-Organisationen vorkommt. Bei dem einzigen traditionellen Jujitsu-Stil, zu dem Brazilian Jiu Jitsu eine enge Verbindung hat, handelt es sich um *Fusen-Ryu* Jujitsu, das selbst ein direkter Vorgänger des *Kosen*-Judo war. Trotzdem sieht es so aus, als sei das *Fusen-Ryu* Jujitsu weitgehend ausgestorben, nachdem es dem Judosport angepasst worden war. So sind die Ähnlichkeiten zwischen *Kosen*-Judo und Brazilian Jiu Jitsu wesentlich größer als die zwischen traditionellem Jujitsu und Brazilian Jiu Jitsu.

Niedergang und Fall der Grappling-Disziplinen

Die grapplingbetonten Jujitsu-Stilarten leben vom realitätsnahen Training, der Kontrolle und der Dominanz am Boden sowie der Anwendung von Aufgabegriffen zur Beendigung eines Kampfs. Wir haben gesehen, dass sie gegen Ende des 19. Jh. an Bedeutung gewannen. Die Spitze ihrer Popularität erreichten sie im frühen 20. Jh. mit dem Aufkommen des *Ne Waza*-Trainings im Judosport, dem Beginn des *Kosen*-Judo und den großen Taten einzelner Männer wie Yukio Tani, Mitsuyo Maeda und den Gebrüdern Gracie. Darüber hinaus erlebten auch andere Grapplingstile, so wie das westliche Catchen – ein professioneller Ringkampfstil mit einer reichhaltigen und komplexen Auswahl an Grapplingtechniken unter Einbeziehung von Aufgabegriffen – zu dieser Zeit einen Höhepunkt. Das moderne russische Sambo entstand ebenfalls in diesem Zeitabschnitt, nachdem eine Gruppe von Grapplingspezialisten in Japan unter Kano trainiert hatte und wieder nach Russland zurückgekehrt war. Indem sie ihr Wissen mit der vielfältigen Ringkampftradition Russlands verknüpften, schufen sie eine eindrucksvolle eigene Grapplingdisziplin. Gerade als es so schien, als sollte den Grapplingdisziplinen eine Blütezeit beschieden sein, unterwanderte eine Reihe von Ereignissen die enormen Fortschritte, die man gemacht hatte, und schmälerte so die Popularität und das Prestige der verschiedenen Grapplingstile in beträchtlichem Maß.

Irritiert durch das, was er als ungesunde Entwicklung des Judo hin zu *Ne Waza* erachtete, setzte Jigoro Kano im Jahr 1925 eine erste Reihe von Regeländerungen in Kraft, die zugunsten der Würfe aus dem Stand gegenüber dem Bodengrappling ausfiel. Die Kämpfer erhielten Strafen, wenn sie wiederholt versuchten, ihre Gegner ohne den Versuch eines Wurfs direkt auf die Matte zu zerren. Im Lauf der Zeit gab es immer mehr Beschränkungen, die es zunehmend schwieriger machten, Grapplingtechniken anzuwenden, um einen Kampf zu gewinnen.

In der Zeit nach dem Zweiten Weltkrieg, wurden diese Beschränkungen sogar noch schlimmer. Als Judo eine olympische Sportart wurde, die auch den Ansprüchen der Zuschauer gerecht werden sollte, wurde der Druck stärker, das „langweilige" *Ne Waza* vehement einzuschränken und sich mehr auf zuschauerwirksame Würfe zu verlegen. Judo wurde immer mehr zu einer Überprüfung von Griff- und Wurftechniken mit einer stetig abnehmenden Konzentration auf Bodengrappling und echtes Kampfgeschehen. Schnell entwickelte sich die weitverbreitete Meinung, dass Judo nur wenig mit dem ernsten Kampf zu tun hatte. Dies führte dazu, dass Judo trotz seines Ansehens als Olympische Sportart, als Kampfkunst in der Öffentlichkeit in Ungnade fiel.

Sambo entwickelte sich zur nationalen Grapplingdisziplin der Sowjetunion. Die politischen Spannungen zwischen dem Kommunismus und dem kapitalistischen Westen sorgten allerdings dafür, dass Sambo bis zum Fall der Berliner Mauer niemals eine richtige Plattform in den westlichen Ländern erhielt. Selbst unter Kampfsportlern war es bis in die Neunzigerjahre nahezu unbekannt.

Professionelles Catchen, eine faszinierende und effektive Grapplingdisziplin mit vielen einzigartigen Aufgabegriffen, wurde leider von der Entwicklung eines künstlichen Profi-Ringens mit zuschauergerechten „vorgefertigten" Kampfabläufen ins Abseits befördert.

Die großartigen Fähigkeiten der Catcher von einst, waren seit man den Ausgang des „Kampfs" schon im voraus festlegte, nicht mehr gefragt. Professionelles „Wrestling" wurde langsam zu der absurden Komödie, die es heutzutage ist. Inzwischen gibt es nur noch eine verschwindend kleine Anzahl wirklich guter Catcher.

Das Amateur-Ringen hingegen erlebte durch seine frühe Aufnahme in den Kreis der Olympischen Sportarten einen enormen Aufschwung. Dennoch wurden alle echten Kampfelemente wie auch die Aufgabegriffe herausgenommen. Dies führte zu der allgemeinen Auffassung, dass Ringen bloß eine Sportart, nicht aber wirklich eine Kampfkunst oder ein Kampfstil sei. Erst in den Neunzigerjahren des 20. Jahrhunderts konnte mit diesem Irrglauben dank der großen Erfolge vieler Ringer in den MMA-Wettbewerben aufgeräumt werden.

Brazilian Jiu Jitsu florierte im Land seiner Entstehung. Die Gracie-Familie baute ein großes Netzwerk aus Familienmitgliedern auf, die allesamt an der Verbreitung und Vervollkommnung ihrer Kampfkunst arbeiteten. Sie setzten ihre großartige Erfolgswelle bei den MMA-Wettbewerben fort, doch reichte ihre Berühmtheit nicht über die Grenzen Brasiliens hinaus. Weil Asien als Heimat der Kampfkünste galt, blieb Brazilian Jiu Jitsu bis zur Grapplingrevolution in den neunziger Jahren des 20. Jahrhunderts unbekannt.

Die Folge dieser Ereignisse war, dass die Grapplingdisziplinen in der Nachkriegszeit als *Kampfkünste* einen herben Niedergang erlebten. Entweder betrachtete man sie als interessante oder freizeitfüllende Sportarten (Judo und Ringen), als Unterhaltung (professionelles Wrestling), oder man ignorierte sie oder kannte sie einfach nicht (Sambo und Brazilian Jiu Jitsu). Die Szene nach dem 2. Weltkrieg wurde unangefochten von den schlagenden asiatischen Disziplinen beherrscht. Karate, Kung Fu, Kempo, Taekwondo und selbst Ninjitsu wurden ungemein populär. Alle profitierten durch ihr Vorkommen in populären Kinofilmen, und schon bald verband man mit dem Begriff *Kampfkunst* nur noch die *schlagenden* Disziplinen.

Ein Bombardement an Actionfilmen, die aufregende Schlagtechniken in hervorragend choreographierten Bildfolgen zeigten, trug noch mehr dazu bei, dass ein großer Kämpfer für die Öffentlichkeit ein großer Schläger sein musste, der seine Gegner leicht mit ein paar gut platzierten Treffern niedermachte. In Ermangelung irgendeiner Möglichkeit, die tatsächliche Effektivität der verschiedenen Kampfstile auf die Probe zu stellen, nahmen die Leute größtenteils an, dass diese Neigung zugunsten der schlagenden Disziplinen das Ergebnis einer ihnen zueigenen Überlegenheit sei.

Die Entwicklung währt jedoch nur kurz. Wären sich die Leute des Erfolgs von Bodenkämpfern wie Tani und Maeda gegen schlagende Gegner in offenen Wettkämpfen bewußt gewesen, wären sie beim Ziehen solcher Schlussfolgerungen vielleicht nicht ganz so voreilig gewesen. Im Zeitraum der vier Jahrzehnte nach dem 2. Weltkrieg wurden die Grapplingdisziplinen als Kampfkünste zunehmend übergangen.

Das Wiederaufleben der Grapplingdisziplinen

In den Neunzigerjahren des 20. Jahrhunderts wurden die MMA-Turniere sowohl in Nordamerika als auch in Japan eingeführt. Dabei wandte man sich in einer noch nie da gewesenen Weise an die Öffentlichkeit. Die Idee, die dahinter steckte, war, die verschiedenen Kampfsportarten unter Einsatz von nur wenigen Regeln und Beschränkungen gegeneinander antreten zu lassen. In der Hitze des Gefechts konnte man so die jeweiligen Stärken der zahlreichen unterschiedlichen Kampfarten sehen. Diese Kämpfe avancierten zu den zuschauerquotenstärksten Veranstaltungen in der Geschichte des Bezahlfernsehens. Nur zu behaupten, dass sie die Sichtweise der Öffentlichkeit hinsichtlich des „echten" Kampfs geschärft hätten, wäre untertrieben.

In kurzer Zeit hatten sich die falschen Vorstellungen vom richtigen Kämpfen, die sich in den Nachkriegsjahrzehnten aufgebaut hatten, zerschlagen.

Die Menschen waren schockiert, als sie sahen, wie „heilige" Kampftheorien immer wieder scheiterten, wenn man sie auf die Probe stellte. Wettkampfteilnehmer, die davon ausgingen, ihre Gegner mit tödlichen Treffern vernichten zu können, waren nicht einmal in der Lage, diese überhaupt einzusetzen, da sie schon vorher blitzschnell in den Clinch genommen und sofort zu Boden gebracht wurden. Dort erst einmal angekommen, verfügten nur wenige Wettkampfteilnehmer über die nötigen Fähigkeiten, eine gute Figur abzugeben, und die meisten von ihnen waren unfähig, sich in einer bedrohlichen Situation zu verteidigen. Paradoxerweise verfügten sie meistens noch nicht einmal über das erforderliche Können, ihren Stellungsvorteil in einer überlegenen Position zu behaupten oder nutzbringend zu verwerten.

Eine Ausnahme von dieser Regel bildeten jedoch die Grappler und unter diesen besonders die, die sich mit Brazilian Jiu Jitsu auskannten. Sie konnten in den Clinch gehen, und von dort aus versuchten sie, den Kampf auf den Boden zu verlagern im vollen Bewusstsein, dass es nur Wenige gab, die noch größeren Widerstand leisten konnten, sobald der Kampf auf der Matte ausgetragen wurde. Man staunte über die Leichtigkeit, mit der die Jiu Jitsu-Kämpfer ihre Gegner packten und sie auf den Boden beförderten. Die brasilianischen Kämpfer schufen sich schnell eine Aura der Unbesiegbarkeit, die ihnen den Neid der Kampfsportwelt einbrachte.

Gemischte Kampfsportveranstaltungen wurden zu einem wirklich außerordentlich großen Anteil von Brazilian Jiu Jitsu beherrscht. In den USA beherrschte Royce Gracie die Kämpfe der frühen Ultimate Fighting Championships ganz und gar. Gleiches galt für Renzo Gracie in der *World Combat Championship* (WCC) und dem *Martial Arts Reality Superfight* (MARS), und Ralph Gracie blieb in den Extremkampf-Wettbewerben ungeschlagen. In Japan fegte Rickson Gracie durch den Wettbewerb und gewann zwei aufeinander folgende *Vale Tudo*-Turniere.

Diese frühen MMA-Veranstaltungen beinhalteten etliche Merkmale, die sie zu einem besonders wertvollen und interessanten Teil der Geschichte der Kampfkünste werden ließen. Zunächst einmal waren sie einer echten kämpferischen Auseinandersetzung zwischen den verschiedenen Kampfdisziplinen so nah wie dies im Rahmen eines öffentlich gebilligten Sportereignisses nur möglich war. Es wurden lange Kampfzeiten eingeräumt, man kämpfte ohne Handschuhe, und es gab keine Gewichtsklassen und nur *sehr* wenige Regeln. Keiner der Kämpfer trainierte wirklich disziplinübergreifend und fast jeder Wettkampfteilnehmer gehörte einer bestimmten Kampfrichtung an. Das Ergebnis dieser frühen MMA-Veranstaltungen war ein authentisches Aufeinandertreffen der verschiedenen Stile. Es war eine Bühne, auf der ein nur im Boxen geschulter Mann auf einen Gegner traf, der seinerseits nur in Karate geübt war.

In diesem Umfeld setzten die Gracies und ihre Schüler dieselben Phasen der Kampfstrategie ein, derer sich das Fusen Ryu und Maeda schon vor fast hundert Jahren bedient hatten. Dies taten sie mit einem Feinschliff und einer Raffinesse, die sie sofort ins Rampenlicht der Kampfsportwelt katapultierte. Ihre Gegner mussten entsetzt mit ansehen, wie sich die von den Gracies trainierten Kämpfer in wirkungsvoller Art wieder aus scheinbar aussichtslosen Positionen in der Rückenlage herausarbeiteten und die Kämpfe mit Hilfe unerwarteter Aufgabegriffe für sich entschieden. Der Erfolg des Brazilian Jiu Jitsu war genauso überraschend wie auch perfekt.

Entwicklung und Wandel der MMA-Veranstaltungen

Art und Weise der MMA-Veranstaltungen änderten sich schon bald. Da Regeln fehlten, gab es einige ziemlich brutale Kämpfe, zu denen es dann kam, wenn zwei Kämpfer aufeinander trafen, deren Begeisterung viel größer war als ihr Können.

Das amerikanische Publikum war es nicht gewohnt, jemandem zuzusehen, der einen anderen am Boden festhielt und brutal auf ihn einschlug. So etwas entsprach nicht der öffentlichen Vorstellung von einem sauberen Kampf, unter dem man sich zwei Männer vorstellte, die auf den Beinen standen während sie kämpften und aufhörten, sobald einer zu Boden ging. Einem Publikum, das mit der Ethik des westlichen Boxens aufgewachsen war, der zufolge man einen zu Boden gegangenen Kämpfer nicht mehr schlug, erschien ein anders geartetes Verhalten brutal und sadistisch. Eine einflussreiche politische Bewegung entwickelte sich mit dem Ziel, die MMA-Kämpfe in Nordamerika zu verbieten, sofern keine drastischen Regeländerungen vorgenommen würden. Gleichzeitig forderten andere Zuschauer mehr „Action“ ohne Unterbrechungen. In den frühen MMA-Kämpfen hatte es ziemlich oft lang andauernde Abschnitte des Bodengrapplings gegeben, die manch einer langweilig fand. Kämpfe endeten häufig unentschieden, wobei es auf beiden Seiten kaum Aktivitäten gab. Um die Kämpfe in Gang zu halten, wurden Regeln eingeführt, um lange Phasen der Inaktivität zu verhindern.

Als Folge dieser Forderungen wurden bei den meisten MMA-Veranstaltungen kurze Runden und kürzere Zeitbegrenzungen eingeführt. Am Ende einer Runde mussten beide Kämpfer aufstehen. Längere Phasen der Untätigkeit führten dazu, dass der Schiedsrichter eingriff und beide Kämpfer zum Aufstehen aufforderte. Außerdem führte man zu dieser Zeit auch Gewichtsklassen ein, um die gewaltigen Größenunterschiede zu vermeiden, die viele der frühen MMA-Kämpfe kennzeichneten. Wenn Kämpfe über die volle Distanz gingen, entschieden die Schiedsrichter über den Ausgang. Wenn ein Kämpfer in Schwierigkeiten geriet, konnte der Schiedsrichter den Kampf stoppen und den Sieger ernennen. Handschuhe wurden Pflicht. Sie ermöglichten es den Kämpfern, mit voller Wucht zuzuschlagen, ohne dass sie befürchten mussten, sich die Hände zu brechen, was in der frühen Phase der MMA-Veranstaltungen ein häufiges Problem darstellte. Darüber hinaus gestalteten sie das Grappling schwieriger, da die Ringer viel von ihrem Feingefühl verloren, wenn sie Handschuhe trugen.

Die hauptsächliche Folge dieser Regeländerungen bestand darin, dass dem Schlagen in MMA-Wettkämpfen eine wesentlich größere Bedeutung zukam. Nun konnten die Kämpfer ohne Angst vor Verletzungen härter zuschlagen. K.o.-Siege kamen viel häufiger vor, und man verbrachte eine wesentlich längere Zeit im Stehen, da sich die Kämpfer zu Beginn einer jeden neuen Runde wieder hinstellen mussten. Viele Kämpfer wollten das Bild eines aggressiveren Auftretens vermitteln, indem sie so viele Schläge wie möglich austeilten, da sie wussten, dass ihnen dies Pluspunkte einbringen würde, falls der Kampf am Ende durch den Schiedsrichter entschieden werden musste.

Angesichts solch gravierender Änderungen kamen einige neue Trends auf. So probierte man erstmals das sogenannte Cross-Training. Dahinter steht der Gedanke, mehrere unterschiedliche Disziplinen mit dem Ziel zu trainieren, in jeder Situation eines Kampfs über die nötige Erfahrung zu verfügen, um nicht in ernsthafte Schwierigkeiten zu geraten und nur ein Spezialgebiet zu beherrschen, über das man den Sieg anstrebt. So konnte z.B. ein Kickboxer eifrig Grapplingtechniken am Boden trainieren, um die Zeit dort bis zum Ende einer Runde überstehen zu können. Danach könnte er den Kampf, dort wo es ihm am besten gefällt – nämlich auf seinen Füßen stehend – wieder aufnehmen und seine Schlagtechnik einsetzen. Darüber hinaus konnte er die Zeit auch dazu nutzen, zu lernen, wie man sich gegen ein Niederreißen wehrt, um auf diese Weise das ganze Drama auf dem Boden weitestgehend zu vermeiden und den Kampf dort auszutragen, wo er sich selbst am wohlsten fühlt.

In den frühen Tagen der MMA war Brazilian Jiu Jitsu für viele Kämpfer ein Rätsel, das es zu lösen galt. Sie studierten es aufmerksam, bis sie sich von seiner Strategie und seiner Taktik nicht mehr länger überraschen ließen. Ringer lernten den Aufgabegriffen, die bei den ersten MMA-Veranstaltungen verheerende Wirkung gezeigt hatten, auszuweichen. Dadurch konnten sie ihre hervorragende Technik nutzen, um ihre Gegner schnell zu Boden zu bringen. Dort setzten sie dann ihre große Kraft (häufig in Kombination mit einem beachtlichen Größenvorteil) dazu ein, den Gegner aus der Oberlage heraus zu verprügeln und schließlich über eine Entscheidung oder einen Abbruch durch den Schiedsrichter zu gewinnen. Schlagexperten lernten sogar, sich gegen ein Niederringen zu verteidigen oder sich aus einem Clinch zu befreien. So konnten sie den Kampf möglichst lange im Stand fortführen, wo ihre Schlagtechniken am wirkungsvollsten waren.

So eröffnete der Ausbau der technischen Fähigkeiten als Folge des Cross-Trainings in Verbindung mit den Regeländerungen den ringenden und den schlagenden Kämpfern weitaus größere Erfolgserlebnisse im MMA-Wettbewerb. Der Trend kehrte zu seinem Ausgangspunkt zurück, da Jujitsu- und Aufgabe-Kämpfer im Cross-Training gleichzeitig ringen und schlagen lernen mussten, um mit den Änderungen im

MMA-Geschehen Schritt halten zu können. Diese Entwicklung hat für die heutigen MMA-Veranstaltungen drei grundlegende Kämpfertypen hervorgebracht.

Aufgabe-Grappler

Hierbei handelt es sich um Kämpfer, die ihre Taktik auf die Beherrschung der Stellungskontrolle am Boden ausrichten, um hierüber höchst effektive Aufgabegriffe zur Beendigung des Kampfs anzuwenden. Genau dieser Ansatz erwies sich bei den ersten MMA-Veranstaltungen als überlegen und ist auch heute immer noch eine der beliebtesten und erfolgreichsten Vorgehensweisen. Wir haben bereits gesehen, dass es sich bei den bekanntesten Verfechter dieser Kampfweise um Brazilian Jiu Jitsu-Kämpfer handelte; dennoch bedienen sich auch andere Grapplingstile einer ähnlichen Strategie.

Das Konzept, dass diese Kämpfer verfolgen sieht vor, den Kampf auf den Boden zu verlagern, damit sie zunächst die Kontrolle ausüben können, die erforderlich ist, um einen sich vehement zur Wehr setzenden Gegner zu bändigen, um dann eine Aufgabetechnik anzubringen. Obwohl die meisten Aufgabe-Grappler am Boden die Oberlage favorisieren, akzeptieren sie häufig auch eine Rückenlage, da sie viele ihrer bevorzugten Aufgabegriffe erfolgreich unterhalb ihres Gegners ansetzen können.

Das Beeindruckende an den Aufgabe-Grapplern zu Zeiten der ersten MMA-Wettbewerbe war die Effizienz ihrer Siege. Recht oft forderten sie Gegner heraus, die viel größer als sie selbst waren und besiegten sie auch. Das war möglich, weil sie ihre Arbeit auf bequeme Art unter ihren Gegnern verrichteten. Die Aufgabegriffe, die sie anwendeten, waren zudem höchst wirkungsvoll. Sie setzten große Kräfte gegen schwache Körperstellen ihrer Gegner ein. Solche Siege verliefen ohne Blutvergießen und hinterließen den gefälligen Eindruck von Siegen ohne Brutalität.

Die größten Schwachpunkte der Aufgabe-Grappler waren ihre mangelnden Fähigkeiten in den Bereichen *takedown* und Schlagen. Diese Schwächen offenbarten sich in den frühen MMA-Veranstaltungen noch nicht, da nur wenige Kämpfer eine Vorstellung davon hatten, wie man sich gegen einen *takedown* zur Wehr setzte oder sich aus einem Clinch befreite. Das hatte zur Folge, dass selbst äußerst mittelmäßig ausgeführte Takedown-Versuche fast immer erfolgreich verliefen. Trafen Aufgabe-Grappler auf erfahrene Ringer, konnten sie Vorteile daraus ziehen, dass diese sich nicht mit Aufgabegriffen auskannten und dadurch beeindruckende Siege davontragen. Nach kurzer Zeit hatten aber auch die Vertreter der schlagenden Disziplinen Abwehrtechniken gegen die takedowns erlernt und die Ringer wiederum wussten sich der meisten wichtigen Aufgabegriffe zu erwehren. Durch die Regeländerungen hatte zudem der Zeitanteil, den man bei jedem Kampf in stehender Position verbrachte, bedeutend zugenommen.

Von da an gab es für die Aufgabe-Grappler keine leichten Siege mehr. Trotzdem sind die Aufgabegriffe bei den MMA-Wettkämpfen immer noch für einen hohen Prozentsatz der Siege verantwortlich. Das Schöne an den Aufgabegriffen ist die Tatsache, dass sie einen Kampf genauso wie ein K.o.-Schlag zu jeder Zeit beenden können. Vielfach wurde ein Kämpfer von seinem Gegner vollkommen beherrscht, um diesem dann urplötzlich mit einem einzigen Aufgabegriff den sicher geglaubten Sieg zu entreißen. Das soll uns sagen, dass ein in Aufgabegriffen geübter Kämpfer immer eine Chance auf den Sieg hat. Alles was er braucht, um den Kampf zu beenden, ist eine kurze Konzentrationsschwäche seines Gegners. Aufgrund ihrer grandiosen Wirkung können Aufgabegriffe auch gegen wesentlich größere Gegner eingesetzt werden. In den meisten der großen Beispiele für MMA-Kämpfe, in denen ein kleinerer Mann einen größeren besiegte, war die Anwendung eines Aufgabegriffs das entscheidende Mittel zum Sieg.

Ground-and-Pound-Kämpfer

Ringer sind für ihre hervorragenden Techniken bei takedowns, der Verteidigung gegen *takedowns* sowie ihrer Stellungskontrolle am Boden bekannt. Nachdem man herausgefunden hatte, dass *Takedown-* und Bodengrapplingtechniken in richtigen Kämpfen äußerst wichtig sind, stiegen Ringer in Scharen in das MMA-Geschehen ein. In der Anfangszeit verzeichneten die Ringer abwechselnd Erfolge und Misserfolge. Sie konnten mit vielen guten Eigenschaften aufwarten: Gute Athletik und Kondition sowie unübertroffene *Takedown*-Fertigkeiten; allerdings hatten sie überhaupt keine Ahnung von Aufgabegriffen. Die Folge davon war, dass sie einen Kampf nicht vernünftig zu Ende bringen konnten. Darüber hinaus waren sie selbst sehr anfällig für solche Griffe und fielen ihnen häufig zum Opfer. Nachdem die Ringer erst einmal gelernt hatten, den Aufgabegriffen der Grappler aus dem Weg zu gehen, schnitten sie wesentlich besser ab.

Nach kurzer Zeit wurde bei den MMA-Veranstaltungen die Verwendung kleiner 4-Unzen-Handschuhe Vorschrift. Sie ermöglichten es den Kämpfern, über einen langen Zeitraum ohne Angst vor Verletzungen der eigenen Hände kraftvoll zuzuschlagen. Kürzere Zeitbegrenzungen und der Einsatz von Schiedsrichtern, die über den Ausgang eines über die volle Distanz gehenden Kampfes entschieden, bedeuteten zudem, dass Ringer ihre Gegner (unter Einsatz ihrer überlegenen Takedown-Technik) zu Boden bringen und so auf beliebige Weise in die Oberlage gelangen konnten. Von dort aus deckten sie ihre Gegner mit Faustschlägen ein, während sie deren Aufgabegriffe gleichzeitig so gut wie möglich zu verhindern versuchten. Da die Ringer fast immer größer, stärker und athletischer als ihre Gegner waren, funktionierte ihre Strategie, die Anderen zu Boden zu bringen und mit Schlägen zu traktieren, oft. Sie reichte auch fast immer dazu, die Schiedsrichter zu überzeugen, wenn der Kampf über die volle Distanz ging, und recht oft führte sie zu einem vorzeitigen Abbruch.

Die größte Schwäche dieser Methode liegt darin, dass die Kämpfer fast immer größer, stärker und athletischer sein müssen, um gewinnen zu können. Es gibt keine Fälle, in denen kleinere, schwächere Männer diese Strategie anwendeten, um den Gegner zu besiegen. Außerdem können diese Kämpfer nur dann siegen, wenn sie sich in der Oberlage befinden. Werden sie gepackt, begeben sich selbst nach unten oder werden in die Unterlage gebracht, ist das Schlagen am Boden nicht mehr möglich und eine Niederlage die normale Konsequenz. Außerdem besteht die ständige Gefahr, dass eine unachtsame oder müde gewordene *Guard* immer das Opfer eines Aufgabegriffs werden kann.

Sprawl-and-Brawl-Kämpfer

Als die MMA-Veranstaltungen erstmals in Nordamerika und Japan stattfanden, staunten viele über die schwache Vorstellung von Kampfsportlern, die sich auf das Schlagen mit den Fäusten und das Treten mit den Füßen spezialisiert hatten. Kampf um Kampf wurden sie schnell in den Clinch genommen und auf die Matte gebracht. Die Niederlagen waren schnell besiegelt. Relativ häufig brachen sich die Kämpfer die Hände, wenn sie ohne Handschuhe schlugen, was dazu führte, dass sie nicht weitermachen konnten. Nach kurzer Zeit stand das Publikum der kämpferischen Effektivität der schlagenden Disziplinen ziemlich skeptisch gegenüber. Diese Einschätzung erwies sich jedoch als verfrüht. Kaum hatte man Handschuhe eingeführt und Regeländerungen durchgesetzt, die die Dauer, die man im Stehen verbringt, deutlich verlängerten, kam dem Schlagen eine wesentlich größere Bedeutung zu.

Die „schlagende Fraktion" lernte auch aus den frühen Fehlern, dass die Verteidigung gegen *takedowns* und das Ausbrechen aus den Clinchs von entscheidender Bedeutung waren, wenn sie in den MMA-Wettbewerben erfolgreich sein wollte. Was sie lernte, war die klassische Ringer-Verteidigung gegen *takedowns* – den *sprawl* (d.h. Verbreitern des Stands bei gleichzeitiger Krümmung der Haltung; siehe Kapitel 4). Schon bald verwendeten sie dieses Wissen in Verbindung mit Befreiungen aus dem Clinch, wodurch es wesentlich schwieriger wurde, sie zu Boden zu bringen. Gleichzeitig erlernten sie das Grappling am Boden zumindest so gut, dass sie lang genug durchhielten und der Schiedsrichter sie zum Aufstehen aufforderte und den Kampf wieder in der von ihnen bevorzugten Position aufnehmen ließ. Die Vorgehensweise dieser Kämpfer besteht darin, zur Verteidigung gegen *takedowns* zum *sprawl* überzugehen, aus einem Clinch auszubrechen und allen länger anhaltenden Grapplingsituationen zu entgehen. (*Anmerkung des Übersetzers: „Sprawling* bedeutet, beide Beine nach hinten wegzustrecken, damit der gegnerische Grappler keinen erfolgreichen Beinangriff ausführen kann. Beim sprawling fällt man nach vorn oder stützt sich am Gegner ab).

Takedown-Versuche können ermüdend sein. Wenn die Gegner der schlagenden Kämpfer mit jedem gescheiterten *takedown* immer erschöpfter werden, werden sie schlampiger und können leichter wirkungsvoll mit Händen, Knien oder Füßen getroffen werden. Im Clinch können die schlagenden Kämpfer ihren Gegner mit den Knien und Ellenbogen schwer zusetzen, bevor sie sich befreien. Nach jedem *sprawl* und jeder Befreiung aus einem Clinch können sie versuchen, ihre Gegner k.o. zu schlagen oder sie zumindest schwer zu treffen und auf diese Weise versuchen, eine Schiedsrichterentscheidung zu ihren Gunsten zu beeinflussen. Da sie Handschuhe tragen, können sie den ganzen Kampf über mit voller Kraft zuschlagen, ohne Angst, sich selbst zu verletzen. Das war zu Zeiten der frühen handschuhlosen MMA-Veranstaltungen nicht möglich.

Die aus dieser Strategie resultierenden Hauptprobleme bei den MMA-Veranstaltungen liegen jedoch in einem übermäßigen Vertrauen in die Handschuhe, das Eingreifen der Schiedsrichter, deren Entscheidung über den Ausgang des Kampfs und kurze Runden, um den Kampf im Stehen bestreiten zu können. Dieser Kämpfertyp setzt sich durch, wenn sein Gegner Schwächen bei den *takedowns* hat. Dahingegen stellt ein *Takedown*-Experte, der den Anderen unten halten kann immer wieder ein Problem für solche *„Sprawl-and-Brawl“*-Kämpfer dar. Es ist unwahrscheinlich, mit dieser Kampfmethode gegen einen größeren Gegner erfolgreich zu sein.

Die meisten Kämpfer, die an den heutigen MMA-Veranstaltungen teilnehmen, fallen unter eine dieser drei Kategorien. In Anbetracht der Tatsache, dass die überwiegende Mehrheit der Kampfsportler ihre meiste Erfahrung in einer einzigen Kampfdisziplin – und somit in einer bestimmten Kampfmethode (Schlagen, Aufgabetechniken oder *takedowns*) – besitzt, überrascht es auch nicht, dass sie mit *einem* Spezialgebiet beginnen. Danach eignen sie sich dann wenigstens ein Mindestmaß an Fertigkeiten in den anderen Kampfphasen an, um überleben zu können. Da die meisten Fähigkeiten ein bestimmtes Gebiet betreffen, ist das Ergebnis eine natürliche Tendenz in Richtung eben dieses Spezialgebiets – und somit hin zu unseren drei verschiedenen Kategorien eines MMA-Kämpfers.

Doch die frühen MMA-Zeiten sind vorbei. Kein Stil ist absolut beherrschend. An jedem beliebigen Tag kann irgendeine der drei zuvor erläuterten Kampfmethoden siegreich sein. Um erfolgreich zu sein, benötigen alle Kämpfer ein gewisses Können in allen drei Hauptphasen des Kampfs. Universalität ist das große Plus des modernen Kämpfers.

III. Theorie und Strategie des Modernen Jujitsu

Allzu häufig übertreiben Kampfsportler das „Sammeln“ von Techniken, ohne jemals einen Strategieplan zu haben, der ihnen sagt, wie diese Techniken im Verlauf eines Kampfs anzuwenden sind. Nehmen wir einmal an, wir hätten nichts außer einer Reihe von Techniken, von denen jede einzelne von den anderen isoliert wäre. Jedes Mal, wenn es mit einer bestimmten Technik nicht gelingen würde, den Kampf zu beenden, müssten wir wieder von vorn beginnen und darauf hoffen, dass die nächste Technik, die wir anwenden, den Sieg brächte. Was ein Kämpfer braucht, ist eine Hintergrundstrategie, der er während des Kampfverlaufs folgen kann. Die Technik dient nur dazu, diese Strategie umzusetzen.

Einer der größten Mängel der meisten traditionellen Kampfsportler, die an den frühen *Mixed Martial Arts* (MMA) Veranstaltungen teilnahmen, war das Fehlen eines Vorgehensplans für den gesamten Kampfablauf. Die meisten hatten nicht mehr als eine vage Vorstellung davon, wie sie ihren Gegner besiegen wollten. Das erwies sich dann immer wieder viel schwieriger als erwartet. Im Gegensatz dazu verfolgten die Jujitsu-Kämpfer eine klare Gesamtstrategie, die vorsah, den Gegner so schnell wie möglich in einen engen Clinch zu nehmen und den Kampf auf den Boden zu verlagern. Dort angekommen, setzten sie eine unmittelbare Stellungsstrategie in Gang, die ihnen eine klare Vorstellung verschaffte, wo sie sich mit Bezug auf ihre Gegner befinden wollten. Ihre ganze Technik war darauf ausgerichtet, ihren für den gesamten Kampf ausgelegten Ablaufplan umzusetzen. So wussten sie in jedem Augenblick des Kampfs genau, was sie eigentlich tun sollten und auf welche Weise sie es tun konnten. Dies stand in krassem Gegensatz zu ihren Gegnern, die häufig überhaupt keine Vorstellung hatten, was sie im Verlauf des Kampfs – und besonders dann, wenn dieser aus der Bahn geriet – machen sollten.

Die Wichtigkeit einer Gesamtstrategie kann nicht genügend hervorgehoben werden. Das Fehlen einer klaren und flexiblen Kampfstrategie zeigt sich schnell in jedem Kampf, der länger als eine Minute dauert. Fehlt einem Kämpfer eine Gesamtstrategie, verhält er sich unweigerlich wie ein Blinder, der von einem Augenblick in den nächsten hineinstolpert und verzweifelt versucht, sich das Geschehen, das sich vor ihm entwickelt, zusammenzureimen. Genauso verhängnisvoll ist das Fehlen einer von Minute zu Minute oder von Sekunde zu Sekunde ablaufenden Stellungsstrategie, die dem Kämpfer eine klare Orientierung verschafft, wie er sich in jedem einzelnen Moment bewegen und was er gegen seinen Gegner unternehmen muss. Fehlende Strategie führt immer zu Untätigkeit, Konfusion und einem Gefühl der Hoffnungslosigkeit, wenn die Dinge nicht so laufen wie sie sollen. In einem richtigen Kampf ist so etwas fatal.

Bei den frühen MMA-Veranstaltungen wurden viele Kämpfer Opfer ihrer Orientierungslosigkeit. Oft landeten Kämpfer, die in Kampfsportarten trainiert waren, in denen man nur aus dem Stand heraus Schläge und Tritte austeilte, schnell am Boden. Kaum lagen sie auf der Erde, wussten sie schon nicht mehr, was sie tun sollten. Schnell stellte sich Verzweiflung ein. Sie droschen entweder verzweifelt drauf los oder verfielen in völlige Tatenlosigkeit. Solche Kämpfer waren stark, durchtrainiert in den von ihnen gewählten Disziplinen und auf mentaler Ebene stark und erfahren. Sie gaben bestimmt nicht auf, weil sie schwach oder feige waren, sondern einfach nur, weil sie nicht wussten, was sie machen sollten. Kam es zu solch einer Situation, hörten sie einfach auf, sich zu bewegen. Untätigkeit ist in einem Kampf verhängnisvoll, da sie es dem Gegner ermöglicht, das Geschehen ohne jeglichen Widerstand vollkommen zu beherrschen.

Eine Kampfstrategie gibt einem Kämpfer eine übersichtliche Orientierungshilfe für die Dauer des Kampfs, die ihm wiederum Hoffnung vermittelt, ganz egal wie schlecht sich die Dinge auch entwickeln. So lange der Kämpfer diese Hoffnung in sich trägt, so lange wird er auch weitermachen.

Die Kampfstrategie des Jujitsu

Das klassische Jujitsu des alten Japans schien keine generelle Strategie zu haben, die einen Kämpfer durch den Verlauf des Kampfs führte. In der Tat war dies für Kano auch einer der grundlegenden und schwerwiegendsten Kritikpunkte an dem klassischen Programm.

Das Fehlen einer Strategie mag daran gelegen haben, dass das klassische unbewaffnete Jujitsu eher als letzter Ausweg galt, wenn ein Krieger seine Waffe verloren hatte, und weniger als eigenständiger Kampfstil. Nicht einmal Kanos radikale Veränderungen führten zu einem klaren Bekenntnis hinsichtlich einer Kampfstrategie. Das hauptsächliche strategische Element, auf das er Wert legte, war *Kuzushi*, was bedeutete, den Gegner nicht das Gleichgewicht halten zu lassen, um ihn leicht kontrollieren und werfen zu können. Zusammen mit *Kuzushi* führte er Begriffe wie „geringster Aufwand, größter Nutzen" und verschiedene andere Interpretationen des Wortes „Ju" (behutsam, weich oder biegsam) ein. Trotzdem ist dies allein noch keine vollständige Kampfstrategie.

Nur durch das Aufblühen des *Fusen Ryu-Jujitsu* und die erste Phase der Jujitsu-Herausforderungskämpfe mit Tani und Maeda, entwickelte sich eine klare Kampfstrategie unter den Jujitsu-Kämpfern. Diese Strategie wurde im Lauf der Zeit von den Gracies perfektioniert und gewann bei den neueren MMA-Veranstaltungen zunehmend an Bedeutung. Die Strategie beinhaltet zwei Hauptaspekte. Zunächst einmal gibt es die Gesamtstrategie. Wie wir bereits gesehen haben, basiert diese auf der Lehre, dass ein einzelner Kampf aus drei verschiedenen Phasen besteht, von denen jede mehrere von einander unabhängige Techniken beinhaltet. Das bedeutet, dass ein Kämpfer in einer Phase gut, in den anderen beiden aber schlecht sein kann. Mataemon Tanabe war der Erste, der uns zeigte, dass man einen äußerst versierten Gegner mit Leichtigkeit besiegen konnte, wenn man ihn aus der von ihm bevorzugten Kampfphase in eine andere brachte, in der er weniger gut zurechtkam. Tani, Maeda und die Gracies übernahmen diese Gesamtstrategie und erweiterten sie nach und nach. Maeda wandte sie bei MMA-Kämpfen an, während Tanabe sie nur im Rahmen von Aufgabe-Grappling-Turnieren verwendete.

Die Gracies bereicherten diese Gesamtstrategie der Kampfphasen mit einer taktischen Strategie der stellungsbezogenen Überlegenheit. Dabei handelt es sich um das zweite strategische Element des modernen Grappling Jujitsu, das wesentlich zur Dominanz des modernen Jujitsu in den heutigen MMA-Wettbewerben beigetragen hat. Es war derart erfolgreich, dass es inzwischen bei MMA-Wetbewerben für alle Kämpfer zur gängigen Vorgehensweise geworden ist, sobald ein Kampf auf den Boden verlagert wird. Der Knackpunkt besteht hierbei darin, in eine Position zu gelangen, aus der heraus man seinen Gegner angreifen kann, während dessen Möglichkeiten selbst zu kontern gleichzeitig erheblich eingeschränkt werden. Dies kann durchaus stehend im Clinch geschehen, erweist sich am Boden jedoch als leichter, weshalb auch die meisten heutigen Jujitsu-Kämpfer das Bodengrappling bevorzugen. Jujitsu-Kämpfer sind demnach mit zwei strategischen Elementen vertraut:

1. Mit einer Gesamtstrategie, die den Kampf in einer Phase hält, in der sie einen technischen Vorteil gegenüber dem Gegner haben.
2. Mit einer taktischen Strategie, die auf eine stellungsbezogene Überlegenheit hinarbeitet, mit der sie ständig versuchen, in eine Position zu gelangen, aus der heraus sie den Gegner wesentlich leichter angreifen können, als dieser seinerseits zurückschlagen kann.

Die Konzepte, die diesen beiden einschneidenden strategischen Neuerungen des modernen Jujitsu zugrunde liegen, haben sich in den MMA-Wettbewerben als höchst erfolgreich erwiesen. An dieser Stelle wollen wir alle wichtigen Bestandteile im Detail untersuchen.

Phasen des Kampfs

Die Erfahrung lehrt uns ganz eindeutig, dass der einzelne Kampf gewissermaßen in drei Hauptphasen unterteilt werden kann. Diese Phasen gliedern sich nach dem Maß an Körperkontakt und Kontrolle, das die beiden Kämpfer gegeneinander einsetzen und haben sich als wichtigste Faktoren zur Bestimmung des Verhaltens und der Taktik beider Kämpfer im Verlauf einer Auseinandersetzung erwiesen.

Wenn zwischen beiden Kämpfern weder Körper- noch Griffkontakt besteht, können sich beide nach Herzenslust frei bewegen. Sie werden sich bewegen, schlagen, ausweichen und auf ihren Gegner zustürmen wie es ihnen beliebt, da nichts ihre Bewegung aufhält. Wir können diese erste Phase des Kampfs *als Phase der freien Bewegung* bezeichnen, da ihr auffälligstes Merkmal eben diese Bewegungsfreiheit ist, die beide Kämpfer genießen.

In dem Augenblick, in dem sich beide Kämpfer gegenseitig zu fassen bekommen, ändert sich jedoch der Charakter des Kampfs. Sind Körperkontakt und Griff erst einmal zustande gekommen, wird die Bewegung eines Kämpfers durch den jeweils anderen eingeschränkt. Nun kann sich keiner mehr so bewegen, wie er es gerne würde. Stattdessen muss jeder die Bewegung, den Griff und die Körperhaltung des anderen mit einkalkulieren, um entscheiden zu können, wie er sich bewegt und wie er handelt. Diese zweite Phase bezeichnet man als Clinch, ein Terminus, der normalerweise bei allen Kampfsportarten für eine Situation steht, in der sich beide Kämpfer stehender Weise mit einen festen, kontrollierenden Griff halten, der die Bewegungsfreiheit gravierend einschränkt.

Die dritte Hauptphase beginnt, wenn sich ein Kampf auf den Boden verlagert. Diese Phase kommt in nahezu jedem ernsten Kampfgeschehen vor, besonders dann, wenn die Clinchphase erst einmal erreicht wurde. Diese dritte Phase, die man *Bodenkampf* nennt, unterscheidet sich völlig von den beiden ersten Phasen (was schon viele zu ihrem Leidwesen am eigenen Leib erfahren mussten). Das Können am Boden hat sich wiederholt als wichtigstes über den Erfolg entscheidendes Kriterium bei MMA-Wettbewerben erwiesen. Selbst die Kämpfer, die die anderen Kampfphasen bevorzugen, müssen über ausreichende Kenntnisse in den Bodenkampftechniken verfügen, um die Situation zu überstehen und wieder zu ihrer Basis zurückzufinden. So viel zu den drei verschiedenen Kampfphasen. An dieser Stelle wollen wir uns einmal genau ansehen, wie man das Wissen über diese drei Phasen dazu einsetzen kann, einen Gegner zu überwältigen und zu besiegen.

Der entscheidende Gedanke, der hinter der Drei-Phasen-Theorie steht, sieht vor, den Gegner in eine Phase einzubinden, in der er in Bezug auf die eigenen Fähigkeiten, die geringste Erfahrung hat. Als Kämpfer habe ich die größten Erfolgschancen, wenn es mir gelingt, meinen Gegner in eine Phase zu verwickeln, in der ich besser bin als er. Kann ich zum Beispiel einen Kampf gut am Boden führen (was meine Stärke ist), wäre es nicht schlimm, wenn mein Gegner ein wesentlich besserer Boxer wäre, da boxerische Qualitäten am Boden von sehr geringem Nutzen sind.

Der Schlüssel zum Erfolg besteht darin, die Kampfphase herauszufinden, in der du die größten technischen Vorteile hast und zu versuchen, das Kampfgeschehen in eben dieser Phase zu halten. Die Tatsache, dass die meisten Menschen von Natur aus schwach im Bodenkampf sind, hat auf Seiten der Jujitsu-Kämpfer einen natürlichen Hang zum Bodenkampf begünstigt. Treffen allerdings zwei im Bodenkampf geübte Jujitsu-Kämpfer aufeinander, täte der im Standkampf stärkere gut daran, die Auseinandersetzung auch im Stand weiterzuführen, da er dort den größten technischen Vorteil hat.

Ziehen wir einen Vergleich heran: Normalerweise würden wir nicht glauben, dass ein 13-jähriges Mädchen irgendeine Siegchance in einem unbewaffneten Kampf gegen den Boxweltmeister im Schwergewicht hätte. Wie aber sähe es aus, wenn der Kampf unter anderen Voraussetzungen im Meer stattfinden würde. Angenommen wir wüssten, dass das Mädchen eine nationale Meisterin im Schwimmen ist, während der Boxer gar nicht schwimmen kann und Angst vor dem Wasser hat. Auf wen würde man nun wohl wetten? Natürlich läuft der Kampf völlig anders ab, wenn sich die Gesamtumstände derart verändern. Genau dies passiert auch, wenn die Kampfphasentheorie angewandt wird. Indem der Kampf unter Gegebenheiten abläuft, in denen mein Gegner schwächer ist als ich, kann ich seine Stärken ignorieren und seine Schwächen ausnutzen. Also machen wir uns nun daran, die drei Kampfphasen klar abzugrenzen und zu beschreiben.

Die Phase der freien Bewegung

Mit der Phase der freien Bewegung beginnen alle MMA-Kämpfe sowie viele Auseinandersetzungen auf der Straße. Dabei stehen beide Kämpfer aufrecht und berühren ihren Gegner nicht. Das Fehlen von Kontakt und Griff erlaubt es ihnen, sich frei zu bewegen – daher auch die Bezeichnung. Eine derartige Bewegungsfreiheit ermöglicht eine schnelle Beinarbeit, das Vorschnellen und Schlagen; es überrascht nicht, dass diese Techniken die wichtigsten in dieser Phase des Kampfs sind.

Der Clinch im Stand

Hat ein Kampf erst einmal begonnen, geht er fast immer in einen Clinch über. Interessanterweise beginnen die meisten Straßenkämpfe in einem Clinch (und seltener mit der Phase der freien Bewegung) mit Zupacken, Schubsen und Halten. Die Tatsache, dass sich die Kämpfer gegenseitig festhalten schränkt ihre Bewegungen ein. Um in der aufrechten Clinchstellung zurechtzukommen, benötigt man ein besonderes Repertoire an Techniken, die ihrerseits anders sind, als die, die man in der Phase der freien Bewegung braucht. Die Techniken, die in dieser Kampfphase unerlässlich sind, beinhalten den Aufbau und das Lösen eines Griffs, das Aus-dem-Gleichgewicht-Bringen des Gegners sowie das Halten des eigenen Gleichgewichts und der eigenen Stellung, das Schlagen im Clinch, zum Clinch passende takedowns, Aufgabetechniken im Stand usw.

Der Bodenkampf

Kaum ein Kampf beginnt in dieser Phase, aber nahezu jeder endet dort. Die Verlagerung des Geschehens auf den Boden verändert das Kampfgeschehen grundlegend. Die Bewegung in einer Rückenlage unterscheidet sich erheblich von einer im Stand ausgeführten Bewegung und erfordert ein intensives Training, bevor sie zur Routine wird. Am Boden ist eine intensive Kontrolle möglich, da sowohl das Körpergewicht als auch der Boden selbst dazu genutzt werden können, um einen Gegner festzuhalten und seine Bewegungen einzuschränken. Das ermöglicht die Anwendung vieler hochwirksamer Aufgabegriffe. Die Schlüsseltechniken beim Bodenkampf sind die Anwendung von Aufgabegriffen, die Fähigkeit sich aus einer unterlegenen Stellung zu befreien und die Gabe, sich in zunehmend überlegene Stellungen zu bringen.

Die Kampfphasentheorie

Es folgt die Kampfphasentheorie in ihrer klarst möglichen Ausformulierung:

1. Der unbewaffnete Einzelkampf kann in drei Hauptphasen unterteilt werden. Jede dieser Phasen unterscheidet sich durch das Maß an Körperkontakt sowie die Kontrolle, die die beiden Kämpfer über den jeweils anderen ausüben.
2. Die Art des Kampfs unterscheidet sich in jeder einzelnen Phase von der der anderen Phasen. Jede Phase hat unterschiedliche zu ihr passende Techniken. Das bedeutet, dass es möglich (in Wirklichkeit sogar wahrscheinlich) ist, dass ein Kämpfer in einer Phase äußerst begabt, in den anderen beiden jedoch schwach ist.
3. Die Kämpfer können Techniken weiterentwickeln, die es ihnen ermöglichen, einen Kampf in eine Phase zu bringen, in der sie selbst stark, die Gegner jedoch schwach sind, um auf diese Weise die Kontrolle über den Kampf aufrecht zu erhalten.
4. Dadurch, dass ein Kampf in eine Phase überführt wird, in der der eine Kämpfer auf höherem Niveau kämpft als der andere, wird ein großes Ungleichgewicht zwischen den Beiden erzeugt, das die Wahrscheinlichkeit eines Sieges für den Kämpfer erhöht, der in dieser Kampfphase dominieren kann.

Kampfabstände

Im modernen Zeitalter des Kampfsports hat die Theorie der Kampfabstände eine Menge an Glaubwürdigkeit und Akzeptanz gewonnen. Dahinter steht der Gedanke, dass es beim Kampf zwischen zwei Gegnern immer einen optimalen Angriff gibt, der von der aktuellen Entfernung zwischen den Beiden abhängig ist. So gibt es beispielsweise einen Abstand, aus dem heraus ein Tritt das vielversprechendste Mittel des Angriffs ist; kommen die beiden Kämpfer näher aufeinander zu, werden Schläge zum aussichtsreichsten Mittel für die Offensive; geraten sie noch näher an einander, kommt das *Hand-Trapping* zum Zuge (*Erklärung des Übersetzers:* Positionieren oder beeinflussen der Hände bzw. Arme des Gegners mit den eigenen Händen bzw. Armen, mit dem Ziel, dass dieser damit nicht mehr schlagen oder eine Aktion einleiten kann), bis der Abstand schließlich noch kleiner wird. An dieser Stelle werden Grapplingangriffe zum besten Mittel. Eine solche Theorie ist jedoch stark gefühlsabhängig. Es macht einfach Sinn, verschiedene Angriffsmethoden in Bezug auf Abstand und Entfernung in Erwägung zu ziehen. Letzten Endes sind die Beine länger als die Arme, und mit Sicherheit kann ein solcher Reichweitenvorteil in bestimmten Kampfsituationen von Bedeutung sein.

Es gibt zwei grundlegende Modelle für die Handhabung des Abstands als Basis einer Kampftheorie.

1. Zunächst können wir den Abstand in *Entfernungs*einheiten einteilen. Die gängigste Praxis spricht von kurzem, mittlerem und großem Abstand. Diese Methode hat die Vorteile, einfach und flexibel zu sein.
2. Ebenso können wir den Abstand in Einheiten einteilen, die sich auf die *Technik* beziehen. So hört man häufig von Trittabstand, Schlagabstand, Kontroll-Abstand und Grappling-Abstand. Allerdings wirft diese Methode, den Abstand über die Technik zu definieren, wie wir gleich sehen werden, eine Menge Probleme auf.

Auch wenn die Theorie der Abstände prinzipiell recht ansprechend zu sein scheint, hat die praktische Erfahrung im Rahmen der MMA-Veranstaltungen einige Unzulänglichkeiten dieser Theorie aufgedeckt. Unter realen Kampfbedingungen hat sich der Abstand als Hauptbestandteil einer allgemeinen Kampftheorie als völlig mangelhaft erwiesen. Kollidiert eine bestehende Theorie mit knallharten Erfahrungswerten, muss ein gewissenhafter Theoretiker – egal welche Wertschätzung diese Theorie genießt – bereit sein, sie zu überarbeiten oder sie sogar durch eine neue Theorie, die sich besser mit der Erfahrung deckt, zu ersetzen.

Nur in einer der drei Kampfphasen hat sich der Abstand als wichtige Einflussgröße herausgestellt, nämlich in der Phase der freien Bewegung. So lange kein Kontakt zwischen den beiden Kämpfern besteht, spielen Abstand und Entfernung immer eine große Rolle bei der Wahl von Angriffs- und Verteidigungsaktionen. Eine Kampftheorie, die jedoch nur für eine der drei Kampfphasen von Bedeutung ist, ist unvollständig. Der Abstand ist nicht nur mangelhaft als Basis einer Kampftheorie; er weist sogar in der einzigen Kampfphase, für die er große Bedeutung besitzt, ernsthafte Mängel auf. Einer dieser Mängel besteht darin, dass jeder Teilbereich der Technik (wie etwa Schlagen, Treten, Kontrollieren) verschiedene Anwendungen bei unterschiedlichen Abständen kennt. So gibt es beispielsweise weit reichende Tritte (Seittritte) und kurze Tritte (stampfende nach vorn gerichtete Tritte). Darüber hinaus kennt man weit reichende Schläge wie z.B. jab und Rückhandcross im Gegensatz zu kurzen Haken und uppercuts. Der Knietritt wird oftmals als eine Technik der Nahdistanz verwendet, während der eingesprungene Kniestoß wirkungsvoll aus größerer Entfernung eingesetzt werden kann. Eine Einteilung in „Trittabstand“ und „Schlagabstand“ wäre demnach allzu simpel. Jeder Bereich der Technik hat unzählige Anwendungen bei unterschiedlichen Abständen. Eine Aussage, dass man sich gerade in „Trittabstand“ befinde, ist somit nutzlos. Im Licht dieser Betrachtungen kann man erkennen, dass es sich in Wirklichkeit sogar einschränkend auf einen Kämpfer auswirken kann, wenn er eine Technik in Bezug zu einem bestimmten Abstand bringt. Stellt er sich z.B. einen bestimmten Abstand als Trittabstand vor, blendet ein Kämpfer, sei es bewusst oder unbewusst, die vielen anderen Angriffsoptionen aus, die es bei diesem Abstand sonst noch gibt.

Eine solche Denkweise kann dazu führen, dass sich ein Kämpfer fälschlicherweise in Sicherheit wähnt. Indem er einen bestimmten Abstand nur als einen reinen Trittabstand auffasst, könnte der Kämpfer die Gefahr anderer mit diesem Abstand möglicher Angriffsformen übersehen. Dabei handelte es sich bei den frühen MMA-Veranstaltungen um ein bei traditionellen Kampfsportlern häufig auftretendes Problem.

Viele in schlagenden Kampfsportarten versierte Kämpfer dachten, dass sie bei den typischerweise als Tritt- und Schlagabständen verstandenen Distanzen vor Grapplingangriffen sicher wären, da man sich unter „Grapplingabstand“ im allgemeinen eine Technik der Nahdistanz vorstellte. Dies war in Wirklichkeit aber überhaupt nicht so. Grappler bewiesen immer wieder eine Fähigkeit, große Distanzen wesentlich schneller zu überbrücken als man es von ihnen erwartete, indem sie auf ihre überraschten Gegner zuschossen und sie in den Clinch nahmen oder zu Boden brachten. Sie räumten schnell mit dem Glauben auf, dass es sich beim Grappling nur in der Nahdistanz um einen ernstzunehmende Weg handele, indem sie immer wieder aus größeren Entfernungen mit Grapplingtechniken zum Angriff übergingen. Deshalb verwendete man die Bezeichnung *freie Bewegung*, um diese Phase des Kampfs zu umschreiben, in der keiner den anderen festhielt. Sie ist absichtlich vage gehalten. Es wird viel zu häufig versucht, irgendeinen Aspekt des Kampfs zu eng gefasst zu beschreiben. So werden Situationen als „Trittabstand“ oder „Grapplingabstand“ bezeichnet, wodurch der gedankliche Spielraum eines Kämpfers eingeengt wird. So etwas legt ihn darauf fest – egal welche Technik zur Anwendung kommt – diesen Aspekt des Kampfes genau abzugrenzen, und verschließt ihm oftmals die Augen vor der Gefahr, dass sein Gegner plötzlich eine andere Technik anwenden könnte, die sich für diesen Abstand angeblich gar nicht eignet.

Etwas, das im Rahmen des MMA-Kampfs schnell deutlich wurde und in der Kampfsportgemeinschaft immer noch nicht ausreichend verstanden wird, ist, dass Abstand nicht erfolgreich eingesetzt werden kann, um einen Gegner unter Kontrolle zu halten. Trotz zahlreicher Versuche konnte noch niemand Abstand und Entfernung erfolgreich als Werkzeug einsetzen, um Gangart und Tempo eines Kampfs zu steuern. Im Gegenteil.... im typischen Kampfverlauf bei MMA-Veranstaltungen sind die Kämpfer in der Lage, die Distanz nach Belieben zu verringern. Eines der Hauptthemen, das sich aus den modernen MMA-Kämpfen ergeben hat, liefert die Feststellung, dass selbst wenn der Abstand nicht wirkungsvoll dazu genutzt werden kann, die Kontrolle über den Gegner auszuüben, dies mit dem Körperkontakt hingegen sehr wohl möglich ist.

Der beste Weg für einen Kämpfer, seinen Gegner unter Kontrolle zu halten, besteht darin, sich Körperkontakt und Stellungsüberlegenheit zu Nutze zu machen, was sowohl im Clinch als auch beim Bodengrappling erfolgen kann. Auch wenn es nahezu unmöglich ist, zu verhindern, dass sich ein Gegner, die verschiedenen Abstände überbrückend, schnell auf dich zu bewegt, ist es sehr wohl möglich, im Clinch die Kontrolle über ihn auszuüben. In dieser Position kann man die Geschwindigkeit seines Angriffs drosseln, die Initiative zurückerlangen und selbst zum Angriff übergehen, indem man entweder den Clinch auflöst und wieder den Kampf im Stand aufnimmt oder seinen Gegner zu Boden bringt. Somit haben sich also Körperkontakt und Stellungsspiel als Schlüsselfaktoren für die Kontrolle eines Gegners und die Beeinflussung von Tempo und Richtung eines Kampfs erwiesen.

Nicht die Kontrolle des Abstands (dies ist noch niemandem erfolgreich gelungen), sondern das Lernen, wie man *takedowns* abblockt und aus einem Clinch entkommt, hat es den schlagenden Kämpfern schließlich möglich gemacht, in MMA-Wettkämpfen zu bestehen. Durch defensive Grapplingtechniken (wie z.B. sprawls, das Auflösen eines Clinchs und das Blockieren von Blitzangriffen) lernten sie Körperkontakt und Kontrolle zu nutzen, um zu verhindern, dass sie schnell am Boden landeten und den Kampf stattdessen im Stand weiterführen konnten. Folglich erwies sich der Abstand niemals als ein unabhängiges, nützliches, strategisches Konzept, und dies noch nicht einmal in der Phase des Kampfs, in der er seine größte Bedeutung hat.

Gegenwärtige Erfahrungen in MMA-Kämpfen haben deutlich gezeigt, das es nicht der Abstand ist, der die Techniken und Taktiken festlegt, die ein Kämpfer anwendet; vielmehr ist es der von dem Kämpfer trainierte Kampfstil, der für die Strategie verantwortlich ist. So versucht z.B. ein Grappler bei sämtlichen Abständen zu *„grapplen“*, aus großen Entfernungen blitzschnell zu *takedowns* zu kommen und den Gegner in der Nahdistanz in einen festen Clinch zu nehmen. Ein Boxer bevorzugt Boxhiebe aus allen Distanzen – gerade *jabs* und *crosses* aus größerem Abstand, Haken und *uppercuts* aus kleineren Entfernungen. Ein guter Kicker mag lieber Tritte aus allen möglichen Abständen. Mit anderen Worten: Kämpfer wenden die Techniken an, die sie am besten beherrschen und nicht die, die für einen bestimmten Abstand angeblich die besten sind. Sie versuchen laufend, den Kampf in eine Richtung zu lenken, die ihren Fähigkeiten am meisten entgegen kommt. Das lehren uns neueste Erfahrungen.

Nun könnte man versucht sein, folgende Frage zu stellen: Wenn die Theorie der Abstände als Grundlage einer Kampftheorie wirklich so fehlerhaft und unangemessen ist, wieso war sie dann vor dem Aufkommen der MMA-Wettbewerbe über eine so lange Zeit hinweg tonangebend? Es scheint, dass die seit dem Zweiten Weltkrieg übermäßige Präsenz stehend ausgeführter Schlagkampfsportarten – bei denen der Abstand wirklich eine erhebliche Rolle spielt – den Menschen den falschen Eindruck vermittelte, dass sie tatsächlich als Grundlage einer *vollständigen* Kampftheorie dienen könne. So lange ein Kampf in der Phase der freien Bewegung abläuft (so wie es beim Boxen, Kickboxen und den meisten Arten der schlagenden Sportarten der Fall ist), spielt der Abstand bei der Strategie eines Kämpfers eine wichtige Rolle. Weil die Verfechter des Abstands nie in Situationen geraten waren, in denen man sie in einem

Clinch festhielt oder sie zu Boden brachte, dachten sie, dass jede Art des Kampfs von der Phase der freien Bewegung beherrscht würde. Diese Unwissenheit erklärt den Schock und die Entgeisterung so vieler Kampfsportler, als die MMA-Turniere aufkamen: Es wurde ihnen schmerzhaft klar, dass die freie Bewegung nur eine der verschiedenen Phasen des Kampfs ausmachte - und wahrlich - in den ersten MMA-Turnieren war es noch nicht einmal eine wichtige.

Unsere Diskussion, den Abstand als Grundlage einer Kampftheorie zu relativieren, ist durchaus wichtig. Der Abstand wurde lange als ein Eckpfeiler der Kampftheorie postuliert. So lange sich ein Kampf in der Phase der freien Bewegung befindet, ist Abstand tatsächlich ein äußerst wichtiges Konzept. Er bestimmt einen Großteil des Verhaltens eines Kämpfers in dieser Phase. Und doch beinhaltet Kämpfen viel mehr als die Aktivitäten, die im Rahmen der Phase der freien Bewegung stattfinden. Wird die Bewegung im Clinch oder am Boden erst einmal eingeschränkt, kommen neue Gesichtspunkte ins Spiel. Demnach ist Abstand (bestenfalls) eine unzulängliche theoretische Grundlage des Kampfs. Solche Gesichtspunkte machen es erforderlich, dass wir unser Verständnis vom unbewaffneten Kampf überdenken. Wir müssen von einer Theorie des Abstands abrücken und uns einer Theorie zuwenden, die verschiedene Kampfphasen umfasst. MMA-Wettkämpfe haben immer wieder gezeigt, dass die wichtigste Einflussgröße, die den Verlauf eines Kampfs festlegt, nicht in der sorgfältigen Einhaltung eines Abstands besteht, sondern in der Fähigkeit, den Gegner in eine Phase einzubinden, in der er am wenigsten eine Bedrohung darstellt. Die wichtigsten Faktoren, die den Kampf in verschiedene Phasen aufteilen, sind Ausmaß und Art von Körperkontakt und Kontrolle, die von den Kämpfern ausgehen.

Wenn zwei Kämpfer miteinander Kontakt aufnehmen, indem der eine den anderen packt, werden ihre Bewegungen eingeschränkt. Sie können sich nicht mehr beliebig bewegen, ohne dabei den Griff des Gegners zu berücksichtigen. Diese Einschränkung verstärkt sich sogar noch, sobald der Kampf am Boden weitergeführt wird, da dort zwischen beiden und auch durch den Boden ein intensiverer Körperkontakt entsteht. Am Boden wird die Bewegungsfreiheit extrem eingeschränkt, besonders die des Mannes, der sich zu unterst befindet. Die Art des Kampf verändert sich vollkommen, sobald der Körperkontakt hergestellt wurde, da die Bewegungen beider Kämpfer durch den jeweils anderen eingeschränkt werden. Jemandem aus einem engen Clinch heraus Wirkung zeigende Schläge zu versetzen, ist etwas anderes, als jemanden aus einer normalen Boxsituation heraus zu schlagen. Das Ganze ändert sich nochmals erheblich, sobald sich der Kampf am Boden fortsetzt.

Der unbewaffnete Kampf kann somit gewissermaßen in drei verschiedene Phasen unterteilt werden. In jeder Phase ändert sich das Kampfgeschehen maßgeblich. Das Kriterium für die Einteilung des Kampfs in unterschiedliche Phasen ist die relative Bewegungsfreiheit, die die Kämpfer genießen, die von der Intensität und der Beschaffenheit von Kontakt, Griff und Stellung abhängt, die beide gegeneinander ausüben. Wie schon zuvor festgestellt, beginnt ein Kampf normalerweise mit der Phase der freien Bewegung, in der keiner den anderen anfasst. Kommen Kontakt und Griff erst einmal ins Spiel, wird die Bewegung eingeschränkt und der Kampf geht in die Phase des Clinchs über. Fallen die Kämpfer oder ringt einer von ihnen den anderen zu Boden, gelangt die Auseinandersetzung in die Bodenkampfphase. Diese drei grundlegenden Unterteilungen haben sich für die Festlegung eines Kampfverlaufs als besonders zutreffend erwiesen. Folglich geht es bei den wichtigsten Überlegungen in jeder Phase des Kampfs nicht etwa um den Abstand eines Gegners, sondern um das Maß an Einschränkung, das die beiden Kämpfer durch Körperkontakt, Griffe und Stellung bei ihrem Gegner erzeugen.

Die beste Umsetzung der Kampfphasentheorie

Unser historischer Überblick über die modernen Ansätze des Grapplings beim Jujitsu hat uns gezeigt, dass die Jujitsu-Schulen die Phasen der Kampftheorie in ähnlicher Weise verwendet haben. Beginnend mit *Fusen Ryu* wurde versucht, die Gegner in eine Phase einzubinden, auf die sie nur schlecht vorbereitet waren. Dieses Ziel wurde immer dadurch erreicht, dass man den Kampf auf den Boden verlagerte. Der Grund hierfür war einfach und einleuchtend. Erstens konzentrieren sich die meisten Kampfkünste auf eine stehende Position als Dreh- und Angelpunkt ihrer meisten Techniken, was auch ganz natürlich ist, da alle Kämpfe im Stand beginnen. Da die meisten Kämpfer im Stand gut geschult sind, macht es selbstverständlich nur wenig Sinn, sie in ihrer stärksten Phase zu bekämpfen.

Zweitens ist es nahezu unvermeidbar, dass ein ernsthaft geführter Kampf am Boden endet. Hat der Kampf erst einmal begonnen, setzen die beiden Kämpfer normalerweise großen Druck gegeneinander ein. Die Wahrscheinlichkeit ist sehr hoch, dass sie – unbeabsichtigt oder geplant – das Gleichgewicht verlieren. Diese Tatsache hat sich in zahllosen richtigen Kämpfen gezeigt, und so macht schon die pure Unvermeidbarkeit des Bodenkampfs, diesen zu einem Bereich, auf dem man vernünftigerweise seine Aufmerksamkeit richten sollte.

Drittens neigen Kämpfe dazu, häufiger am Boden gewonnen oder verloren zu werden als in irgendeiner anderen Kampfphase. Der Grund hierfür ist, dass ein Gegner am Boden wesentlich leichter kontrolliert und beherrscht werden kann als im Stand. Demzufolge kann ein Kämpfer den anderen festhalten und ihm mit Schlägen und Aufgabegriffen schwer zusetzen. Wenn der andere Kämpfer nicht weiß, wie er sich befreien kann, sind seine Chancen, einer furchtbaren Tracht Prügel zu entgehen, in der Tat recht gering. Daraus folgt, dass die Nachteile, am Boden beherrscht zu werden, in der Regel wesentlich höher sind als in irgendeiner anderen Phase des Kampfs.

Viertens bedeutet eine Unterlegenheit in Stärke, Größe und Athletik am Boden ein geringeres Handicap als in den anderen Phasen des Kampfs. Der Grund ist der, dass die Bewegung am Boden keine natürliche, sondern eine erlernte Fähigkeit ist. Hat ein größerer Gegner die Fähigkeit, sich am Boden zu bewegen, nicht erlernt, hat er dort geringere Erfolgschancen als im Stand, wo sich der Mensch viel wohler fühlt (da er die meiste Zeit seines Alltags und seiner körperlichen Aktivitäten stehend absolviert). Aus diesen und anderen Gründen haben sich die Jujitsu-Schulen auf den Bodenkampf als beste Phase, um die Gegner zu beherrschen, konzentriert.

Ein Ergebnis der historischen Entwicklung hin zum Bodenkampf war, dass man fälschlicherweise annahm, dass ein Jujitsu-Kämpfer *immer* versuchen sollte, den Kampf auf den Boden zu verlagern. In Wirklichkeit ist dies jedoch nicht der Fall. Es gibt Situationen, in denen der Bodenkampf nicht die klügste Wahl ist. Erinnern wir uns, dass die Theorie der Kampfphasen besagt, dass ein Kämpfer versuchen sollte, immer in der Phase zu verbleiben, in der er sich das größte Ungleichgewicht in Bezug auf die Fähigkeiten seines Gegners zunutze machen kann. Damit ist nicht ausschließlich der Boden gemeint. Wenn mein Gegner und ich beide stark am Boden sind, er jedoch schwach auf den Füßen ist, während ich über mittelmäßige Fähigkeiten im Standkampf verfüge, ist es sinnvoller, den Kampf im Stehen zu führen. Demnach muss man sich nicht immer blind auf den Boden stürzen, sondern den Kampf vielmehr in der Phase führen, in der man im Vergleich zu seinem Gegner den größeren technischen Vorteil besitzt.

Die beste Umsetzung der Kampfphasentheorie ist somit ein ausgewogener Kämpfer, der in der Lage ist, in allen drei Phasen des Kampfs hervorragende Leistungen zu erbringen. Ein Kämpfer mit einem lückenlosen Repertoire an Kampftechniken kann einen Gegner aus dessen bevorzugter Phase holen und in eine Phase mitnehmen, in der er sich unwohl fühlt und aller Wahrscheinlichkeit nach nicht erfolgreich sein wird. Dieses Vermögen, sich in allen Phasen wohl zu fühlen, zeichnet einen ausgewogenen Athleten aus.

Ein in allen drei Kampfphasen versierter Kämpfer muss nicht unbedingt eine abgegrenzte Vorliebe für irgendeine der Phasen deutlich werden lassen, aber er wird sich als Reaktion auf die Vorliebe seines Gegners entsprechend einstellen. Natürlich ist es normal, eine Phase den anderen gegenüber zu bevorzugen. Wir haben alle unsere Stärken und Schwächen, und die meisten großen MMA-Kämpfer von heute haben ein Spezialgebiet in einer bestimmten Phase. Trotzdem ist es nicht akzeptabel, in irgendeiner der Kampfphasen völlig unvorbereitet zu sein, da ein geübter und ausgewogener Kämpfer versuchen wird, dich in eben dieser Phase zu halten und so deine Stärken zunichte zu machen und deine Schwächen bloßzustellen.

Eine interessante Entwicklung in den derzeitigen MMA-Veranstaltungen ist der Erfolg vieler Kämpfer, die nicht besonders stark in irgendeiner bestimmten Phase, sondern durchschnittlich begabt in allen drei Phasen sind. Häufig konnten diese ausgewogenen Kämpfer Gegner besiegen, die ihnen in einer Kampfphase haushoch überlegen, jedoch schwach in den beiden anderen waren. Oft ist es faszinierend, solche Kämpfe zu beobachten. Der Spezialist arbeitet hart daran, den Kampf in der von ihm bevorzugten Phase zu halten, während das Allround-Talent ständig versucht, den Kampf in eine andere Phase zu verlagern, in der er weiß, dass er das Geschehen beherrscht. Gelingt es dem Spezialisten, den Kampf dort zu halten, wo er ihn haben will, ist ihm der Sieg sicher; wenn nicht, kann der Allrounder, auch wenn ihm in keiner einzigen Phase außergewöhnliche Fähigkeiten beschieden sind, den Sieg dank der Schwäche seines Gegners erringen. Auseinandersetzungen wie diese sind eine ausgezeichnete Demonstration der praktischen Anwendung der Kampfphasentheorie. Der Ausgang des Kampfs wird deshalb weitgehend durch vernünftigen Strategieeinsatz bestimmt.

Positionskontrolle

Wir haben schon zuvor festgestellt, dass die modernen Grapplingkonzepte beim Jujitsu Strategie auf zwei verschiedenen Ebenen anwenden. So gibt es eine *Gesamtstrategie*, die auf Kampfphasen basiert – sozusagen der große Schlachtplan. Sobald beide Kämpfer den Kampf beginnen, verwenden sie jedoch auf einer anderen Ebene eine Strategie, die ihre Aktionen Minute um Minute und Sekunde um Sekunde über die gesamte Dauer des Kampfs leitet. Dabei handelt es sich um die Bemühung, mit der man ständig auf der Suche nach einer dem Gegner gegenüber überlegenen Stellung ist – die *Stellungsstrategie*.

In jedem Augenblick eines Kampfs nehmen die beiden Kämpfer bestimmte Positionen in Bezug auf den anderen ein. Einige dieser Positionen verschaffen einem Kämpfer einen erheblichen Vorteil über den anderen, indem sie es ihm ermöglichen, leichter und erfolgreicher anzugreifen zu können als der andere.

Andere Positionen sind neutral und eröffnen keinem der Kämpfer einen wirklichen Vorteil. Noch andere sind verhängnisvoll, indem sie dem Gegner einen erheblichen Vorteil im Bereich der offensiven Möglichkeiten verschaffen. Diese positionsbezogenen Überlegungen werden dann besonders wichtig, wenn sich beide Kämpfer in einem engen Clinch befinden und zu Boden gehen. Ergibt sich für einen Kämpfer eine wirklich beherrschende Stellung, kann er eigentlich ungestraft zum Angriff übergehen, während sein unglückseliger Gegner nur noch an Flucht denken kann. Ist ein Gegner ungeübt im Grappling, sind seine Chancen, einer solchen Situation unversehrt zu entkommen, sehr gering.

Tatsächlich war die Schaffung einer starken, dominierenden Stellung in den frühen MMA-Wettbewerben fast immer schon ausreichend, um einen Kampf zu beenden. Den Kämpfern der damaligen Zeit fehlte einfach die Grapplingerfahrung, um sich zu befreien, bevor ihnen unzumutbare Schäden zugefügt wurden. Die derzeitige Generation der MMA-Athleten ist besser in Jujitsu-Grapplingtechniken und Theorie geschult. Demzufolge ist sie besser gerüstet, dominierende Stellungen zu vermeiden oder ihnen zu entkommen und den Kampf wieder aufzunehmen.

Um die theoretischen Erläuterungen der Stellungsstrategie zu verdeutlichen, können wir klare Definitionen der Begriffe *dominierende Position* oder *unterlegene Position* anbieten. Eine *dominierende Position* ist eine Position, die es einem Kämpfer ermöglicht, den Körper und die Bewegung eines Gegners derart unter Kontrolle zu haben, dass er mit Hilfe von Schlägen und Aufgabegriffen mit größerer Effizienz angreifen kann als sein Gegner dies vermag. Entsprechend ist eine *unterlegene Position* das genaue Gegenteil hiervon.

Man beachte jedoch, dass sich Dominanz stufenweise aufbaut. Einige dominante Positionen sind einfach dominanter als andere, und davon gibt es wirklich viele. Die *Mount-Position* (Kapitel 6), Knie-auf-dem-Bauch-Position (Kapitel 6), Seitenkontrollposition (Kapitel 6) und einige Formen des Schwitzkastens (*headlock*) (Kapitel 5) sind allesamt Beispiele dominanter Positionen, obwohl dies keinesfalls eine vollständige Auflistung ist. Von den genannten hält man die *Mount-Position* (*Anmerkung des Übersetzers:* Sitzen auf dem Oberkörper eines auf dem Rücken liegenden Gegners) und die *Rear-Mount-Position* (*Anmerkung des Übersetzers:* Sitzen auf dem Oberkörper eines auf dem Bauch liegenden Gegners bzw. sich im Rücken eines sitzenden Gegner befinden) oft für dominanter als die anderen, da ein Gegner aus diesen Positionen heraus leichter geschlagen und zur Aufgabe gebracht werden kann. Unter einer *neutralen Position* verstehen wir eine Position, in der keiner der Kämpfer bei Angriffen mit Schlägen oder Aufgabegriffen einen echten Vorteil gegenüber seinem Gegner hat. Gute *Grappler* bedienen sich normalerweise einer Strategie, die darauf ausgerichtet ist, einen Gegner in den Griff zu bekommen, indem sie sich eine gute Position verschaffen. Hat man eine solche Position erst einmal eingenommen, kann man den Gegner mit Schlägen und Grapplingtechniken stark unter Druck setzen. Dieser einschüchternde Druck zwingt den Gegner fast immer zu Fehlern und erhöht die Wahrscheinlichkeit erheblich, dass man einen erfolgreichen Aufgabegriff gegen ihn einsetzen kann.

Der Vorteil dieses fachmännischen Kampfkonzepts besteht darin, dass es die Erfolgsaussichten eines Kämpfers bei richtiger Anwendung entscheidend erhöht. Kämpfen ist ein Glücksspiel, bei dem es immer die Möglichkeit gibt, zu gewinnen oder zu verlieren, ganz egal, wie der jeweilige Vergleich des Könnens beider Kämpfer auch ausfallen mag. Der strategisch ausgerichtete Kämpfer versucht immer, die bestehende Situation zu seinen Gunsten zu drehen. Dies funktioniert am besten, indem man versucht, sich selbst in eine Position zu bringen, aus der heraus man einen Gegner leicht angreifen kann, während dessen Möglichkeiten zurückzuschlagen, stark beeinträchtigt sind. Hierbei handelt es sich um ein äußerst Erfolg versprechendes Konzept, dass seine Effektivität unzählige Male im Rahmen der MMA-Veranstaltungen unter Beweis gestellt hat.

Ohne Zweifel vermittelt ein solches Kampfkonzept eine gewisse Gefühllosigkeit. Normalerweise werden wir mit einem Sinn für den „fairen Kampf“ erzogen, in dem die beiden Gegner mit der selben Chance, den Anderen zu treffen, in die Offensive gehen. Der Gedanke, sich selbst in eine Position zu bringen, in der man schlagen kann, während der Gegner dies nicht kann, läuft der Vorstellung von einem „fairen Kampf“ sicherlich zuwider. Jedoch ist der dem Jujitsu als Kampfsystem zugrundeliegende zentrale Aspekt nicht Fairness, sondern *Effizienz*.

Die Verbindung zwischen Stellungsspiel und Aufgabetechniken

Wir haben erwähnt, wie wichtig es ist, den Gegner sowohl im stehenden Clinch als auch am Boden unter Kontrolle zu haben. Eine der besten Möglichkeiten hat man in beiden Fällen, wenn man sich eine dominierende Position verschafft. Damit kann auch ein kleiner Mensch einen größeren über einen längeren Zeitraum hinweg unter Kontrolle halten. Ein bloßes Festhalten des Gegners bewirkt jedoch nicht, dass dieser den Kampf aufgibt. Es bedarf einer Methode, mit der man das Ende des Kampfs erzwingt, und die Aufgabe des Gegners bewirkt.

Für die Meisten sieht die Methode, einen Kampf zu beenden so aus, dass der gewinnende Kämpfer seinen Gegner mit Füßen und Fäusten traktiert. Diese altehrwürdige Methode funktioniert sicherlich gut. Das Problem ist nur, dass der Gegner normalerweise ohne Hemmungen zurückschlägt. Ist er größer, stärker oder athletischer als du, bestehen die besten Aussichten, dass du derjenige bist, der letztendlich zur Aufgabe gezwungen wird und eine Niederlage einstecken muss. Wir haben gesehen, dass eine wesentlich vernünftigere Strategie darin besteht, dich selbst in eine Position zu bringen, aus der heraus du nach Belieben angreifen kannst, wohingegen die Angriffe deines Gegners erheblich erschwert werden. Stell dir einen Kampf vor, in dem deinem Gegner die Arme auf den Rücken gebunden wurden. Das würde dir die Sache wirklich leicht machen, indem du eine wirklich dominante Position gegenüber deinem Gegner erlangst, arbeitest du entscheidend an dem Prinzip, deinen Gegner in Schranken zu halten und dir einen entscheidenden Vorteil zu verschaffen, so als wären ihm die Hände gebunden.

Befindest du dich erst einmal in der dominanten Position, ist es Zeit, den Kampf zu beenden. Die Meisten tun dies, indem sie ihren Gegner mit Schlägen verprügeln, was auch höchst wirksam ist. Eine andere, nicht so blutige und noch wirksamere Methode ist die Anwendung von *Aufgabegriffen*. Dabei handelt es sich um potentiell verletzungsträchtige Griffe, die für den Gegner eine Bedrohung in Form von Knochenbrüchen oder Bewusstlosigkeit darstellen. Anders als Schläge lassen sie dem Gegner die Möglichkeit der unblutigen Aufgabe, was sie auf gewisse Weise humaner erscheinen lässt. Andererseits können sie dazu verwendet werden, einen Gegner auf verschiedene Arten zum Krüppel zu machen, die langfristig gesehen wesentlich schädlicher sind als Schläge.

Aufgabegriffe eröffnen dem Jujitsu-Kämpfer mithin ein großes Maß an Flexibilität hinsichtlich der Möglichkeiten, wie er seinem Gegner behandeln kann. Beim Jujitsu gibt es gibt es eine Menge verschiedener Aufgabegriffe, die aus nahezu jeder Stellung heraus an jeder Körperstelle des Gegners angewandt werden können. Die Erfahrung hat jedoch deutlich gezeigt, dass es im Allgemeinen sicherer ist, sich zunächst eine dominante Position zu erarbeiten, und *dann* erst zu versuchen, Aufgabegriffe anzusetzen. Die Chancen, einen Aufgabegriff erfolgreich einsetzen zu können, sind viel größer, wenn dies aus einer überlegenen und kontrollierenden Position heraus geschieht.

Zu oft versuchen Kämpfer, Aufgabegriffe aus ungeeigneten Positionen heraus anzuwenden. Schnell stellt sich dann heraus, dass der Gegner leicht kontern kann und es einem böse heimzahlt. Viel sicherer ist es, sich eine stabile Position zu verschaffen; von dort kann der Gegner in ausreichendem Maß unter Kontrolle gehalten werden, um reibungslos und mit Leichtigkeit einen Griff ansetzen zu können, der den Gegner vor die Wahl stellt, entweder aufzugeben oder ernsthafte Verletzungen bzw. Bewusstlosigkeit in Kauf zu nehmen.

Die Hierarchie der Positionen

Wir haben gesehen, dass sich der Kampf grundlegend ändert, sobald ein Griffkontakt zwischen zwei Kämpfern zustande gekommen ist. Dies liegt an der Kontrolle, die jeder nun über die Bewegung des Anderen ausüben kann. Ein springender Punkt hierbei ist, dass das Maß an Kontrolle, das jeder Kämpfer gegenüber dem anderen einsetzen kann, von den Positionen abhängt, die der eine gegenüber dem anderen einnimmt. Es gibt viele Positionen, zu denen sich die beiden Kämpfer vorarbeiten können, sobald ein Griffkontakt hergestellt wurde. Das Maß an Kontrolle und Dominanz, die diese Positionen bieten, baut sich schrittweise auf. Einige Positionen eignen sich wesentlich besser zur Kontrolle eines Gegners. Die zahlreichen unterschiedlichen Positionsmöglichkeiten innerhalb eines Grapplingkampfs – egal ob stehend oder am Boden – können somit im Rahmen einer Hierarchie ausgebaut werden, die auf dem Maß an Kontrolle über den Gegner basiert, die diese Positionen jeweils bieten. Diese Hierarchie beginnt am Boden mit klar unterlegenen Positionen. Dabei handelt es sich um Positionen, die es dem Gegner erlauben, dich mit Leichtigkeit zu kontrollieren und deine Bewegung zu beherrschen, wobei er deinen Angriff neutralisieren und sich seine eigenen Offensivbemühungen gleichzeitig erheblich erleichtern kann. Anschließend arbeiten wir uns durch die weniger unterlegenen Positionen hoch, bis wir zu den neutralen Positionen kommen. Diese bieten keinem der Kämpfer irgendeinen echten Vorteil. Von dort aus gelangen wir zu den dominanten Positionen, die eine entscheidende Kontrolle über die Bewegungen des Gegners gestatten.

Jujitsu-Kämpfer versuchen ständig, sich auf dieser Hierarchieleiter der Positionen nach oben zu arbeiten. Mit der wachsenden Kontrolle bei jedem neu erreichten positionsbezogenem Vorteil steigen die Aussichten, den Kampf mit Schlägen oder Aufgabegriffen (oder einer Kombination aus beidem) zu beenden, erheblich. Diese äußerst effektive Stellungsstrategie ist in der Geschichte des Jujitsu relativ neu. Wie wir in unserem historischen Rückblick gesehen haben, handelte es sich bei den frühen Jujitsu-Systemen eigentlich um ein System des letzten verzweifelten Auswegs auf dem Schlachtfeld, das lediglich einen kleinen (kaum wichtigen) Teil des Schlachtfeldtrainings eines Kriegers ausmachte. Erst mit dem Aufkommen eines eigenständigen unbewaffneten Kampfsystems wurden beim Jujitsu Ansätze einer umfassenden Strategie deutlich. Das *Fusen Ryu* zeigt uns die erste erfolgreiche Anwendung einer Gesamtstrategie, die die Techniken des Jujitsu in eine Richtung führte, die ebenso revolutionär wie auch erfolgreich war. Mataemon Tanabe und Yukio Tani waren die Pioniere, die diese Technik erfolgreich einsetzten, um die Effizienz ihrer Kampfkunst weiter zu entwickeln. Maeda dehnte die Anwendung dieses Konzepts daraufhin auf das MMA-Geschehen aus und wendete es im Rahmen verschiedener Kämpfe mit überwältigendem Erfolg an. Die Gracies, Erben der Lehre Maedas, brachten das strategische Element dieser neuen Grapplingkonzepte auf ein neues Niveau. Sie überarbeiteten und perfektionierten den Gedanken der Positionskontrolle, so wie wir sie soeben betrachtet haben. An dieser Stelle können wir nun den theoretischen Kerngedanken dieses neuen Jujitsu-Konzepts folgendermaßen zusammenfassen:

Die effizienteste Art zu kämpfen findest du, indem du dir eine Position verschaffst, aus der heraus du den Gegner wesentlich leichter angreifen kannst, als dieser dich. Dieses Ziel erreichst du am besten, indem du seine Bewegung kontrollierst und dominierst. In den meisten Sportarten musst du nur die Bewegungen deines eigenen Körpers beherrschen, um erfolgreich zu sein. Grappling-Kampfsport, so wie Jujitsu, verlangt von dir, nicht nur Herr über die eigenen Bewegungen, sondern auch über die deines Gegners zu sein, was eine wesentlich schwierigere und komplexere Aufgabe ist. Allerdings hast du dabei auch die Möglichkeit, dir die besten Methoden auszusuchen, um einen Kampf zu kontrollieren und zu beenden. Die folgenden Abschnitte präsentieren Beispiele der Grapplingtaktik verschiedener Kämpfer.

Renzo Gracie gegen Maurice Smith: „Rings-Turnier" – Japan

Renzo Gracie, ein Spezialist in der bekannten Form des Grappling-Jujitsu (Brazilian Jiu Jitsu) seiner Familie, besaß klare Vorteile am Boden. Darüber hinaus hatte er in seinen vergangenen Kämpfen auch sein Können im stehenden Clinch unter Beweis gestellt. Sein Gegner war Maurice Smith, ehemaliger Weltmeister in verschiedenen Kickboxvarianten und Gewinner des K1 Kickboxturniers (die höchste Auszeichnung in dieser Sportart).

Smith war ein erfolgreicher Einstieg in den MMA-Bereich gelungen, nachdem er das Bodengrappling gemeinsam mit einem anderen großen MMA-Kämpfer namens Frank Shamrock erlernt hatte. Daraufhin gewann er etliche unglaubliche Kämpfe gegen hochrangige Grappler, was ihm den furchteinflößenden Ruf eines K.O.-Experten einbrachte.

Smith hatte eindeutig einen gewaltigen Vorteil bei Schlagtechniken im Stand. Hinzu kam ein beachtlicher Größenvorteil. Es bahnte sich ein klassisches Aufeinandertreffen von Schläger gegen Grappler an, bei dem beide Kontrahenten an der Spitze ihrer jeweiligen Spezialdisziplin rangierten.

Es ergab sich, dass Renzo Gracie den Kampf mit einem erfolgreichen Takedown sofort auf den Boden verlagern konnte. Smith mühte sich tapfer, sein Grapplingtraining umzusetzen, um Renzo in Schach zu halten und wieder auf die Beine zu kommen, aber schon bald zeigte sich, dass die Bodentechniken des Grapplingspezialisten zu viel für Smith waren. Renzo arbeitete sich schnell zu einer dominanten seitlich quer verlaufenden Festhaltetechnik vor und setzte eine seitliche Triangel-Würgetechnik (*Yoko Sankaku Jime*) in Verbindung mit einem Armhebel (*Ude Gatame*) an, um nach kurzer Zeit eine Aufgabe zu erzwingen. Dies war ein eindrucksvolles Beispiel für zwei hochrangige Kämpfer mit besonderen Stärken in unterschiedlichen Kampfphasen. Jeder kannte die Strategie sowie die Stärken des Anderen und wusste, was er tun musste, um zu gewinnen. Der Ausgang wurde durch die Aktion eines Kämpfers entschieden, die den Kampf in eine Phase leitete, die zu einem geradezu dramatischen Ungleichgewicht in den Fähigkeiten der beiden Gegner führte. Dort sorgten Renzos meisterliche Kenntnisse der Aufgabegriffe dafür, dass er die Mittel fand, um den Kampf effizient zu Ende zu bringen.

Renzo Gracie gegen Kikuta: „Pride-Turnier" – Japan

Zu einem frühen Zeitpunkt in der Karriere Kikutas ließ sich Renzo Gracie auf einen Vergleich mit diesem hervorragenden japanischen Kämpfer ein. Kikuta war einst ein Judoka, der den Sprung in das MMA-Geschäft gewagt hatte. Schon bald wurde er in Abu Dhabi Weltmeister im Aufgabegrappling und gewann zudem den hochangesehenen „King of Pancrase"-Titel. Er zeichnete sich durch unglaubliche Körpergröße, Kraft und *Takedown*-Qualitäten aus. Am Boden fehlten ihm Renzo Gracies Aufgabetechniken, doch glaubte er sich dank seines Größenvorteils und seines Stellungsspiels am Boden durchboxen zu können. Somit sollte der Kampf zu einer typischen Begegnung zwischen einem *Ground-and-Pound*-Kämpfer (*Anmerkung des Übersetzers:* Ein Kämpfer, der seinen Gegner zu Boden bringt und diesen aus der Oberlage heraus mit Schlägen eindeckt) und einem Aufgabespezialisten werden, da man keinen der beiden Kämpfer in der Phase der freien Bewegung für besonders schlagstark hielt. Dennoch hatte Kikuta aufgrund seiner Judokenntnisse und seiner Größe einen deutlichen Vorsprung beim stehenden Clinch. Am Boden waren beide gut, wenn auch auf verschiedene Weise. Gracies Trümpfe waren die Aufgabetechniken. Die Ober- und Unterlage beherrschte er gleichermaßen gut; Kikuta bevorzugte die Oberlage.

Mit fortschreitendem Kampfverlauf wurde schnell klar, dass keiner der Beiden an der Phase der freien Bewegung interessiert war. Der Kampf verlief überwiegend im Clinch. Kikuta verbuchte etliche beeindruckende *takedowns*, die in der Oberlage endeten, wurde aber schnell von Renzos Deckung abgefangen. Zu keiner Zeit gelang es Kikuta, die Deckung mit seinen Schlägen wirkungsvoll zu durchbrechen. Ebenso wenig konnte er seine Position am Boden verbessern oder irgendeinen Aufgabegriff anbringen. Dieser Kampf war zeitlich nicht begrenzt. Nach fast einstündigem Kampf gelang es Renzo, im Clinch einen engen Guillotine-Würgegriff anzusetzen und sich in die *Guard-Position* fallen zu lassen, wobei er den Würgegriff aufrecht erhalten konnte. So errang er einen bemerkenswerten Sieg gegen einen wesentlich größeren, stärkeren und durchtrainierten Gegner.

Das Interessante an diesem Kampf ist die Art und Weise, in der die Phasen der Kampftheorie von beiden Kämpfern genutzt wurden. Niemand war in der Lage, den Kampf in der Phase der freien Bewegung zu gewinnen, sodass diese Phase bei beiden erst gar nicht in Betracht kam. Beide Kämpfer waren sowohl am Boden als auch im Clinch gute Grappler, und beide suchten die selben Kampfphasen; trotzdem wandte ein jeder innerhalb dieser Phasen eine völlig anders geartete Positionsstrategie an. Renzo suchte die Unterlage, was aufgrund von Kikutas Größe und seiner *Takedown*stärke eine vernünftige Entscheidung war, und Kikuta bevorzugte die Oberlage, was angesichts seines Vorhabens, den Kampf durch Schläge am Boden zu gewinnen, auch ein guter Plan war.

Den Unterschied machte Renzos Fähigkeit aus, von unten kämpfen zu können, indem er die Deckung gegen seinen größeren Gegner (der bei den *takedowns* dominierte) einsetzte und darüber hinaus auch noch seine Überlegenheit bei der Anwendung der Aufgabegriffe ausspielte. Dieser Vorteil ermöglichte es ihm, einen Kampf ohne Zeitbegrenzung zu beenden.

Somit suchten zwei Kämpfer die selben Kampfphasen (Clinch und Boden), gingen diese Phasen jedoch auf unterschiedliche Art an, indem sie verschiedene Positionsstrategien anwendeten. Kikuta versuchte, sich in der Oberlage zum Sieg zu prügeln; Renzo hingegen probierte, am Boden aus der Rückenlage heraus zu agieren und wartete geduldig auf die Gelegenheit, seinen größeren und stärkeren Gegner mit einem Aufgabegriff angreifen zu können. Der Kampf gestaltete sich auf diese Weise zu einem interessanten Beispiel des Zusammenspiels zwischen Phasen der Kampfstrategie und der Positionsstrategie.

Maurice Smith gegen Mark Coleman: „Ultimate Fighting Championship“

Dieses heldenhafte Aufeinandertreffen gilt oft als einer der besten MMA-Kämpfe, über die es Aufzeichnungen gibt. Dabei trafen zwei wirklich hervorragende Kämpfer unterschiedlicher Stilrichtungen in einem Kampf um den Meistertitel im Schwergewicht der UFC aufeinander, der zu einer Sternstunde der MMA werden sollte. Smith, wie bereits in der Beschreibung seines Kampfs gegen Renzo Gracie erwähnt, war ein hervorragender Kickboxer, der sich für seinen Einstieg in die MMA-Szene eine recht gute Grapplingtechnik am Boden angeeignet hatte. Er sollte gegen den gefürchteten Mark Coleman, einen Weltklasse Freistil-Wrestler antreten, der ungeheuer stark und aggressiv war. Coleman hatte einen beachtlichen Größenvorteil und war für seine *Ground-and-Pound*-Taktik berühmt. Bis dahin war es noch niemandem gelungen, Coleman vor ernsthafte Probleme zu stellen, und so ging man davon aus, dass er mit Leichtigkeit gewinnen würde.

Der Kampf begann wie erwartet. Coleman brachte Smith mit seinen Wrestlingtechniken problemlos zu Boden und sicherte sich eine Oberlage in der *Guard* von Smith.

Smith legte ein sicheres Auftreten an den Tag, mit dem er Colemans anfänglichen stürmischen Angriffen den Wind aus den Segeln nahm. Er hielt ihn erfolgreich am Boden und kontrollierte die Schläge des großen Manns. Bei den wenigen Gelegenheiten, die Coleman in eine überlegene Schlagposition brachten, konnte sich Smith schnell wieder erholen und in die *Guard-Position* zurückkommen, aus der heraus er die Situation hervorragend kontrollieren und größeren Schaden von sich abwenden konnte.

Mit zunehmender Dauer des Kampfs ermüdete Coleman. Sein Trommelfeuer an Schlägen wurde bald langsamer und hörte schließlich gänzlich auf. Smith hingegen kam jetzt erst richtig in Schwung. Er brachte seine neuen Grapplingtechniken an, um wieder auf die Beine zu kommen und den Kampf in die Phase der freien Bewegung zu überführen, in der er einen klaren Vorteil besaß. Zu diesem Zeitpunkt war Coleman bereits so müde, dass seine *Takedown*versuche keine Wirkung mehr zeigten. Smith warf sich mit Fausthieben und Tritten in den Kampf, wurde vollkommen Herr der Lage und brachte bei dem erschöpften Coleman einen Treffer nach dem anderen ins Ziel. Als die Zeit abgelaufen war hatte Smith einen einstimmigen und hoch verdienten Sieg errungen, der ebenso bemerkenswert wie unerwartet war.

Die strategische Komponente des Kampfs war äußerst interessant. Sie ließ die *Ground-and-Pound*-Strategie gegen die *Sprawl-and-Brawl*-Strategie antreten (*Anmerkung des Übersetzers:* „brawl“ ist gleichzusetzen mit „pound“ und bedeutet, dass der seine Beine nach hinten wegstreckende Kämpfer nach Einnahme seiner Position auf den Gegner einschlägt). Coleman suchte den Bodenkampf, um Smiths Schlagqualitäten zu neutralisieren und war damit solange erfolgreich, wie er noch Energie hatte. Seine Positionsstrategie war gegen den trickreichen Smith jedoch zu unsicher. Er konnte niemals eine wirklich dominante Position über einen längeren Zeitraum behaupten, um sich zum Sieg durchboxen zu können, und wurde durch Smith klugen Einsatz seiner *Guard-Position* frustriert und ausgelaugt. Da ihm die Aufgabegriffe fehlten, konnte er den Kampf nicht erfolgreich beenden.

Auf der anderen Seite ging es Smith nur darum, am Boden zu überleben. Als er seinen Gegner müde gemacht hatte, konnte er den Kampf in die von ihm bevorzugte Phase auf die Beine zurückbringen. Dort ging er all den *takedowns* des erschöpften Coleman aus dem Weg, blockierte dessen Blitzangriffe und setzte sich mit *sprawls* gegen den großen Mann zur Wehr.

Das wiederum ermöglichte es ihm, den Kampf in der Phase der freien Bewegung zu halten, in der er Coleman mit Schlägen traktieren und so den Kampf gewinnen konnte.

Strategisch gesehen ist der Kampf insofern interessant, als dass er die Notwendigkeit einer besser durchdachten Positionsstrategie und raffinierterer Aufgabegriffe verdeutlicht, wenn der Kampf in der Bodenphase gewonnen werden soll. Ebenso veranschaulicht er das Konzept eines Kämpfers, der genügend über eine wenig vertraute Kampfphase lernt, um sie zu überstehen und sich aus ihr zu befreien, um dann in die von ihm bevorzugte Phase zurückkehren und den Sieg erringen zu können.

Darüber hinaus kennzeichnete der Kampf einen wichtigen Wendepunkt in der Geschichte der MMA. Das frühe MMA-Geschehen wurde von den Boden*grapplern* derart dominiert, dass man vielfach glaubte, dass die schlagenden Disziplinen erfolglos wären. Smiths Sieg zeigte unmissverständlich, dass Schlagtechniken dazu genutzt werden konnten, Kämpfe auf höchstem Niveau zu gewinnen, unter der Voraussetzung, dass man sie mit soliden Kenntnissen der Technik und der Strategie des Bodenkampfs kombinierte. Auf diese Weise machte sich Smith die Phasen der Kampftheorie zunutze, um sie seinem ureigenen Konzept unterzuordnen, indem er den Kampf in die Phase der freien Bewegung zurückholte und einen glanzvollen Sieg errang.

Eine interessante Fußnote zu dieser Geschichte ist, dass Colemans Karriere nach diesem Kampf einen vorübergehenden Einbruch erlebte. Er nahm sich eine Auszeit und erlernte eine gründliche Positionsstrategie, die auf der Verbesserung der Position am Boden im Anschluss an einen *takedown* basierte. So wurde seine *Ground-and-Pound*-Vorstellung wesentlich effektiver. Das Ergebnis war, dass er im großen Stil zurückkehrte, mit seinen neu entdeckten strategischen Kenntnissen und Fähigkeiten auf den Putz haute und den hochangesehenen Pride Grand Prix gewann. Anstatt einfach aus der Oberlage drauflos zu schlagen, bemühte er sich darum, eine dominierende Position einzunehmen und diese auch zu halten. Das ermöglichte es ihm, seinen Gegnern wesentlich wirkungsvoller zuzusetzen und auf diese Weise den Titel zu gewinnen.

So viel zu unserer Analyse der Strategie und Taktik des modernen Jujitsu und des heutigen MMA-Wettkampfgeschehens. Die Entstehungsgeschichte der Kampfphasen sowie der positionsbezogenen Dominanz – beginnend mit dem *Fusen Ryu* und fortfahrend mit den Verdiensten Maedas, den Gracies und den zeitgenössischen MMA-Kämpfern – hat das Ausmaß gezeigt, in welchem *Strategie* das Grundgerüst moderner Einzelkampfkonzepte bildet. Nun müssen wir die Kerntechniken untersuchen, die es einem Kämpfer ermöglichen, diese großartige Strategie zur Entfaltung zu bringen.

IV. DIE PHASE DER FREIEN BEWEGUNG

Im letzten Kapitel haben wir erfahren, dass das Kampfgeschehen in drei Hauptphasen unterteilt werden kann, von denen sich jede durch die Intensität des Körperkontakts und die Kontrolle, die beide Kämpfer aufeinander ausüben, von der anderen unterscheidet. Kämpfe zwischen unterschiedlichen Disziplinen (MMA-Kämpfe) beginnen immer, indem sich die beiden Kontrahenten wie Boxer auf beiden Beinen gegenüberstehen. Keiner von beiden hält dabei den anderen in irgendeiner Weise fest; dadurch können sie sich beliebig bewegen und wahlweise Angriffs- oder Verteidigungsbewegungen ausführen. Einige Kämpfer versuchen Fäuste und Füße einzusetzen; andere wiederum versuchen die Lücke überfallartig zu schließen und den Gegner in den Clinch zu nehmen; wiederum andere versuchen mit einem takedown sofort auf den Boden zu kommen. Die Phase der freien Bewegung ist der Kampfabschnitt, mit dem die Meisten vertraut sind. Sie ähnelt dem, was man auch bei Box- und Ringkämpfen sieht und definiert sich über die Bewegungen und Techniken, die der Laie gemeinhin mit „richtigem Kämpfen" in Verbindung bringt.

Die Phase der freien Bewegung umfasst zwei grundlegende Kampfmethoden, die sich deutlich voneinander unterscheiden.

1. Manche Kämpfer verfügen über hervorragende Schlagtechniken im Stand. Diese Veranlagung beschert ihnen hervorragende Aussichten auf einen Sieg durch k.o. oder Abbruch durch den Schiedsrichter, sofern sie den Kampf in der Phase der freien Bewegung halten können. Für sie ist die Phase der freien Bewegung ein Stadium, das es möglichst lange aufrecht zu halten lohnt. Kämpfer, die diesen Ansatz wählen, müssen sicherstellen, dass sie nicht in einen engen Clinch genommen werden, in dem man sie unter Kontrolle hat oder zu Boden bringt. Sie müssen ihre Knockout-Techniken ausspielen, sich aus einem Clinch befreien und sich *Takedown*-Versuchen entgegen stemmen, um den Kampf in der Phase der freien Bewegung zu halten. Diese Kampfmethode kann als *„Sprawl and Brawl"* bezeichnet werden, da das *sprawling* gegen einen Gegner im Stand zur Verteidigung gegen einen *takedown* das am meisten verbreitete und wirksamste Mittel ist, um die Auseinandersetzung in aufrecht stehender Position zu halten. Anwender dieser Methode der Phase der freien Bewegung betrachten die Schlagtechnik als eigentliches Ziel und direktes Mittel zum Sieg durch k.o. oder Schiedsrichterentscheid.

2. Andere Kämpfer sehen die Phase der freien Bewegung als eine Behinderung, die man überstehen muss. Sie versuchen, so möglichst wenig Zeit in dieser Phase zu verbringen, da sie für sie eine Zeit der Gefahr bedeutet. Anstatt einen Schlagabtausch anzunehmen, bei dem sie das Risiko eingehen getroffen oder sogar k.o. geschlagen zu werden, versuchen sie, die Lücke mit Hilfe eines Clinchs oder eines *takedowns* zu schließen. Diese Taktik verwenden sowohl die *Ground-and-pound*-Kämpfer als auch die Anhänger der Aufgabetechniken (Jujitsu-Kämpfer gehören in der Regel zu letzteren). Die entscheidenden Voraussetzungen für diese Methode sind die Fähigkeit, die Distanz zu verkürzen und in den Clinch zu gehen sowie beherzt in *takedowns* hineinzugehen, während man Schläge meidet und abblockt. Diejenigen, die diese Methode in der Phase der freien Bewegung wählen, sehen das Schlagen nur als ein Mittel, um *takedowns* oder einen Clinch vorzubereiten.

Mit dem Herangehen an die Phase der freien Bewegung wägst du deine und deines Gegners Fähigkeiten und Eigenschaften gegeneinander ab. Wenn du über bessere Schlagqualitäten als er verfügst, ist es natürlich sinnvoll, dich für die erste Methode zu entscheiden, um in der Phase der freien Bewegung zu bleiben. Fühlst du dich bezüglich deiner Schlagqualitäten deutlich unterlegen, ist die zweite Möglichkeit sinnvoll, nämlich die Phase der freien Bewegung so schnell wie möglich zu verlassen.

Der Sieg in der Phase der freien Bewegung

Die entscheidende Voraussetzung für einen Sieg in der Phase der freien Bewegung ist die Überlegenheit beim Schlagen. Wenn du fester, schneller und genauer als dein Gegner schlagen kannst, gleichzeitig selbst weniger Schläge einsteckst und ihn daran hinderst, dich in eine andere Kampfphase zu bringen, hast du ausgezeichnete Chancen auf einen Sieg im Stehen. In einem MMA-Turnier (ebenso wie im Straßenkampf) musst du in der Lage sein, Schläge auszuteilen während du *Takedown*-Versuche abwehrst. Das ist der entscheidende Unterschied zwischen dem Schlagabtausch bei einem sportlichen Box- oder Kickboxkampf und dem Schlagen im Ernstfall. Bei ersterem kannst du mit voller Kraft schlagen und treten ohne Angst vor Takedowns haben zu müssen, da diese beim Boxen und Kickboxen verboten sind. Das Problem, mit dem sich schlagende Kämpfer konfrontiert sehen, ist die Tatsache, dass sie bei voller Konzentration auf ihre Schläge für *takedowns* anfällig werden. Daraus folgt, dass Schlagspezialisten bei MMA-Wettbewerben bei ihren Angriffen wesentlich vorsichtiger sein müssen als in normalen Boxkämpfen. Sie müssen die Dauer ihrer Schlagkombinationen zeitlich begrenzen (bei MMA-Veranstaltungen sind kurze Kombinationen an der Tagesordnung) und sie müssen hart an ihrer *Takedown*-Abwehr arbeiten, um zu vermeiden, dass sie ein Grappler schnell und humorlos zu Boden wirft.

Da ein Kampf, sobald der Schlagabtausch erst einmal begonnen hat, schnell in den Clinch übergeht, betrachten die meisten MMA-Schlagexperten in der Phase der freien Bewegung den Kopf als Hauptziel. Die Kämpfer landen nur wenige Körpertreffer, da sie einfach nicht so viel Zeit haben wie im Verlauf eines Boxkampfs, um den Körper ihres Gegners zu „bearbeiten“. Zudem richten sich die Tritte überwiegend gegen die Beine und nicht gegen den Körper, da das Risiko gepackt und zu Boden gerissen zu werden bei tiefen Tritten wesentlich geringer ist als bei hohen. Im Allgemeinen verwendet ein Kämpfer hohe Tritte nur zu einem späten Zeitpunkt des Kampfs, wenn sein Gegner ermüdet oder angeschlagen ist und die Wahrscheinlichkeit deshalb geringer ist, dass er kontern kann. Wenn ein Kämpfer mit kurzen Kombinationen aus kraftvollen, gut getimten Tritten gegen die Beine des Gegners und mit schnellen festen Schlägen gegen seinen Kopf vorgeht, während er sich gleichzeitig gegen *takedowns* verteidigt, kann sich ein Schlagspezialist als absolut erstklassiger Gegner präsentieren. Als Folge dieser Strategie (in Verbindung mit einschneidenden Regeländerungen) werden nun wesentlich mehr Kämpfe in der Phase der freien Bewegung gewonnen als dies zu Beginn der MMA-Turniere der Fall war, als Schläger noch dazu neigten, die gleiche Taktik anzuwenden wie bei Box- oder Kickboxkämpfen. Diese Fehleinschätzung hatte den Schlagspezialisten in der frühen Phase der MMA-Veranstaltungen in Verbindung mit einem völligen Verdrängen der entscheidenden Bodenkampftechniken ein totales Desaster beschert.

Die wichtigsten Eigenschaften in der Phase der freien Bewegung

Wir haben extra darauf hingewiesen, dass jede Kampfphase ihre besonderen Eigenschaften hat, in denen sie sich deutlich von denen unterscheidet, die man für die anderen Phasen benötigt. Aufgrund dieser Tatsache kann ein Kämpfer, der in einer Kampfphase stark ist, von einem anderen besiegt werden, der ihn erst gar nicht in seine starke Phase eintreten lässt und ihn stattdessen in seinen schwachen Phasen festhält. Es überrascht nicht, dass die Eigenschaften, die einen großen Kämpfer in der Phase der freien Bewegung ausmachen, im Zusammenhang mit Beweglichkeit und Schnelligkeit stehen, da diese Attribute durch die Bewegungsfreiheit, die beide Kämpfer in dieser Phase genießen, ermöglicht werden. Ganz egal, ob es sich bei den Kämpfern um einen Schlagspezialisten handelt, der den Kampf in der Phase der freien Bewegung halten will oder einen Grappler, der schnell auf einen Clinch oder einen *takedown* aus ist, sind Beweglichkeit und Schnelligkeit die beiden Eigenschaften, die hinter den Techniken und Fähigkeiten der Phase der freien Bewegung stehen.

Stand und Bewegung

Die wichtigste grundlegende Eigenschaft in der Kampfphase der freien Bewegung ist zweifelsohne die Fähigkeit, einen festen Stand beizubehalten, während man sich schnell und effektiv um seinen Gegner herum, auf ihn zu und von ihm weg bewegt. Da man mit dieser Fähigkeit nur wenig Ruhm erlangen kann, neigt man häufig dazu, sie zu übersehen und sie viel zu wenig zu trainieren. Schlechter Stand und schlechte Bewegung werden schnell offenkundig, wenn der Kampf beginnt. Ein Gegner hat kaum Probleme, dich zu treffen oder dich zu Boden zu bringen, wenn dein Stand und deine Bewegungen schlecht sind. Die Meisten können einen Stand problemlos halten, wenn es von ihnen verlangt wird; diese Fähigkeit reicht jedoch allein nicht aus. Man muss in der Lage sein, einen Stand aufrecht zu erhalten, während man sich unter dem Druck eines richtigen Kampfgeschehens gleichzeitig fließend in den Angriff oder die Verteidigung begibt – es ist wesentlich schwieriger sich diese Fähigkeit zu eigen zu machen, die permanente Drills und ständiges Training erfordert.

Stand

Der in der Phase der freien Bewegung für den Kampf effektivste Stand ist zweifelsohne der normale Stand eines Boxers. Dieser Stand ist beim westlichen Boxen und bei den meisten Kickbox-Varianten mehr oder weniger Standard. Er sorgt für eine gute Verteidigung des Kopfs vor Schlägen und Tritten und zudem für gute Schlagmöglichkeiten beim Angriff. Darüber hinaus ermöglicht er schnelle Bewegungen in sämtliche Richtungen sowohl für offensive als auch für defensive Zwecke. Natürlich existieren zwischen den Kämpfern in den verschiedenen Kampfarten wie Boxen, Kickboxen und MMA kleine Unterschiede beim Stand. Einige Kämpfer ducken sich tiefer als andere, andere wiederum stehen mehr aufrecht. Einige Kämpfer stehen ihren Gegnern direkt gegenüber, andere wählen eine seitlichere Ausrichtung. Sicherlich sind kleinere Abweichungen beim Stand akzeptabel. Allen Variationen eines effizienten Stands gemeinsam sind jedoch die Grundregeln wie die zum Schutz des Kopfs hoch gehaltenen Hände, die etwas mehr als schulterbreit auseinander stehenden Füße, das auf beide Fußballen gleichmäßig verteilte Körpergewicht, die leicht vom Boden abgehobene hintere Ferse, das nach unten geneigte Kinn, die nach innen gerichteten Ellenbogen sowie die gebeugten Knie. Siehe Abb. 4.1.

Bewegung

Die Technik sich frei und wirkungsvoll zu bewegen, während man gleichzeitig das Gleichgewicht und seinen Stand hält, ist eine der wichtigsten Voraussetzungen, die ein Kämpfer im Griff haben muss. Die Beinarbeit ermöglicht es einem Kämpfer, den Angriffen seines Gegners erfolgreich aus dem Weg zu gehen. Darüber hinaus versetzt sie ihn in die Lage, seinen eigenen Angriff einleiten zu können. Es ist keine Übertreibung, wenn man behauptet, dass ein Kämpfer mit mangelhafter Beweglichkeit nicht viel mehr als ein Sandsack ist. Er kann nach Belieben getroffen werden und hat nur geringe Chancen, selbst wieder erfolgreich die Regie übernehmen zu können.

Die Kämpfer müssen in der Lage sein, sich innerhalb eines Sekundenbruchteils schnell in jede beliebige Richtung zu bewegen. Dazu brauchen sie einen guten Stand. Dies zeigt uns, dass Stand und Bewegung zwei miteinander verknüpfte Elemente sind. Mangelt es an dem Einen, so mangelt es auch an dem Anderen. Viele Schüler haben einen ausgeprägten Hang zu spektakulären Techniken, jedoch ein beunruhigend geringes Interesse am Training elementarer Grundlagen wie Stand und Bewegung. Das ist sehr bedauerlich, da die Grundlagen wirklich das Wichtigste sind, was man erlernen sollte. In einem richtigen Kampf erweisen sie sich als viel nützlicher als irgendeine der wesentlich spektakulärer anmutenden Bewegungen.

Eine Faustregel bei den Drills der Grundbewegungen besagt, dass ein Kämpfer den Fuß bewegen sollte, der in die Richtung weist, in die er sich selbst auch bewegen möchte. Willst du dich beispielsweise nach vorn bewegen, gehst du zuerst mit dem vorne stehenden Bein voran und dann erst mit dem hinteren Bein (Abb. 4.2). Willst du nach rechts, bewegt sich zunächst der rechte Fuß, dann erst folgt der linke (Abb. 4.3). Deine Füße sollten, wann immer du dich bewegst, über den Boden gleiten, während dein Gewicht auf deinen Fußballen lastet. Vermeide es, dass sich dein Gewicht auf die Fersen zurück verlagert, da sonst jede Bewegung erschwert wird.

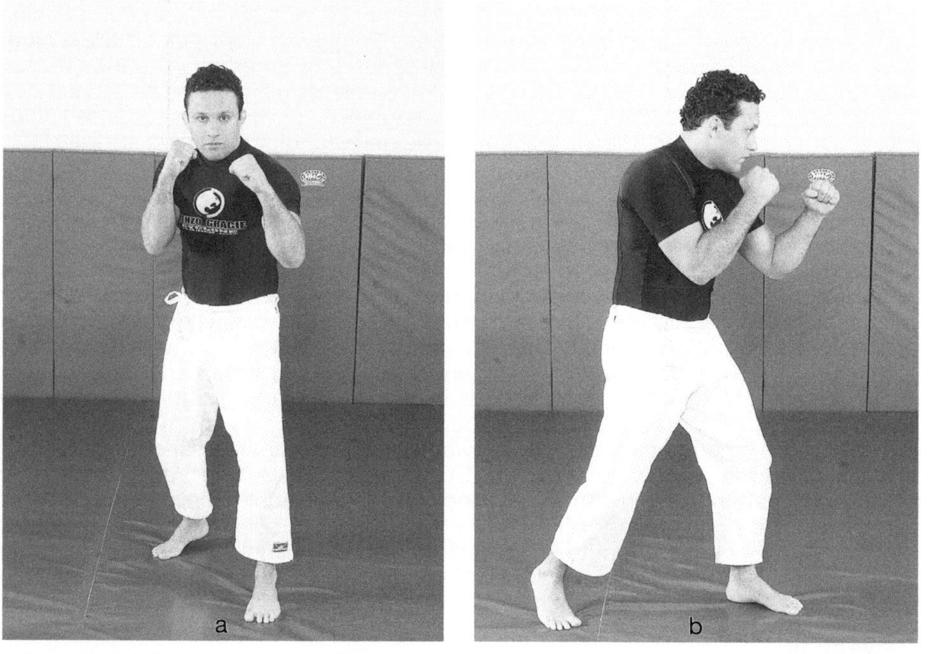

Abb. 4.1 Stand, Frontansicht (a) und Seitenansicht (b)

Abstand und Entfernung

Zuvor erwähnten wir bereits die mangelnde Eignung des Abstands als Grundlage einer eigenständigen Kampftheorie. Der Abstand erwies sich als ausgesprochen ungeeignet, da er weder beim Clinch noch in den Phasen des Bodenkampfs vorkommt. Das soll jedoch nicht heißen, dass Abstand und Entfernung für den Kampf irrelevant oder unwichtig sind. In der Phase der freien Bewegung des Kampfs sind Abstand und Entfernung äußerst wichtige Gesichtspunkte. Stehen sich zwei Kämpfer gegenüber, gibt es zwischen beiden immer eine Entfernung. Diese Entfernung bzw. dieser Abstand verändert sich, sobald sich die beiden Kämpfer um einander herum bewegen und den Versuch unternehmen, sich gegenseitig anzugreifen. Die Kontrolle und Überwachung dieser Entfernung stellt eine entscheidende Technik dar, die den Kampfverlauf in der Phase der freien Bewegung häufig bestimmt.

Das Problem besteht jedoch darin, dass sich die führenden Theorien zur Entfernung im Rahmen der modernen MMA-Kämpfe nicht als nützlich erwiesen haben.

Wir haben gesehen, dass bestimmte Theorien den Einsatz von Abständen über die Technik definieren. So gibt es z.B. Trittabstand, Schlagabstand, Ellenbogenabstand, usw. Neueste Erkenntnisse haben jedoch deutlich gezeigt, dass es sinnlos ist, einen sich gerade ergebenden Abstand als den für nur eine einzige Art der Technik geeigneten Abstand zu bezeichnen, sobald sich zwei Kämpfer erst einmal nahe genug gegenüber stehen, um den Anderen mit irgendeiner Offensivtechnik zu treffen.

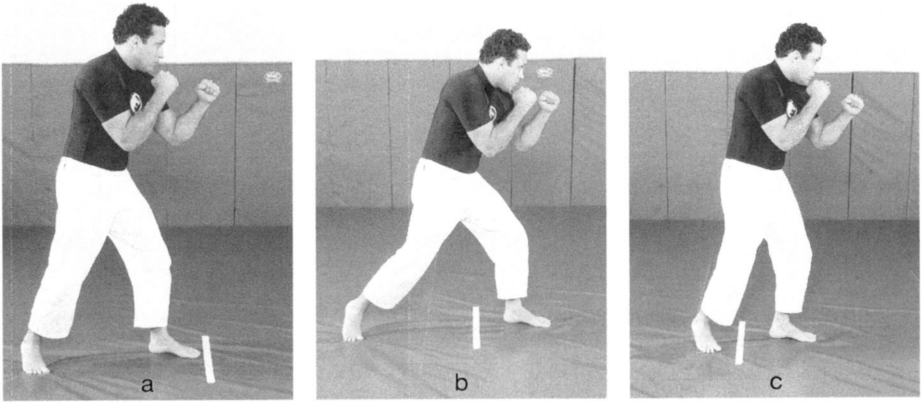

Abb. 4.2 Vorwärtsbewegung

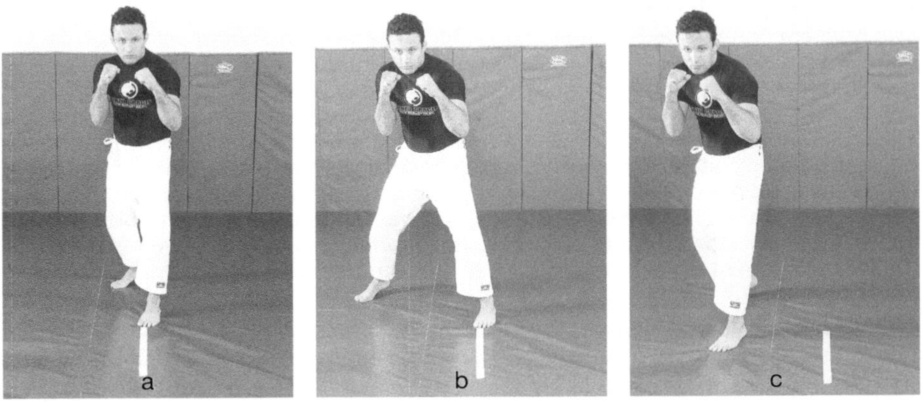

Abb. 4.3 Seitwärtsbewegung

Nehmen wir einmal den Kniestoß: Viele betrachten das Knie als Nahkampfwaffe, doch ist der fliegende Kniestoß, der aus weiter Entfernung (Trittabstand) erfolgt, eines der erfolgreichsten Mittel zum K.O.-Sieg bei MMA-Kämpfen. Der Kniestoß aus dem freien Stand wird von den Kämpfern ebenso erfolgreich genutzt. Er erfolgt dabei aus einer Entfernung, die einem wie eine Schlagdistanz erscheint. Darüber hinaus werden Kniestoße mit großem Erfolg in allen Formen des Clinchs eingesetzt und – man höre und staune – sogar am Boden. Das macht deutlich, dass es absoluter Unsinn ist, von nur einem bestimmten Abstand zu sprechen, der sich einzig und allein für den Kniestoß eignet, da uns die Erfahrung zeigt, wie leicht man ihn aus allen möglichen Abständen heraus anwenden kann. Überlegungen wie diese verdeutlichen die Notwendigkeit, über eine neue Theorie zum Thema „Abstand" nachzudenken, die im richtigen Kampf nützlich ist und in Einklang mit den Beobachtungen im Rahmen der MMA-Wettbewerbe steht. An einer solchen Theorie versuchen wir uns im Folgenden.

Eine neue Theorie zu Abstand und Entfernung

Jeder wird zugeben, dass es sich bei Abstand und Entfernung um entscheidende Faktoren im Rahmen der Phase der freien Bewegung handelt. Allerdings hat uns der MMA-Wettbwerb deutlich gemacht, dass sich Abstand und Entfernung im Verlauf eines stehenden Kampfs so oft verändern, dass man sie nur äußerst schwer überwachen kann. Wenn ein Kämpfer den Abstand gezielt und mit Entschlossenheit überbrückt, endet der Kampf immer im Clinch, wobei die freie Bewegung aufgegeben werden muss. Darüber hinaus kann man nicht vorhersagen, welche Techniken bei bestimmten Abständen zur Anwendung kommen werden, da es in jeder Technikkategorie viele Varianten gibt, von denen jede aus jeder beliebigen Distanz heraus eingesetzt werden kann. Das einzige Konzept zum Thema „Abstand und Entfernung", das sich im Rahmen der MMA-Wettkämpfe als brauchbar erwiesen hat, ist die grundlegende Unterscheidung zwischen einem „Kontakt-" und einem „Nichtkontaktabstand". Das heißt, dass ein Kämpfer, der seinen Gegner erreichen und körperlich berühren kann, sich in einem Abstand zu diesem befindet, in dem er ihm nahe genug ist, um eine erfolgreiche Offensivaktion auszuführen. Mit anderen Worten: Kannst du den Gegner berühren, bist du ihm nahe genug, um ihn zu treffen oder ihn zu Boden zu bringen; kannst du ihn nicht berühren, sind deine Offensivbemühungen nutzlos. Du bist gezwungen, irgendeine Bewegung auszuführen, um dich nach vorn in einen Kontaktabstand zu bringen, von wo aus du erfolgreiche Offensivtechniken anwenden kannst.

Das Konzept von Kontakt- gegenüber Nichtkontaktabstand unterliegt keinen Zwängen. Es versucht weder einen Abstand festzulegen, der für eine bestimmte Technik geeignet ist (wir haben bereits gesehen, dass dies sowieso nicht möglich ist), noch unternimmt es den Versuch, Distanzen in nah, halbnah oder weit zu unterteilen. Die Erfahrung lehrt uns, dass sich der Abstand in der Kampfphase der freien Bewegung so schnell ändert, dass eine derartige Differenzierung wenig hilfreich ist. Unser neues Abstandskonzept hilft dem Kämpfer dabei zu erkennen, dass er weit genug von seinem Gegner entfernt ist, dass keiner den anderen erreichen und berühren kann und er vor einem Angriff sicher ist. Er ist genügend gewarnt, um jeder Art von Angriffsversuchen seines Gegners auszuweichen und diesen mit einem Konter zu begegnen.

Unser simples Konzept von Abstand und Distanz versucht nicht, einen Kämpfer auf bestimmte Angriffsformen mit bestimmten Abständen festzulegen. Es stellt nur fest, dass, sobald ein Kontakt möglich ist, auch jede Art des Angriffs – von Tritten, Faustschlägen, Ellenbogeneinsatz, Kniestoßen bis hin zu *takedowns* – möglich ist. Kann jedoch kein Kontakt zum Gegner hergestellt werden, ist die Wahrscheinlichkeit eines erfolgreich verlaufenden Angriffs recht gering.

Da ein so einfaches Abstandskonzept scheinbar sehr wenig über Abstand und Distanz aussagt, könnte es leicht in den Brennpunkt der Kritik geraten. Frühere Theorien zum Abstand versuchten, zu verbindlich zu sein und gerieten mit den zu beobachtenden Tatsachen schnell in Konflikt. Ein weiterer Kritikpunkt ist, dass es verschiedene Möglichkeiten gibt, um einen Gegner zu erreichen und zu berühren. Streckt man das vordere Bein aus, kann man ihn eher treffen als würde man den vorderen Arm einsetzen.

Welche Methode ist nun richtig? Wahr ist, dass der kleine Reichweitenunterschied zwischen dem vorderen Arm und dem vorderen Bein nicht entscheidend genug ist, um wirklich eine Rolle zu spielen. Denk daran, dass sich Abstand und Distanz in einem richtigen Kampf unglaublich schnell ändern und kleine Distanzveränderungen somit unerheblich sind.

So also haben wir eine neue Theorie zu Abstand und Distanz erschaffen. Diese ist überaus simpel und vermeidet es bewusst, Abstand und Technik in Kategorien einzuteilen, die in einem echten Kampf völlig nutzlos sind. Ihre Einfachheit erleichtert ihre Anwendung sogar unter dem Stress eines Kampfs und hat sich als eine zuverlässige Gebrauchsanweisung für die erfolgreiche Anwendung von Techniken erwiesen, ohne die Möglichkeiten eines Kämpfers dabei einzuschränken.

Ein Beispiel für Abstand und Technik: José „Pele“ Landis

Eine lehrreiche Methode, um der Frage nach dem Abstand als Grundlage der Auswahl von Strategie und Technik nachzugehen, bietet die Betrachtung eines konkreten Beispiels des modernen MMA-Wettkampfs. José „Pele“ Landis, ein berühmter MMA-Kämpfer aus Brasilien, ist ein hervorragendes Beispiel für einen Kämpfer, der uns die Beschränktheit klassischer Theorien zu Abstand und Distanz im richtigen Kampfgeschehen deutlich macht.

Pele kam aus der *Muay Thai* Kickbox-Szene sowie vom Brazilian Jiu Jitsu. Bei ersterem handelt es sich um einen Stil, der sehr von Kniestoßen aus vielen Positionen und Abständen lebt. Peles naturgegebener Körperbau – lange Beine und biegsame Hüften – verschafften ihm ideale Voraussetzungen für den Gebrauch der Knie als Waffe. Bei MMA-Kämpfen auf der ganzen Welt machte Pele den Kniestoß zum Mittelpunkt seines Angriffs, wobei er unachtsame Gegner oft aus den unmöglichsten Winkeln und Positionen heraus erwischte. Sowohl in der Phase der freien Bewegung als auch im Clinch gehörte Pele zu den gefährlichsten und am wenigsten berechenbaren Kämpfern der MMA, was in erster Linie das Ergebnis seines unheimlichen Knieeinsatzes war.

Man mag sich nun fragen, was die Grundlage seines erfolgreichen Kniestoßs war. Nach den klassischen Theorien von Abstand und Distanz wäre die Erklärung die gewesen, dass Pele ein Spezialist in der Kontrolle von Distanz und Abstand war, da man von einem Abstand ausging, für den man den Kniestoß als die optimale Waffe annahm. Tatsache ist jedoch, dass Pele den Kniestoß aus *jedem* Abstand heraus einsetzte. Der Abstand war nicht der ausschlaggebende Faktor, um vorhersehen zu können, auf welche Weise er angreifen würde. Vielmehr waren es seine Trainingsmethode und sein Körperbau, die ihn in außergewöhnlicher Weise für Kniestoße prädestinierten, und genau diese Umstände führten auch dazu, dass er den Kniestoß immer wieder als seine Waffe wählte. Es spielte keine Rolle, ob sich seine Gegner in nahem, halbnahem oder weitem Abstand, in Tritt-, Schlag-, Grappling- oder irgendeiner anderen Distanz befanden. Pele versuchte stets mit irgendeiner Variante des Kniestoßs zu punkten.

Position und Winkel

Wir haben bereits gesehen, in welchem Maß positionsrelevante Techniken in die Gesamtstrategie des Jujitsu-Kämpfers Eingang finden. Bei positionsbezogenen Techniken denkt man normalerweise an die Phase des Bodenkampfs und gleichzeitig weniger an den Clinch. Trotzdem ist die Position in der Kampfphase der freien Bewegung durchaus von Bedeutung. Der Kerngedanke in der Phase der freien Bewegung besteht darin, eine Position zu suchen, die einem einen gewissen Vorteil in Angriff und Verteidigung verschafft. In der Umsetzung bedeutet dies, dass man irgendeinen Winkel zwischen sich selbst und dem Gegner herstellt, der einem eine bessere Position verschafft, aus der heraus man seine Schläge und *takedowns* anbringen kann, während man seinen Gegner gleichzeitig daran hindert, selbiges zu tun. Diese dauerhafte Bemühung, einen vorteilhaften Winkel zu seinem Gegner herzustellen, ist eine Schlüsseltechnik in der Phase der freien Bewegung des Kampfs.

Bleibst du direkt vor dem Gegner, befindest du dich direkt vor seiner wichtigsten, schlagenden Offensivwaffe, die du entsprechend zu spüren bekommen wirst. Darüber hinaus ist es viel leichter für ihn, all deine *Takedown*versuche abzublocken. Stattdessen kannst du dir mit guter Beinarbeit einen Winkel verschaffen, mit dem du die Angriffsmöglichkeiten deines Gegners einschränkst und seine Verteidigung erschwerst (nochmals: denk daran, wie wichtig Beinarbeit und Bewegung sind). Einen besonders nützlichen Winkel stellst du her, wenn du um seine Führhand kreist. Dies hält dich von seiner starken Hand und seinem starken Bein (seinem jeweils hinteren Arm und Bein) fern und gestaltet *takedowns* viel sicherer und leichter (Abb. 4.4).

Schlagen

Ohne Zweifel sind Schläge in der Phase der freien Bewegung die effektivste Angriffswaffe bei modernen MMA-Veranstaltungen. Die mit Abstand meisten K.o.-Siege sind das Ergebnis kraftvoller, mit der Hand ausgeführter Schläge. Schläge sind nicht nur ein Mittel zum schnellen Sieg in der Phase der freien Bewegung, sie ermöglichen es zudem, einen Clinch oder einen *takedown* einzuleiten, die die Auseinandersetzung in eine andere Kampfphase eintreten lassen. Die Beherrschung grundlegender Schlagtechniken ist somit für jeden Jujitsu-Kämpfer von entscheidender Bedeutung, ganz gleich welche Kampfphase er letztendlich bevorzugt.

Dennoch ist es wichtig, sich darüber im Klaren zu sein, dass das Schlagen im Rahmen eines MMA-Kampfs völlig anders abläuft als beim Boxen. Weil die Schlagbewegungen bei MMA-Veranstaltungen denen des westlichen Boxen ähnlich zu sein scheinen, glauben viele irrtümlicherweise, dass beide identisch seien. In Wirklichkeit unterscheiden sie sich aber in feinen, aber wichtigen Details.

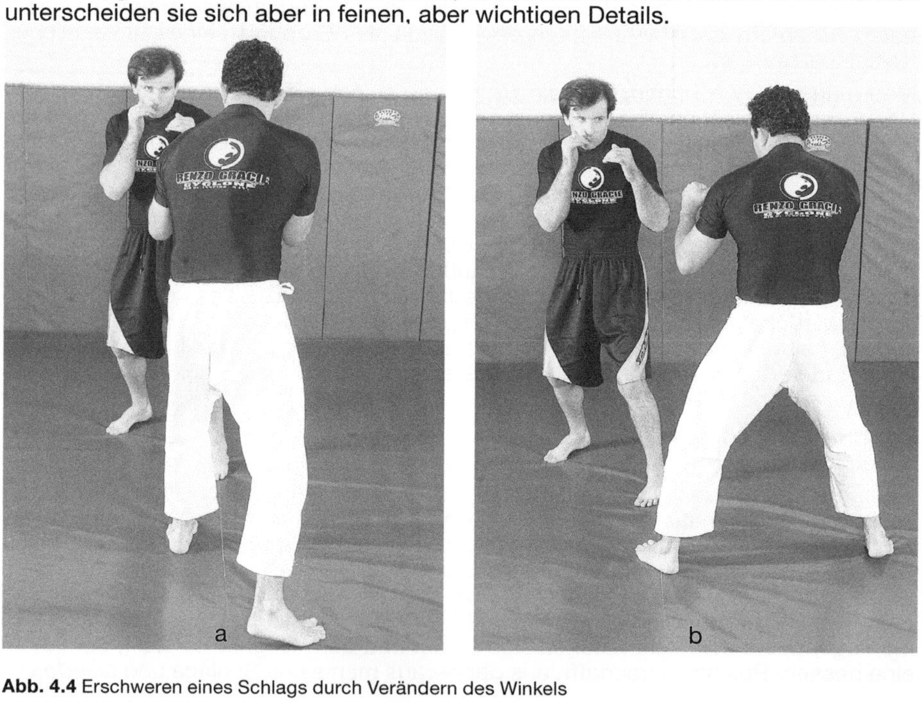

Abb. 4.4 Erschweren eines Schlags durch Verändern des Winkels

Die größten Unterschiede zwischen dem Schlagen in einem Box- und einem MMA-Kampf bestehen darin, dass *takedowns* bei Letzterem erlaubt sind und nicht durch den Ringrichter beendet werden. Man darf nicht vergessen, dass die Boxregeln den Kampf auf die Phase der freien Bewegung beschränken. Das ist bei MMA-Kämpfen anders. Ein Boxer muss sich keine Sorgen machen, wie er innerhalb eines Clinchs oder bei *takedowns* zu kämpfen hat, da es beides beim Boxen nicht gibt. Entsprechend kann er sich auf den Gebrauch seiner Hände als einzige Waffen konzentrieren, ohne sich um andere Gefahren kümmern zu müssen. Er braucht keine Angst vor Tritten, Knien, Ellenbogen, Würfen und takedowns zu haben. Stattdessen kann er sich vollkommen seinen Schlagattacken und seiner Verteidigung widmen. Hingegen muss sich der MMA-Kämpfer mit all diesen weiteren Gefahren auseinandersetzen, da sie im MMA-Geschehen zulässig sind. Aufgrund dessen kommt es zu einigen großen Unterschieden in der Schlagstrategie eines Jujitsu-Kämpfers im Rahmen einer MMA-Begegnung und einem Boxer in einem Boxkampf.

So sind Schlagkombinationen in MMA-Kämpfen im Allgemeinen kürzer als beim Boxen. Ein Kämpfer hat nur wenig Zeit zum Schlagen, bevor sein Gegner den Abstand zum Zweck eines *takedowns* oder eines Clinchs verkürzt; folglich kommen längere Kombinationen erst gar nicht in Frage. MMA-Kämpfer neigen darüber hinaus verstärkt zu geraden Schlägen mit längerer Reichweite, wie z.B. jab oder Cross. Bist du nah genug, um kürzere Schläge wie Haken oder Uppercuts zu platzieren, bist du auch schon nah genug, um in den Clinch zu gehen, was die Anwendung solcher Schläge in der Phase der freien Bewegung wiederum einschränkt (auch wenn sie innerhalb des Clinchs weitaus häufiger eingesetzt werden). Schließlich ist der Kopf bei MMA-Kämpfen fast immer das Ziel. In einem Boxkampf gibt es genügend Zeit, den Körper des Gegners sozusagen als „Vorspiel" zu einem Angriff auf den Kopf zu bearbeiten. Somit sind Schläge zum Körper beim Boxen auch wesentlich gebräuchlicher. Im MMA-Geschehen erfolgen Angriffe gegen den Körper zumeist im Clinch und seltener in der Phase der freien Bewegung.

Der *Jab*

Der *jab* ist unter den Schlägen – ebenso wie beim Boxen und beim Kickboxen - sozusagen das „Arbeitspferd" im MMA-Zirkus. Versuch, ihn dir bildlich vorzustellen, während wir ihn uns Schritt für Schritt vornehmen. Aus einem Kampfstand heraus führst du die vordere Hand geradlinig nach vorn, wobei du die Handfläche bei der Bewegung des Ausstreckens nach unten wendest. Achte darauf, dass du die Faust auf derselben geraden Linie wieder zurückziehst, auf der du sie zuvor ausgestreckt hast und kehr in deinen Kampfstand zurück. Halt dein Kinn an der Schulter des Arms, mit dem du den *jab* schlägst, nach unten gesenkt. Der *jab* darf keine schiebende Bewegung sein. Er sollte hervorschnellen, während du dabei ganz entspannt bleibst. Siehe Abb. 4.5.

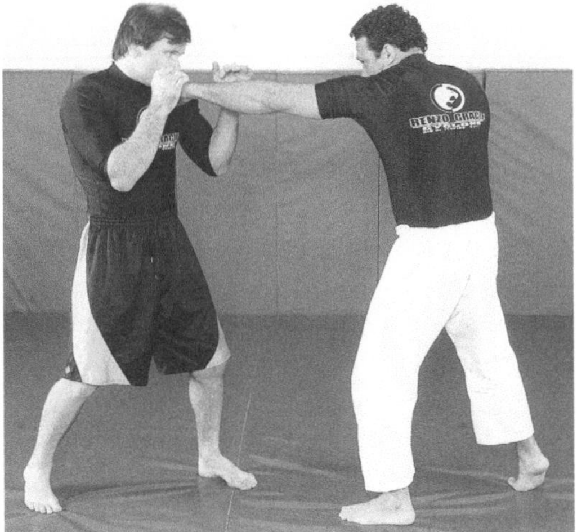

Abb. 4.5 Der jab

Obwohl der *jab* nicht unbedingt ein Powerschlag ist, kann er den Gegner mit erstaunlicher Kraft treffen, wenn ihn der Kämpfer mit der Unterstützung der vorderen Schulter und der Hüfte vorschnellen lässt, während er mit dem vorderen Fuß gleichzeitig einen kleinen Schritt nach vorn ausführt. Dies bringt den Kämpfer in Schlagdistanz und verleiht dem Schlag Gewicht. Die hintere Hand muss oben bleiben, um das Gesicht vor Kontern zu schützen.

Der Kämpfer muss den *jab* mit Kraft und Entschlossenheit ausführen; Ein halbherziger *jab* kann von einem geübten Faustkämpfer mit einem krachenden Konter erwidert werden.

Das Hauptziel des *jabs* ist das gegnerische Kinn. Zudem sollte man daran denken, dass die wichtigsten Aufgaben des *jabs* darin bestehen:

1. den Abstand zwischen dir und deinem Gegner festzulegen,
2. deinen Gegner während der Phase der freien Bewegung zu beschäftigen, einzuschüchtern und ihm zu schaden,
3. andere Treffer mit kurzen Kombinationen zu landen. So können Kämpfer dem jab z.B. einen rechten geraden *cross* oder einen *roundhouse-kick* mit dem hinteren Bein folgen lassen. Dabei handelt es sich um einfache, aber wirkungsvolle Kombinationen, die in MMA-Kämpfen die entsprechende Wirkung erzielen.
4. einen Gegner lang genug abzulenken, um entweder einen *takedown* oder den Übergang zu einem Clinch einzuleiten, um den Kampf aus der Phase der freien Bewegung herauszubringen.

Der Cross

Der *cross* mit der Rückhand ist das „Kraftpaket" der MMA. Er sorgt in der Phase der freien Bewegung für mehr K.o.-Siege als irgendein anderer Schlag. Versuch dir diesen Schlag wieder vor Augen zu führen, während wir dich durch den Bewegungsablauf führen: Aus einem Kampfstand heraus schnellt die hintere Hand in gerader Linie nach vorn, während sich deine hintere Hüfte und Schulter in dieselbe Richtung drehen. Stoß dich mit dem hinteren Fuß ab, um dem Schlag zusätzliche Wucht zu verleihen. Zieh den Schlag nicht hoch, womit du deinem Gegner deine Absichten verraten würdest. Lass ihn stattdessen ohne irgendwelche anderen unnötigen Bewegungen geradewegs aus dem Stand hervorschießen. Siehe Abb. 4.6.

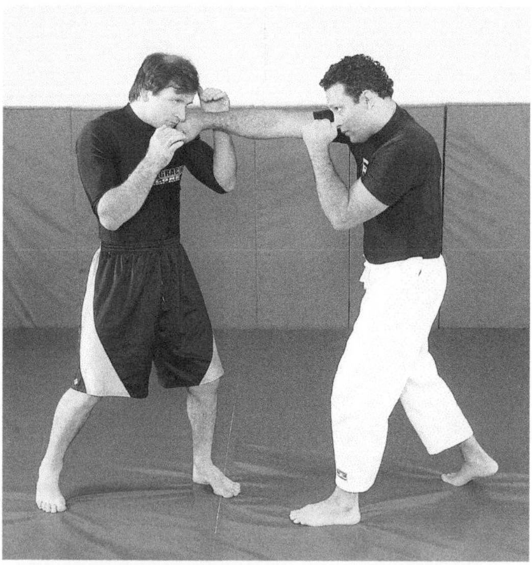

Abb. 4.6 cross mit der Rückhand

Da ein Großteil deines Körpergewichts hinter dem Schlag liegt, kann mit der Ausführung dieser Bewegung eine enorme Kraft erzeugt werden. Trotzdem solltest du nicht versuchen, deine Muskeln einzusetzen, um diese Kraft zu erzeugen. Tust du dies trotzdem, erreichst du damit nur, dass du dich verspannst und den Schlag verlangsamst. Entspann dich und überlass die Arbeit deinem sich bewegenden Körpergewicht. Sorg dafür, dass sich deine vordere Hand oben befindet und dein Gesicht schützt. Normalerweise wird der *cross* mit der hinteren Hand durch einen *jab* vorbereitet; trotzdem gibt es Situationen, in denen der *cross* mit der hinteren Hand auch der Erstschlag sein kann. Oft ist es gut, dem *cross* mit der hinteren Hand einen linken Haken folgen zu lassen, da zwischen diesen beiden Schlägen eine natürliche Fließbewegung besteht.

Außerdem handelt es sich bei dem Rückhand-cross um einen hervorragenden Konterschlag. Kämpfer können ihn einsetzen, um sich gegen den *roundhouse-kick* oder Kniestoße eines Gegners zur Wehr zu setzen. Einer der besten Zeitpunkte, um einen Rückhand-*cross* zu schlagen, ist unmittelbar nach einem Ändern der Kampfhöhe (*Anmerkung des Übersetzers:* Ähnlich wie beim Boxen: Tauchen, Ducken, etc.). Oft hält ein Gegner das Verändern der Kampfhöhe für die Einleitung zu einem *Takedown*-Versuch, wobei er seine Hände heruntemimmt, um sich gegen den *takedown* zu verteidigen. Dadurch ergibt sich eine hervorragende Ausgangsposition für einen *cross* mit der hinteren Hand. Denk daran, dass Kinn, Kiefer und Gesicht die Hauptzielbereiche für den *cross* sind.

Der Haken

Der Haken ist ein weiterer Schlag, der das in Bewegung gebrachte Körpergewicht ausnutzt, um eine unwahrscheinlich große Kraft zu erzeugen. Dazu eignet sich die Führhand am besten. Dahinter steht die Idee, ein wenig abzutauchen und sich in Richtung der führenden Seite leicht vorzubeugen. Stell dir die Ausführung bildlich vor. Ohne die Führhand dabei zu senken, hebst du den vorderen Ellenbogen und lässt deine Hüfte nach innen schnellen, wobei du dich abrupt auf dem Ballen des vorderen Fußes nach innen drehst. Dein vorderer Schlagarm sollte stark angewinkelt sein, wobei die Handfläche dir zugewandt ist und sich der Ellenbogen auf gleicher Höhe mit deiner Faust befindet. Der Schlag sollte nicht mit einer weitgreifenden, kreisenden, sondern mit einer kurzen, hervorschnellenden Bewegung erfolgen (Abb. 4.7). Kehr sofort in deinen Kampfstand zurück, es sei denn, dass du den Schlag als Bestandteil irgendeiner Kombination einsetzt. Vergewissere dich, dass du deine hintere Hand oben hältst, um mögliche gegen dein Gesicht gerichtete Konter abzublocken. Hauptziele des Hakens sind Kinn und Kieferpartie des Gegners, obwohl sich auch die gesamte Seite seines Kopfs hierfür anbietet.

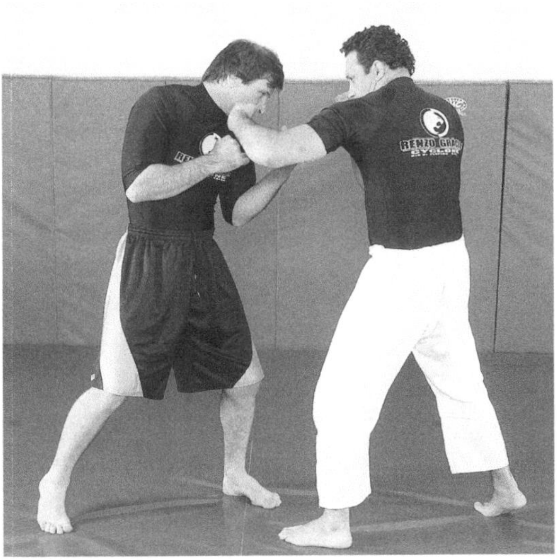

Abb. 4.7 Der Haken

Der Haken ist eine kraftvolle K.o.-Waffe, zumal er für den Gegner oft völlig unerwartet kommt. Er kann als hervorragender Konterschlag eingesetzt werden, der besonders gut funktioniert, nachdem man einem Schlag des Gegners gerade ausgewichen oder zu einer anderen Kampfhöhe übergegangen ist. Er kann auch mit großer Wirkung gegen den Körper des Gegners – speziell gegen dessen Leber - eingesetzt werden, was wirklich ein furchtbarer Treffer ist.

Der *Uppercut*

Der *uppercut* ist ein kraftvoller Schlag, wenn man seinem Gegner sehr nah ist. Er baut auf einer regelrechten, nach oben gerichteten Explosion deines Körpergewichts auf, um auf diese Weise eine gewaltige K.o.-Schlagkraft zu entwickeln.

Aus einem Kampfstand heraus tauchst du ein wenig ab und bringst die vordere Schulter und die Hüfte leicht nach vorn. Senk die Führhand nicht vor dem Schlag. Mit einer kurzen, zackigen Bewegung drehst du die Handfläche so, dass sie dir zugewandt ist und reißt deinen *uppercut* zwischen den Händen deines Gegners hindurch hoch an sein Kinn (Ab. 4.8). Kehr in einen Kampfstand zurück, es sei denn, du gehst zum nächsten Schritt einer Kombination über.

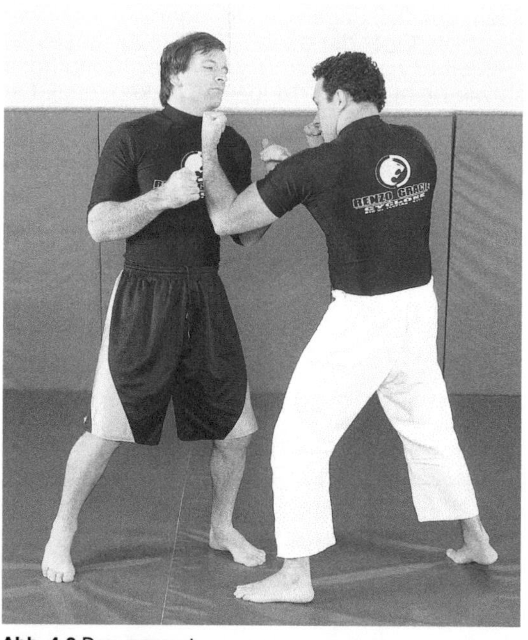

Abb. 4.8 Der *uppercut*

Der *uppercut* kann auch mit der Rückhand erfolgreich geschlagen werden. Nutz die hintere Hüftpartie sowie die hintere Schulter, um noch mehr Kraft hinter den Schlag zu legen. Der *uppercut* ist ein exzellenter Konter gegen einen Gegner, der seine Kampfhöhe ändert, um zu einem *take-down* überzugehen. Warte seinen Positionswechsel genau ab und schlag den *uppercut* entschlossen geradewegs zu seinem Kinn, wobei du dir seine Vorwärtsbewegung zu Nutze machst und auf diese Weise große Kraft freisetzt.

Tritte

In den frühen Tagen der MMA-Wettkämpfe war mit Tritten nicht viel auszurichten. In Wirklichkeit waren sie für diejenigen, die sie einsetzten, oft sogar schädlich, da sie den Tretenden für *takedowns* anfällig machten, die ihn zu Boden brachten und der Gnade der Bodengrappler auslieferten. Mit der Zeit jedoch lernten die Kicker, sich gegen *takedowns* zu verteidigen, und so wurden Tritte zu einer wichtigen Technik in der Kampfphase der freien Bewegung.

Der *Roundhouse-kick*

Der *roundhouse-kick* ist ohne Zweifel der wichtigste Tritt überhaupt. Bei MMA-Kämpfen kann er sogar ruhigen Gewissens als der „König unter den Tritten" bezeichnet werden. Er führt weit mehr als irgendein anderer Tritt zu Verletzungen, Niederschlägen und Knockouts. Der von den heutigen Jujitsu-Kämpfern verwendete *roundhouse-kick* ist vom *Muay Thai* abgeleitet, einer Kickbox-Variante aus Thailand. Der Kämpfer setzt das Gewicht von Hüfte und Bein dazu ein, sein Schienbein (und weniger den Fuß) vor das Bein, den Oberkörper oder den Kopf des Gegners zu rammen. Normalerweise ist es am besten, den *roundhouse-kick* mit dem hinteren Bein auszuführen, da man auf diese Weise wesentlich mehr Wucht erzeugt.

Für einen *roundhouse-kick* mit dem hinteren Bein führst du folgende Bewegungen aus: Geh mit dem vorderen Fuß nach vorn und öffne dich ein wenig im Hüftbereich, indem du den vorderen Fuß in die gleiche Richtung drehst, in die du auch trittst. Reiss das hintere Bein in ähnlicher Weise herum wie bei einem Fußballtritt; nutz das Gewicht und die Kraft deiner Hüften, indem du dich so auf deinem Standfuß drehst, dass sich die Ferse dem Gegner zuwendet. Stell den Kontakt mit der unteren Hälfte deines Schienbeins her. Siehe Abb. 4.9.

Entspann dich bei der Ausführung des Tritts. Glaub nicht, dass du durch Kontraktion und Einsatz deiner Muskeln zusätzliche Kraft erzeugen kannst. Bleib locker und stell dir dein Bein wie eine Peitsche vor. Greif deinen Gegner auch nicht einfach *nur* mit einem *roundhouse-kick* deines hinteren Beins an, da er diesen leicht (und vor allem kräftig) mit einem Hinterhand-cross kontern kann. Bereite ihn zuerst mit deinen Händen vor. Schlag einen *jab*, um die Augen deines Gegners zu verdecken, und hämmere den Tritt dann gegen seine Wade.

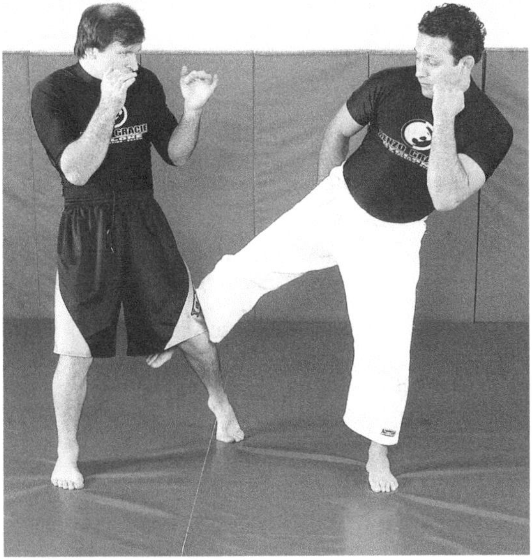

Abb. 4.9 roundhouse-kick

Während eines Kampfs, wenn dein Gegner angeschlagen oder völlig erschöpft ist, dient der *roundhouse-kick* als eine hervorragende Methode, um den Kampf zu beenden. Ziel in diesem Fall auf den Kopf. Denk daran, dass es einiger Übung bedarf, um das Schienbein auf die Art von Aufprall vorzubereiten, die es in einem richtigen Kampf aushalten muss. Durch Tritte gegen den Sandsack über einen längeren Zeitraum werden deine Schienbeine kräftiger und sind dadurch in der Lage, den Aufprall abzufedern.

Das vordere Bein kann ebenso zur Ausführung des *roundhouse-kicks* eingesetzt werden. Die beste Methode ist die, unmittelbar vor dem Tritt den Stand zu wechseln, so dass dein vorderes Bein zu deinem hinteren wird. Spring mit dem vorderen Bein zurück und setz das hintere nach vorn, wobei du deine Füße in einer einzigen schnellen Bewegung wechselst. Nun kannst du mit voller Kraft mit dem vorderen Bein treten, da es ja nun zum hinteren Bein geworden ist. Das beste Ziel für den mit dem vorderen Bein ausgeführten *roundhouse-kick* ist die innere Wade deines Gegners, ein schmerzhafter Tritt, der ihn für andere Treffer und ebenso für takedowns anfällig macht. Beachte, dass eine der besten Situationen für die Anwendung des roundhouse-kicks der unmittelbare Augenblick nach dem Lösen eines Clinchs und der Rückkehr in die Phase der freien Bewegung ist. Der Gegner ist dann abgelenkt und dadurch anfällig für Treffer.

Fallstudie zum Thema „Wirkungsvolle Tritte in MMA-Kämpfen": Bas Rutten

Im MMA-Geschäft hat es bis heute viele gute Kickexperten gegeben, aber nur wenige konnten mit den Kickkünsten des niederländischen Kickboxspezialisten Bas Rutten konkurrieren. Rutten kam aus der *Muay Thai*-Kickboxszene und hatte sich zudem solide Grapplingkenntnisse bei seinen Kämpfen im Rahmen der Pancrase-Serie in Japan angeeignet. Ruttens Wunderwaffe war ein blitzschneller *roundhouse-kick*, den er mit einer enormen Kraft gegen die Beine, die Rippen, die Leber und manchmal auch gegen den Kopf ausführte. Damals, in den frühen Tagen der MMA-Wettbewerbe, mussten die schlagenden und tretenden MMA-Kämpfer noch Angst vor *takedowns* haben. Rutten hingegen konnte sich in ausreichender Weise auf seine Grapplingfähigkeiten am Boden verlassen, um seine Kicks mit absoluter Entschlossenheit einsetzen zu können, ohne sich Sorgen machen zu müssen, auf der Matte zu landen, da er wusste, dass er sich auch dort durchsetzen konnte. Er benutzte nur die einfachsten Tritte (*roundhouse-kicks* und nach vorn gerichtete Tritte) und machte es seinen Gegnern dadurch schwer, ihn zu kontern.

Kniestöße

Der Kniestoß ist eine wirklich harte Waffe, die in vielen Situationen angewandt werden kann. Viele Niederschläge und K.o.-Treffer sind aus dem Einsatz des Knies in der Kampfphase der freien Bewegung entstanden.

Der eingesprungene Kniestoß („Flying Knee“)

Der eingesprungene Kniestoß ist einer der härtesten Tritte, die ein menschliches Wesen einem anderen versetzen kann, ohne dabei eine Waffe zu benutzen. Dabei wird das gesamte Körpergewicht in Verbindung mit einer harten Oberfläche eingesetzt, um auf diese Weise richtige K.o.-Kraft zu übertragen.

Aus einem Kampfstand heraus gehst du entschlossen auf den Gegner los und springst auf dein Standbein, wobei du deinen Körper vom Boden abhebst. Ramm das Knie und die Hüfte des anderen Beins geradewegs in Richtung deines Gegners und versuch dabei, sein Kinn oder seinen Oberkörper zu treffen. Stell sicher, dass sich deine Hände oben befinden, um dein Gesicht abzuschirmen und einen Wirkung zeigenden Konter zu verhindern. Siehe Abb. 4.10.

Der eingesprungene Kniestoß ist eine hervorragende Methode, um den Abstand zwischen dir und deinem Gegner zu überbrücken und sicher in den Clinch zu gelangen. Ebenso ist es ein sehr gutes Mittel, um einen angeschlagenen oder sich zurückziehenden Gegner kampfunfähig zu machen.

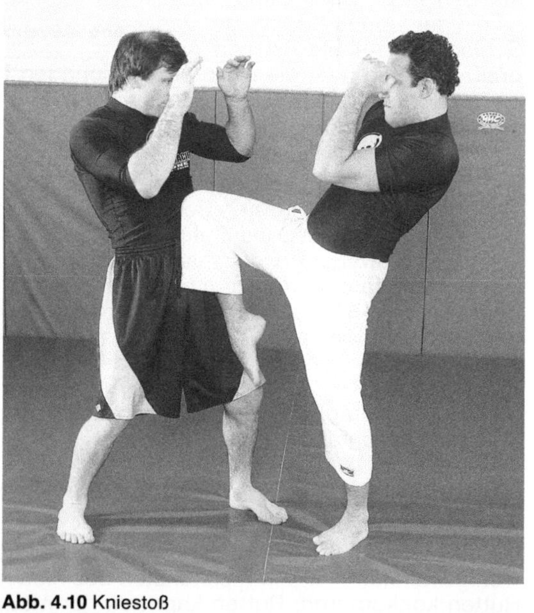
Abb. 4.10 Kniestoß

Der Kniestoß aus dem Stand

Die meisten halten das Knie für das Mittel ihrer Wahl im Clinch, aber es ist auch in der Phase der freien Bewegung wirkungsvoll, wenn man überhaupt keinen Kontakt mit dem Gegner hat.

In diesem Fall musst du sicher stellen, dass sich deine Hände oben befinden, um Konterschläge zu vermeiden.

Zur Ausführung des Kniestoßes aus dem Stand verwendest du die vordere Hand für ein Ablenkungsmanöver, indem du sie in

Richtung des Gesichts deines Gegners nach vorn stößt, während du die andere Hand vor das eigene Gesicht nach oben ziehst. Lehn dich so zurück, dass du die Hüften vorschnellen lassen kannst, um dem Kniestoß zusätzliche Kraft zu verleihen. Ziel auf Kiefer, Oberkörper oder Waden.

Bei MMA-Kämpfen besteht immer die Gefahr eines *takedowns*. Deshalb haben viele Kämpfer Angst, Kniestöße aus dem Stand gegen den Körper des Gegners einzusetzen, da diese häufig mit einem Festhalten des Beins und einen anschließenden *takedown* gekontert werden. Stattdessen wählen sie den Kopf als Ziel, womit sie den Gegner zu einer wirklichen Verteidigung dieses empfindlichen Bereichs zwingen, anstatt ihn nur einfach einen Körpertreffer abfangen und ihn dann mit einem *takedown* reagieren zu lassen. Einer der besten Zeitpunkte für die Ausführung dieses Kniestoßes ist genau dann, wenn dein Gegner gerade seine Kampfhöhe verändert, um zu einem *takedown* überzugehen. Einige bemerkenswerte Beispiele für K.o.-Siege in MMA-Kämpfen nahmen genau diesen Verlauf. Der Kniestoß aus dem Stand ist außerdem ein hervorragender Konter gegen einen kraftvoll vorgetragenen Schlagangriff. Wenn es zu einer solchen Attacke kommt, deckst du deinen Kopf, während der Gegner schlägt und rammst ihm dein Knie auf geradem Weg in den Unterleib.

Ausweichen und Blocken

Ein Ziel treffen zu können ist die eine Seite der Medaille, doch solltest du daran denken, dass dein Gegner versuchen wird „zurückzutreffen“. Deshalb ist es überaus wichtig, dass du auch die Techniken zur Vermeidung von Treffern erlernst, um die Blessuren, die du während der Kampfphase der freien Bewegung abbekommst, möglichst gering zu halten. Ausweichtechniken ermöglichen es dir, Schlägen und Tritten aus dem Weg zu gehen, ohne mit ihnen in Berührung zu kommen. Diese sind leicht auszuführen, erfordern aber fortgeschrittene Bewegungstechniken. Das Blocken macht es möglich, den Aufprall auf sichere Weise abzufangen (anstatt ihm aus dem Weg zu gehen). Es erfordert gute Kondition und eine solide Standtechnik.

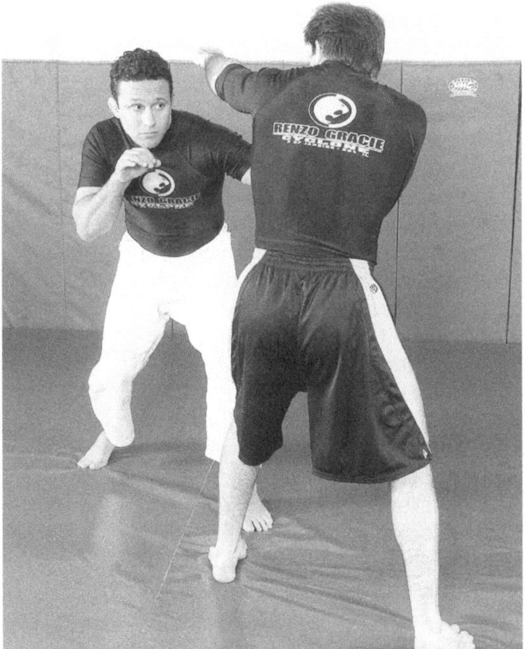

Abb. 4.11 Ausweichen zur Außenseite

Ausweichen

Die einfachste und effektivste Art des Ausweichens, ist einfach nicht da zu sein, wenn ein Angriff auf dich zukommt. Nutz die Beinarbeit, um einen Schritt zurückzuspringen und dem Treffer aus dem Weg zu gehen, wenn dein Gegner einen Tritt oder Schlag ausführt. Spring nicht zu weit zurück, da du damit einen Gegenangriff unmöglich machst. Geh nur weit genug zurück, um dem Treffer auszuweichen und sieh zu, dass du dann zu deinem eigenen Angriff kommst. Zieh dich nicht in gerader Linie zurück, weil dein Gegner dich dann möglicherweise überrennt. Musst du dich nach deiner anfänglichen Rückwärtsbewegung noch weiter zurückziehen, dann tu dies kreisförmig, um seine Angriffe zu vereiteln.

Eine andere Art der Bewegung, die für das Ausweichen nützlich sein kann, ist mit dem Kopf zur Außenseite der auf dich zukommenden Schläge zu pendeln (Abb. 4.11). Wenn du so verfährst, kannst du auf einfache Weise mit Treffern oder *takedowns* kontern. Unter den Händen eines Gegners abzutauchen, ist ebenfalls ein Mittel zur Vermeidung von Schlägen und dient ebenso wirkungsvoll der Einleitung von *takedowns*.

Blocken

Eine andere Möglichkeit, einem Angriff seine Wirkung zu nehmen, ist das sichere Abfangen eines Treffers, indem man ihn mit dem Teil des Körpers annimmt, der am besten mit dem Aufprall zurechtkommt. Natürlich ist ein Schlag ins Gesicht eine schmerzhafte und unangenehme Erfahrung. Deckt man das Gesicht allerdings mit den Armen ab, kann man diese Erfahrung durchaus erträglicher gestalten. Unterarme und Schienbeine, beides harte und widerstandsfähige Teile des Körpers, sind für das Blocken die am besten geeigneten Oberflächen. Man verwendet sie dazu, die schwachen Bereiche wie Kiefer, Gesicht, Nacken, Rippen, Unterleib und Waden abzudecken und zu schützen. Besonders gut eignen sich Blocks bei MMA-Veranstaltungen für Kämpfer, die aus der Phase der freien Bewegung heraus in den Clinch gehen wollen. Dahinter steckt die Idee, ein paar Schläge gefahrlos einzustecken, dann nach vorn in den Clinch zu gehen und den Oberkörper des Gegners zu umklammern und ihn unter Kontrolle zu bringen.

Deckungsblock

Der Deckungsblock ist eine der besten Möglichkeiten, um den Kopf vor Faustschlägen, Ellenbogen und Tritten zu schützen. Heb die Hand hinter deinen Nacken, und hol den Arm derselben Hand nach oben, während du das Kinn senkst und die Wucht des gegnerischen Schlags mit dem äußeren Arm abfängst (Abb. 4.12). Lass die andere zum Schutz der anderen Seite oben, für den Fall dass dein Gegner seinen Schlag mit anderen kombinieren sollte. Wie bei allen Blocks gilt auch hier: Lehn dich nicht in den auf dich zukommenden Schlag hinein! Lass ihn auf dich zukommen und fang den Aufprall in der Nähe deines Kopfs ab.

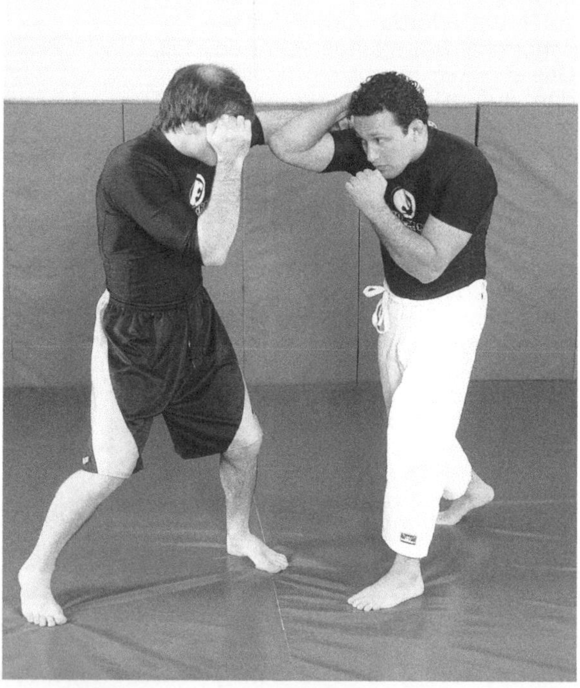

Abb. 4.12: Deckungsblock

Handflächenblock

Der Handflächenblock (Abb. 4.13) wird eingesetzt, um einen gegnerischen *jab* zu entschärfen. Dabei nimmst du die Handfläche der hinteren Hand, um den auf dich zukommenden *jab* vor deinem Gesicht abzufangen. Beachte, dass der Handflächenblock nur gegen einen *jab* zum Einsatz kommt: er eignet sich nicht dazu, einen Rückhandcross zu stoppen. Lehn dich nicht zu weit nach vorn, um den jab abzu-

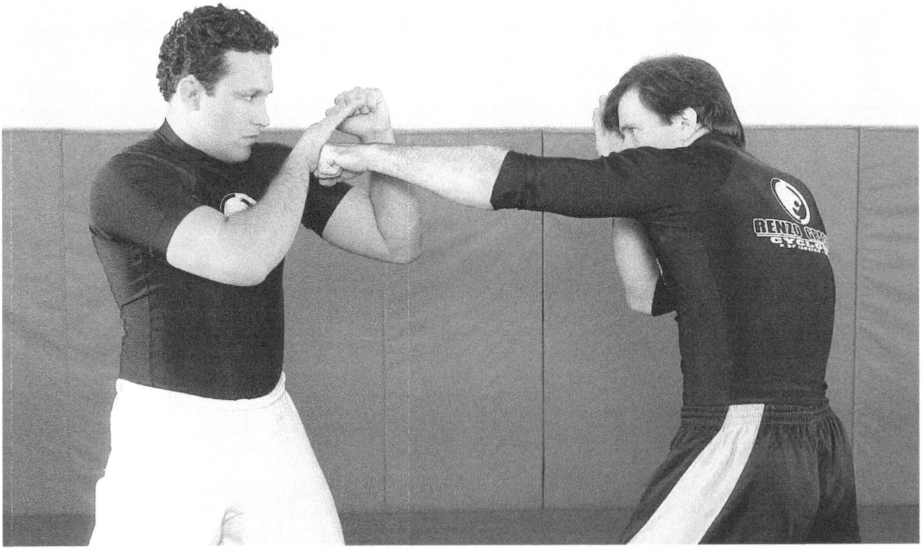

Abb. 4.13 Handflächenblock

fangen. Lass ihn auf dich zukommen und block ihn ziemlich nah vor deinem Gesicht (allerdings nicht so nah, dass dir deine eigene Hand ins Gesicht geschlagen wird). Es ist durchaus eine gute Idee, bei jedem Abfangen eines *jabs*, mit einem eigenen *jab* zu kontern. Du solltest dich nicht darauf beschränken, die ganze Zeit über nur zu blocken – du musst mit eigenen Schlägen auf die gegnerischen Angriffe reagieren.

Doppelter Unterarmblock

Der doppelte Unterarmblock ist eine wirksame Methode, um den Oberkörper vor Tritten und Schlägen zu schützen. Aus dem Kampfstand heraus, drehst du dich dem auf dich zukommenden Angriff entgegen, während du dich gleichzeitig mit einem Schritt ein wenig von ihm entfernst. Nimm die Unterarme zusammen und senk das Kinn, wobei du den Oberkörper zusammenziehst wie eine Schildkröte, die sich in ihren Panzer verkriecht. Nimm den Aufprall mit deinen Unterarmen an (Abb. 4.14).

Schienbeinblock

Der Schienbeinblock ist die übliche Methode, um einen *roundhouse-kick* zur Wade zu blocken. Wenn dein Gegner nach deinem Bein zu treten versucht, hebst du dieses Bein nach oben sowie nach außen, so dass sein Tritt auf deinem Schienbeinknochen aufprallt. Das mag sich schmerzhaft anhören, ist aber viel besser, als einen Tritt gegen die Wade einstecken zu müssen. Diesen Block kannst du mit dem doppelten Unteramblock kombinieren, um deine Abwehr zu verstärken.

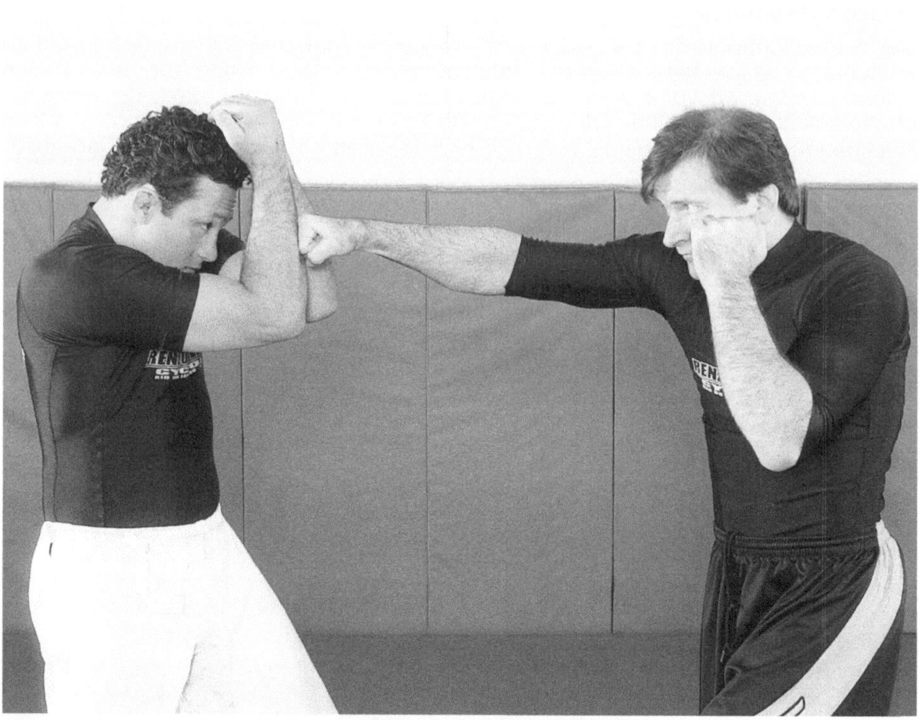

Abb. 4.14 Doppelter Unterarmblock

Der blitzschnelle Übergang zum Takedown

Zweifelsohne war der aus der Phase der freien Bewegung heraus erfolgende blitzschnelle Übergang zum *takedown* die Technik, die die Einstellung der Leute zum richtigen Kampf in der Anfangszeit der MMA-Wettbewerbe am nachhaltigsten veränderte.

Vor der Entstehung der heutigen MMA glaubten die Meisten, dass es relativ leicht war, jeden K.o. zu schlagen, der dumm genug war, sich an einem *takedown* zu versuchen. Andere wiederum lebten in dem Glauben, dass niemand sie zu Boden bringen könne. Das alles änderte sich schlagartig, als sie Zeuge der ersten MMA-Kämpfe wurden. Es wurde klar, dass man sich gegen den urplötzlich angesetzten *takedown* wesentlich schwieriger verteidigen konnte als die Meisten zuvor angenommen hatten. Das war für die meisten mit Hilfe von Schlägen und Tritten ausgeführten Angriffe verhängnisvoll.

Wann immer sich Kämpfer auf Schläge und Tritte verlegten, wurden sie anfällig für *takedowns*. Diese Anfälligkeit ließ sogar die besten Schlag- und Trittspezialisten bei Angriffen ihrer Gegner vorsichtig werden und reduzierte ihre Effektivität drastisch. Erst als sie die Grapplingtechniken zur Verhinderung von *takedowns*, das Entkommen aus dem Clinch sowie das Bestehen am Boden gelernt hatten, trauten sie sich auch, ihre Attacken kraftvoll umzusetzen. Die wichtigsten Punkte, die der Jujitsu-Kämpfer beachten muss, wenn er plötzlich auf den Gegner losgehen wollte, waren der Aufbau der Aktion sowie das Verändern der Kampfhöhe, die jedem Übergang zu einem *takedown* vorausgeht.

Aufbau

Es gibt mehrere Möglichkeiten, einen *takedown* aufzubauen:

1. Bewegung: Zieh dich zurück, damit sich der Gegner auf dich zu bewegt. Tauch ab und geh auf ihn los, sobald er auf dich zu kommt. Dadurch entsteht eine kombinierte Geschwindigkeit, die es dem Gegner schwer macht, deiner Aktion erfolgreich zu entkommen.
2. Winkel: Mach einen Schritt zu einer Seite hin, um einen Winkel zu deinem Gegner herzustellen. Ein Winkel, mit dem sich gut arbeiten ließe, wäre einer mit dem du aus dem Aktionsradius der vorderen Hand deines Gegners gelangst. Diese Positionierung bringt dich an eine relativ sichere Stelle (seine schwache Seite und sein toter Winkel) und erleichtert dir den Übergang.
3. Abstand: Begib dich in einen Kontaktabstand, um deinem Gegner auf diese Weise die Möglichkeit zu eröffnen, schlagen zu können. Wenn er seinen Angriff ausführt, tauchst du ab und gehst blitzschnell zum *takedown* über.
4. Schlagen: Indem du deinen Gegner mit Schlägen angreifst, beschäftigst du ihn mit Abwehrarbeit und machst dir auf diese Weise deine Aufgabe, zum *takedown* überzugehen, wesentlich leichter. Der jab ist der beste Schlag, um den blitzschnellen Übergang vorzubereiten, aber Kämpfer haben auch schon den Rückhand*cross* sowie diverse Tritte mit gewissem Erfolg eingesetzt.

Verändern der Kampfhöhe

Die Fähigkeit, seine Kampfhöhe als Vorstufe zu einem schnellen Übergang zu ändern, ist für den Jujitsu-Kämpfer eine absolut wichtige Eigenschaft, die er beherrschen muss. Allen wichtigen Übergängen zum *takedown*, vor allem denen, die gegen die Beine gerichtet sind, geht eine Veränderung der Kampfhöhe voraus. Wenn es dir nicht gelingt, die Höhe vor dem schnellen Übergang in angebrachter Weise auf die Situation einzustellen, stehen die Chancen auf einen erfolgreichen *takedown* schlecht. Durch das Verändern deiner Höhe begibst du dich in einen Stand hinab, aus dem heraus du mit hoher Geschwindigkeit unter der Deckung deines Gegners auf seine Hüften und Beine zuschießen kannst. So gelingen schnelle und Wirkung zeigende *takedowns*, die nur schwer abzuwehren sind. Dahinter steckt der Gedanke, sich in einen Stand hinunter zu begeben, der der Startstellung eines Sprinters ähnelt und der einem ein Vorschnellen leicht macht, indem man sich mit dem hinteren Bein abstößt und sich sozusagen in die Hüften und Beine des Gegners bohrt (Abb. 4.15a). Höhenveränderungen können auch vorgetäuscht werden, um den Gegner zu verwirren und ihn nervös zu machen.

Eine Methode, um sicherzustellen, dass du die Höhe richtig änderst, ist, deine vordere Schulter direkt über deinem vorderen Knie zu positionieren, während du abtauchst. Befindet sich deine Schulter zu weit vorn, ist es für deinen Gegner ein Leichtes, deinen Kopf in Richtung der Matte hinunterzuziehen und jede Aussicht auf einen *takedown* im Keim zu ersticken. Ist deine Haltung bei der Veränderung deiner Höhe jedoch zu aufrecht, kann er dich geradewegs umhauen. Richte die vordere Schulter also direkt über dem vorderen Knie aus, und alles läuft nach Plan (Abb 4.15b).

Takedown gegen beide Beine (Morote Gari)

Von allen Methoden, die bei MMA-Kämpfen angewandt werden, um einen Gegner zu Boden zu bringen, ist der *takedown* gegen beide Beine wahrscheinlich der am häufigsten eingesetzte. Er macht es dir möglich, Beine und Hüften des Gegners unter Kontrolle zu bringen und verhilft dir unter dem Strich zu schnellen und effizienten *takedowns*.

Der Schlüssel zu jedem erfolgreich ausgeführten Angriff auf beide Beine ist die vorbereitende Änderung der Höhe, die dich in eine stabile Position bringt, aus der her-

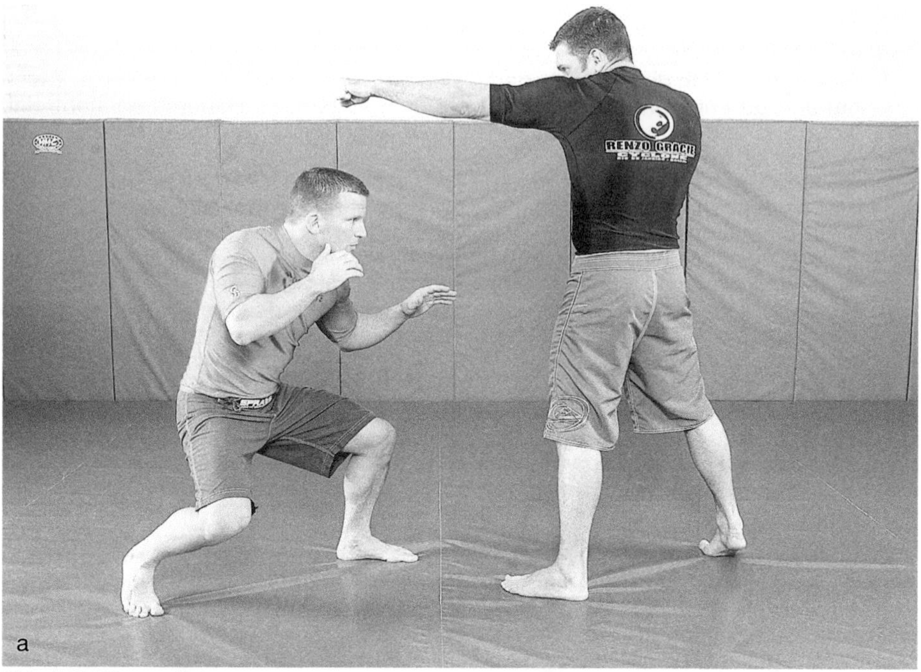

a

Abb. 4.15 Höhenveränderung

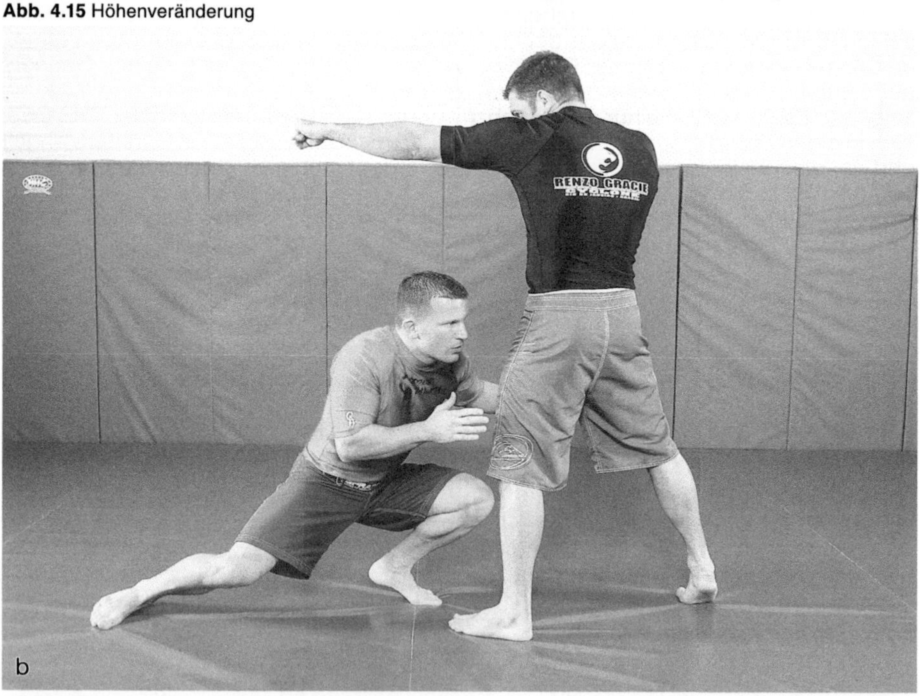

b

aus du unter den Gegner vordringen und an seine Beine herankommen kannst.

Um diesen Bewegungsablauf umzusetzen, setzt du deinen vorderen Fuß mit einem schnellen Schritt zwischen die Füße des Gegners, wobei du dich mit dem hinteren Fuß abstößt. Achte bei deinem Vorstoß darauf, dass sich deine Ellenbogen nah an deinem Körper befinden. Lehn dich nicht zu weit nach vorn um den Gegner zu packen. Greif - wie in Abb. 4.16a gezeigt - unmittelbar hinter beide Knie, sobald deine Schulter die vordere Hüftpartie des Gegners trifft. Sorg dafür, dass dein Kopf zur Außenseite der vorderen Hüfte deines Gegners geht. Damit stellst du sicher, dass dein Vorstoß unterhalb seiner schwächeren Schlaghand erfolgt, wodurch du es ihm wesentlich schwieriger machst, dich bei deiner Attacke wirkungsvoll zu treffen. Wenn du willst, kannst du dein vorderes Knie von der Matte hochreißen. Dein hinteres Bein macht einen Schritt hoch zur Außenseite deines Gegners und ermöglicht es dir, dich um ihn herum zu bewegen, während du dich aufrichtest und an seinen Beinen ziehst (Abb. 4.16b). Vermeide es möglichst, auf den Knien unten zu bleiben. Probier stattdessen auf die Beine zu kommen und Druck zu erzeugen. Das Ergebnis ist ein stabiles, nach vorn wirkendes Tackling, dass die meisten Gegner in kurzer Zeit in die Rückenlage bringt (Abb. 4.16c).

Takedown mit dem Kopf zur Innenseite eines Beins

Ein anderer gebräuchlicher *takedown* ist der gegen *ein* Bein gerichtete *takedown*, von dem es viele Varianten gibt. Die hier gezeigte ist für MMA-Wettkämpfe jedoch

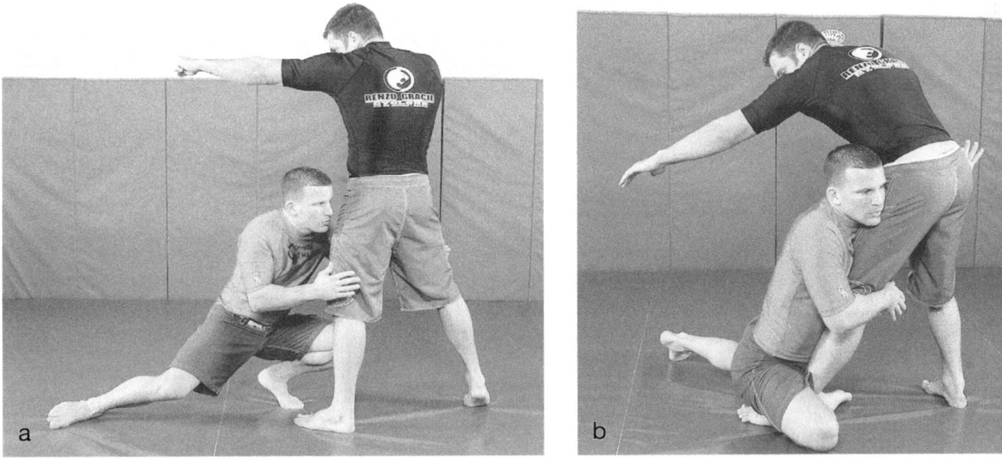

Abb. 4.16 Takedown gegen beide Beine

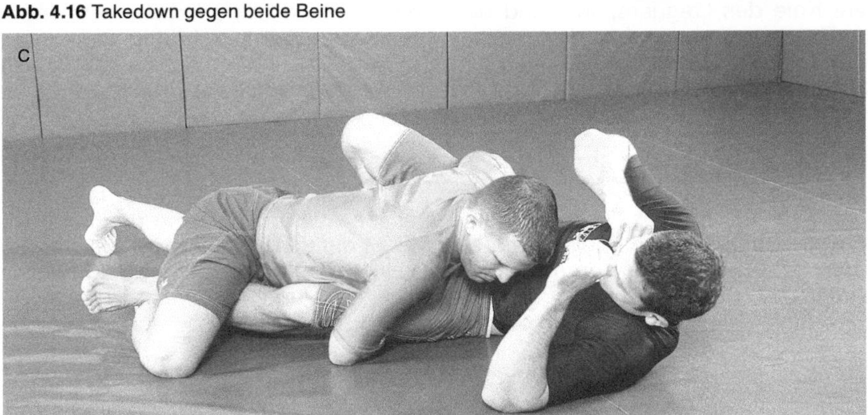

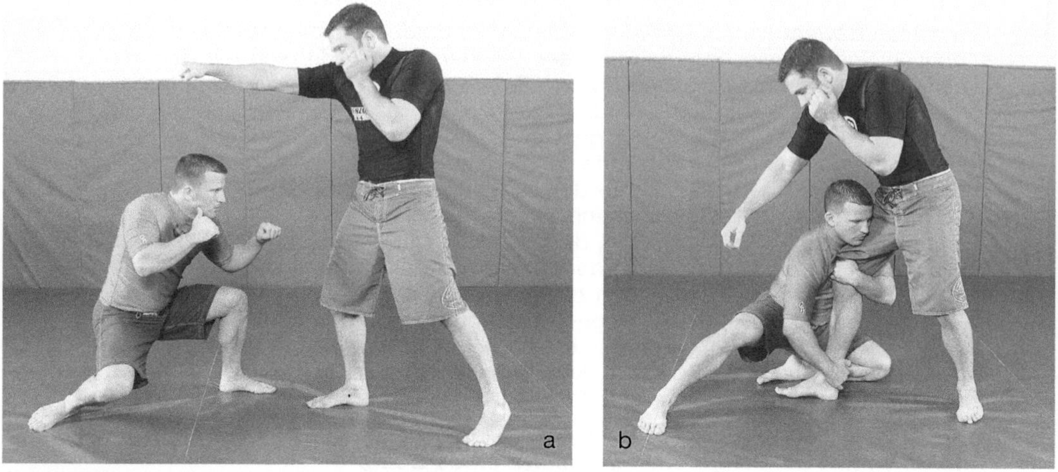

Abb. 4.17 Gegen *ein* Bein gerichteter *takedown*, Kopf an der Innenseite

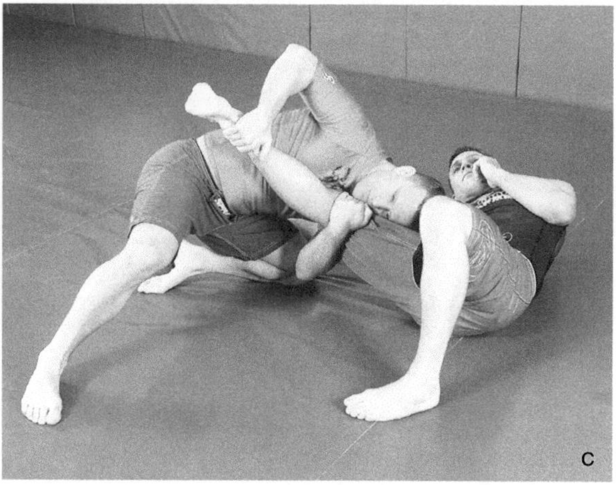

ganz besonders gut geeignet. Gegen ein Bein gerichtete *takedowns* sind besonders nützlich, um einen linkshändigen Kämpfer anzugreifen, der das dieser Hand gegenüberliegende Bein nach vorn setzt. Nochmals sei betont, dass ein einwandfreier Wechsel der Angriffshöhe vor Beginn des *takedowns* der Schlüssel für eine gute Ausführung ist.

Um diese Bewegung durchzuführen platzierst du dein vorderes Bein etwas außerhalb des vorderen Beins des Gegners und gehst auf die Knie, während du unter seiner Deckung zu ihm durchdringst (Abb. 4.17a). Dein Knie setzt an beiden Seiten des vorderen Fußes deines Gegners auf dem Boden auf. Gleichzeitig schlingst du den vorderen Arm um das vordere Knie des Gegners, während deine rechte Hand seine Ferse packt (Abb. 4.17b). Drück deinen Kopf in Höhe des inneren Oberschenkels kräftig gegen das vordere Bein des Gegners. Übe dann mit dem Kopf Druck nach vorn aus und zieh mit der Hand an der Ferse deines Gegners, um ihn geradewegs zu Boden zu reißen (Abb. 4.17c).

Takedown mit dem Kopf zur Außenseite eines Beins

Eine Alternative zu dem gegen beide Beine gerichteten *takedown* ist der *takedown* mit dem Kopf zur Außenseite eines Beins. Dessen Ausführung kann durchaus ein wenig einfacher sein, da du deine Aufmerksamkeit auf das Bein richtest, das dir am nächsten ist. Wechsel die Angriffshöhe genauso wie bei dem gegen beide Beine ausgeführten *takedown* (Abb. 4.18a). Während du nach unten und nach vorn gehst, schießt deine Hand zwischen die Beine des Gegners und hakt sich um sein vorderes Knie. Deine beiden Knie landen auf beiden Seiten des vorderen Fußes des Gegners, während sich deine beiden Arme in Kniehöhe fest um sein vorderes Bein klammern (Abb. 4.18b). Wenn du diese vorbereitende Kontrollposition eingenommen hast, greifst du mit deiner sich innen befindenden Hand zur Rückseite des anderen Knies deines Gegners und blockierst es so, dass er das Bein nicht mehr zurücksetzen kann (Abb. 4.18c). Stoß zur Hüfte deines Gegners vor, um den *takedown* auszuführen. Vergewissere dich, dass sich dein Kopf und Nacken dicht an der Hüfte des Gegners befinden, um zu verhindern, dass er den Guillotine-Würgegriff gegen dich einsetzen kann.

Blockieren eines Blitzangriffs mit *Sprawling*

In der Phase der freien Bewegung des Kampfs ist das Blockieren eines Blitzangriffs mit *sprawling* eine außerordentlich wichtige Technik, die in den frühen Tagen

a

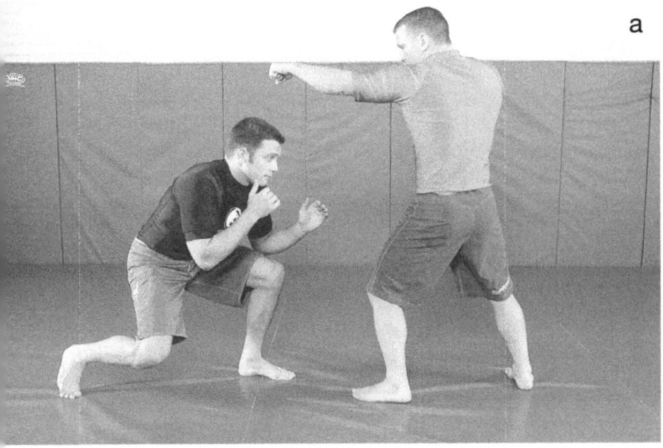

b

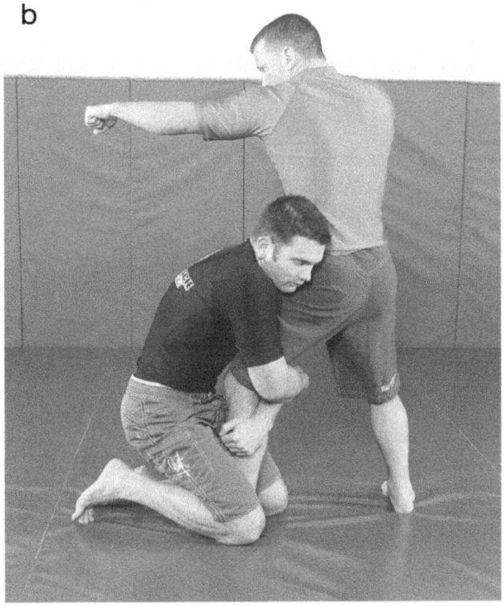

Abb. 4.18
Gegen *ein* Bein gerichteter *takedown*,
Kopf an der Außenseite

c

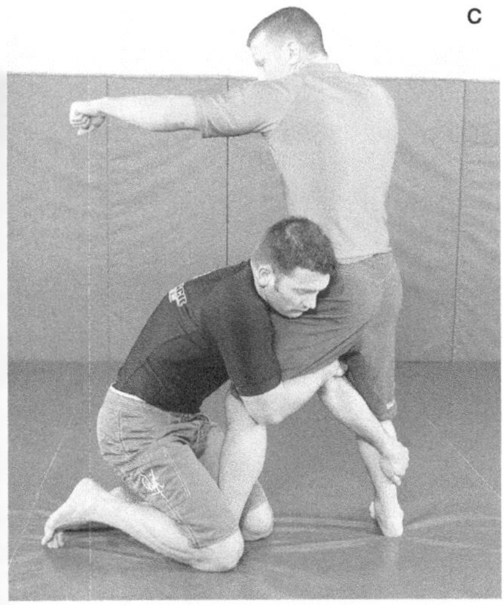

d

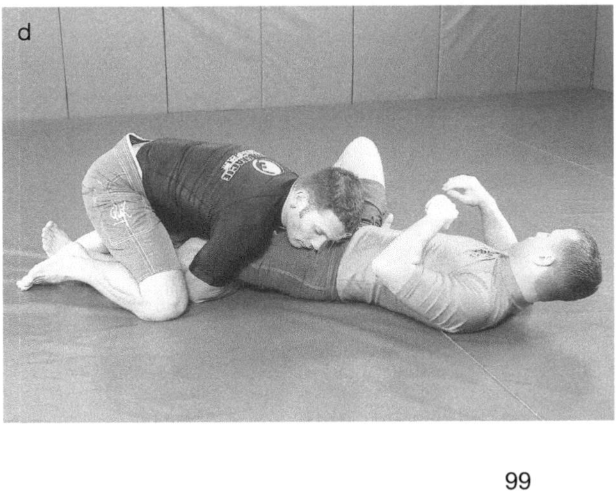

der MMA-Wettbewerbe nur wenige Kämpfer beherrschten. Daraus ergab sich, dass die meisten Kämpfer sofort zu Boden gingen, wenn ihre Gegner einen plötzlichen *Takedown*versuch unternahmen. Dank dieses Schachzugs konnten die Grappler die Kämpfe ganz und gar beherrschen, und die Schlagspezialisten bekamen kaum eine Gelegenheit, ihre Fähigkeiten einzusetzen.

Mit der Zeit lernten die Kämpfer jedoch, sich gegen *takedowns* zur Wehr zu setzen und so veränderte sich das Geschehen wesentlich. Scheitern *takedowns* aufgrund einer guten Abwehrarbeit, gerät derjenige, der den *Takedown*versuch unternommen hat, oft in eine ungeschützte Position, in der er leicht angegriffen werden kann. Das Rezept, um sich gegen die gebräuchlichsten Angriffe gegen die Beine und Durchtauchversuche zu verteidigen, ist entweder ein Blocken des ersten Vorstoßes mit den Händen oder Unterarmen oder, sofern dies misslingt, ein Zurückziehen der eigenen Hüften und Beine weg vom Gegner, wobei man sich mit vollem Gewicht auf ihm ausbreitet (*sprawling*).

Blocken eines Vorstoßes mit Händen, Unterarmen und underhooks

Wenn der Gegner mit einem plötzlichen Vorstoß zu einem *takedown* ansetzt, muss er seine Kampfposition unmittelbar vor diesem Vorstoß absenken. Sobald er dies tut, tauchst du ebenfalls ab, um deine Höhe der des Gegners anzugleichen und setzt dann mit deinen Händen oder Unterarmen einen Block gegen seine Schultern oder sein Schlüsselbein, um die gegen dich eingesetzte Wucht zu bremsen (Abb. 4.19). Entfern dich schnell und nimm sofort wieder einen Kampfstand ein. Sieh zu, dass du mit Schlägen konterst, während er noch strauchelt und seinen festen Stand wiederzuerlangen versucht. Dies ist ein ausgezeichneter Moment, um ihm einen Kniestoß zu versetzen.

Eine letzte Methode, einen Takedownvorstoß zu blocken, die sich im MMA-Wettkampf als effektiv erwiesen hat, ist der Einsatz von underhooks (Anmerkung des Übersetzers: Einhaken unter den Armen). Wenn der Gegner deine Taille oder Beine

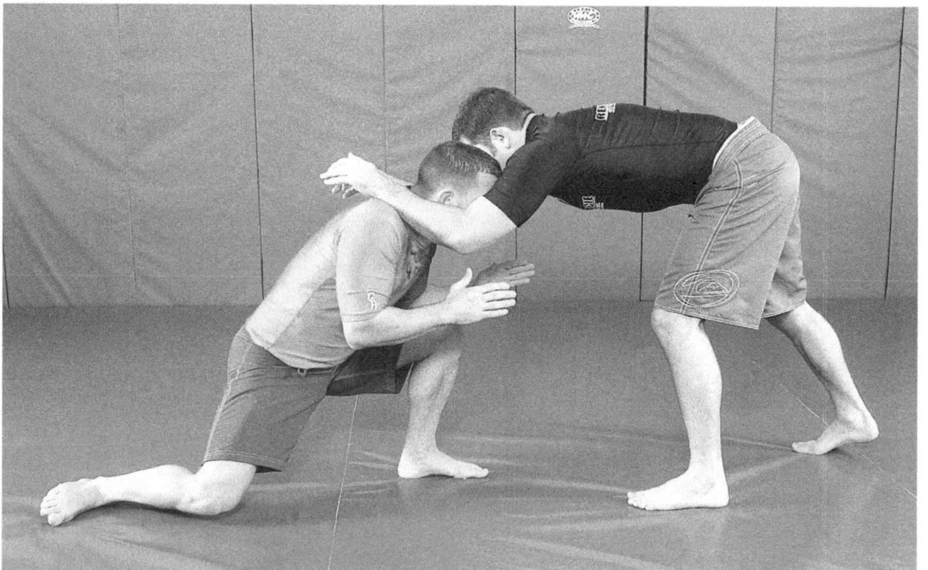

Abb. 4.19 Blocken eines Vorstoßes mit den Unterarmen

umklammert, schiebst du einen Arm unter seinen und hebst ihn aus, während du deine Hüften zurück drückst. Das lenkt den Gegner von seinem Angriff ab und verschafft dir wiederum eine beachtliche Kontrolle über seinen Körper.

Sprawling

Wann immer dein Gegner zu einem Takedownversuch gegen dich ansetzt, versucht er deine Beine wegzuziehen oder taucht ab (oder beides), um dich zu Boden zu bringen. Das kannst du verhindern, indem du deine Hüften senkst und deine Beine nach hinten ausstreckst (Abb. 4.20). Sorg dafür, dass dein Rücken gewölbt ist. Bei der Ausführung dieser Bewegung solltest du immer daran denken: Umklammere mit deinen Händen nicht die Taille deines Gegners!

Hältst du dich nicht daran, lässt du einen simplen Konter zu. Das Ausstrecken soll zur Folge haben, dass dein ganzes Gewicht auf deinem Gegner lastet. Vermeide es auch, mit deinen Knien auf den Boden zu kommen, da du auf diese Weise Gewicht von ihm nehmen würdest. Bleib nach dem Ausstrecken nicht einfach vor deinem Gegner. Er könnte sich nach dem anfänglichen Fehler wieder erholen und dich immer noch zu Boden bringen. Versuch stattdessen, hinter ihm herumzuwirbeln und selbst in eine Angriffsposition zu gelangen. Wenn dir der Bodenkampf nicht liegt, solltest du wieder auf die Beine kommen und dich entfernen; versuch mit Schlägen zu kontern, sobald sich dein Gegner erhebt.

Fallstudie zur Abwehr von Takedowns: Chuck Lidell

Unter den MMA-Profikämpfern haben sich nur wenige bei der Verteidigung gegen *takedowns* und beim Halten des Kampfs in der Phase der freien Bewegung als so geschickt erwiesen wie Chuck Lidell. Lidell war durch Wrestling stark geprägt, wodurch er die entsprechende Erfahrung hatte und die Techniken kannte, um *takedowns* durch Blocken und *sprawling* zu kontern. Darüber hinaus hatte er eine großartige Begabung, engen Clinchs zu entkommen und wieder in die Phase der freien

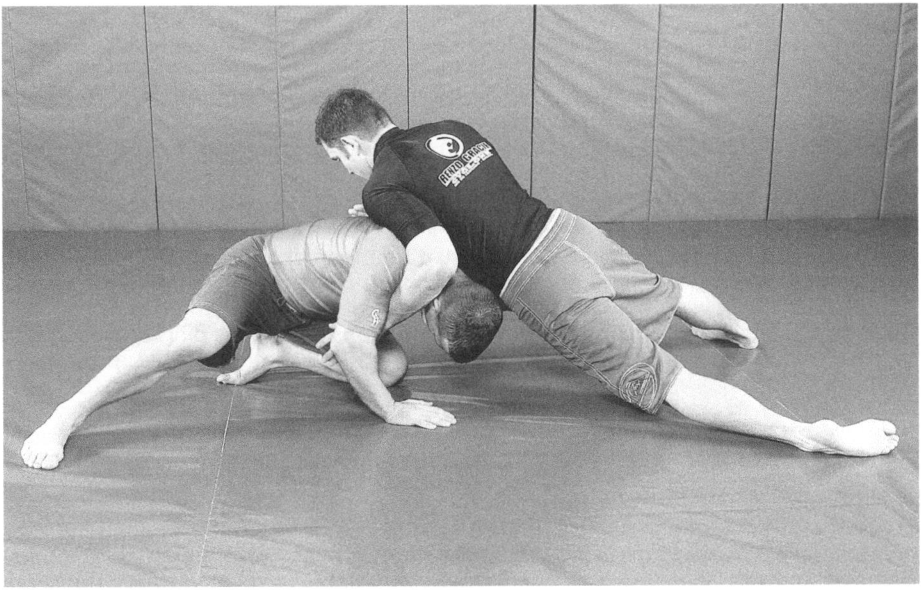

Abb. 4.20 Der *sprawl*

Bewegung zurückzugelangen. Durch die Kombination dieser Fähigkeiten mit kraftvollen Schlägen, denen er im Kickbox-Training den letzten Schliff gegeben hatte, strafte er erfolgreich die Kämpfer, die ihn zu Boden bringen wollten. Entweder warf er sich mit ganzem Gewicht auf sie drauf (*sprawl*), wenn sie zum *takedown* übergingen oder er verwickelte sie in einen Clinch. In diesem Fall versuchte er dann, den Clinch selbst wieder zu lösen oder nach dem takedown wieder aufzustehen und in die Phase der freien Bewegung zurückzukehren, in der er seine kraftvollen Schlagqualitäten wirkungsvoll gegen seine zunehmend müder werdenden Gegner einsetzen konnte.

Lidell hatte mehrere Erfolgsrezepte. Zunächst machten ihn seine kurzen Trefferkombinationen nie anfällig für *takedowns* und außerdem verfügte er über echte K.o.-Qualitäten, die ihn immer dann zu einer Gefahr werden ließen, wenn ein Gegner ihn zu Boden bringen wollte. Außerdem setzte er überlegte Gegenangriffe ein, wenn seine Gegner mit ihren *Takedown*versuchen an ihm scheiterten, wobei man nicht vergessen darf, dass seine gekonnten Defensivtechniken aus dem Wrestling dazu beitrugen, dass es sowieso ausgesprochen schwierig war, ihn überhaupt zu Boden zu bringen.

Drills in der freien Bewegung

Wir haben uns bereits viele der wichtigsten Techniken in der Phase der freien Bewegung angesehen. Diese Techniken bilden in dieser Kampfphase die Grundlage im Repertoire eines Jujitsu-Kämpfers und haben sich im modernen MMA-Wettkampfgeschehen als überaus wirksam erwiesen. Sich diese Techniken anzusehen und sie zu üben, ist eine Sache: sie aber auch unter dem Stress eines Kampfs erfolgreich anzuwenden, ist etwas völlig anderes. Damit der Lernende bei der Anwendung dieser Technik auch Erfolge verzeichnet, sind Kampfdrills überaus sinnvoll. Von diesen stellen wir nun einige im Detail vor.

Schattenkampf

Schattenkämpfen gehört zu den wichtigsten Drills, um die Techniken und Eigenschaften auszubilden, die ein Kämpfer braucht, um in der Kampfphase der freien Bewegung erfolgreich zu sein. Die meisten kennen den Begriff *„Schattenboxen"*. Hier geht es um *„Schattenkämpfen"*. Hinter beidem steht ein ähnlicher Gedanke, doch gibt es bedeutende Unterschiede. Der Hauptunterschied ist der, dass der Jujitsu-Kämpfer alle in der Phase der freien Bewegung vorkommenden Techniken – Stand, Bewegung, Faustschläge, Tritte, Knie- und Ellenbogeneinsatz, Blocken, Ausweichen, Übergänge, *sprawling*, usw. – alleine übt. Vergiss nicht, dass Jujitsu und MMA wesentlich mehr Techniken beinhalten als Boxen.

Aus diesem Grund beschränken sich Jujitsu-Kämpfer nicht auf ein bloßes Schatten*boxen* mit den Händen. Sie führen vielmehr einen Schatten*kampf* mit dem ganzen Körper aus. Sie bewegen sich dabei genauso als hätten sie einen Gegner vor sich. Stell dir beispielsweise einen vor dir stehenden Gegner vor, der dich zu treffen und zu Boden zu bringen versucht. Konter seine Angriffe, wobei du selbst anzugreifen versuchst. Sorg dafür, dass du die gesamte Palette an Techniken einsetzt, die es in der Phase der freien Bewegung gibt. Programmier eine Zeituhr auf Fünf-Minuten-Runden und trainier mit einem guten Tempo. Stell dir einen energischen, aggressiven Kämpfer vor, während du dich flüssig und elegant bewegst.

Training mit Ausrüstung

Ein Jujitsu-Kämpfer kann seine Technik in der Phase der freien Bewegung mit Hilfe besonderer Ausrüstung genauso verbessern wie es auch Boxer und Kickboxer tun. Benutze schwere Sandsäcke, Pratzen, Boxbirnen, Schlagschilde und Thai Pads, um die Kraft und Schnelligkeit deiner Schläge und Tritte weiterzuentwickeln. Zeig Kreativität beim Gebrauch der Ausrüstung. Steh nicht einfach vor einem Ziel und dresche ohne nachzudenken drauflos. Stell dir einen lebenden Gegner vor, der zurückschlägt. Bring deinen Partner dazu, sich zu bewegen und hin und her zu pendeln, während du versuchst den Schild zu treffen, den er für dich hält.

Sparring

Nachdem sich deine Technik weiterentwickelt hat, musst du zur nächsten Stufe übergehen, die das Sparring mit einem lebenden Gegner vorsieht. Nichts bereitet einen so gut auf den Kampf vor wie das Sparring. Dazu sollte man von vornherein etwas klarstellen: Das bedeutet nicht, dass du und dein Partner sich jedes Mal wenn ihr trainiert, k.o. schlagen sollt! Der Gedanke der hinter dem Ganzen steht, ist der, dass du **mit** deinem Partner arbeitest und nicht gegen ihn! Beim Sparring solltest du deine Techniken mit einem Maß an Kontakt einsetzen, das sowohl den Trainingsanforderungen als auch dem Stand des Könnens angemessen ist. Natürlich solltest du vor einem anstehenden Turnierkampf härter und mit verschärftem Körperkontakt arbeiten. Hast du allerdings gerade erst begonnen oder sind keine Kämpfe in Sicht, solltest du mit einem wesentlich gemütlicheren Tempo zu Werke gehen. Feuer deine Schläge und Tritte ab und sieh zu, dass du sie genau platzierst und dass das Timing stimmt. Beweg dich geschmeidig und weiche den Angriffen deines Gegners so früh wie möglich aus.

Denk daran, dass du nicht beim Boxen oder Kickboxen bist! Übe in den Clinch zu gehen und blitzschnell einen *takedown* anzusetzen. Am besten ist es, mit Partnern zu arbeiten, auf die man sich verlassen kann, damit das Training nicht schnell in eine wilde Prügelei ausartet. Oft ist es auch nicht schlecht, das Sparring in ein Schlag- oder ein Grapplingtraining aufzuteilen, in dem du dich entweder auf das Angreifen mit Schlägen und Tritten sowie das Verteidigen gegen Schläge und Tritte (wie beim Boxen bzw. Kickboxen) konzentrierst, oder du verzichtest auf Schläge und Tritte und konzentrierst dich darauf, *takedowns* auszuführen und dich dagegen (genau wie beim Ringen) zu verteidigen. Vielleicht sollte man noch darauf hinweisen, dass das Grapplingsparring weniger gefährlich und erfreulicher ist, da sich kaum jemand gerne wiederholt ins Gesicht schlagen lässt. Man kann es außerdem viel leichter täglich ausführen als ein Schlag- und Trittsparring.

V. Die Clinchphase

Wir haben verdeutlicht, zu welchem Anteil sich der unbewaffnete Einzelkampf in Phasen einteilen lässt. Jede Phase enthält eine Reihe von Merkmalen und Techniken, die man zum Erfolg braucht. Es ist durchaus möglich (und sogar üblich), dass diese Merkmale und Techniken in einer bestimmten Phase des Kampfs hervorragend ausgeprägt sind, in den anderen Phasen allerdings vollkommen fehlen.

Der schnelle Übergang eines Kampfs von einer Phase in die nächste ist das charakteristische Kennzeichen echter Auseinandersetzungen. Ein solcher Übergang, der in den meisten Kämpfen sehr schnell erfolgt, ist z.B. der Übergang aus der Phase der freien Bewegung in die *Clinchphase*. Als Clinchphase können wir generell jede Art eines festen Griffs definieren, den ein Kämpfer gegen einen Gegner anwendet und der ihm sozusagen eine Kontrolle über die Bewegungen dieses Gegners verschafft. Selbst ein Ergreifen des gegnerischen Handgelenks ist bereits eine Form des Clinchs, da es einem bereits ein geringes Maß an Kontrolle über seine Bewegungsfreiheit verleiht. Wenn wir an einen Clinch denken, stellen wir uns allerdings in der Regel einen Griff vor, der mit einer wesentlich stärkeren Kontrollausübung einhergeht als ein simples Ergreifen des Handgelenks. Wir verstehen unter einem Clinch also normalerweise ein festes Zupacken an Kopf oder Oberkörper des Gegners (oder beidem) mit einem hohen Maß an Körperkontakt. Diese Art des Clinchs versetzt dich in die Lage, eine Bewegung des Gegners zu kontrollieren und ihn derart zu binden, dass es ihm nicht mehr möglich ist, zu schlagen. In diesem Kapitel richten wir unser Augenmerk auf die kraftvollen, kontrollierenden Clinches, die sich im Rahmen der MMA-Veranstaltungen als so wichtig erwiesen haben.

Zu Beginn wollen wir die vielen Unterschiede untersuchen, die es zwischen der Phase der freien Bewegung und der des Clinches gibt. Der augenfälligste Unterschied ist das Ausmaß der Kontrolle über die Bewegung eines Gegners, die durch dessen Ergreifen ermöglicht wird. Die Kampfphase der freien Bewegung ist immer ein neutraler Abschnitt. Stehen sich in der Phase der freien Bewegung zwei gleich starke Kämpfer gegenüber, hat jeder von ihnen die gleiche Chance, den anderen angreifen zu können, da keiner die direkte Kontrolle über die Bewegung des anderen hat. Stell dir eine andere Situation vor, in der die Hände des einen Kämpfers hinter seinem Rücken zusammen gebunden wären. Natürlich wäre dieses Handicap ein gewaltiger Nachteil, vor allem dann, wenn der andere anzugreifen beginnt.

Ein dominanter Clinch funktioniert größtenteils auf die gleiche Weise. Wenn ein Kämpfer sich eine dominante Clinchposition verschafft, kann er Arme und Körper seines Gegners derart fesseln, dass dessen Fähigkeit anzugreifen oder sich zu verteidigen drastisch eingeschränkt wird. Und so beginnen wir nun im Clinch den Einfluss der Stellungsstrategie zu begreifen, die sich in Entwicklung und Erfolg der modernen Grapplingmethoden als so wichtig erwiesen hat. An dieser Stelle kommt nun auch das Grundkonzept zum Tragen, demzufolge sich der Kämpfer eine Position erarbeiten sollte, die es ihm erlaubt, seinen Gegner anzugreifen und gleichzeitig dessen Möglichkeiten zurückzuschlagen unterbindet.

Eine weitere Veränderung, die dann auftritt, wenn ein Kampf von der Phase der freien Bewegung in die Clinchphase übergeht, ist die Tatsache, dass Aufgabegriffe auf einmal eine wichtige Rolle spielen. Viele Aufgabegriffe können im Clinch wirkungsvoll eingesetzt werden, sei es im Stand oder als Bestandteil eines takedowns. Ist der Clinch erst einmal zustande gekommen, ändert sich auch die Art der Schläge grundlegend. In der Phase der freien Bewegung kannst du jeden Schlag einsetzen, von dem du glaubst, dass er der Situation angemessen sei. Im Clinch bleibt dir nur noch das, was unter den Einschränkungen des entsprechenden Clinchs, in den du verwickelt bist, irgendwie möglich ist. Jedes dieser Themen wird im Verlauf dieses Kapitels detailliert behandelt.

Der Clinch als Zwischenphase des Kampfs

Die meisten, die an MMA-Kämpfe denken, denken an zwei Hauptbestandteile: den Standkampf, bei dem Schläge und *takedowns* an der Tagesordnung sind und den Bodenkampf, bei dem Stellungstechniken und Aufgabegriffe vorherrschen. Wer dieses Denkmuster verfolgt, übersieht einen der wesentlichsten Gesichtspunkte des richtigen Kampfs, nämlich den Kampf, der sich im Clinch abspielt.

Der Clinch ist ein faszinierender Aspekt des Kampfgeschehens. Er verbindet sowohl die typischen Merkmale des Standkampfs als auch die des Bodenkampfs in einer Phase der Auseinandersetzung. Häufig halten sich Kämpfer entweder für einen Boden- oder aber für einen Standspezialisten. Standkämpfer konzentrieren sich normalerweise besonders auf Schlagtechniken, wohingegen Bodenkämpfer Positions- und Aufgabetechniken in den Vordergrund stellen. Diese künstliche Trennung wird im Clinch jedoch über den Haufen geworfen. Dort nämlich verschmelzen die typischen Merkmale von Stand- und Bodenkampf miteinander. Der Erfolg im Clinch ist eine seltsame Kombination aus Techniken des Schlagens, des Gleichgewichthaltens, des Grapplings, des Stellungsspiels, der *takedowns* und der Aufgabegriffe. Nur allzu häufig glaubt man, dass die Grapplingtechniken, die inzwischen Dreh- und Angelpunkt der modernen Kampfsportarten sind, lediglich zur Bodenphase des Kampfs gehören. Damit übersieht man die entscheidende Rolle, die das Grappling im stehenden Clinch spielt, jedoch völlig.

Um die Rolle des Clinchs vollständig würdigen zu können, solltest du dir vor Augen führen, dass Kämpfe relativ selten direkt aus dem freien Stand heraus zum Boden gehen. Ein solcher Übergang erfolgt nur dann, wenn ein Kämpfer entweder durch Treffer zu Boden geschickt wird oder ansatzlos mit einem *takedown* überwältigt wird. Weitaus üblicher ist eine Situation, in der sich die beiden Kämpfer über den Schlagabtausch in den Clinch begeben oder bei der ein Kämpfer einen *takedown* abwehrt und beide danach in den Clinch gehen.

Wenn ein Kampf in einen Clinch übergegangen ist, verläuft er danach fast immer in einer von zwei möglichen Richtungen: Erstens: Der Clinch kann aufgelöst werden und der Kampf kehrt in die Phase der freien Bewegung zurück. Zweitens: Der Kampf wird am Boden weitergeführt. Rein technisch gesehen können im Clinch Aufgabegriffe eingesetzt werden (auch wenn diese fast immer am Boden enden), und ebenso kann es zu einem K.o. kommen. In der Mehrzahl der Fälle kehrt der Kampf aber wieder in die Phase der freien Bewegung zurück oder das Geschehen verlagert sich auf den Boden; dies hängt von den Absichten der beiden Kämpfer und ihrem jeweiligen Geschick bei der Ausführung dieser Absichten ab. Insofern kommt dem Clinch normalerweise die Rolle eines Intermezzos zwischen der Phase der freien Bewegung und der Kampfphase am Boden zu.

Eine Anzahl an Techniken ermöglicht es dem Kämpfer, im Clinch jede beliebige Richtung einzuschlagen. Einige davon werden wir uns in diesem Kapitel näher ansehen. Es ist die Auswahlmöglichkeit, die den Clinch zu einer solch zentralen Phase des Kampfs werden lässt. Mit anderen Worten: Die Kontrolle des Clinchs ermöglicht die Kontrolle der Richtung, in die der Kampf verläuft. Strebst du die Rückkehr in die Phase der freien Bewegung an, so wird dir dies auch gelingen, wenn du geschickt im Auflösen von Clinchsituationen bist. Willst du hingegen den Bodenkampf und verstehst dich auf *takedowns* aus dem Clinch heraus, ist dir auch dies möglich.

Vier Anwendungsmöglichkeiten des Clinchs

Warum sollte jemand versuchen, in den Clinch zu gehen? Für die Kämpfer gibt es hierfür vier Hauptgründe, die man allesamt regelmäßig in den MMA-Kämpfen beobachten kann.

Effektive Anwendung des Clinchs im MMA-Kampf: Randy Couture

Einige Kampfstile legen weit mehr Wert auf Clinchtechniken als andere. So kommen beispielsweise beim *Muay Thai* Kickboxen in verschiedenen besonderen Clinchpositionen Schläge und Tritte vor. Beim Judo geht es zumeist um aus dem Clinch heraus erfolgende Würfe und *takedowns*, wobei man die Jacke (*Judogi*) ergreift, die alle Judoka tragen. Dennoch gibt es keinen Kampfstil, der der Arbeit im Clinch so viel Aufmerksamkeit widmet, wie das Griechisch-Römische Ringen. Da hierbei keine Griffe unterhalb der Gürtellinie zulässig sind, sind die Kämpfer gezwungen, sich gänzlich auf das Ringen im Bereich des Oberkörpers zu konzentrieren.

Randy Couture war ein auf internationalem Niveau aktiver Ringer im Griechisch-Römischen Stil bevor er sich dem MMA-Wettkampf zuwandte. Er setzte seine Griechisch-Römische Technik äußerst nutzbringend in all seinen Kämpfen ein und kombinierte sie mit seinen gründlichen Schlag-, Tritt- und Bodenkampfkenntnissen, um viele seiner Gegner geradezu vernichtend zu besiegen. Couture benutzte den Clinch, um die gefährlichen Attacken von Boxern und Kickboxern zu unterbinden, sie zu klammern und sie aus dem Gleichgewicht zu bringen, sodass sie nicht mehr in der Lage waren, Wirkungstreffer zu landen. Darüber hinaus verwendete er den Clinch, um *takedowns* vorzubereiten, mit denen er den Kampf auf den Boden bringen und dabei selbst die Oberlage einnehmen konnte. Bei anderen Gelegenheiten setzte er den Clinch dazu ein, seine Gegner zu ermüden und zu frustrieren.

Auf diese Weise konnte er Tempo und Verlauf des Kampfs kontrollieren und ihn solange im Stand halten, bis er glaubte, dass es Zeit war, am Boden weiterzumachen.

Viele Kämpfer haben nur auf einem Spezialgebiet des Clinchkampfs ihre Stärken, Couture jedoch war eine Ausnahme, da er in fast allen Bereichen gut war. Dies machte ihn zu einem unangenehmen Gegner, der häufig das Tempo und den Verlauf des Kampfs kontrollieren konnte. Wenn er im Standkampf bleiben wollte, hielt er seinen Gegner einfach im Clinch. Wenn er einen starken Schlag- und Trittspezialisten zu befürchten hatte, tat er das Gleiche. Wollte er sich mit einem Gegner einen Schlagabtausch liefern, konnte er den Clinch lösen und in die Phase der freien Bewegung zurückkehren.

Ein erfahrener Clinchspezialist ist somit in der Lage, die Richtung zu bestimmen, in die der Kampf verläuft. Da der Clinch häufig die Funktion einer Zwischenphase zwischen Stand- und Bodenkampf übernimmt, kann man, wenn man diese Zwischenphase unter Kontrolle hat, selbst bestimmen, in welche Phase der Kampf anschließend übergeht. Diese Fähigkeit war einer der Schlüssel zu Coutures herausragendem Erfolg im MMA-Wettbewerb.

1. *Als Mittel, um den Angriff eines gefährlichen Schlag-/Trittspezialisten zunichte zu machen*
   Die Meisten sind mit dieser Art der Clincharbeit vertraut, da sie im Boxsport Gang und Gäbe ist. Wann immer ein Boxer in Schwierigkeiten gerät, versucht er seinen Gegner in einen engen Clinch zu verwickeln, um zu verhindern, dass er getroffen wird. In diesem Fall spielt der Clinch eine „negative“ Rolle, wobei „negativ“ jedoch nur bedeutet, dass die Attacke des Gegners zunichte gemacht wird. Eine derartige Taktik wird in MMA-Turnieren hauptsächlich von den Kämpfern angewandt, die Grapplingangriffe bevorzugen. Sie bemühen sich aktiv darum, einen Schlagabtausch in der Phase der freien Bewegung zu vermeiden und stattdessen sofort in den Clinch zu gehen.
2. *Als Mittel zur Vorbereitung Erfolg versprechender Treffer*
   Der Clinch kann auch offensiver ausgerichtet werden. Viele erfahrene Clinchkämpfer bemühen sich bewusst um verschiedene Arten des Clinchs, die kraftvolle Schlag-/Trittangriffe aus dem Clinch heraus ermöglichen – insbesondere

Knie- und Ellenbogenstöße. Hat es ein Kämpfer z.B. geschafft, einen stabilen Nackenclinch herzustellen, hat er beste Aussichten, seinem Gegner schwere Treffer zu versetzen. Im Clinch zu treffen ist jedoch etwas ganz anderes als in der Phase der freien Bewegung. Vergiss nicht: Das eine zu können, garantiert nicht, dass man das andere auch kann.

3. *Als Mittel zur sichereren Vorbereitung der Takedowns*
   Eine der großen Gefahren bei einem aus großem Abstand heraus erfolgenden plötzlichen Übergang zum *takedown* in der Phase der freien Bewegung besteht darin, durch einen kräftigen *sprawl* gekontert zu werden. Dabei gerätst du unter deinen Gegner in eine Situation, in der er von vorn einen engen Schwitzkasten bei dir ansetzen und auf dich einschlagen kann. Außerdem besteht die große Gefahr, dass dein Gegner um dich herum läuft und dich im Rücken packt. Gelegentlich werden Kämpfer bei ihren Versuchen die Beine des Gegners anzugreifen sogar durch Kniestöße ausgeknockt. Dahingehende Befürchtungen lassen viele Kämpfer glauben, dass es viel sicherer sei, zuerst in den Clinch zu gehen und anschließend den *Takedown*versuch zu unternehmen, anstatt bei einem direkten Angriff auf die Beine alles oder nichts zu riskieren.
4. *Als Mittel, um den Kampf im Stand zu halten und Takedownversuche zu vereiteln*
   Diese Taktik wendet jeder an, der nicht am Boden kämpfen will. Kämpfer, die Schlag-/Trittattacken bevorzugen, wählen normalerweise diese Taktik. Gelingt es dir, einen Gegner in einen festen, defensiven Clinch zu nehmen, kannst du es ihm schwer machen, einen takedown abzuschließen.

Fallstudie defensiver Clinchtechnik: Pedro Rizzo

Der Brasilianer Pedro Rizzo ist ein geeignetes Beispiel für einen Kämpfer, der sich die defensive Clinchtechnik in hervorragender Weise zur Unterstützung seiner Taktik zunutze machte. In erster Linie im *Muay Thai* Kickboxen ausgebildet, brauchte er ein Mittel, um einen Kampf im Stand zu halten, von wo aus er seine kraftvollen Schläge und Tritte einsetzen konnte. Rizzo konzentrierte seine Verteidigung auf einen wirkungsvollen *sprawl* in Verbindung mit dem aggressiven Einsatz des *Over-Under*-Clinchs. Wann immer ein Gegner zu einem *takedown* ansetzte, wandte Rizzo einen nach hinten ausgerichteten *sprawl* an und versuchte bei der ersten sich bietenden Gelegenheit, sich mit seinen Armen unter denen seines Gegners einzuhaken (*Underhook*-Technik). Diese *Underhook*-Kontrolle machte es dem Gegner schwer, den *takedown* abzuschließen.

Von hier aus erhob sich Rizzo in einen *Over-Under*-Clinch, der auf defensive Weise eingesetzt werden kann, um es dem Gegner zu schwer zu machen, dich erfolgreich zu Boden zu bringen. Sobald sich Rizzo im *Over-Under*-Clinch befand, zog er die Hüften zurück, stand gut ausbalanciert da und löste dann den Clinch, um wieder in die von ihm favorisierte Phase der freien Bewegung zurückzukehren. Mit dieser Taktik machte er die *Takedown*versuche vieler seiner Gegner zunichte. Er machte sie damit ganz einfach müde. Im späteren Verlauf des Kampfs konnte er sich ihre Erschöpfung zu Nutze machen und sie mit kraftvollen Schlägen niederstrecken.

Zwei Betrachtungsweisen des Kampfs im Clinch

Nicht alle Kämpfer betrachten die Phase des Clinchs unter denselben Gesichtspunkten. Viele, insbesondere die Vertreter eines Grappling-Kampfsports, sehen den Clinch als eine gute Gelegenheit, den Schlag-/Trittangriff ihrer Gegner zu vereiteln und sich dabei gleichzeitig Möglichkeiten zu eröffnen, um selbst in die Offensive zu gehen. Aus dieser Sichtweise halten sie ihn für eine sichere Zuflucht vor gefährlichen Treffern und versuchen ihn schnellstmöglicht herzustellen und aufrecht zu erhalten.

Recht häufig nutzen diese Kämpfer den Clinch als Weg, um einen *takedown* anzusetzen und den Kampf auf den Boden zu verlagern.

Eine zweite Betrachtungsweise des Clinchs sieht diesen hingegen als letzte Chance, um einen Kampf stehend fortführen zu können. Diese Sichtweise vertreten eher die Kämpfer, deren Spezialität Treffer aus dem Stand heraus sind. Das Hauptbestreben dieses Kämpfertyps, besteht darin, bei der erstbesten Gelegenheit aus einem Clinch auszubrechen und zur Phase der freien Bewegung zurückzukehren. Interessant an diesen beiden unterschiedlichen Betrachtungsweisen des Clinchs ist, dass beide zwei grundlegende Tatsache anerkennen:

1. Dem Clinch kommt die Rolle einer Zwischenphase des Kampfs zu, die irgendwo zwischen der Phase der freien Bewegung und der des Bodenkampfs liegt.
2. Der Clinch ist in einem echten Kampf weitgehend unvermeidbar. Wenn zwei Gegner sich ernsthaft bekämpfen wollen, geht die Auseinandersetzung nach kurzer Zeit in einen Clinch über. In einem richtigen Kampf werden die Kämpfer mit einem enormen Druck nach vorn konfrontiert, der für diejenigen, die nicht daran gewöhnt sind, oft ein Schock ist. Das macht es nahezu unvermeidlich, dass sich beide schnell aufeinander zu bewegen und in den Clinch gehen.

Der Sieg im Clinch

Die Kämpfer können einen bestehenden Clinch auf verschiedene Arten lenken, um über ihn einen Sieg in einem unbewaffneten Kampf zu erringen. In der Kampfphase des Clinchs gibt es zwei direkte Wege zum Sieg. Der erste führt über Schläge bzw. Tritte. Recht häufig gelingt es einem Kämpfer, seinen Gegner in eine ungeschützte Position zu manövrieren und ihn mit Knie- oder Ellenbogenstößen k.o. zu schlagen. Etliche aktuell erfolgreiche MMA-Kämpfer haben sich genau auf diese Vorgehensweise spezialisiert. Eine andere Methode ist die Anwendung von Aufgabegriffen, die einen Kämpfer vor die Wahl stellen, aufzugeben oder ernsthafte Verletzungen zu riskieren. Ein für einen Kämpfer weniger direktes Mittel zum Sieg im Clinch besteht darin, Clinchtechniken mit der Absicht einzusetzen, den Gegner körperlich zu zermürben, da der Clinch eine physisch äußerst anspruchsvolle Phase des Kampfs sein kann. Diese Taktik macht einem den Umgang mit dem Gegner in den anderen Kampfphasen leichter und ebnet so den Weg zum Erfolg. Recht häufig ist es auch möglich, im Clinch wichtige Punkte zu sammeln, damit die heiß begehrte Schiedsrichterentscheidung später zu eigenen Gunsten ausfällt.

Schlüsseltechniken im Clinch

Wir haben behauptet, dass jede einzelne Phase des Kampfs eine Reihe von Techniken umfasst, die zu ihr passen, und die es einem Kämpfer möglich machen, den Anderen in dieser Phase zu beherrschen. Das heißt natürlich nicht, dass es bei den Techniken keine Überschneidungen in den verschiedenen Phasen gibt. Trotzdem ist es empirisch klar bewiesen, dass die Techniken der einen Phase nicht derart ähnlich sind, dass sie Erfolge in den anderen Phasen garantieren würden. Die Clinchphase ist dabei keine Ausnahme von dieser Regel. Für den Erfolg im Clinch ist eine Reihe besonderer Techniken wichtig, die wir uns nun einmal näher ansehen wollen:

- Grundlegende Clinchpositionen und Griffe (*Kumikata*)
- Übergänge von einer Clinchart in eine andere
- Der Beginn eines Clinchs
- Das „Aus-dem-Gleichgewicht-Bringen" des Gegners (*Kuzushi*)
- *Takedowns* aus dem Clinch heraus
- Aufgabegriffe
- Treffer im Clinch
- Ausbruch und Flucht aus dem Clinch

Clinchpositionen

Im MMA-Wettbewerb haben sich ungefähr sechs Formen des Clinchs als besonders effektiv herausgestellt. Wir müssen uns merken, dass diese Clinchformen entsprechend ihrem Ausmaß an Kontrolle und Dominanz, über einen Gegner klassifiziert werden können. Einige der Clinchs sind insofern neutral, als dass sie keinen eigentlichen Vorteil gegenüber dem Gegner bieten. Anders gesagt sind diese Clinchs spiegelgleich, da sowohl du als auch dein Gegner denselben Griff bei dem jeweils anderen einsetzen und dein Gegner somit die selben Bewegungen ausführen kann wie du. Zwei Beispiele für neutrale Clinchs, die in MMA-Wettkämpfen wichtig sind, sind der *Collar-and-Elbow-Clinch* (Genick-Ellenbogen-Clinch) sowie der *Over-Under*-Clinch.

Der Collar-and-Elbow-Clinch *(Genick-Ellenbogen-Clinch)*

Um den Gegner in einen *Collar-and-Elbow*-Clinch zu nehmen, legst du eine Hand in den Nacken am Halskragen (du kannst den Griff auch höher am Schädel ansetzen). Mit der anderen Hand, packst du seinen Arm am Ellenbogen (Abb. 5.1). Möglicherweise setzt dein Gegner bei dir den gleichen Griff an und sorgt damit für einen neutralen Clinch. Du kannst dir aber dennoch einen leichten Vorteil verschaffen, indem du die Hand am Ellenbogen auf die Innenseite des gegnerischen Arms schiebst und deine Hand auf seinen Bizeps legst. Dies verschafft dir den Vorteil einer Innenseitenkontrolle, die es leichter macht, den Gegner so „aufzuklappen“, dass sich dir für Schläge/Tritte und takedowns bessere Zugangsmöglichkeiten bieten. Gleichzeitig hilft sie dir auch dabei, die Schlag-/Tritt- und Takedown-Angriffe deines Gegners zunichte zu machen.

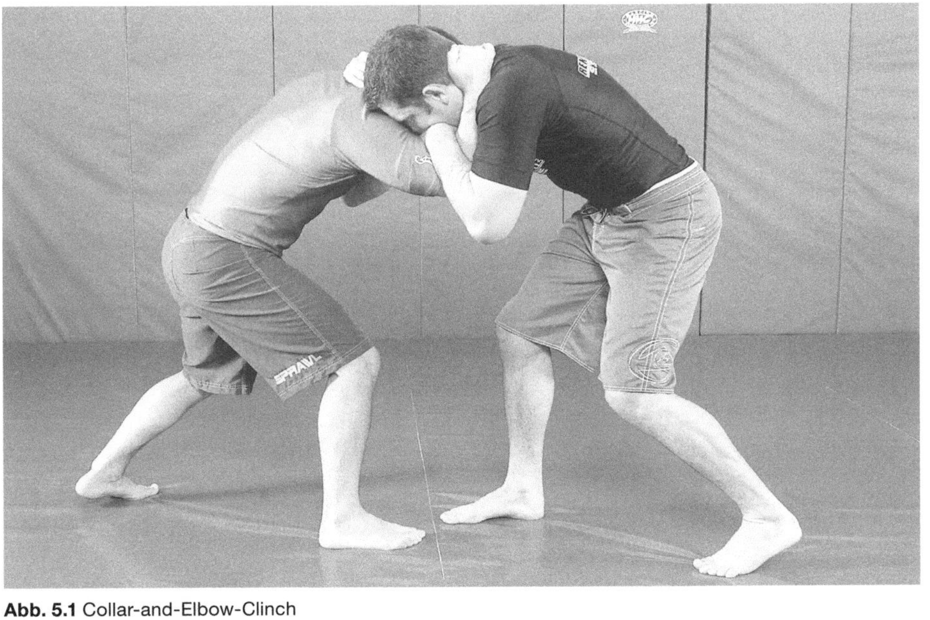

Abb. 5.1 Collar-and-Elbow-Clinch

Der Over-Under-Clinch

Der *Over-Under*-Clinch ist zweifellos die gebräuchlichste Clinchform im MMA-Geschehen. Dabei handelt es sich um einen neutralen Clinch; beide Kämpfer nehmen eine spiegelbildliche Position zueinander ein und können sich so mit Hilfe der gleichen Bewegungen gegenseitig angreifen. Geschick und Größe entscheiden in diesem Clinch darüber, wer Herr der Lage ist.

Ein Arm ist unter dem Arm des Gegners eingehakt, während der andere um den anderen Arm des Gegners herum geschlungen wird. Der Kopf befindet sich immer auf der selben Seite wie der obenliegende Arm; damit kannst du das kraftvolle Unterhaken des Gegners kontrollieren, indem du möglichst viel Gewicht darauf verlagerst (Abb. 5.2). Du solltest Brust-an-Brust zu deinem Gegner stehen; wenn du willst, kannst du deine Hände hinter seiner Taille verhaken.

Dies bezeichnet man als eine *Over-Under*-Körperumklammerung, die wiederum eine Reihe weiterer Angriffe ermöglicht. Auch wenn es von diesem Clinch und der Umklammerung ausgehend viele offensive Alternativen gibt, liegt das Problem darin, dass dein Gegner auf dieselben Optionen zurückgreifen kann. Darüber hinaus ist der *Over-Under*-Clinch eine ausgezeichnete Defensivstellung äußerst beliebt und schwierig anzugreifen. Ist man sich ihrer erst einmal sicher, verschaffen einem andere Clinchformen einen klaren Vorteil über den Gegner. Natürlich stellen sich solche Vorteile schrittweise ein.

Der Double-Underhooks-Clinch

Wann immer zwei geübte Clinchspezialisten in die Brust-an-Brust-Position gelangen, versuchen sie normalerweise mit beiden Armen unter die Arme des Gegners zu kommen (*double underhooks*). Diese Clinchposition sorgt für eine klar definierte Überlegenheit, indem sie eine ungemein weit reichende Kontrolle über den unteren Rückenbereich, die Hüften und den Oberkörper deines Gegners mit sich bringt. Dieser Schachzug kommt zustande, wenn es dir gelingt, beide Arme unter die Arme deines Gegners zu bringen. Darüber hinaus macht es einem dieser Clinch leicht,

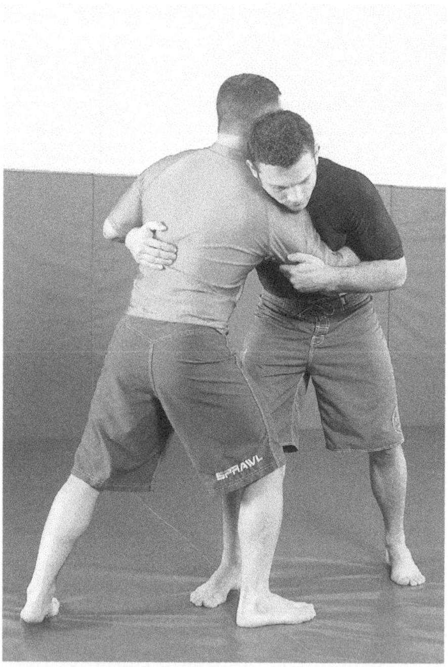

Abb. 5.2 *Over-Under*-Clinch

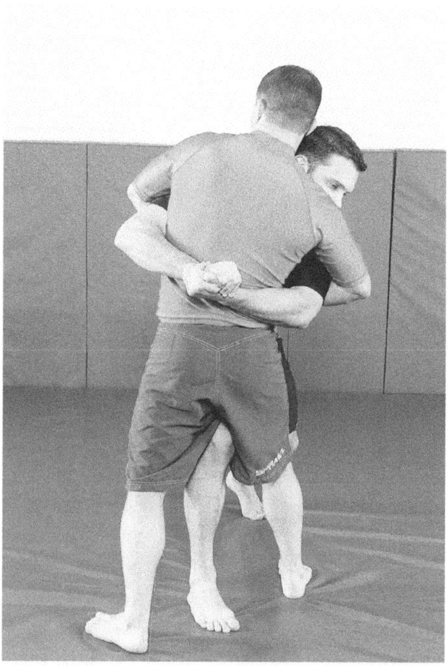

Abb. 5.3 *Double-Underhooks*-Clinch

schnell zu den Beinen des Gegners herabzusacken, um einen takedown gegen ein oder beide Beine anzusetzen. Außerdem schränkt er die Offensivmöglichkeiten deines Gegners ein.

Somit ist der *Double-Underhooks*-Clinch der erste in der Auflistung der dominanten Clinchs; trotzdem geht von ihm wahrscheinlich die geringste Dominanz aus. Er kommt ziemlich häufig vor und ist relativ leicht herzustellen. Genau so wie beim *Over-Under*-Clinch kannst du deine Hände verhaken und zum Zweck einer zusätzlichen Kontrolle eine Körperumklammerung am Gegner ausführen (Abb. 5.3).

Der Nacken-Clinch

„Nacken-Clinch" ist eigentlich eine falsche Bezeichnung. In Wirklichkeit erfolgt der Griff eher am Scheitelpunkt des Kopfs und nicht am Nacken. Zur Ausführung dieser Aktion legst du eine Hand an den Scheitelpunkt des Kopfs deines Gegners und platzierst die andere Hand anschließend auf der ersten. Drück deine Ellenbogen zusammen und press deine Unterarme gegen das Schlüsselbein deines Gegners (Abb. 5.4). Stell dich auf die Zehen und versuch, den Kopf des Gegners niedriger zu halten als den eigenen.

Der Nacken-Clinch ist beim *Muay Thai*-Kickboxen sehr beliebt. Er eröffnet dir viele Gelegenheiten, um den Gegner mit fürchterlichen Knie- und Ellenbogenstößen zu treffen, während du ihn aus dem Gleichgewicht bringst, indem du seinen Kopf hin- und herreißt und dann seitlich zurückgehst. Diese Aktion ist für viele Knockouts bei MMA-Wettkämpfen verantwortlich, die meistens durch Knietreffer gegen das Kinn zustande kommen. Außerdem eignet sie sich hervorragend zur Einleitung eines Guillotine-Würgegriffs. Einer der besten Augenblicke um einen Nacken-Clinch anzusetzen, ist unmittelbar nachdem der Gegner mit einem *Takedown*versuch scheitert (als

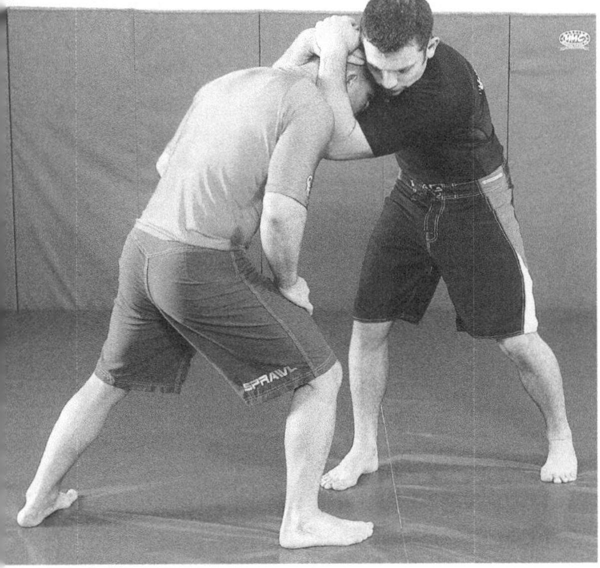

Abb. 5.4 Nacken-Clinch

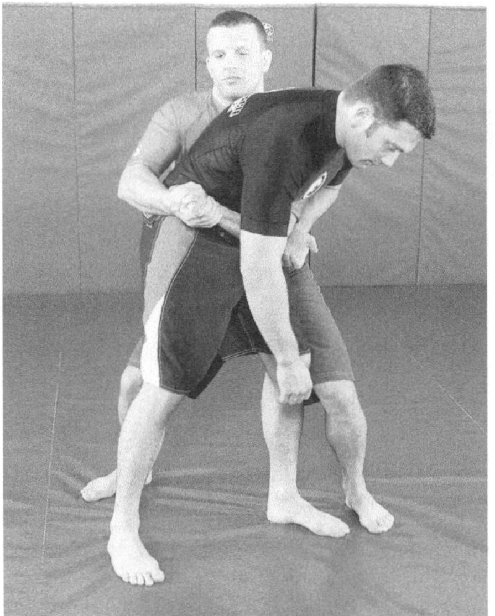

Abb. 5.5 *Rear* Clinch

Folge deines defensiven *sprawls*). Bei seinem Versuch, wieder hoch zu kommen, ist er äußerst anfällig für einen von Kniestößen gefolgten Nacken-Clinch.

Der Rear Clinch (Clinch von hinten)

Der *Rear* Clinch ist ein nützlicher Clinch, der ausgezeichnete Gelegenheiten zu Angriff und Kontrolle bietet. In diesem Fall befindest du dich hinter deinem Gegner, wobei du deine Hände unter einem oder beiden seiner Arme durchgeführt um seine Taille geschlungen, verhakst (Abb. 5.5). Es gibt noch andere Griffvarianten, doch ist der Taillengriff sowohl einfach als auch effektiv. Weil du dich hinter dem Gegner befindest, ist es für ihn schwierig, dich wirkungsvoll zu treffen. Dein Gegner ist in erster Linie auf Stampftritte und nach hinten ausgeführte Ellenbogenstöße beschränkt.

Du musst nicht vor verschiedenen Kontern durch Aufgabegriffe (wir werden uns später noch einige ansehen) auf der Hut sein. Andererseits stehen dir viele eigene Angriffsoptionen zur Verfügung. Sei also aggressiv in dieser Position. In der MMA-Geschichte gibt es viele Beispiele für den im Stand ausgeführten Clinch von hinten, die allesamt eine Gelegenheit bieten, geradewegs zu ebenfalls von hinten angesetzten Würgegriffen überzugehen.

Der Schwitzkasten-Clinch von vorn (Front-Headlock-Clinch)

Der von vorn ausgeführte Schwitzkasten ist zweifelsohne das dominanteste Mittel, um einen Gegner in einem stehenden Clinch festzuhalten. Hierbei handelt es sich um einen engen und kontrollierenden Griff. Er bietet zahlreiche ausgezeichnete Gelegenheiten, Treffer zu landen, *takedowns* anzubringen und sich den Gegner gefügig zu machen und diesem praktisch keine Chance zu geben, das Gleiche mit dir zu tun. Es sollte erwähnt werden, dass der von vorn ausgeführte Schwitzkasten sowohl im Stand als auch auf der Matte bisher mit Abstand für weitaus mehr K.o.- und Aufgabesiege verantwortlich gemacht werden kann als irgendein anderer Clinch. Ist es einem Kämpfer erst gelungen, den Schwitzkasten anzusetzen, ist es für ihn ein Einfaches, den empfindlichen Kopf und das Gesicht seines Gegners mit Kniestößen zu traktieren. Der von vorn angesetzte Schwitzkasten verschafft einem auch die erforderliche Nähe für Guillotine-Würgegriffe zusätzlich zu effektiven *takedowns*, um in kontrollierende Positionen zu gelangen.

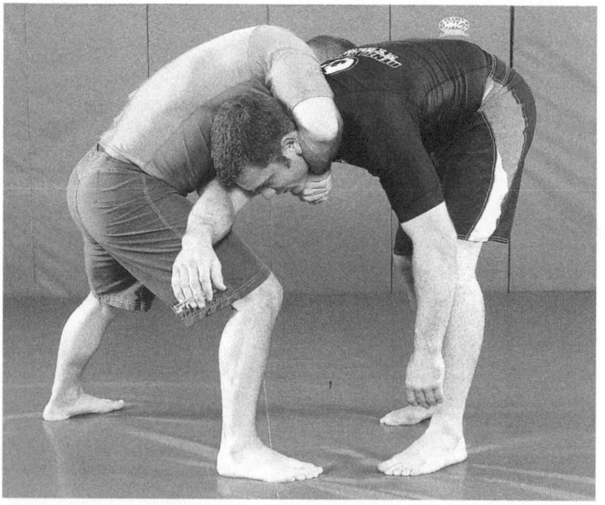

Abb. 5.6 Schwitzkasten-Clinch von vorn

Der Schwitzkasten kann auf zwei grundlegende Arten aufgebaut werden. Ein *beabsichtigter Schwitzkasten* von vorn ist das Ergebnis bewusst unternommener Versuche, den Kopf des Gegners unter dem eigenen Körper einzuklemmen, um ihn im Schwitzkasten festzusetzen. Der *reflexartig erfolgende Schwitzkasten* ist eine defensive Reaktion auf den Versuch des Gegners, dich zu Boden zu bringen. Wenn du mit Hilfe eines *sprawls* auf deinen Gegner gekommen bist, setzt du einen Schwitzkasten von vorn an.

In beiden Fällen ist dieser Hebel jedoch dasselbe (Abb. 5.6). Du musst den Kopf deines Gegners sowie einen seiner Arme unter Kontrolle bringen. Nachdem du den Arm um den Kopf des Gegners geschlungen hast, packst du sein Kinn. Die andere Hand ergreift seinen Ellenbogen und zieht diesen nach außen. Stell sicher, dass sich dein Kopf an der Seite des festgehaltenen Arms befindet und halt deine Ellenbogen hinten sowie dicht an deinen Rippen. Du kannst die Hände in dieser Stellung belassen oder sie zum Zweck zusätzlicher Stabilität in einander haken.

Übergänge zwischen den Clinchs

Beim Grappling mit dem Gegner im Clinch, müssen die Kämpfer versuchen, sich stufenweise bessere Positionen zu erarbeiten, bis sie Treffer landen, den Gegner zu Boden bringen oder ihn zur Aufgabe zwingen können. Du beginnst fast immer mit einem neutralen Clinch, da dieser am leichtesten zu bewerkstelligen ist. Von dort aus musst du dich in einen dominanteren hinein arbeiten. Somit ist die Technik, fließend von neutralen in dominantere Clinchs überzugehen (und sich dann zu noch dominanteren vorzuarbeiten) wirklich eine Technik von entscheidender Bedeutung.

Vom Genick-Ellenbogen-Clinch zum Rear Clinch

Aus dem Genick-Ellenbogen-Clinch heraus ist es möglich, mit Hilfe eines schnellen Übergangs hinter den Rücken des Gegners zu gelangen. Der *duck-under* ist eine der besten und einfachsten Methoden, dies umzusetzen. Dahinter steht die Idee, schnell unter dem gegnerischen Arm hindurch zu schlüpfen und blitzschnell mit einem *Rear Clinch* wieder im Rücken des Gegners aufzutauchen (Abb. 5.7). Bei richtiger Ausführung ist diese Aktion eine hervorragende Methode, um in eine stabile Angriffsposition zu gelangen.

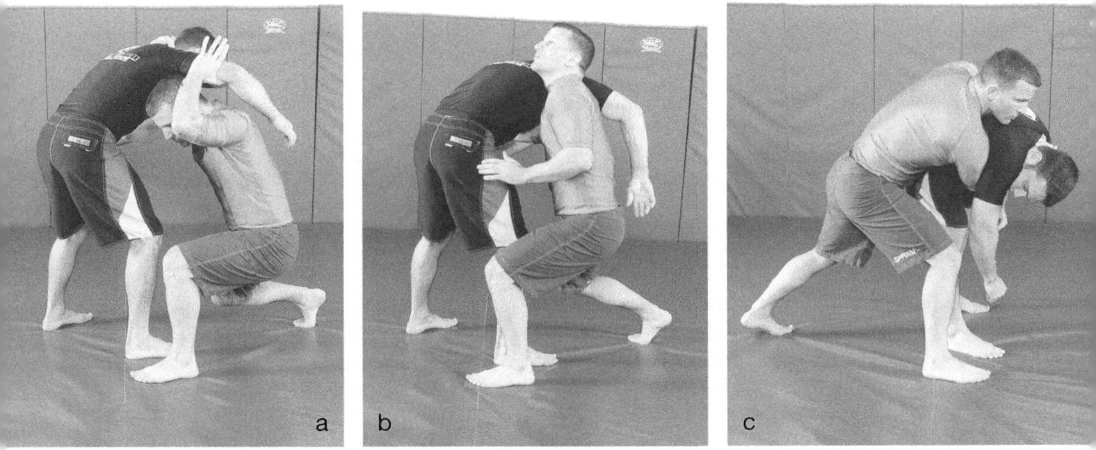

Abb. 5.7 Übergang aus dem Genick-Ellenbogen-Clinch in den *Rear Clinch*

Vom Over-Under-Clinch zum Double-Underhooks-Clinch

Der wahrscheinlich gebräuchlichste Übergang von einem neutralen in einen dominanten Clinch ist der aus dem *Over-Under-* in den *Double-Underhooks*-Clinch. Dahinter steht die Absicht, deine oben liegende Hand unter den gegnerischen Arm zu schieben und damit beide Arme unter die deines Gegners zu bringen (Abb. 5.8).

Diese Bewegung ist relativ risikolos und kostet nur wenig Mühe. Deshalb ist sie auch besonders beliebt. Ein geschulter Gegner erkennt jedoch sofort die Gefahr, wenn deine Hand unter seinen Arm zu gleiten versucht. Er reagiert möglicherweise, indem er versucht, seinen anderen Arm unter deinen zu schieben. So kann er dich an einem *double-underhooks* hindern und gleichzeitig den neutralen *Over-Under*-Clinch aufrecht erhalten.

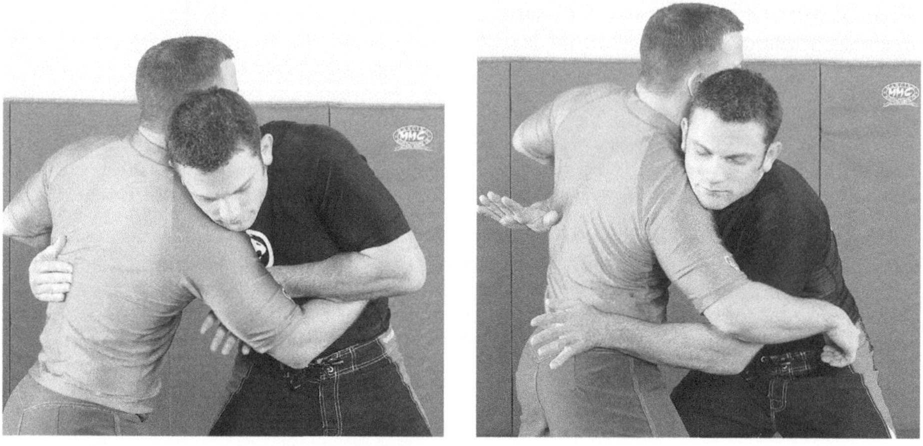

Abb. 5.8 Übergang vom *Over-Under*-Clinch in den *Double-Underhooks*-Clinch

Recht oft kann diese Bewegungsabfolge einen länger andauernden Kampf um eine überlegene Position auslösen. Jeder Kämpfer will sich den Vorteil des *double-underhooks* verschaffen, und beide versuchen, ihre Arme unter die ihres Gegners zu schieben. Der Gegner reagiert darauf, indem er dasselbe versucht, sodass letztlich keiner in den Genuss eines *double-underhooks* kommt. Diese häufig bei MMA-Veranstaltungen vorkommende Form des Oberkörperkampfs um die Kontrolle nennt man Griff-Eroberungs-Kampf (engl. *pummeling*). Dieser kann jedoch zu einer ermüdenden Erfahrung werden. Zu einem späteren Zeitpunkt widmen wir uns in diesem Kapitel den Griff-Eroberungs-Drills. Sie sind unerlässlich, um die Techniken und Eigenschaften zu schulen, die man braucht, um ein geübter Clinch-Kämpfer zu werden.

Vom Nacken-Clinch zum Schwitzkasten von vorn

Der Nacken-Clinch ist einer der am besten geeigneten Clinchs, um beim Gegner Treffer – insbesondere Knie- und Ellenbogenstöße – zu landen. Obwohl er dominant ist, ist es dennoch besser, nach Möglichkeit zu einem von vorn ausgeführten Schwitzkasten überzugehen, da dieser eine noch intensivere Kontrolle sowie zusätzliche Möglichkeiten für Aufgabe- und Schlag-/Tritttechniken bietet. Die einfachste Methode, diesen Übergang umzusetzen, ist ein gegen den Mittelbereich des Körpers gerichteter Kniestoß. Die Meisten reagieren darauf mit einem Einknicken der Hüfte, um der vollen Wucht des Knies auszuweichen.

Dadurch gelangt der Kopf unweigerlich nach unten, was es einem leicht macht, einen Schwitzkasten von vorn anzusetzen. Auch ohne den Einsatz des Knies bei bloßem zur Seite gerichtetem Herunterziehen oder -reißen des Kopfs wirst du kaum Schwierigkeiten haben, den Kopf des Gegners weit genug nach unten zu bringen, um einen Schwitzkasten von vorn ansetzen zu können (Abb. 5.9).

Der Einstieg in den Clinch

Bei der Beobachtung eines Boxkampfs siehst du oft, dass die gegenseitigen Angriffe zweier Boxer immer wieder in einem Clinch enden. Das Gleiche gilt für fast alle Prügeleien. Zwei Kontrahenten fangen mit Schlägen an und hören mit einem Clinch auf. Bei den meisten Straßenkämpfen stehen sich die beiden Hauptdarsteller am Anfang sogar so nah gegenüber, dass die Kampfhandlungen in Wirklichkeit mit dem Clinch *beginnen*. Aus dieser Beobachtung könnte man schließen, dass der Clinch ein absolut unumgänglicher Bestandteil eines richtigen Kampfs sei. Darin steckt in der Tat eine Menge Wahrheit, aber es überrascht schon, mit welcher Leichtigkeit selbst ein völlig ungeübter Kämpfer in einen Clinch gehen kann, wenn er dies nur beabsichtigt. Oft muss er dabei durch ein Trommelfeuer von Schlägen, aber in den meisten Fällen kann er sein Ziel schließlich erreichen. Trotzdem ist es wichtig zu wissen, wie man richtig in einen Clinch hineingeht, ohne allzu große Schäden davonzutragen.

Absichtlich angestrebte Einstiege in den Clinch

Eine der besten Methoden, in den Clinch zu gehen, besteht darin, den Gegner zunächst mit ein paar einleitenden Schlägen abzulenken. Bei jedem deiner Schläge muss der Gegner irgendwie reagieren; anderenfalls wird er getroffen. Er wird zum Blocken, Ausweichen oder Kontern gezwungen. Diese vorbereitenden Schläge dienen somit als Ablenkungsmanöver, damit du nachrücken, den Abstand überbrücken und sicher in den Clinch gehen kannst. Wenn der Gegner reagiert, ist er beschäftigt und kann nicht kämpfen. Genau dann kannst du schnell die Lücke schließen und in den Clinch gehen.

Eine bewusste vorbereitete Methode, in den Clinch zu gehen, praktizierst du, wenn du gerade außerhalb der Reichweite vor dem Gegner stehst und auf diese Weise einen sicheren Abstand einhältst. Tauch schnell ab – dadurch glaubt dein Gegner, du wolltest zu einem *takedown* ansetzen. Stattdessen richtest du dich wieder auf, schlägst einen schnellen *jab* zum Kopf deines Gegners und gehst dabei nach vorn. Diese Aktion bringt dich deinem Gegner näher und zwingt diesen gleichzeitig zu einer Abwehrreaktion. Schieß nach vorn und geh in einen engen Clinch.

Aus der Reaktion erfolgende Einstiege in den Clinch

Bei einer anderen Methode zum Einstieg in den Clinch nutzt du die aggressive Vorwärtsbewegung des Gegners dazu, die Entfernung zu verkürzen und ihn zu klammern. Immer wenn ein Gegner nach vorn geht, um dich zu treffen, verkürzt sich der Abstand zu dir, sodass es einfacher wird, in den Clinch zu gehen. Trotzdem musst du Deckungsarbeit verrichten und die gegen dich gerichteten Schläge blocken, um dann leicht abzutauchen, nach vorn zu gehen und deinen Gegner in den Clinch zu nehmen.

Eine der häufigsten Arten des aus einer Reaktion heraus erfolgenden Einstiegs in einen Clinch entsteht dann, wenn der Gegner in der Hoffnung, dich zu Boden zu bringen, auf dich losschießt. Wenn du als Reaktion auf seinen *Takedown*versuch einen Sprawl einsetzt, landet ihr beide in einem Clinch. Hier erweist sich der Nacken-Clinch als ein besonders geeignetes Mittel. Wenn du mit Hilfe eines *sprawls* über deinen Gegner kommst, wartest du, bis er sich wieder aufrichtet. Wenn er sich erhebt, nimmst du ihn in einen festen Nacken-Clinch. Nun ist es leicht für dich, ihm mit kräftigen Kniestößen zuzusetzen, während er aufzustehen versucht. Diese Art der Clincharbeit war in MMA-Begegnungen schon für viele K.o.-Siege ausschlaggebend. Sie ist ohne Zweifel eine der besten Methoden, um sich energisch gegen *Takedown*versuche zur Wehr zu setzen.

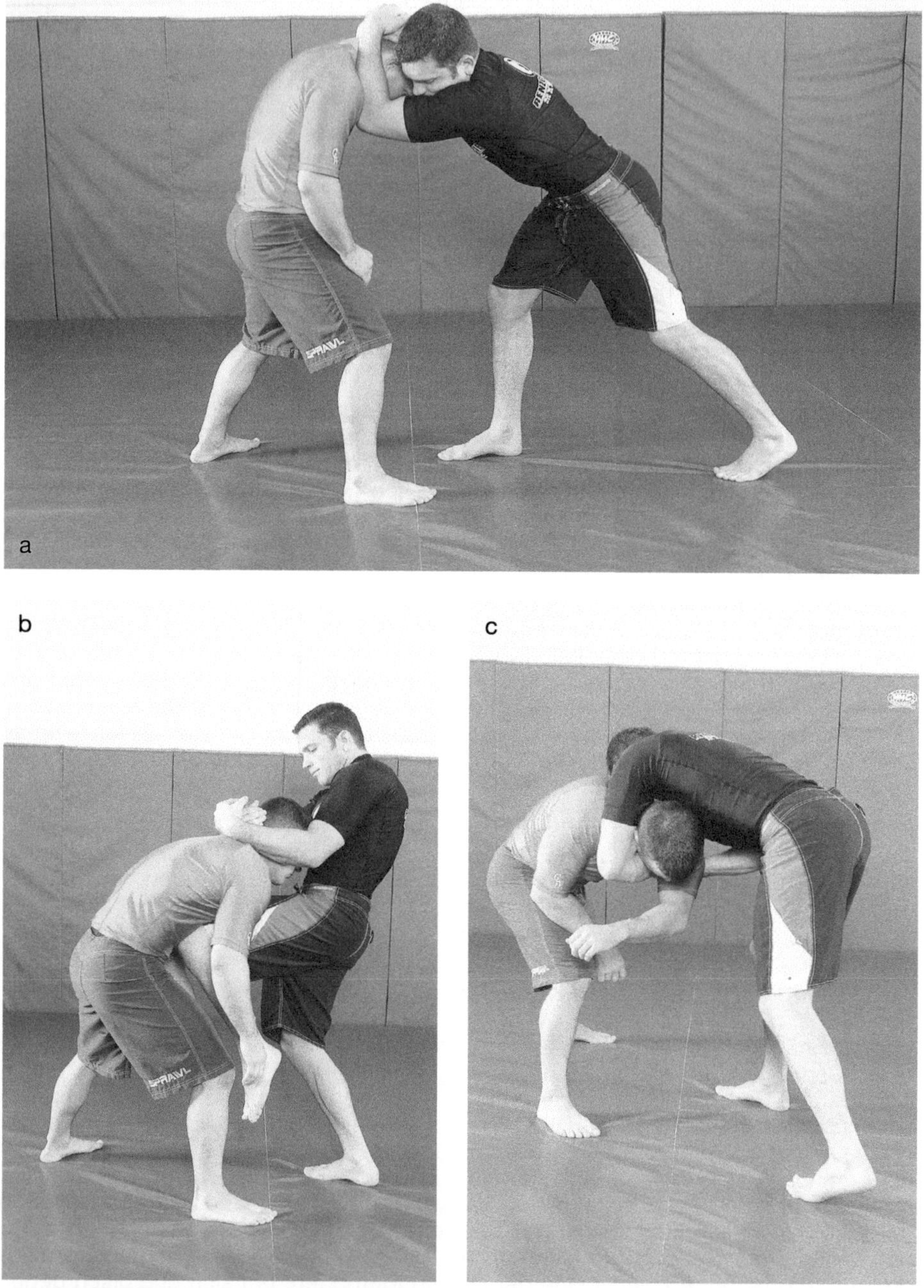

Abb. 5.9 Übergang vom Nacken-Clinch zu einem von vorn angesetzten Schwitzkasten-Clinch

Gleichgewichtsbrechung *(Kuzushi)*

Eine der wichtigsten Fähigkeiten im Clinchkampf besteht darin, den Gegner aus dem Gleichgewicht bringen zu können. Dabei nutzt man den Griff an seinem Gegner, um ihn derart in Bewegung zu versetzen, dass er kurzfristig das Gleichgewicht verliert. Diese Technik wird von vielen Kämpfern vernachlässigt, obwohl sie die sicherste Methode ist, um einen Gegner im Clinch zu beherrschen. Ein effektives *Kuzushi* macht es dir möglich, einen größeren und stärkeren Gegner zu bezwingen. Routine und Gefühl für die Technik der Gleichgewichtsbrechung bekommt man durch ständiges Üben. Es ist schwierig sie mit Worten zu erklären. Um sie richtig zu begreifen bedarf es der praktischen Erfahrung.

Es ist keine Übertreibung zu behaupten, dass sämtliche *takedowns*, Tritte, Schläge und Aufgabetechniken in der Kampfphase des Clinchs leichter auszuführen sind, wenn man seinen Gegner zuvor aus dem Gleichgewicht gebracht hat. Der Grund hierfür ist einfach. Wird man aus der Balance gebracht, ist man zunächst damit beschäftigt, sein Gleichgewicht und seine Körperhaltung wiederherzustellen. Das macht einen für Treffer, Aufgabetechniken und Würfe anfällig. Die Untersuchung sämtlicher Kampfsportarten, bei denen die Auseinandersetzung im Clinch zulässig ist, macht schnell deutlich, dass sie allesamt großen Wert auf das Aus-dem-Gleichgewicht-Bringen des Gegners als Vorbereitung einer Offensive im Clinch legen. Für den Begründer des Judo, Jigoro Kano, war *Kuzushi* die Basis seiner Abänderungen des klassischen Jujitsu. Sowohl in seinen Schriften als auch in seiner Technik zeigte sich oftmals sein tiefgreifendes Verständnis des *Kuzushi*. Seine Deutung des *Kuzushi* gilt bis heute als die beste Darstellung der Richtlinien, die der Kunst, das Gleichgewicht eines Gegners zu zerstören, zugrunde liegen.

Die Richtlinie, von der wir hier sprechen, beschäftigt sich mit der Reduzierung des Aufwands, der erforderlich ist, um einen Gegner zu werfen. Dies ist ein eindeutiger Versuch, nach dem „Kleinster Aufwand / Größter Nutzen-Prinzip“ vorzugehen. Nach einem solchen Prinzip zu handeln macht es einem kleineren, schwächeren Mann möglich, einen größeren, stärkeren Gegner zu besiegen. Die effiziente Umsetzung des körperlichen Kraftaufwands war genau das, was Kano anstrebte.

Erklärt man es auf diese Weise, können sich die Meisten etwas unter dem abstrakten Begriff des *Kuzushi* vorstellen. Dennoch bereitet es ihnen Schwierigkeiten, das eigentliche Prinzip während des Grapplings mit dem Gegner auch wirklich in die Tat umzusetzen. Zum Glück können sich die Kämpfer an einige einfache Anleitungen halten, die sie ein gutes Stück auf dem langen Weg der Entwicklung solider Techniken für die Gleichgewichtsbrechung begleiten. Ein guter Anfang ist es zu drücken, wenn der Gegner zieht und zu ziehen, wenn er drückt. Folgst du dieser einfachen Regel, kannst du sofort störend auf Körperhaltung und Gleichgewicht des Gegners Einfluss nehmen. Wir wollen die Technik der Gleichgewichtsbrechung im Clinch nun in zwei grundlegende Arten unterteilen: die lineare und die kreisförmige.

Geradlinig verlaufende Methoden

Geradlinig verlaufende Methoden, einen Gegner aus dem Gleichgewicht zu bringen werden gewöhnlich aus einem Genick-Clinch, einem Nacken-Clinch oder einem Schwitzkasten-Clinch heraus ausgeführt. Die bei weitem gebräuchlichste und wirkungsvollste Form der linearen Gleichgewichtsbrechung ist der *snapdown* (*Anmerkung des Übersetzers:* heftig nach unten reißende Bewegung). Dahinter steht die Idee, deinen Gegner auf direktem Weg nach hinten zu drücken, und ihn dadurch zu veranlassen, diesen Druck zu erwidern. Erwidert er den Druck nicht, wird er nach hinten das Gleichgewicht verlieren. Spürst du seinen gegen dich gerichteten Druck, änderst du urplötzlich die Richtung und reißt seinen Kopf zu deinen Füßen hinunter. Sorg dafür, dass du die eigenen Füße dabei zurücksetzt, damit das Reißen nicht in einem *takedown* endet. Stell sicher, dass du seinen Kopf fest nach unten reißt und ihn nicht etwa nur langsam hinunter ziehst. Oft wird dein Gegner versuchen, sein Gleichgewicht wiederzuerlangen, indem er sich nach dem *snapdown* schnell wieder aufrichtet, was es dir leicht macht, ihn beim Aufstehen nach hinten aus der Balance zu bringen.

Das macht es zudem relativ einfach, abzutauchen und seine Beine anzugreifen, um so einen schnellen *takedown* zu bewirken.

Kreisförmig verlaufende Methoden

Kreisförmig verlaufende Methoden erfolgen typischerweise bei Oberkörper-Clinchs, wie dem *Over-Under*-Clinch oder dem *Double-Underhooks*-Clinch. Dabei geht es darum, deinen Gegner zu drehen, indem du an der einen Seite seines Körpers ziehst während du gegen die andere drückst. Du kannst entweder mit dem unten oder mit dem oben eingehakten Arm ziehen, wobei du mit dem Bein, das sich auf der Seite des ziehenden Arms befindet, zurückgehst. Dein Gegner wird dadurch herumgewirbelt und muss einen Schritt machen, um sein Gleichgewicht wieder herzustellen. Diesen kurzfristigen Gleichgewichtsverlust kannst du dir zunutze machen, um entweder Treffer zu landen oder *takedowns* und Aufgabegriffe einzusetzen. Eine ähnliche Art der Gleichgewichtsbrechung erfolgt durch den Nacken-Clinch. Dabei musst du deinen Gegner nach unten sowie zur Seite reißen, während du dich mit dem sich auf derselben Seite befindlichen Bein in die Richtung bewegst, in die du deinen Gegner ziehst. Diese Aktion bringt ihn aus dem Gleichgewicht und macht ihn für Kniestöße anfällig.

Takedowns aus dem Clinch

Im MMA-Geschehen lassen sich *takedowns* in viele Kategorien einordnen. Eine der grundlegendsten Unterteilungen erfolgt zwischen den *takedowns*, die aus dem Clinch heraus kommen und solchen, die in der Phase der freien Bewegung als Ergebnis eines plötzlichen Angriffs gegen den Gegner entstehen. *Takedowns* in der Phase der freien Bewegung sind fast immer plötzliche Angriffe gegen die Beine oder Hüften des Gegners, während sich *takedowns* im Clinch oftmals gegen den Oberkörper richten. Genau dies ist der Grund, weshalb Griechisch-Römische Ringer, bei deren Sport es in erster Linie um Oberkörperwürfe geht, beim Clinchkampf in MMA-Turnieren so erfolgreich waren. Jede Clinchart hat ihren eigenen *takedown* passend zu dem entsprechenden Clinch und deshalb unterziehen wir einige der besonders wirkungsvollen *takedowns*, die regelmäßig im heutigen MMA-Geschehen vorkommen einer näheren Betrachtung. Ein wichtiger Gesichtspunkt bei *takedowns* aus dem Clinch ist jedoch das Aus-dem-Gleichgewicht-Bringen des Gegners als Wegbereiter des eigentlichen *takedowns*. Es wird dir wesentlich leichter fallen, jemanden zu werfen oder ihn auf den Boden zu befördern, wenn du ihn zuvor aus der Balance gebracht hast. Versuch also stets, deinen Gegner aus dem Gleichgewicht zu bringen und dir dies zu Nutzen zu machen, wenn du ihn wirfst oder zu Boden bringst.

Vom Over-Under Clinch zur Großen Innensichel (Ouchi Gari)

Der *Over-Under*-Clinch umfasst viele *takedowns*. Das Problem ist jedoch, dass dem Gegner dieselben Offensivmöglichkeiten zur Verfügung stehen wie dir selbst, da der *Over-Under*-Clinch spiegelbildlich abläuft. Der Schlüssel zu einem erfolgreichen Angriff besteht somit darin, den Gegner aus dem Gleichgewicht zu bringen, damit du seine Verteidigung durchbrechen und ihn zu Boden bringen kannst.

Einer der besten *takedowns* aus dem *Over-Under*-Clinch ist die *Große Innensichel*. Diese Aktion hat den Vorteil, relativ sicher und dennoch höchst effektiv zu sein. Aus einem *Over-Under*-Clinch heraus ziehst du den Gegner mit dem untergehakten Arm um dich herum, so dass er gezwungen ist, auf dich zuzugehen, um sein Gleichgewicht wieder herzustellen (Abb. 5.10a). Diese Bewegung verbreitert den Stand deines Gegners und macht die Ausführung leichter. Du kannst die Hände auch bei einer festen Körperumklammerung ineinander haken. Setz den Fuß des Beins, das sich auf derselben Seite befindet wie dein untergehakter Arm zwischen seine Beine und fege mit deinem Fuß kreisförmig über die Matte um den Fuß des Gegners herum (Abb. 5.10b). Setz das ganze Gewicht deines Körpers gegen deinen Gegner ein. Du kannst auch deinen oberen Arm zum Knie seines anderen Beins herunternehmen und es auf dich zu ziehen. Diese Aktion wirft den Gegner geradewegs auf den Rücken, wobei du zwischen seinen Beinen landest.

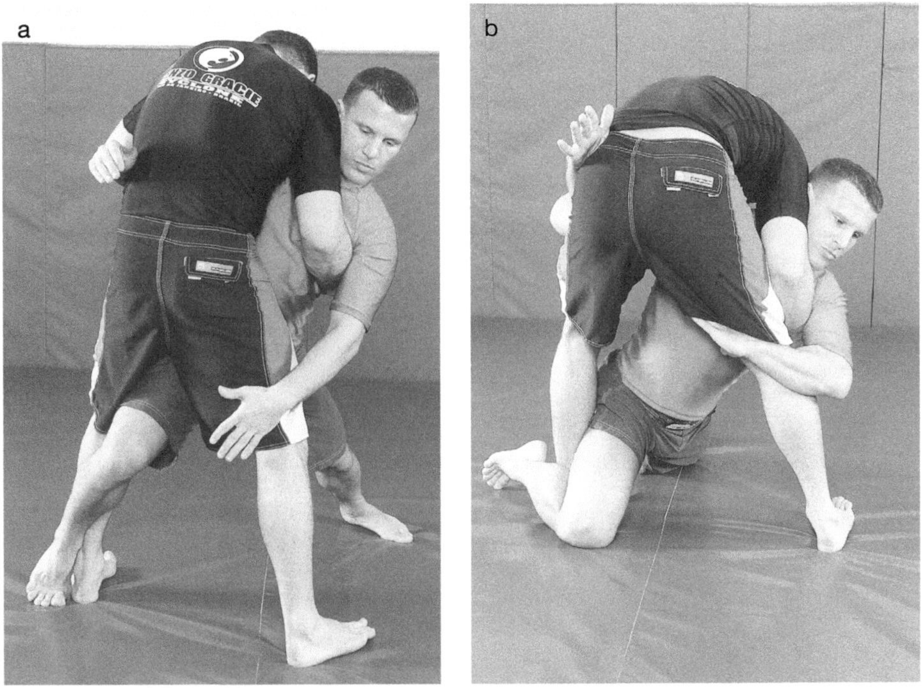

Abb. 5.10 Großer-Innensichel-*Takedown* aus dem *Over-Under*-Clinch heraus

Von den double underhooks zum kleinen äußeren Einhängen (Kosoto Gake)

Einer der wirkungsvollsten *takedowns* im MMA-Wettkampf ist die Körperumklammerung aus den *double underhooks* in Verbindung mit dem sogenannten kleinen äußeren Einhängen. Ist dir der *double underhooks* gelungen, verschließt du deine Hände hinter der unteren Rückenpartie des Gegners (Abb. 5.11a). Zieh seine Hüfte fest auf dich zu, während du die eigene Hüftpartie eng an seine presst (Abb. 5.11b). An dieser Stelle besteht die Gefahr, dass dein Gegner mit einem *Headlock*-Wurf kontert. Aus diesem Grund solltest du deine Hüften also tief und dicht an seinen halten. Geh außen um sein Bein herum und hake es an der Wade oder sogar noch tiefer (Abb. 5.11c). Lass deine Hüften auf ihn herabsacken, während deine Arme ihn am unteren Teil des Rückens nach vorn sowie nach unten reißen. Der Stand deines Gegners bricht nun nach hinten weg und du kannst bei deiner Landung eine dominante Oberlage einnehmen (Abb. 5.11d).

a b

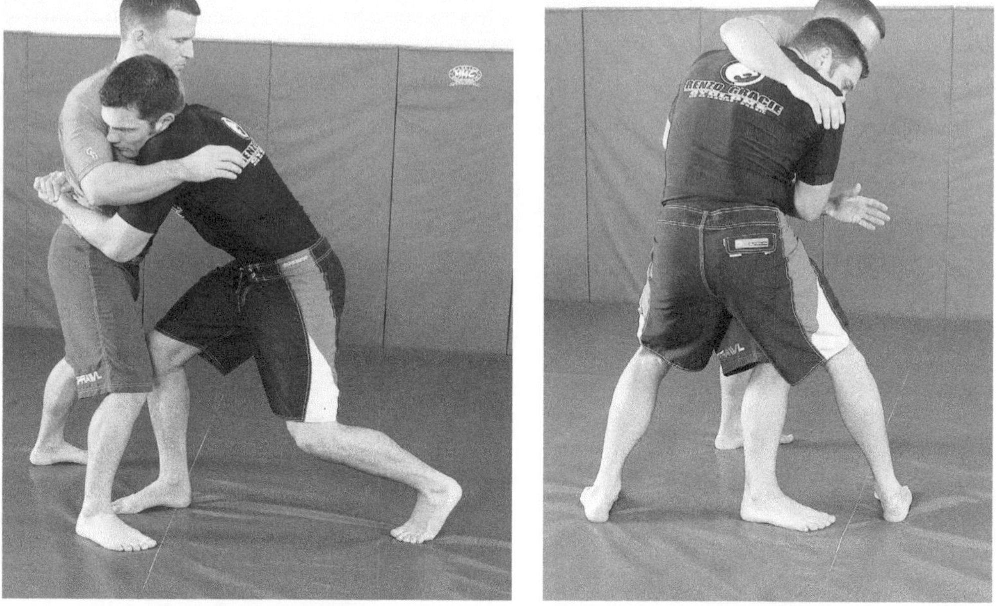

Abb. 5.11 *Takedown* durch kleines äußeres Einhängen aus dem *double underhooks*

c d

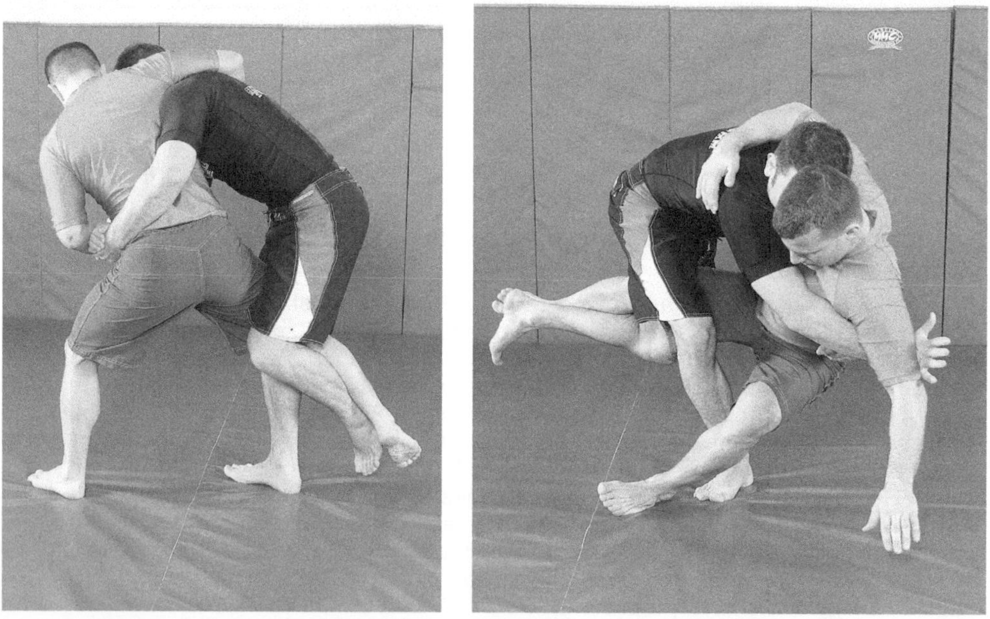

Vom Clinch von hinten zum Tal-Fall-Zug (Tani Otoshi)

Wann immer du hinter deinen Gegner kommst, bieten sich dir zahlreiche Gelegenheiten, um ihn zu Boden zu bringen. Eine der gebräuchlichsten und zuverlässigsten Methoden ist der *Tal-Fall-Zug (Tani Otoshi)*. Diese Aktion erfordert minimalen Kraftaufwand und kann nur schwer unterbunden werden. Umfass die Hüften deines Gegners mit beiden Händen. Manch einer führt lieber eine Umklammerung des Körpers um die Taille herum aus (Abb. 5.12). Geh in die Hocke und streck ein Bein hinter den beiden Beinen deines Gegners aus (Abb. 5.12b). Zieh seine Hüften fest gegen deine und lass ihn über dein ausgestrecktes Bein fallen.

Lande auf der Seite (nicht flach auf dem Rücken) seitlich zum Gegner (Abb. 5.12c) und steig schnell auf ihn auf.

Vom Schwitzkasten zum über Kreuz ausgeführten Fußgelenkgriff (Cross-Ankle-Pick)

Wir haben gesehen, dass der von vorn ausgeführte Schwitzkasten einer der dominantesten Clinchs überhaupt ist. Aus dieser Position heraus können die Kämpfer viele *takedowns* einleiten, die für den Gegner allesamt schwierig abzuwehren sind. Ein besonders effektiver *takedown* aus dem Schwitzkasten heraus ist der über Kreuz ausgeführte Fußgelenkgriff.

Bei der Ausführung des Schwitzkastens platzierst du deinen Kopf tief unter dem eingeklemmten Arm deines Gegners und streckst den Arm aus, den du um den Arm deines Gegners gelegt hattest. Setz ihn ein, um das Fußgelenk deines Gegners zu packen (Abb. 5.13b). Greif nicht zu hoch am Bein. Während du an dem Knöchel ziehst, drückst du schräg unter deinen Gegner. Diese Aktion setzt ihn unter einen enormen Druck und befördert ihn letztendlich auf den Rücken. Setz deinen Druck fort und zieh so lange an seinem Knöchel, bis du deinen flach auf dem Rücken liegenden Gegner fest im Griff hast (Abb. 5.13c). Behalt deinen Griff um den Kopf des Gegners mit der an seinem Kinn liegenden Hand während der gesamten Aktion bei.

Aufgabegriffe

Eines der besonderen Merkmale des Jujitsu ist die Verwendung von Aufgabegriffen im Clinch. Nur ganz wenige Kampfsportarten weisen dieses Merkmal ebenfalls auf – Judo, Sambo, Shootfighting und ein paar andere.

Aufgabegriffe verleihen dem Clinchkampf eine neue Komponente, ein Element, das in vielen anderen Kampfsportarten, die den Clinchkampf pflegen, fehlt. Wir können die Aufgabegriffe im Clinch in zwei grundlegende Kategorien einteilen.

1. Aufgabegriffe im Stand. Das am häufigsten zu beobachtende Beispiel eines Aufgabegriffs im Stand ist der Guillotine-Würger *(Guillotine Choke)*. Mit ihm wurden schon viele MMA-Kämpfe beendet, und er bleibt einer der besten Methoden, um einen Gegner in einer Grappling-Situation im Stand anzugreifen.
2. Aufgabegriffe, die im Stand beginnen, aber am Boden enden. Die meisten der wirklich effektiven Aufgabegriffe im Stand, die sich erfolgreich im Wettkampf durchgesetzt haben, beginnen mit zwei in einen stehenden Clinch verwickelten Kämpfern. Ein Kämpfer wendet den Hebel an, indem er in Stellung springt und ihn als *Takedown*methode einsetzt. Die Situation endet damit, dass sich beide Kämpfer am Boden befinden und der Aufgabegriff sicher beibehalten wird. Die eingesprungene Guillotine ist ein ausgezeichnetes Beispiel einer solchen Aktion. Ein weiteres hervorragendes Beispiel ist der Armbeugehebel (*Ude Garami*), der auf den Seiten 135-136 vorgestellt wird.

Wie bei allen Angriffen im Clinch sind richtiges Gleichgewichtsbrechen (*Kuzushi*) und solide Grundkenntnisse der verschiedenen Clincharten die Voraussetzungen für den erfolgreichen Einsatz von Aufgabegriffen im Clinch. Wenn man einen Gegner in einen festen, beherrschenden Clinch einbindet und ihn dann aus dem Gleichgewicht bringt, ist der Übergang zu einer Aufgabetechnik wesentlich leichter.

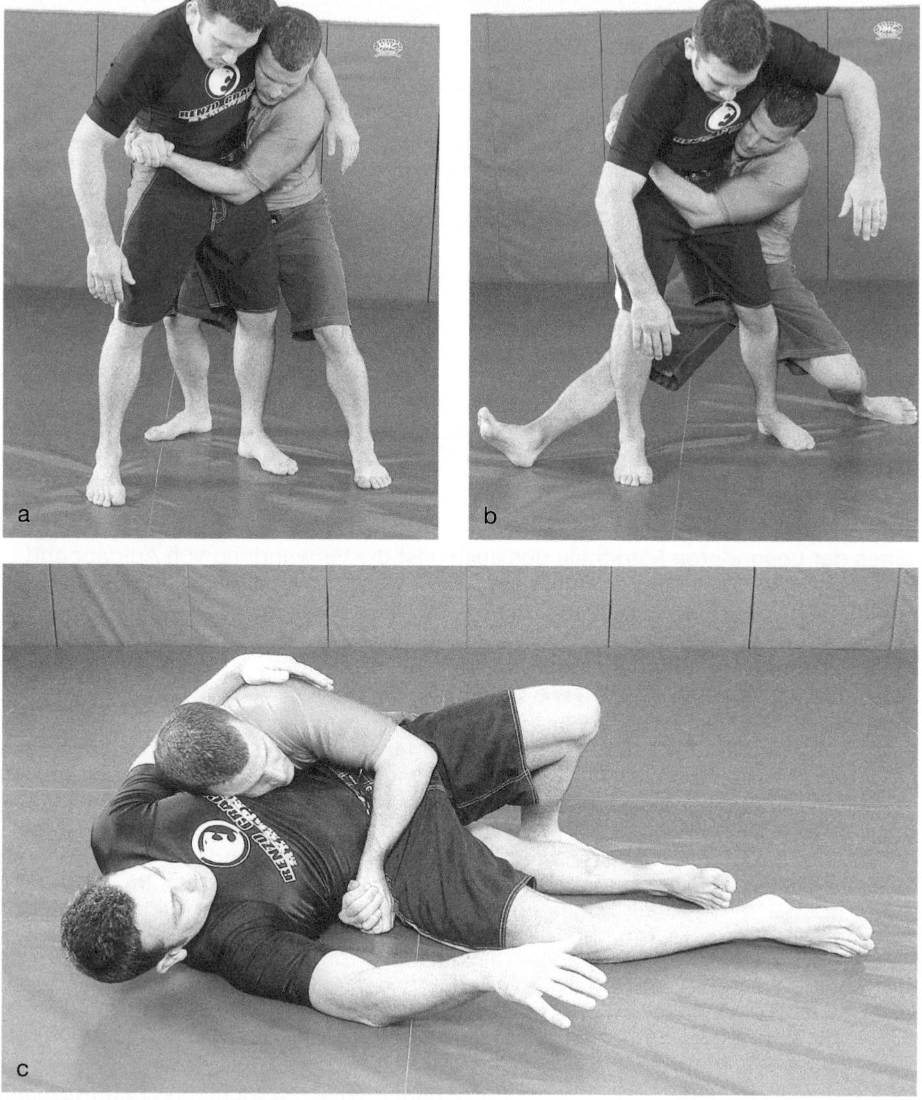

Abb. 5.12 Tal-Fall-Zug-*Takedown* aus dem *Rear Clinch* heraus

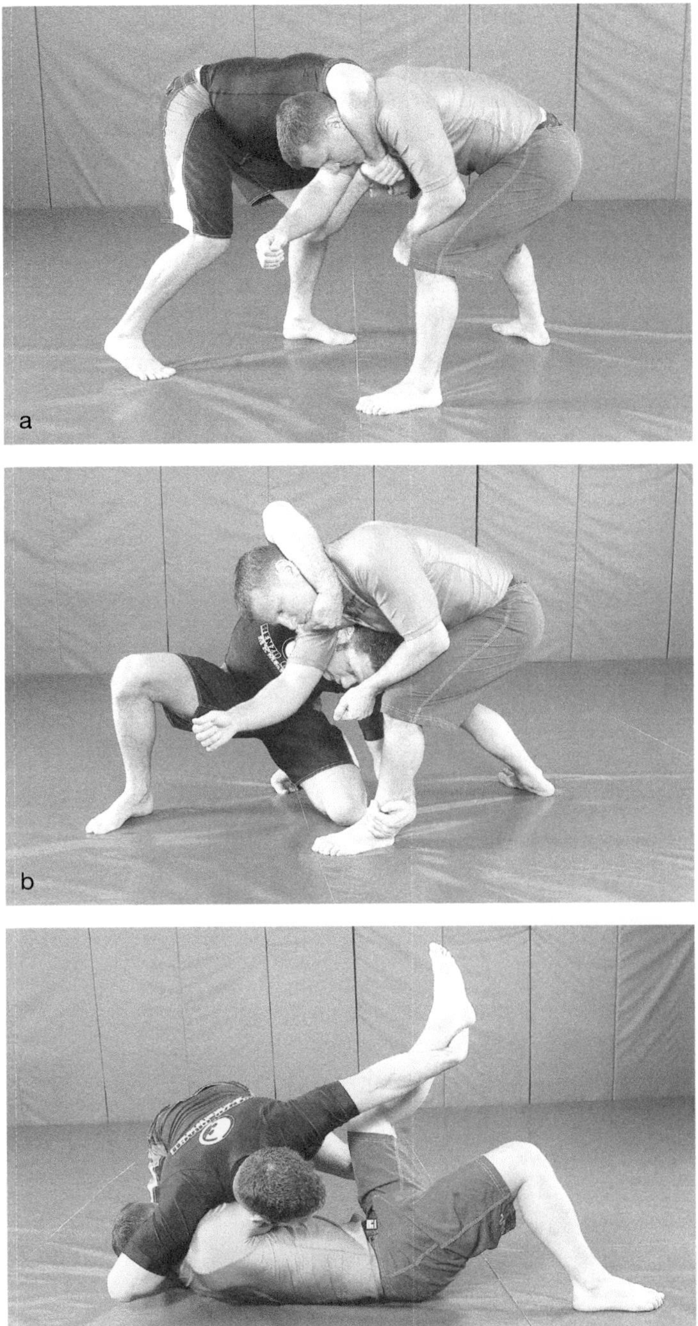

Abb. 5.13
Aus dem Schwitzkasten von vorn zum über Kreuz ausgeführten Fußgelenkgriff *(cross-ankle pick)*

Vom Collar-and-Elbow-*Clinch zur Guillotine im Stand*

Der sicherste Weg, aus dem Stand heraus eine Guillotine anzusetzen ist die Anwendung eines *snapdowns*. Es gibt verschiedene *Snapdown*-Arten, doch ist die aus dem *Collar-and-Elbow*-Clinch heraus eine der schnellsten und effizientesten.

Im *Collar-and-Elbow*-Clinch bringst du deine am Ellenbogen des Gegners liegende Hand auf die Innenseite seines Arms an dessen Bizeps (Abb. 5.14a). Dadurch befinden sich nun deine beiden Arme an den Innenseiten der Arme deines Gegners, was dir einen stellungsbezogenen Vorteil verschafft. Schling deinen Unterarm von dort aus um den Nacken des Gegners bis zu seinem Schlüsselbein und übe Druck gegen ihn aus. Sobald er den Druck erwidert, ziehst du seinen Kopf herunter, indem du beide Arme nach unten sowie nach vorn reißt und gleichzeitig die Füße zurücksetzt (Abb. 5.14b). Diese Aktion bringt den Kopf deines Gegners unter deinen eigenen und ermöglicht es dir, schnell einen Arm um seinen Nacken zu legen und eine Guillotine anzusetzen (Abb. 5.14c). Die Kämpfer verwenden verschiedene Methoden, um einen Guillotine-Würgegriff anzusetzen; jede hat ihre eigenen Vor- und Nachteile. Die hier gezeigte Methode, die *Figure-Four*-Guillotine ist besonders fest und schnell. (*Anmerkung des Übersetzers:* Die *Figure-Four*-Guillotine wird so bezeichnet, weil die Anordnung der Arme bei der Ausführung des Griffs dem Aussehen der Ziffer „4" ähnelt).

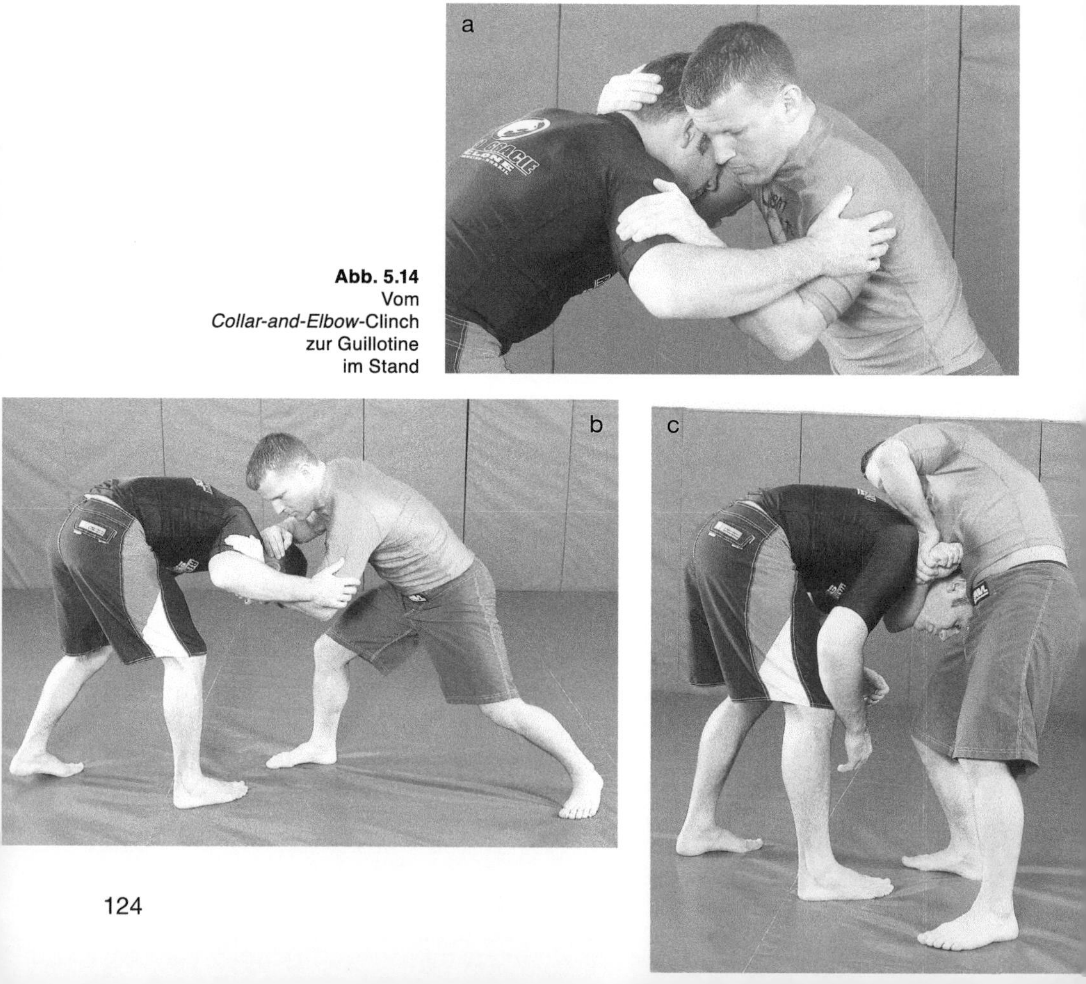

Abb. 5.14 Vom *Collar-and-Elbow*-Clinch zur Guillotine im Stand

Vom Schwitzkasten von vorn (Front Headlock) zur eingesprungenen Guillotine

Der von vorn angesetzte Schwitzkasten gehört sicherlich zu den dominanten Clinchs. Er kann zur Einleitung vieler kraftvoller Treffer und *takedowns* eingesetzt werden und ist ebenso nützlich für die Vorbereitung von Aufgabegriffen, die zumeist mit gegen den Hals gerichteten Würgeangriffen einhergehen. Die eingesprungene Guillotine ist ein Aufgabegriff, der mit grandiosem Erfolg bei MMA-Wettkämpfen eingesetzt wird. Er gehört zudem zu den Lieblingsaktionen von Renzo Gracie. Die eingesprungene Guillotine kann in vielen Situationen eingesetzt werden. An dieser Stelle betrachten wir ihre Anwendung als Teil eines Angriffs ausgehend von dem von vorn angesetzten Schwitzkasten-Clinch.

Du kannst - egal auf welche Weise du selbst in einen von vorn angesetzten Schwitzkasten hineingeraten bist – sei es durch die Abwehr eines plötzlichen, gegen deine Beine gerichteten gegnerischen Angriffs oder als Folge eines gegen deinen Gegner ausgeführten *snapdowns* – auf direktem Weg zu einer eingesprungenen Guillotine übergehen. Entscheidend ist, dass du zu Beginn einen festen Griff an Nacken und Arm deines Gegners ansetzt. Um das zu erreichen, packst du das Handgelenk des Arms, der den Nacken deines Gegners umklammert und ziehst es zur Achsel des eingeklemmten Arms deines Gegners (Abb. 5.15a). Zieh beide Hände in Richtung deines Brustbeins hoch. Leg dein Bein um die Taille deines Gegners, spring ein wenig hoch (Abb. 5.15b) und schling deine Beine in einer geschlossenen *Guard-Position* um seine Taille wie in Abb. 5.15c zu sehen (die *Guard-Position* sehen wir in diesem Buch später noch in den Kapiteln 6 und 7, die sich mit dem Bodenkampf beschäftigen). Wölbe an dieser Stelle deinen Rücken und drück fest gegen den Nacken des Gegners, wobei sich dein Kopf nahe an seinem befindet.

Diese Aktion bewirkt einen starken Würgeeffekt, gegen den sich der Andere bei richtiger Anwendung nur schwer zur Wehr setzen kann. Es spielt keine Rolle, ob der Gegner beim Einsatz des Würgers zu Boden geht oder aufrecht stehen bleibt. Die eingesprungene Guillotine funktioniert in beiden Fällen gleich gut.

Vom Clinch von hinten zum Naked-Sleeper-Würgegriff (Hadaka Jime)

(*Anmerkung des Übersetzers:* Man spricht von einem *„Sleeper-Choke“,* weil man den Gegner mit Hilfe dieser Technik „schlafen“ legen kann. *„Naked“* bezieht sich auf den Einsatz der „nackten“ Hände ohne Einsatz irgendwelcher Hilfsmittel.)

Ist es dir gelungen, hinter den Gegner zu kommen, kannst du den *Sleeper*-Griff versuchen, ein äußerst effektiver Würgegriff, der bei MMA-Wettkämpfen oft zum Einsatz kommt. Dir stehen zwei grundlegende Möglichkeiten zur Verfügung, den *sleeper* aus dem Clinch von hinten heraus einzusetzen. Erstens kannst du auf den Rücken des Gegners springen, die Füße um seine Taille legen und anschließend den Griff ansetzen (Abb. 5.16). Zweitens kannst du den Gegner nach hinten auf die Matte herunterziehen, dabei zur Stabilisierung deiner Position beide Füße in seine Hüften stemmen (schließe sie aber nicht zusammen, während du zu Boden gehst!) und anschließend den Griff einsetzen. Obwohl beide Aktionen regelmäßig im Wettkampf eingesetzt werden, sollte darauf hingewiesen werden, dass die zweite eine sichere Option ist, da die Verletzungsgefahr hierbei geringer ist, wenn sich dein Gegner zurückwerfen sollte, um einen Fluchtversuch zu unternehmen.

Der *Sleeper*-Griff ist auch eine wirksame Methode, um einen Kampf zu beenden, sei es im Wettbewerb oder im Kampf auf der Straße. Vorausgesetzt, dass dein Gegner nicht vorher aufgibt, führt der Griff innerhalb von Sekunden zur Bewusstlosigkeit. Um ihn korrekt anzusetzen, greifst du von hinten um den Hals des Gegners, bis sich dein Ellenbogen genau unter seinem Adamsapfel befindet. Platzier deine Hand am Bizeps deines anderen Arms. Deine andere Hand gleitet über den Scheitel deines Gegners hinunter zur Rückseite seines Kopfs (Abb. 5.16c). Drück deine Ellenbogen zusammen, wobei dein Kopf nahe an seinem bleibt. Dieses Vorgehen unterbindet die Blutversorgung seines Gehirns; es zwingt den Gegner aufzugeben oder anderenfalls Bewusstlosigkeit zu riskieren.

Alle Würgegriffe funktionieren nach dem Prinzip, den Blutfluss zum Gehirn zu unterbrechen. Das macht sie gefährlich. Stell sicher, dass du sie mit Vorsicht unter Aufsicht eines qualifizierten Trainers übst. Besonders wichtig ist, dass du sofort aufhörst, wenn sie Wirkung zeigen. Lass deinen Partner los, sobald er seine Aufgabe durch Klopfen auf die Matte oder gegen deinen Körper signalisiert.

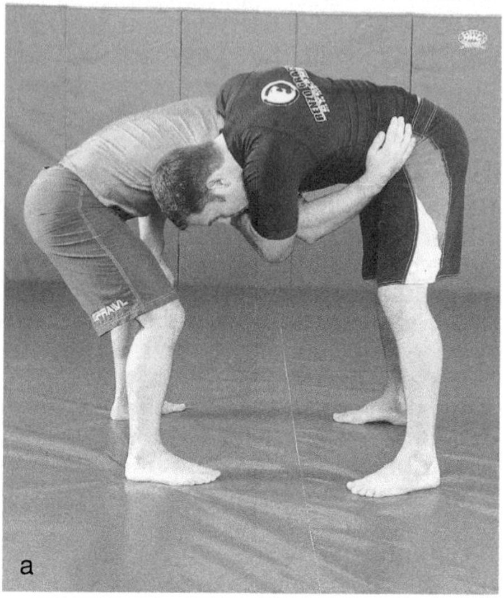

a

Abb. 5.15 Vom Schwitzkasten zur eingesprungenen Guillotine

b

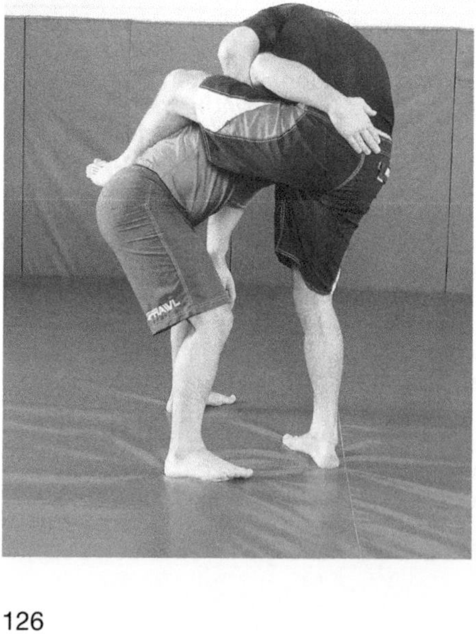

c

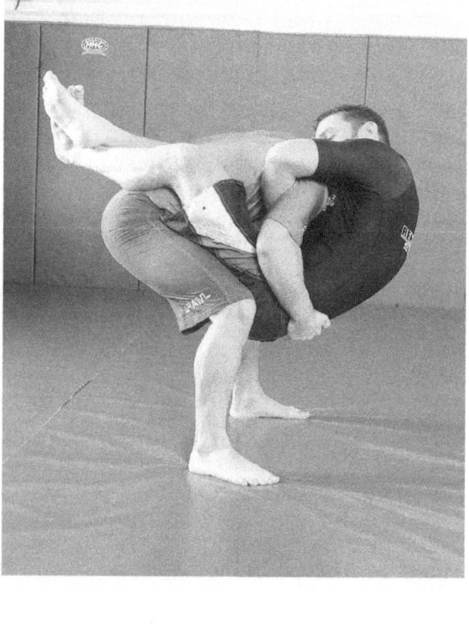

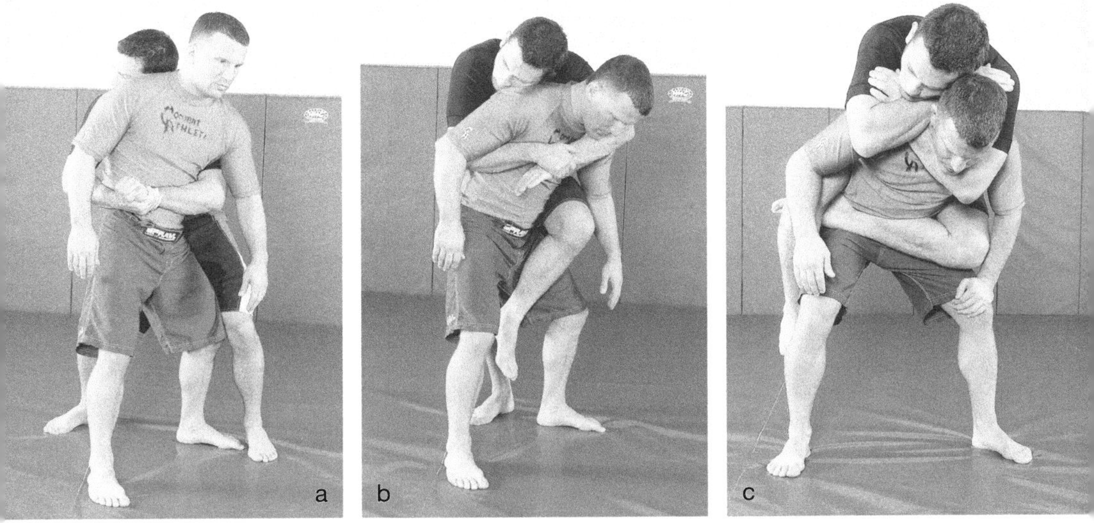

Abb. 5.16 Vom Clinch von hinten zum von hinten angesetzten Naked-Sleeper-Würgegriff

Schläge und Tritte im Clinch

Die meisten Kampfstile, die Wert auf die Verwendung von Schlägen und Tritten legen, um Kämpfe zu gewinnen, setzen diese Techniken nur in der Phase der freien Bewegung ein. Denn tatsächlich wird der Schlag- bzw. Trittabtausch bei den schlagenden Kampfsportarten wie westliches Boxen, Kickboxen und vielen Unterarten des Karate eingestellt, sobald es zum Clinch kommt, was in erster Linie mit den Einschränkungen zusammenhängt, die man den Schlag- und Trittvarianten in diesen Sportarten auferlegt hat. So dürfen beispielsweise beim Boxen nur die Fäuste benutzt werden, um den Gegner zu schlagen. Sind die Arme erst einmal im Clinch gebunden, wird das Schlagen schwierig, und somit gibt es kaum Möglichkeiten für einen Clinchkampf, selbst wenn dieser im Rahmen der Regeln stattfinden würde. Gleiches gilt auch für die beim westlichen Kickboxen verwendeten Tritte.

Dadurch kommt es, dass Viele den Clinch für eine Methode halten, die man einsetzt, um zu verhindern, dass einen der Andere treffen kann. Bis zu einem gewissen Grad stimmt das auch. Wenn der Clinch sehr eng ist, kann er den Gegner durchaus daran hindern, dich zu schlagen und zu treten. Wird jedoch eine besondere Clinchkampf-Technik angewandt, ist wirkungsvolles Schlagen im Clinch durchaus möglich. Werden zudem Knie- und Ellenbogenstöße eingesetzt (bei manchen MMA-Veranstaltungen sind Ellenbogenstöße verboten), können Treffer im Clinch sogar äußerst effektiv sein.

Tatsächlich wird bei MMA-Kämpfen mittlerweile eine immer größer werdende Anzahl von Siegen durch Varianten im Clinch errungen. Entscheidend für effektives Treffen im Clinch ist:

- *Die Auswahl des richtigen Clinchs.* Einige Clinchs eignen sich besser für Schlag- und Trittattacken als andere. Bei MMA-Begegnungen wird die Mehrheit der K.o.-Siege im Clinch zweifelsohne über den Nacken-Clinch und den *Collar-and-Elbow*-Clinch errungen. Der Grund für diese Entwicklung liegt darin, dass beide Clinchs es dem Kämpfer ermöglichen, den Kopf des Gegners so zu kontrollieren, dass er kräftige gegen den Kiefer des Gegners gerichtete Knie- und Ellenbogenstöße einsetzen kann. Das Schöne an diesen Clinchs ist, dass sie eine genaue Kontrolle eines Gegners durch das Kontrollieren eines Körperteils (dem Kopf) ermöglichen, die für den Bewegungsablauf entscheidend ist. Die alte Maxime „Dahin, wo der Kopf geht, folgt auch der Körper" ist beim Clinchkampf wichtig. Gleichzeitig ermöglichen diese Clinchs genügend Platz zwischen dir und deinem Gegner, sodass du beim Einsatz einer Schlag- oder Tritttechnik die volle Kraft ausschöpfen kannst. Dies führt zu einer hohen K.o.-Quote.

- *Das Herstellen eines dominanten Clinchs.* Wirst du in einer Position festgehalten, in der der Gegner einen dominanten Clinch gegen dich ausführt, sind die Chancen, ihn zu treffen, gering. Um ihn zu treffen, musst du wenigstens einen neutralen Clinch erreichen. Versuch also möglichst, einen dominanten Clinch zur Unterstützung deiner Schlag- und Trittversuche herzustellen.
- *Das Aus-dem-Gleichgewicht-Bringen deines Gegners.* Je stärker du den Gegner aus der Balance bringen kannst, desto leichter ist es, ihn zu treffen und um so schwieriger wird es für ihn sein, zurückzuschlagen und sich zu verteidigen. Du musst ständig bemüht sein, deinen Gegner zu verwirren, indem du ihn aus der Balance bringst, da er seine Aufmerksamkeit dann darauf verwendet, sein Gleichgewicht wiederzuerlangen. Dadurch ist er nicht in der Lage, dich zu treffen, während er zur selben Zeit für deine eigenen Schläge anfällig ist.
- *Die geeignete Schlag-/Trittmethode.* Der Clinch erfordert ganz spezielle Schlag-/Trittmethoden, die sich erheblich von denen in der Phase der freien Bewegung unterscheiden. Grundsätzlich gilt, dass Knie und Ellenbogen die effektivsten Einsatzmittel im Clinch sind. (Kopfstöße sind ebenfalls höchst wirkungsvoll, doch sind sie bei den meisten modernen MMA-Turnieren verboten.)

Fallstudie im Clinchkampf: Vanderlei Silva

Nur wenige MMA-Kämpfer konnten im Clinchkampf derartige Erfolge verzeichnen wie der brasilianische Superstar Vanderlei Silva. Silva pflegt ein relativ einfaches Strickmuster im Clinchkampf, das sich als ausgesprochen wirksam erwiesen hat. Es betrifft zwei Clincharten, den *Over-Under*-Clinch sowie den Nacken-Clinch. Den *Over-Under*-Clinch verwendet er immer dann, wenn er selbst in Schwierigkeiten steckt, sei es aufgrund eines harten Faustangriffs oder eines *Takedown*versuchs. Nachdem er den Angriff gestoppt hat, beginnt er, kräftige Kniestöße in Richtung des Unterleibs seines Gegners einzusetzen, um sich auf diese Weise Platz zu verschaffen. Im Anschluss daran löst er den Clinch und sucht beim Übergang aus dem Clinch nach Gelegenheiten, Treffer anbringen zu können.

Mit dem Nacken-Clinch hatte Silva jedoch den meisten Erfolg. Aus der *Muay Thai*-Szene kommend, in der der Nacken-Clinch eine besonders große Rolle spielt, versucht Silva immer dann, wenn ein *Takedown*versuch scheitert, beide Hände an Kopf und Nacken des Gegners zu bekommen.

Nach einem *sprawl* mit anschließendem *takedown* zwingt Silva seine Gegner häufig, wieder auf die Beine zu kommen. Erheben sie sich, befinden sich ihre Köpfe auf einer niedrigen Ebene, was die schnelle Umsetzung eines kräftigen Nacken-Clinchs in dem Moment, in dem der Gegner mühsam wieder hochzukommen versucht, leicht macht. In diesem Augenblick donnert Silva seinem Gegner einfach ein paar Kniestöße vor den Kiefer. Diese Treffer führen häufig zu einem Knockout oder zu schweren Schäden. Es handelt sich dabei um das mit Abstand gebräuchlichste Knockoutmittel in der Kampfphase des Clinchs. Es baut auf eine gesunde Kombination einer wohl überlegten Clinchauswahl mit einem verwundbaren Ziel. Mit anderen

Worten handelt es sich beim Nacken-Clinch um einen dominanten Clinch und somit um ein hervorragendes Mittel zur Vorbereitung von Treffern, vor allem dann, wenn der Gegner das Gleichgewicht verloren hat und damit beschäftigt ist, wieder hochzukommen und dadurch nicht in der Lage ist, sich wirkungsvoll zu verteidigen.

- Das Platzschaffen für die Treffer. Einer der Schlüssel für effektives Treffen im Clinch (und gleichzeitig einer, den nur Wenige verstehen), ist der schwierige Balanceakt zwischen der Kontrolle und dem Schaffen von Raum. Hast du einen Gegner in einem engen Clinch, kannst du seine Bewegung kontrollieren. Je enger der Clinch, desto größer ist die Kontrolle über ihn und desto schwieriger wird es für ihn, dich zu schlagen oder zu treten. Dasselbe gilt leider aber auch umgekehrt. Je fester du ihn hältst, desto schwieriger wird es für dich, ihn wirkungsvoll zu treffen, da dir nun der erforderliche Platz für effektive Treffer fehlt. Um mit Kraft zuschlagen zu können, musst du Platz zwischen dir und dem Gegner schaffen. Diese Aufgabe kann je nach Art des Clinchs auf verschiedene Weise erfüllt werden.

Diese Ausführungen zu Treffern im Clinch bedürfen noch einer besonderen Anmerkung. Bei MMA-Kämpfen erfolgt ein hoher Prozentsatz der erfolgreichen Treffer unmittelbar nach der Auflösung eines Clinchs. In diesem Moment ist dein Gegner durch den Wechsel von einer Phase zur anderen abgelenkt und dadurch anfällig für einen schnellen Treffer. Kämpfer sollten stets die Gelegenheit suchen, sofort zuzuschlagen, sobald sich der Clinch beim Übergang zurück in die Phase der freien Bewegung auflöst. Das ist der Moment, in dem die Meisten ihre Hände unten und das Gleichgewicht verloren haben sowie müde und unaufmerksam sind.

Schläge und Tritte im Over-Under-Clinch

Wir haben festgestellt, dass der Over-Under-Clinch die in MMA-Kämpfen bei weitem gebräuchlichste Clinchform ist. Ebenso haben wir registriert, dass es sich dabei um einen neutralen Clinch handelt, insofern als dass sowohl du als auch dein Gegner die gleichen Positionen eingenommen haben und somit über dieselben Offensivmöglichkeiten verfügen. Die *Over-Under*-Position bietet also keine dominanten Schlag- und Trittmöglichkeiten. Das soll jedoch nicht heißen, dass du aus dieser Position heraus keine wirksamen Treffer landen kannst. Es bedeutet lediglich, dass ein Gegner mit ungefähr gleich gearteten Fähigkeiten und nahezu derselben Größe dich genauso leicht treffen kann wie du ihn. Einer der Hauptgründe, warum MMA-Kämpfer den *Over-Under*-Clinch anwenden, ist den Gegner daran zu hindern, effektive Treffer anbringen zu können. Schon dieser Grund allein sollte dir verdeutlichen, wie schwierig es ist, in diesem besonderen Clinch zu treffen. Aber gerade weil er so häufig Verwendung findet und weil man so viel Zeit mit ihm verbringt, lohnt sich ein Blick auf die Schlag- und Trittoptionen, auch wenn er nicht unbedingt der beste Clinch für Schläge und Tritte ist.

Die gebräuchlichste Schlagmethode ist der Einsatz deines *Overhook*-Arms, um dem Gegner in die Rippen zu schlagen. Triff ihn mit einem Haken. Winkle den Arm stark an und setz deine Hüften bei diesem Schlag mit ein. Dieser Schlag führt zwar nicht unbedingt zu einem K.o., aber er zeigt im Verlauf der Zeit Wirkung und macht dem Anderen das Leben im Clinch ungemütlich. Kniestöße sind ebenfalls gute Alternativen. Die beste Art, sie im *Over-Under*-Clinch einzusetzen, erreichst du, indem du seinen *Underhook*-Arm am Ellenbogen mit deinem *Overhook*-Arm anhebst. Mit dieser Aktion legst du seine Rippen für deine Kniestöße frei. Du kannst auch versuchen, einen Kniestoß über seinen *Overhook*-Arm zu bringen und sein Gesicht zu treffen. Diese Technik ist von entscheidender Bedeutung, wenn dein Gegner seinen Kopf senkt.

Schläge und Tritte im Nacken-Clinch

Der Nacken-Clinch eignet sich am besten, um einen Gegner mit Schlägen oder Tritten zu treffen. Liegen deine beiden Arme innen und sind um Kopf und Nacken des Gegners geschlossen, ist es oftmals möglich, ihn auszuknocken. Entscheidend hierfür ist, zunächst einmal Raum für einen Kniestoß zum Kiefer zu schaffen.

Um dies umzusetzen, streckst du deine Arme blitzschnell gerade nach vorn, sodass du deinen Gegner auf Armlänge von dir entfernst, seinen Kopf dabei aber immer noch unter Kontrolle hast.

Spring in eine Ausfallposition, in der sich ein Knie weiter hinten befindet (dabei handelt es sich um das Bein, mit dem du den Kniestoß ausführen wirst, da das hintere Bein mehr Kraft erzeugen kann). Nun ist der Abstand groß genug, um dein Knie gegen seinen Kiefer zu rammen. Sieh zu, dass du den Kopf deines Gegners in Richtung deines Kniestoßes ziehst, um ihm zusätzliche Kraft zu verleihen. Reiß ihn dabei zur selben Zeit aus dem Gleichgewicht. In dem Moment, in dem der Kniestoß sein Ziel erreicht, gehst du wieder zu einem engen Nacken-Clinch über, bei dem die Stirn deines Gegners gegen deine Brust und deine Arme gepresst wird. Falls erforderlich wiederholst du die Aktion.

Bei manchen MMA-Veranstaltungen sind Ellenbogenstöße erlaubt. Für sie ist der Nacken-Clinch eine ausgezeichnete Ausgangsposition. Halt den Kopf weiterhin mit einer Hand und benutz den anderen Arm, um deinem Gegner mit dem Ellenbogen peitschenartige Schläge zu versetzen. Diese Technik ist viel einfacher, wenn sich deine Arme zwischen den Armen deines Gegners befinden. Wende Ellenbogenstöße also immer an, wenn sich die Gelegenheit dazu ergibt.

Schläge und Tritte im Front-Headlock-Clinch (Schwitzkasten)

Der *front-headlock* ist ohne Zweifel eine der besten Positionen für einen Kämpfer, um den Gegner so festzusetzen, dass man ungestraft auf ihn einschlagen kann. Viele Knockouts und Abbruchsiege sind in dieser Clinchposition zustande gekommen – tatsächlich sogar mehr als in jeder anderen. Deshalb ist es nicht übertrieben zu behaupten, dass ein fester *front-headlock*-Clinch (*Anmerkung des Übersetzers:* Ein Schwitzkasten von vorn, bei dem der Kopf des Gegners eingeklemmt wird) genauso gefährlich ist wie die *Mount-Position* (in den Bodenkampf-Kapiteln 6 und 7 werden wir uns diese noch näher ansehen). Der *front-headlock* ist außerdem wesentlich leichter einzunehmen als die *Mount-Position*. Dies gilt sowohl für den Stand- als auch für den Bodenkampf.

Was den *front headlock* so gefährlich macht, ist die Tatsache, dass der Kopf des Gegners fest in einer Position kontrolliert wird, in der er direkt in die Linie deiner Kniestöße gebracht wird. Sein Kopf ist absolut bewegungsunfähig und wird deshalb mit voller Wucht getroffen. Gleichzeitig hat dein Gegner kaum eine Chance, die gegen ihn gerichteten Angriffe abzuwehren, da seine Bewegungsfähigkeit und auch seine Armposition vollständig kontrolliert werden. Der Kämpfer kann so Kniestöße ausführen, die direkt auf der Schädeldecke des Gegners auftreffen und folglich in kurzer Zeit katastrophale Schäden anrichten.

Obwohl es sicherlich möglich ist, im Stand aus dem von vorn angesetzten Schwitzkasten heraus zuzuschlagen, ist es wesentlich effektiver, mit dem *front headlock* zuerst auf die Matte zu gehen, bevor du deine Attacke startest. Diese Anpassung sorgt für eine wesentlich stabilere Ausgangsposition für die Ausführung deiner Schläge. Um einen Schwitzkasten aus dem Stand auf den Boden zu bringen, wirfst du einfach die Beine nach hinten und spreizt sie nach außen. Eine weitere Methode besteht darin, mit beiden Füßen zurückzugehen und abzutauchen, indem du deine Hüften sacken lässt und den Gegner auf die Matte herunter ziehst.

Das Ausbrechen aus dem Clinch

Für die Kämpfer gibt es für jede Form des Clinchs eine Reihe von Möglichkeiten, um diesem zu entkommen. Wir sehen uns nun einige der wirkungsvolleren Methoden an, um aus den wichtigsten Clinchs des MMA-Geschehens auszubrechen.

Das Ausbrechen aus einem Collar-and-Elbow-Clinch

Der *Collar-and-Elbow*-Clinch ist einer der am leichtesten einzunehmenden Clinchs und somit auch einer der am häufigsten verwendeten. Für die Kämpfer ist es wichtig, dass sie eine schnelle und einfache Ausbruchsmöglichkeit kennen, um sich zu befreien, bevor ihr Gegner sie kontrollieren und in die Offensive gehen kann. Eine der besten Fluchtmöglichkeiten ist ein einfacher *outside Russian*:

Wenn dich dein Gegner von hinten im Nacken packt, ergreifst du seinen Arm und seinen Bizeps (Abb. 5.17a). Drück seinen Arm nach vorn und bring ihn unter Kontrolle, indem du ihn an deine Brust presst, während du dich in Richtung des Arms drehst, den du ergriffen hast (Abb. 5.17b). Seine Hand wird dabei von deinem Nacken rutschen. Lass den Ellenbogen nicht los, sondern schieb ihn weiter und halt ihn unter Kontrolle. Dein Gegner hat dich nun nicht mehr im Griff. Du kannst dich jetzt problemlos zurückziehen und wieder in die Phase der freien Bewegung zurückkehren (Abb. 5.17c).

Abb. 5.17
Ausbrechen aus einem Collar-and-Elbow-Clinch

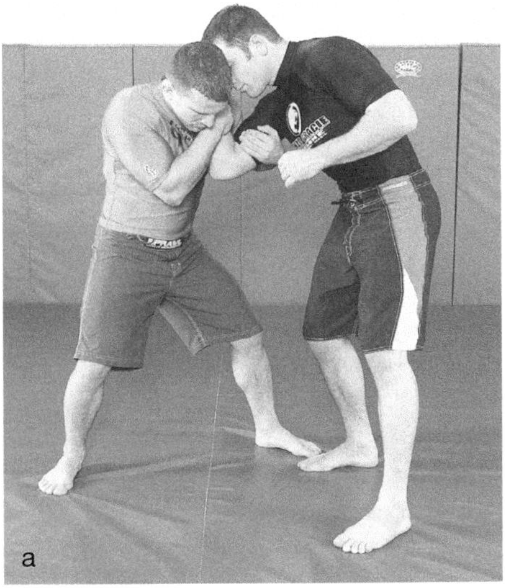

a

b

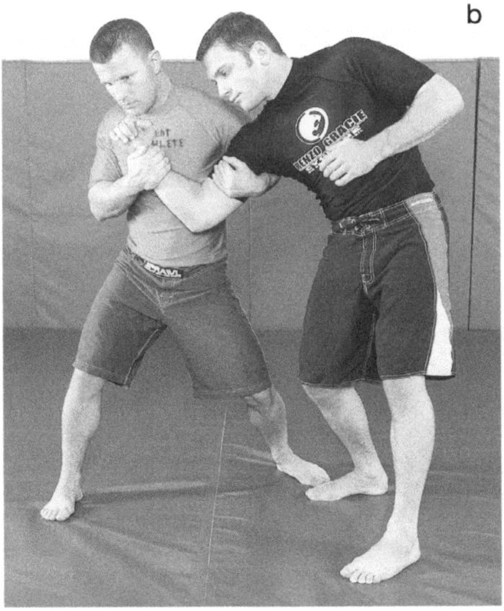

c

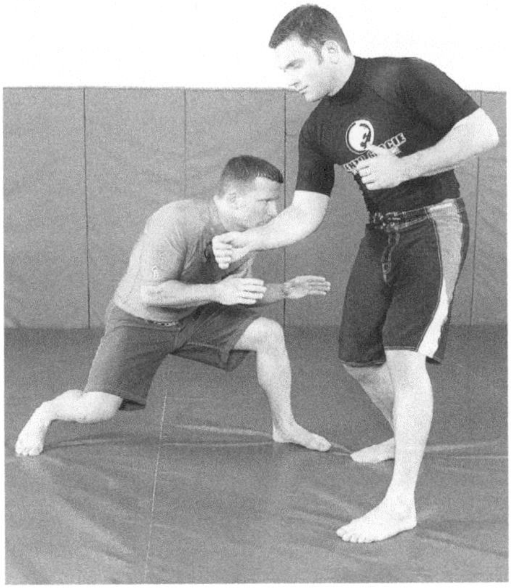

Das Ausbrechen aus einem Over-Under-Clinch

Der *Over-Under*-Clinch ist mit ziemlicher Sicherheit der gebräuchlichste Clinch in MMA-Kämpfen. Eine der besten Methoden, um ihm zu entkommen, ist die richtige Positionierung des Unterarms. In diesem Clinch geht der überwiegende Teil der Kontrolle, die der Gegner auf dich ausübt, von seinem untergehakten Arm aus. Folglich musst du diesen Arm unter Kontrolle bringen, um auszubrechen.

Leg die Hand deines oben liegenden Arms in der Nähe des Ellenbogens auf den untergehakten Arm deines Gegners (Abb.5.18a). Drück nach unten. Das löst seinen Griff. Entfern dich ein wenig von ihm; zieh deine untergehakte Hand nach außen (Abb. 5.18b) und platzier deinen *Underhook*-Arm auf der Brust deines Gegners, um dich abzustoßen und zu entkommen (Abb. 5.18c).

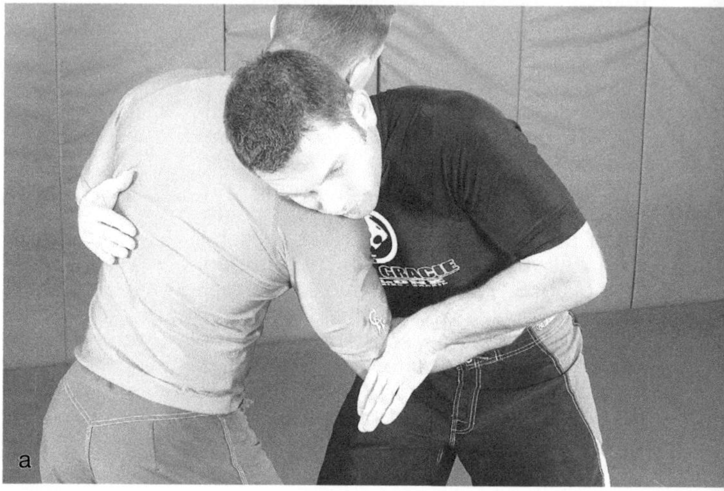

Abb. 5.18
Ausbruch aus einem Over-Under-Clinch

b c

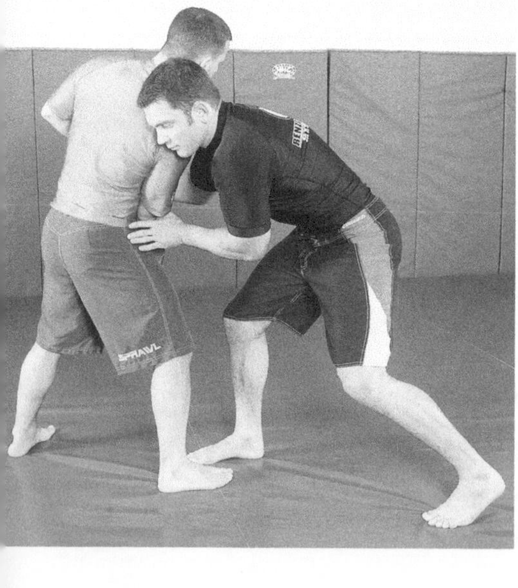

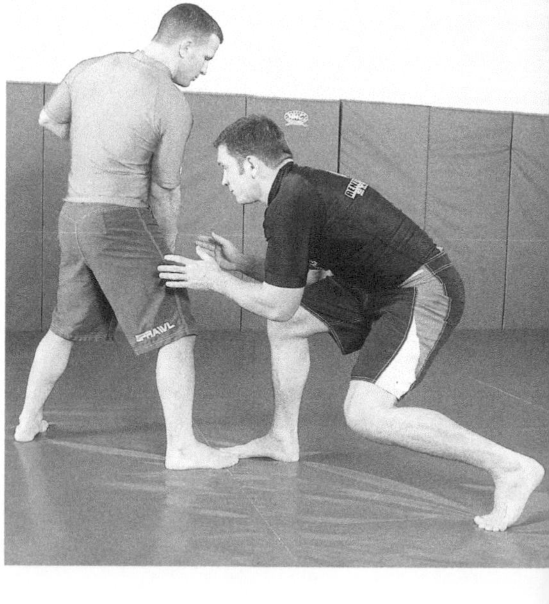

Das Ausbrechen aus einem Double-Underhooks-Clinch

Nun kommen wir zu der Frage, wie man aus dominanten Clinchs ausbricht. Dieses Kunststück ist stets eine schwierigere Aufgabe, da der Gegner bei dominanten Clinchs immer mehr Kontrolle über deinen Körper hat als dies bei neutralen Clinchs der Fall ist. Eine der besten Methoden, aus dem lästigen *Double-Underhooks*-Clinch zu entkommen, ist die Kinnstütze.

Sobald dein Gegner einen *Double-Underhooks*-Clinch bei dir ansetzt, setzt du beide Hände unter sein Kinn und drückst (Abb. 5.19). Gleichzeitig lässt du die Hüften zurück- und von deinem Gegner wegsacken. Dieses Manöver löst selbst den festesten Griff um deinen Körper. Die Aktion ist auch besonders nützlich, wenn du gegen einen Zaun oder in die Seile (oder im Straßenkampf gegen eine Mauer) gedrückt wirst, oder wenn du dich in einer besonders engen Umklammerung befindest.

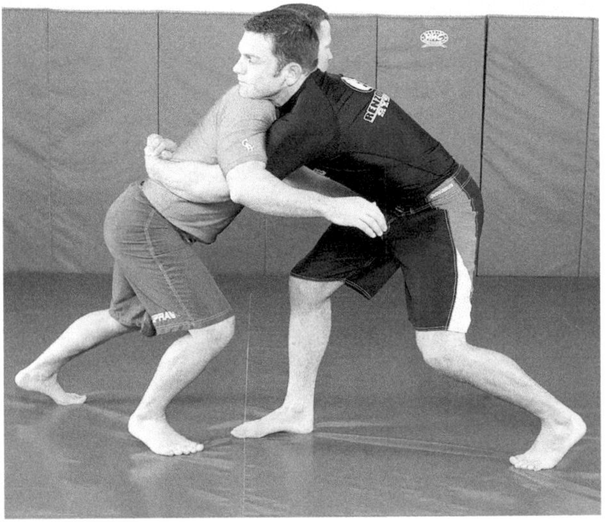

Abb. 5.19 Ausbruch aus einem Double-Underhooks-Clinch

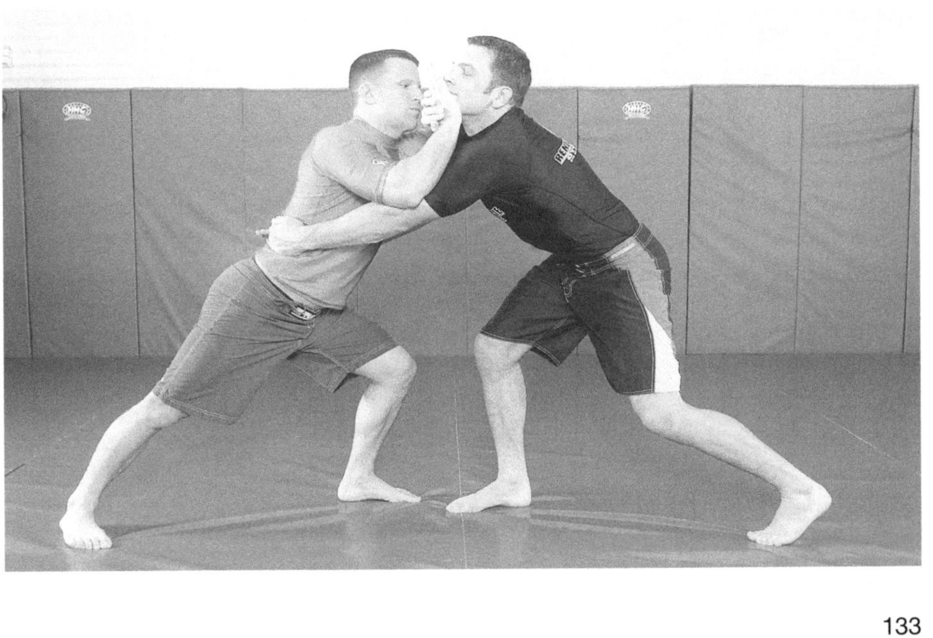

Das Ausbrechen aus einem Nacken-Clinch

Der Nacken-Clinch ist einer der einschüchterndsten Clinchs, in die man geraten kann. Der Gegner kann dich mit einem regelrechten Trommelfeuer aus Knie- und Ellenbogenstößen eindecken, während er dich durchrüttelt und dein Gleichgewicht über den Haufen wirft. Eine natürliche Antwort auf diese missliche Lage wäre es, die eigene Kampfhöhe zu verändern und zu versuchen, unterhalb des Nacken-Clinchs wegzutauchen. Gelegentlich funktioniert dieser Schachzug vielleicht auch, doch wahrscheinlicher ist es, dass ein geübter Clinchkämpfer deinen Abtauchversuch mit einem kräftigen Kniestoß verbindet, der in der Regel mit einem Knockout oder größerem Schaden endet. Versuch deshalb nicht, aus dem Nacken-Clinch herauszutauchen! Eine viel bessere Alternative wäre das Wegdrücken des Kinns.

Bist du in einen engen Nacken-Clinchs geraten, wirst du versuchen, dich so aufrecht wie möglich zu halten, um Angriffe mit dem Knie abwehren zu können. Greif mit einer Hand hoch über die Arme deines Gegners und leg eine Handfläche mit nach unten gerichtetem Daumen an sein Kinn (Abb. 5.20a). Drück über seinen beiden Armen gegen sein Gesicht, wobei du seinen Kiefer von dir weg schiebst und ihm die Möglichkeit nimmst, hart zuzuschlagen. Wenn sich sein Kopf von dir entfernt, greifst du mit der anderen Hand über, legst sie auf seinen Schädel, drückst diesen in Richtung des Bodens und führst zur Unterstützung auch die andere Hand zu seinem Kopf (Abb. 5.20b). Jetzt befindet sich der Gegner in einer gebeugten Haltung, während du selbst aufrecht stehst. Das bringt dich in eine ausgezeichnete Position, um nun selbst Kniestöße einzusetzen (Abb. 5.20c) oder, falls dir das lieber ist, einen Schwitzkasten oder einen Guillotine-Würgegriff anzubringen.

Abb. 5.20 Ausbruch aus einem Nacken-Clinch

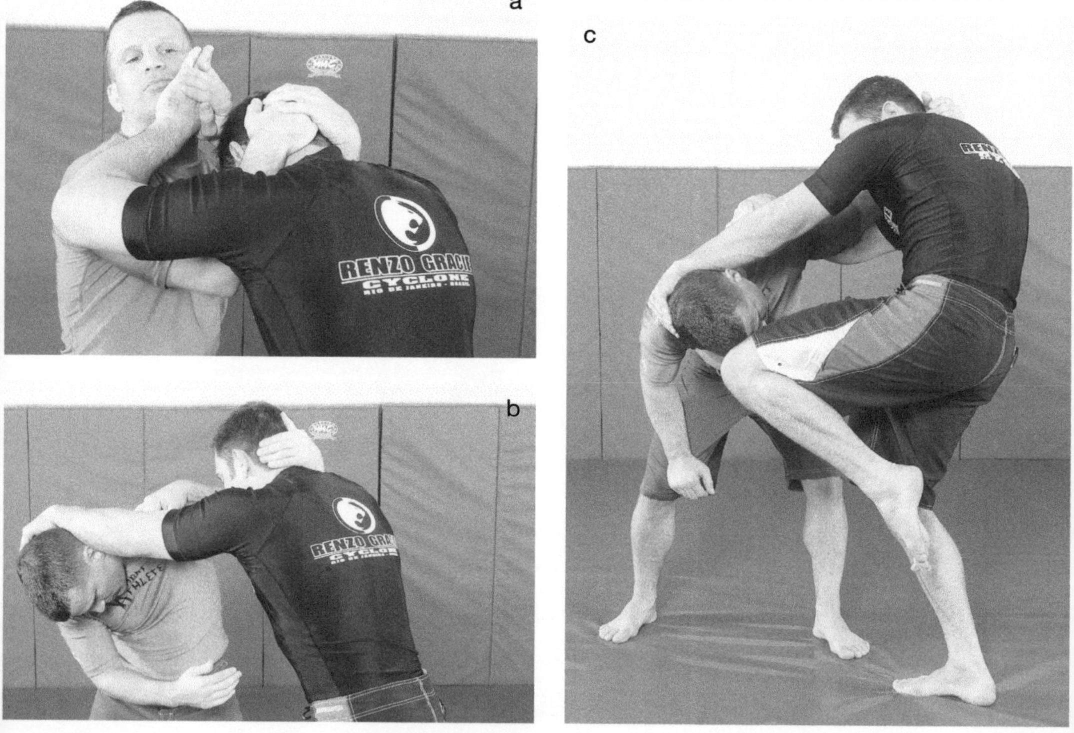

Das Ausbrechen aus einem Rear Clinch (Clinch von hinten)

Geübte Grappler arbeiten sich häufig hinter ihre Gegner, da sie wissen, dass ihnen diese Position einen beachtlichen Stellungsvorteil verschafft. Zur Kontrolle versuchen sie ihre Hände vor der Taille des Gegners zu schließen, um dann nach takedowns oder Aufgabetechniken Ausschau zu halten. Eine nützliche Methode, um dieser potentiell gefährlichen Situation zu entkommen, besteht darin, bei einer festen Umklammerung die Hände des Gegners anzugreifen, wofür es bei den verschiedenen Grapplingstilen mehrere Namen gibt. Häufig spricht hierbei man von *Kimura, Schlüsselhebel, Doppel-Handgelenkhebel* oder *Ude Garami*.

Wenn der Gegner seine Arme um deine Taille legt, um dich unter Kontrolle zu bringen, blickst du hinunter, um zu erkennen, welche Hand auf der anderen liegt. Das ist der Arm, den du angreifen wirst. Beginn, indem du deine Hüften senkst und dich dann seitlich vom Gegner weg bewegst. Diese Aktion stärkt deinen Stand und verringert die Gefahr, dass du bei dem Versuch der Ausführung ausgehoben und zu Boden geworfen wirst. Ergreif das Handgelenk des höheren Arms deines Gegners – attackierst du seinen rechten Arm, ergreifst du das Handgelenk mit deiner Linken (und umgekehrt) – bring das Handgelenk deines anderen Arms unter den Ellenbogen des von dir anzugreifenden Arms. Drück sein Handgelenk nach unten und benutz dein Handgelenk unter seinem Ellenbogen als Hebelachse (Abb. 5.21a). Schieb deine Hand unter seinen Ellenbogen und ergreif das eigene Handgelenk. Diese Aktion versetzt dich in die Lage, den Hebel ausführen zu können (Abb. 5.21b). Lös seinen Griff um dich herum, indem du sein Handgelenk mit beiden Händen nach unten drückst und deine Hüften senkst. Dreh dich, um deinem Gegner gegenüberzustehen und klemm seinen Arm dabei weiterhin ein. Diese Position verursacht starken Druck auf den eingeklemmten Arm.

Nachdem du den Hebel gelöst und dich herumgedreht hast, hast du nun die Wahl. Zunächst einmal kannst du den Hebel fortsetzen. Spring auf deinen Gegner zu und setz einen Fuß weit zwischen seine Beine (Abb. 5.21c). Setz dich, roll den Geg-

Abb. 5.21 Ausbruch aus einem Rear Clinch

a b c

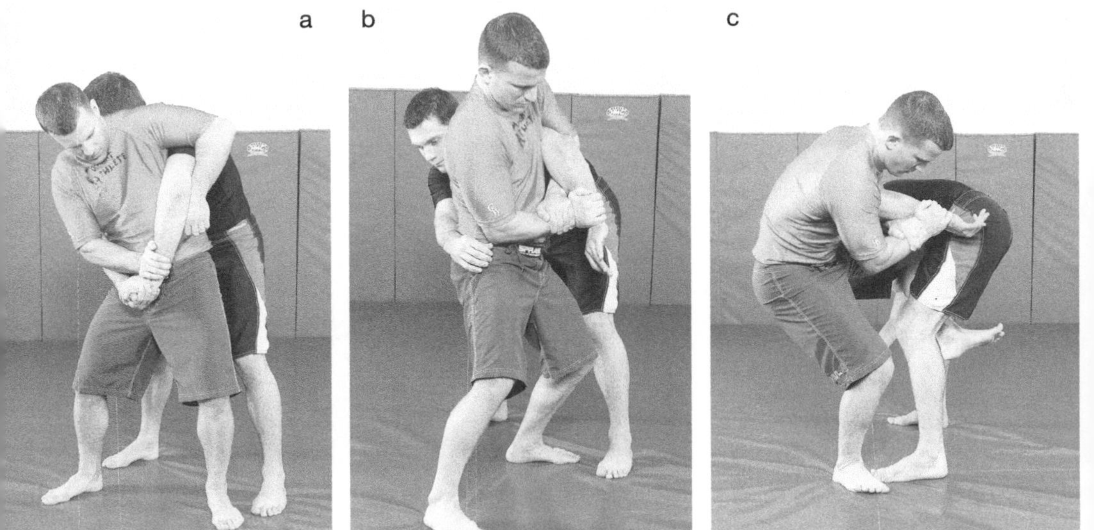

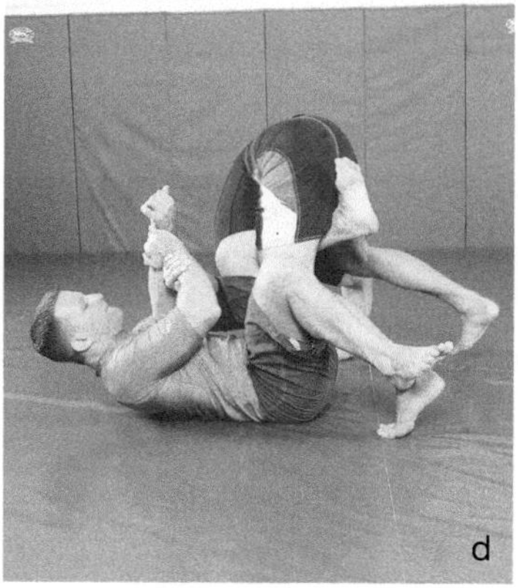

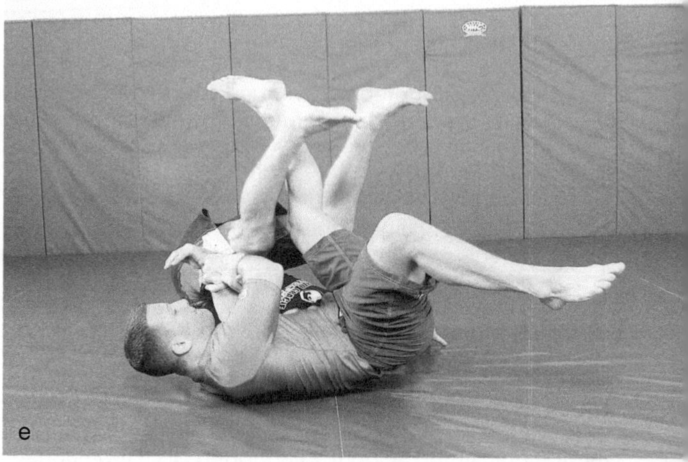

Abb. 5.21 (Fortsetzung)

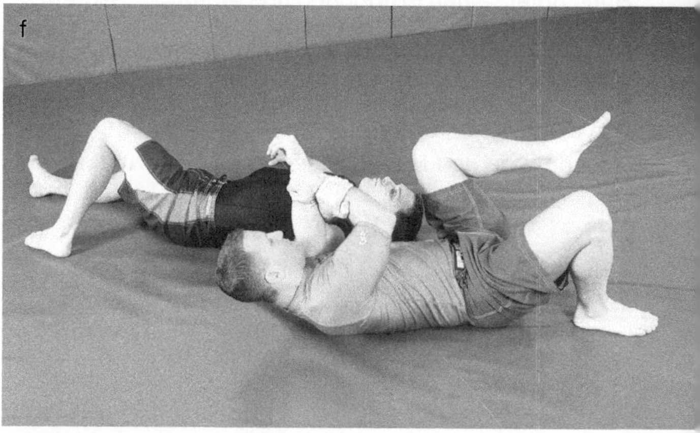

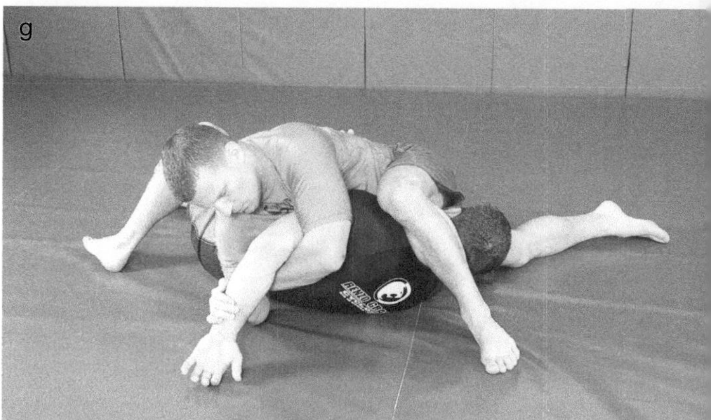

ner geschickt über dich hinweg und wende am Boden denselben Hebel an (Abb. 5.21d). Unterstütz die Bewegung, indem du deinem Gegner mit dem sich zwischen seinen Beinen befindenden Fuß einen kurzen Schubs versetzt (Abb. 5.21 e-g). Die zweite Option bietet sich, wenn du einen Bodenkampf vermeiden willst. In diesem Fall kannst du einfach loslassen und in die Phase der freien Bewegung zurückkehren.

Das Ausbrechen aus einem Front-Headlock-Clinch (Schwitzkasten)

Wir haben gesehen, dass der Schwitzkasten von vorn einer der dominantesten Clinchs ist. Ist der Gegner geübt, kann es sich dabei durchaus um eine Situation handeln, der du nur schwer entkommen kannst. Einer der besten Auswege aus dieser Situation ist der sogenannte *short-arm-drag* (*sinngemäße deutsche Übersetzung:* Ziehen mit dem kurzen Arm). Dazu greifst du mit dem eingeklemmten Arm nach oben, um den Ellenbogen des Gegners zu packen (Abb. 5.22a; Dabei ergreifst du den Ellenbogen des Arms, der um deinen Nacken liegt). Kannst du den Ellenbogen nicht erreichen, nimmst du die andere Hand zur Hilfe, um ihn in Reichweite herunter zu bringen. Hast du den Ellenbogen gepackt, reißt du ihn quer verlaufend vor dich und drehst dich dann hinter deinen Gegner. Du kannst deinen anderen Arm bei der Ausführung dieser Aktion um den Rücken des Gegners legen (Abb. 5.22b). Sollte dieser den Schwitzkasten am Boden ausführen, funktioniert die gleiche Aktion auch ebenso gut auf der Matte.

Abb. 5.22 Ausbruch aus einem *front-headlock*-Clinch von vorn

a

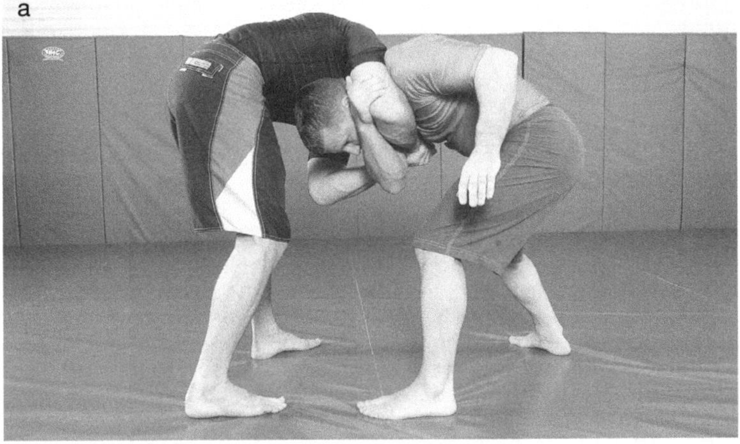

b

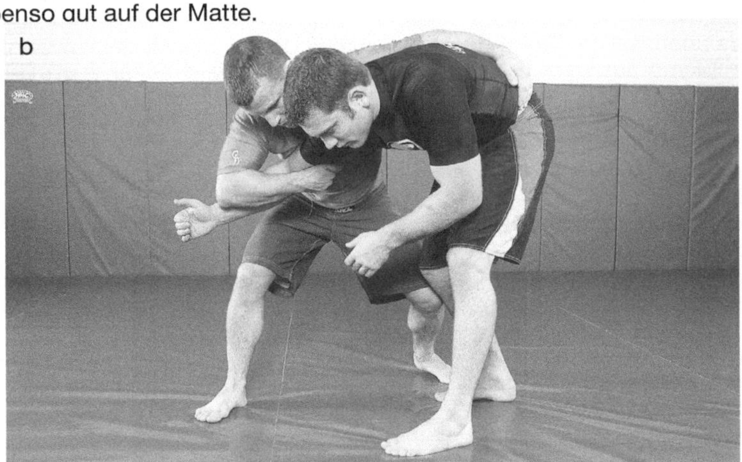

Clinch Drills

Bewegungsabläufe im Clinch zu erkennen und einzuüben, ist eine Sache für sich, doch um im Clinch wirklich richtig gut zu kämpfen, musst du auch in der Lage sein, Bewegungen in einer Sparring-Situation mit einem lebenden und sich zur Wehr setzenden Partner durchzuführen. Zahlreiche nützliche Drills versetzen die Kämpfer in die Lage, die Techniken, die Eigenschaften und das Feingefühl zu entwickeln, die man in einem richtigen Kampf braucht. Um den Drill in Gang zu halten, legst du für jeden einzelnen Drill ein dem Schwierigkeitsgrad angemessenes Zeitlimit fest. Bedenke, dass beide nachfolgend beschriebenen Drills müde machen. Am Anfang wirst du sie vielleicht nur ein paar Minuten mit voller Kraft ausführen können. Im Laufe der Zeit kannst du aber Fünf-Minuten-Runden ansetzen und die ganze Zeit kraftvoll mit sauberer Technik durcharbeiten.

Der Sumo Drill

Der Sumo Drill ist eine effektive Methode, um Kraft, Schnelligkeit und Reflexe im Clinch zu fördern. Noch wichtiger ist, dass er deine Fähigkeit ausbaut, den Gegner in Bewegung zu versetzen und ihn aus dem Gleichgewicht zu bringen. Es handelt sich dabei um einen körperlich anstrengenden Drill, der bei Anfängern schnell zur Erschöpfung führt. Mit dem Ausbau deiner Fähigkeiten wirst du jedoch Kraftaufwand durch Technik ersetzen und deshalb wesentlich länger durchhalten. Mehr als alles andere fördert der Sumo Drill die Technik des Kampfs mit den Händen, also den Kampf um überlegene Hand- und Armpositionen, die so wichtig für eine zuverlässige Stellung und die Vorbereitung von *takedowns* ist. Du wirst schnell feststellen, dass dir der Drill viel leichter fällt, wenn es dir gelingt, deine Hände in die des Gegners zu bringen.

Bei dem Drill selbst stehen du und dein Partner in einem Kreis. Ziel ist es, den Anderen aus dem Kreis zu stoßen. Für jeden Rauswurf gibt es einen Punkt. Eine weitere Methode, Punkte zu erzielen besteht darin, den Gegner hinunter zu reißen, sodass er mit einem Knie oder einer Hand den Boden berührt. Auch dafür gibt es einen Punkt. Wenn du versuchst, deinen Gegner aus dem Kreis zu schieben, wird er den Druck natürlich erwidern. Diese Reaktion bereitet deine Versuche vor, ihn hinunterzureißen. Schon bald entwickelst du die Fähigkeit, deinen Gegner durch Stoßen und Reißen völlig aus dem Gleichgewicht zu bringen. Diese Fähigkeit – mit dem daraus resultierenden Zuwachs an Ausdauer, Kraft und Koordination – erweist sich im richtigen Kampf als unerlässlich. Wenn du erst einmal in der Lage bist, deinen Gegner ohne große Probleme aus dem Gleichgewicht zu bringen, wird es dir auch viel leichter fallen, ihn im Clinch zu treffen, zu Boden zu bringen oder zur Aufgabe zu zwingen.

Der Griff-Eroberungs-Drill (Pummeling Drill)

Eine Fertigkeit, die im Clinch von wirklich entscheidender Bedeutung ist, besteht darin, sich beim Grappling zu einer dominanteren Position vorarbeiten zu können. Die absolut beste Methode, um diese Fähigkeit zu entwickeln, ist der Griff-Eroberungs- oder *Pummeling-Drill*.

Du fängst mit deinem Partner in einem *Over-Under*-Clinch an. Bei dieser Position handelt es sich um einen neutralen Clinch. Dahinter steht das Vorhaben, sich von hier aus zu einem dominanten Clinch vorzuarbeiten. Einen Punkt gibt es jedes Mal dann, wenn du hinter deinem Gegner in eine Clinchposition kommst: Bring seinen Kopf nach unten und setz einen *front-headlock* oder eine Guillotine an; oder heb ihn so hoch, dass seine beiden Füße den Boden verlassen. Es wird dir wesentlich leichter fallen, den Gegner anzuheben, wenn es dir zuvor gelingt, mit beiden Armen unter seine Arme zu gelangen (*Double-Underhooks-Clinch*). Diese Aktion verschafft dir eine starke Kontrolle über die untere Rückenpartie des Gegners und somit über seinen gesamten Körper, was das Heben deutlich vereinfacht. Dein Gegner wird dir deshalb keine eigenen *double underhooks* zugestehen, dafür aber hart kämpfen, um selbst welche bei dir ansetzen zu können. Folglich entwickelt sich das Ganze zu einem äußerst strapaziösen Gerangel um die stellungsbezogene Vorherrschaft. Sollte dein Gegner seine Arme unter deinen verhaken, musst du deine Hüften zurückziehen und dich quer zum Gegner stellen. Anschließend bringst du deine Arme wieder unter seine, um dir deine Position zurückzuerkämpfen. Misslingt dir dies, wird dich dein Gegner auf den Rücken werfen.

Der Griff-Eroberungs-Drill ist körperlich überaus anstrengend und macht absolut fit für die harte Arbeit im Oberkörper-Clinchkampf. Nichts anderes kann einen so hervorragend gut auf den immens wichtigen Kampf um die Positionskontrolle im Stand vorbereiten.

Ein ähnliches Verfahren gibt es auch für den Nacken-Clinch. Dahinter steht die Idee, den Partner in den Nacken-Clinch zu nehmen und deine Hände in Stellung zu halten, wobei sich deine beiden Arme an den Innenseiten seiner Arme befinden. Dadurch verschaffst du dir eine Innenseitenkontrolle und folglich ein dominantes Einsatzmittel. Dein Partner wird versuchen, deine dominante Clinchposition aufzulösen, indem er seine eigenen Hände, eine nach der anderen, unter deine schiebt, um sich auf diese Weise die Dominanz des Clinchs zurückzuerobern. Ein jeder der beiden muss versuchen, den Anderen daran zu hindern, die dominante Arminnenseiten-Position zu behaupten.

Versuch außerdem einen aufrechten Stand mit sich eng am Partner befindenden Hüften beizubehalten. Denk daran, dass einer der Hauptzwecke des Nacken-Clinchs darin liegt, den Kopf des Gegners unter Kontrolle zu bringen, um ihn mit Kniestößen zu traktieren. Befindet sich dein Kopf tief, ist das Risiko groß, dass du durch einen Kniestoß vor den Kiefer k.o. gehst. Steh deshalb bei diesem besonderen Drill aufrecht, die Hüften nach vorn ausgerichtet und halt deinen Kopf hoch. Wenn du dich nach vorn beugst, bist du nicht nur für Kniestöße anfällig, sondern es ist auch leicht, dich durch ein Reißen nach vorn oder ein Ziehen am Kopf aus dem Gleichgewicht zu bringen.

Mit zunehmender Sicherheit kannst du in deine Arbeit mit dem Nacken-Clinch auch Kniestöße integrieren. Führ diese Übung nicht zu hart aus. Ziele bei leichtem Kontakt auf Rippen, Magen und Schenkel. Wenn du zu fest triffst, sind Verletzungen die logische Folge. Sie werden deinem Training und somit auch deinen Fortschritten ein schnelles Ende bereiten. Es kommt darauf an, die Bewegungsabläufe und die Balance des Gegners zu kontrollieren und dabei gleichzeitig das eigene Gleichgewicht zu halten. Ist dies gelungen, sind die Kniestöße eine leichte Aufgabe; deshalb besteht kein Grund, im täglichen Training fest zuzulangen.

Wenn du hart an diesen Drills arbeitest, wirst du schnell die wichtigsten Techniken und Eigenschaften entwickeln, die du brauchst, um im Clinchkampf erfolgreich zu sein. Deine Fähigkeit, Bewegungen und Balance deines Gegners zu kontrollieren, während du dein eigenes Gleichgewicht hältst, wird sich rasant verbessern. Das ist definitiv das A und O für einen erfolgreichen Kampf im Clinch. Sämtliche Offensivtechniken im Clinchkampf – Schläge, Tritte, *takedowns* und Aufgabetechniken – basieren auf dieser Kontrolle von Bewegung und Gleichgewicht. Schon bald wirst du die Stellungsstrategie, in einer angespannten Situation nach besserer Position und Kontrolle zu suchen, umsetzen und nicht mehr nur widerstandslos irgendwelche Bewegungen wiederholen. Diese Übungsebene ist dem Druck, unter dem man in einem richtigen Kampf steht, sehr ähnlich und somit eine ausgezeichnete Vorbereitung. Sie ist dem Sparring im Clinch gleichwertig und spielt dieselbe wichtige Rolle wie das Sparring in der Phase der freien Bewegung.

VI. Der Bodenkampf

Vor dem Aufkommen des Mixed Martial Arts (MMA) Wettbewerbs in den frühen Neunzigerjahren in Nordamerika und Japan blieb der Bodenkampf in den etablierten Kampfsportkreisen völlig unbeachtet. Niemand sprach wirklich darüber oder schenkte ihm irgendwelche Aufmerksamkeit, und die wenigen Sportarten, die sich einer ernst zu nehmenden Bodenarbeit widmeten – Judo, Sambo, Ringen und Shootfighting – waren relativ unpopulär. Ringen wurde noch nicht einmal als Kampfkunst betrachtet, sondern als ein Schulsport, der für den wirklichen Kampf nahezu bedeutungslos war.

Die Existenz des Brazilian Jiu Jitsu, einer Jujitsu-Variante, die im Laufe der Zeit durch die brasilianische Familie Gracie perfektioniert worden war, war praktisch der gesamten Welt des Kampfsports unbekannt. Die Gracies widmeten dem Studium des Bodenkampfs eine Menge Zeit und setzten ihn in ihrem Heimatland in zahlreichen genehmigten und nicht genehmigten Kämpfen in die Praxis um. Diese praktische Erfahrung verschaffte ihnen in Bezug auf die Kampfphase am Boden einen gewaltigen Vorsprung vor allen anderen Kampfsportarten. In Brasilien machten sich die Gracies einen guten Ruf als Kämpfer und verbuchten einen enormen Erfolg bei dortigen MMA-Veranstaltungen. Allerdings übertrug sich der lokal begrenzte Ruhm nicht auf die etablierten Kampfkünste außerhalb Brasiliens.

Das änderte sich jedoch, als das erste MMA-Turnier, *„The Ultimate Fighting Championship (UFC)“* 1993 in Denver, Colorado, veranstaltet wurde. Für die meisten Kampfsportler stellte dieses Turnier ein revolutionäres Konzept dar. Dahinter stand die Idee, verschiedene Kampfstile mit Hilfe weniger Regeln miteinander zu vergleichen; in Wirklichkeit waren bei den ersten UFC-Meisterschaften nur Stiche in die Augen verboten. Dieser Modus war der logische Weg den Jahre währenden Streit beizulegen, welcher Kampfstil denn nun der effektivste sei, eine Frage, die es während der gesamten Geschichte der Kampfkunst gegeben hatte. Nur wenige Menschen sind sich der langen Geschichte der MMA überhaupt bewusst, die schon im frühen 20. Jahrhundert in Europa, Nordamerika und Japan ihren Lauf genommen hatte. Erinnerungen sind kurzlebig, und nur wenige im Publikum wussten von den Herausforderungskämpfen des *Fusen-Ryu*, von der Arbeit Maedas und Yuko Tanis oder von den amerikanischen *Catch Wrestlers*. Sogar noch wenigere wussten etwas von den Gracies und deren 60-jähriger Geschichte und ihrer MMA-Leistungen.

Zum Entsetzen des Kampfsportetablissements (und vielfach zu dessen Betroffenheit), wurde das Geschehen völlig von einem kaum bekannten Jiu Jitsu-Kämpfer namens Royce Gracie beherrscht. Was die Leute besonders verblüffte war die zerbrechliche Erscheinung Gracies, gerade einmal 77 Kg schwer und mit einem völlig unscheinbaren Körperbau. Die meisten anderen Wettkampfteilnehmer sahen robust aus und traten mit beeindruckenden Empfehlungen an. Trotzdem hatte Gracie kaum Schwierigkeiten, sie zur Aufgabe zu zwingen. Er bezwang diese kraftstrotzenden und gefährlichen Gegner nicht nur, er tat dies zudem noch mit geringer Anstrengung und einem absoluten Minimum an Blutvergießen und Gewalt. Er gewann durch den Einsatz von Aufgabegriffen, eine Art zu siegen, die in der etablierten Kampfsportgemeinde, die Schlag- und Tritttechniken in den Vordergrund stellte, selten Anwendung fand. Die Leute erwarteten einen Prügelkampf, mit harten Treffern als Mittel zum Sieg. Sie waren erstaunt zu sehen, wie solche stark aussehenden Männer aufgrund von harmlos aussehenden Hebeln und Würgern, bei denen kein Blut floss, aufgaben.

So bemerkenswert diese auch war, es war nur die Vorgeschichte einer langen Reihe von MMA-Turnieren, die von den Grapplingstilen vollkommen beherrscht wurden. In jedem Kampf wurde ein Muster erkennbar. Die Kämpfe begannen mit einem Trommelfeuer aus Schlägen und Tritten und gingen schnell in den Clinch über; danach verlagerten sie sich auf den Boden. Waren sie erst einmal auf dem Boden, hatten die in den Grapplingstilen geübten Kämpfer einen enormen Vorteil und gewannen mit Leichtigkeit. Nach kurzer Zeit dämmerte es der Welt des Kampfsports, dass die am meisten missachteten Elemente des Kampfs – Grappling und Bodenkampf – vielleicht doch die wichtigsten Elemente eines Kampfs waren.

Bei den frühen MMA-Veranstaltungen war Brazilian Jiu Jitsu führend, das sich - beinahe alles andere ausschließend - auf das Bodengrappling konzentrierte. Die Brasilianer, die sich auf die Kunst, die stellungsbezogene Vorherrschaft zu erkämpfen und danach die Aufgabe zu erzwingen, spezialisierten, räumten das Feld auf und verschafften sich den Ruf der Unbesiegbarkeit im MMA-Kampf. Fast über Nacht wurde die Kampfsportwelt auf den Kopf gestellt, und Bodengrappling wurde zum Maßstab der Kampfkunst. Mehr als irgendetwas anderes bewiesen diese frühen MMA-Veranstaltungen, wie enorm wichtig die Bodenphase im richtigen Kampf war. Gleichzeitig zeigten sie, wie sehr man sie in der modernen Kampfsportszene vernachlässigt hatte. Darüber hinaus wurden viele Mythen der Kampfkünste als unhaltbar bloßgestellt. Traditionelle Konzepte wie z.B. „One strike, one kill", wurden nun unter Kampfbedingungen als unmöglich entlarvt. Die oft gehörte Behauptung „Mich bringt keiner zu Boden" klang nun wirklich ziemlich unglaubwürdig. Das MMA-Geschehen war wie ein Windstoß, der alle angestaubten Klischees der Kampfsportszene wegblies und einen ungetrübten Blick auf das frei machte, was im richtigen Kampf wichtig und machbar war.

Zwei Betrachtungsweisen der Bodenphase

Als die MMA-Wettbewerbe die große Bedeutung der Bodenphase des Kampfs zum ersten Mal deutlich werden ließen, gab es zwei unterschiedliche Reaktionen. Grappler nahmen die Bestätigung der Wirksamkeit ihres Kampfstils mit Freude zur Kenntnis. Traditionelle Schlag- und Trittexperten zeigten sich hingegen allgemein entsetzt, da der Bodenkampf ihrem Spezialgebiet im Wesentlichen einen Strich durch die Rechnung machte. Im Verlauf des letzten Jahrzehnts haben sich diese Gegensätzlichkeiten in den Standpunkten trotz der Weiterentwicklung der MMA hartnäckig gehalten. In der Tat haben die meisten Kämpfer immer noch eine klare Vorliebe entweder für den Bodenkampf oder aber für den Kampf im Stehen; nur ein geringer Prozentsatz kommt mit beidem gleich gut zurecht. Diese Loyalität gegenüber einem Stil hat seinen Grund in der Tatsache, dass die meisten Kämpfer mit einem Kampfstil begonnen haben, bei dem der Schwerpunkt auf einer bestimmten Kampfphase liegt. Boxer und Kickboxer bevorzugen eher den Standkampf, Grapplers hingegen den Bodenkampf. Abhängig von ihrer Ausgangssportart, haben Kämpfer immer noch eine eindeutige Tendenz, in der Bodenphase entweder Himmel oder Hölle zu sehen, womit wir es mit zwei grundlegenden Auffassungen zu tun haben.

1. Der ersten Auffassung zufolge, ist die Bodenphase das Beste, was man aus einem ohne Waffen geführten Mann-gegen-Mann-Kampf machen kann, da genau dort das höchste Maß an stellungsbezogener Kontrolle möglich ist. Dies ist das Mittel, mit dem ein Kämpfer die Schlag- und Trittoffensive eines Gegners zunichte machen kann und über das er Aufgabegriffe einsetzen kann, die es ihm ermöglichen, den Kampf effizient zu gewinnen. Natürlich ist diese Einstellung das Markenzeichen der Grapplingspezialisten. Wir haben gesehen, dass die modernen Grapplingstile des Jujitsu die besten Beispiele für diese Auffassung geliefert haben. Mataemon Tanabe, Yukio Tani, Maeda und vor allem die Gracie-Familie haben die Bodenphase allesamt als den Weg gepriesen, mit dem man einen Kampf beherrscht und kontrolliert.

2. Die zweite Auffassung ist die, dass die Bodenphase eine unvermeidbare, aber unerwünschte Phase des Kampfs ist. Ein Kämpfer muss wissen, wie er so schnell und effizient wie möglich wieder aus der Bodenphase herauskommt, um zurück in den Stand zu gelangen. Gelingt ihm das nicht, muss er genügend Grapplingtechniken kennen, um am Boden zu überleben – so zum Beispiel, wie man Aufgabe- und gefährliche Haltegriffe vermeidet – bis die Runde beendet ist oder der Schiedsrichter eingreift. Diese Auffassung ist in der Regel die von Kämpfern, die aus dem Bereich der schlagenden bzw. tretenden Kampfstile kommen. Ihr wirkliches Interesse besteht darin, den Kampf in ihrer Lieblingsphase, nämlich der der freien Bewegung zu halten. Dennoch sind sie sich der Wahrscheinlichkeit, aus dieser Phase herausgebracht und in einen Bodenkampf verwickelt zu werden, bewusst und erkennen die Notwendigkeit, sich mit dem Bodengrappling zu beschäftigen.

Eine dritte Auffassung, die keine ernsthafte Aufmerksamkeit verdient, wird häufig von vielen innerhalb der traditionellen Kampfsportgemeinschaft vertreten. Dabei geht es um die Behauptung, der Boden sei in einem richtigen Kampf der schlimmste Ort und dass sie folglich erst gar nicht zu Boden gingen. Diese Einstellung war in den frühen Tagen der MMA verbreitet, wird seitdem jedoch von nahezu allen vernünftigen Kampfsportlern abgelehnt. Die Erfahrung hat immer wieder die Unvermeidbarkeit des Bodenkampfs in der echten Auseinandersetzung unter Beweis gestellt. Zu behaupten, dass man nicht zu Boden geht, bedeutet, die Augen vor der empirischen Beweisführung zu verschließen, die das Gegenteil belegt. Selbst diejenigen, die dem Bodenkampf nicht den Vorzug geben, räumen fast immer die Notwendigkeit ein, sich ernsthaft mit dieser Kampfphase zu beschäftigen und sei es nur, um sie so weit wie möglich zu vermeiden. Insofern müssen wir diese dritte Betrachtungsweise nicht als ernsthaft betrachten.

Das moderne Jujitsu und die Bodenphase

Es ist ziemlich klar, dass sich die modernen Jujitsustile – von den Anfängen des *Fusen Ryu* bis zu den Veränderungen durch Maeda und die Gracies – in eine Richtung entwickelt haben, die sich grundlegend vom Rest der Welt des Kampfsports unterscheiden. Keine anderen Stile rücken die Kampfphase am Boden dermaßen in den Brennpunkt, weshalb man sich fragen muss, wieso man gerade hier den Boden als besten Ort zur Austragung des Kampfs ausgewählt hat. Um diese Frage zu beantworten, muss man die Grundlagen der gesamten Kampfphasentheorie sowie der stellungsbezogenen Dominanz umreißen, die die Eckpfeiler des modernen Jujitsu bilden.

Der Kerngedanke des modernen Jujitsu ist die Theorie, dass man das Kämpfen in bestimmte Phasen unterteilen kann, von denen sich jede einzelne erheblich von den anderen unterscheidet. Die enormen Unterschiede zwischen den einzelnen Phasen verlangen von den Kämpfern, dass sie separate Techniken und Eigenschaften entwickeln, um in den jeweiligen Phasen erfolgreich sein zu können. Dadurch kommt es häufig vor, dass ein Kämpfer in einer oder zwei Phasen des Kampfs stark, in einer anderen aber erschreckend schwach ist. Leute wie Tanabe, Maeda und die Gracies stellten allesamt fest, dass die meisten Kampfstile große Defizite beim Bodenkampf aufwiesen, was Kämpfer, die sich solchen Stilen verschrieben hatten, für geübte Bodengrappler angreifbar machte, sobald sich der Kampf erst einmal in der Bodenphase befand.

Ein weiterer Gesichtspunkt ist der Gedanke, dass die wirkungsvollste Taktik, die man in einem richtigen Kampf anwenden kann, darin besteht, sich selbst ständig in eine Position zu bringen, aus der heraus man seinen Gegner ungehindert angreifen kann, während er dazu gleichzeitig keine Möglichkeit hat. Nach dieser Methode vorzugehen ist fast, als würde man dem Gegner Handschellen anlegen, bevor man gegen ihn antritt. Ein ähnliches Ergebnis kann man erzielen, indem man seinem Gegner gegenüber eine dominante Position erkämpft. Der einfachste Ort, an dem man diese stellungsbezogene Dominanz erringen kann, ist der Boden, da dieser einem eine Plattform bietet, auf der man einen Gegner festsetzen und seine Bewegungsfreiheit einschränken kann. Mach dir darüber hinaus klar, dass sich die Meisten ihrer Natur nach nicht effizient am Boden bewegen können (da wir den größten Teil unserer Wachzeit in aufrechter Haltung verbringen), und du wirst sehen, dass der Boden ein guter Ort ist, um diese Stellungsstrategie anzuwenden.

Zuletzt gibt es da noch die simple Tatsache, dass der Bodenkampf im richtigen Kampf unvermeidbar ist. Eine überproportional große Anzahl der Kämpfe endet am Boden, weil die Erfolg versprechendsten Wege, einen Sieg zu erringen, insbesondere daraus resultierten, dass man einen Kampf auf den Boden verlagert. Wirst du beispielsweise von einem kraftvollen Schläger getroffen, wirst du zu Boden geschlagen. Wirst du von einem kraftvollen Judoka geworfen, wirst du zu Boden geworfen. Nimmt dich ein wesentlich größerer Angreifer in einen Klammergriff, stolperst du und fällst zu Boden. Diese Vorgänge zeigen, warum die Bodenphase in den meisten Kämpfen derart unvermeidbar ist. Für die Kämpfer ist es darum überaus sinnvoll, dieser Kampfphase erhebliche Aufmerksamkeit zu widmen und ihre Bedeutung im Training entsprechend zu würdigen.

Der Übergang aus dem Stand in die Bodenphase

Ein Standkampf kann sich auf verschiedene Weise auf den Boden verlagern, und jede davon kommt häufig im Verlauf eines richtigen Kampfs vor. In den meisten Fällen vollzieht sich der Übergang schnell. Sei also darauf vorbereitet! Ein Kampf kann infolge irgendeines der nachfolgend beschriebenen Szenarien in die Bodenphase übergehen:

Ein *knockdown* infolge von Treffern: Der Umgang mit diesem Übergang auf den Boden ist besonders schwierig, da du normalerweise von dem Treffer benommen bist. Während du am Boden liegst, musst du wieder klare Gedanken fassen und dich verteidigen. Recht oft folgt dir dein Gegner noch nicht einmal auf den Boden, sondern bleibt über dir stehen und tritt dir in die Beine.

Ein aus weiter Entfernung angesetzter *Takedown*versuch: Diese Methode wird von vielen Ringern und Jujitsu-Kämpfern bevorzugt. Bei den frühen MMA-Veranstaltungen spielte sie eine bahnbrechende Rolle, als Beobachter über die scheinbare Leichtigkeit erstaunt waren, mit der Grappler aus großer Entfernung zum *takedown* gegen ihre überraschten Gegner ansetzten und ihnen die Beine wegzogen.

Ein *takedown* oder ein Stürzen aus dem Clinch heraus: Recht oft geraten zwei Kämpfer beim Schlagabtausch oder als Folge eines *high shot* miteinander in den Clinch. Befindet sich der Kampf erst einmal im Clinch, ist die Wahrscheinlichkeit groß, dass er von da aus auf den Boden verlagert wird. Manchmal liegt das an der ganz bewussten Absicht eines der beiden Kämpfer; das heißt, dass er vorsätzlich einen *Takedown*versuch unternimmt. Bei anderen Gelegenheiten handelt es sich dabei um die unvermeidbare Auswirkung des extremen Drucks, den beide Kämpfer gegeneinander ausüben, wenn sie sich mit vollem Einsatz bekämpfen, ohne dass ein Schiedsrichter eingreift, um den Clinch zu beenden. Meistens stolpern beide einfach und fallen zu Boden. Dies entspricht dem Muster der meisten MMA-Kämpfe, und noch häufiger kommt es zwischen untrainierten Menschen in Straßenkämpfen vor, bei denen es den Kämpfern an Gleichgewichtssinn und Athletik mangelt.

Man sieht also, wie groß die Wahrscheinlichkeit ist, dass der Kampf über einen dieser Wege letztlich am Boden endet – deshalb auch die Wichtigkeit des Bodentrainings, was die meisten modernen MMA-Kämpfer auch akzeptieren.

Charakteristische Merkmale des Bodenkampfs

Die ersten MMA-Veranstaltungen zeigten der Kampfsportwelt, wie sehr sich der Bodenkampf von den vertrauteren Phasen des Kampfs unterschied. Recht häufig befand sich ein Kämpfer in Schwierigkeiten, bis der Kampf am Boden weiterging. Dann plötzlich wurde der bis dahin überlegene Kämpfer in einer völligen Umkehr des Geschehens am Boden besiegt. Der Grund hierfür war der Unterschied zwischen den Positionen im Stand und am Boden. Das soll nicht heißen, dass es keine Überschneidungen zwischen Stand- und Bodentechniken gibt; dennoch sind die Unterschiede bedeutsam genug, dass sich das Wesen des Kampfs entscheidend verändert, sobald er in die Bodenphase übergeht. Der Übergang war das, was so viele in den stehenden Phasen talentierte Kämpfer am Boden vollkommen versagen ließ. Wir können unser Verständnis der Bodenphase verbessern, indem wir die wichtigsten Punkte herausstellen, die zum Tragen kommen, wenn sich ein Kampf auf den Boden verlagert. Der größte Unterschied zwischen der Bodenphase und allen anderen Phasen des Kampfs, besteht darin, dass das Ausmaß an positionsbezogener Kontrolle und Dominanz am Boden dramatisch ansteigt. Hierfür gibt es eine Reihe von Gründen:

- *Für die meisten ist die Mobilität am Boden schwierig.* Der Grund dafür ist simpel. Wir verbringen die meiste Zeit unseres wachen, erwachsenen Lebens im Stehen oder Sitzen. Folglich führen wir die meisten Bewegungstechniken im Alltag im Stehen aus. Die meisten Menschen lernen niemals die Techniken effektiver Bewegung in der Rückenlage. Infolgedessen bewegen sie sich schlecht, wenn sie zu Boden gebracht werden, wobei sie viel Energie aufwenden, aber nur wenige Ergebnisse erzielen. Denk daran: Bodenkämpfer werden gemacht, nicht geboren! Willst du am Boden Erfolg haben, musst du die für die Bodenphase richtigen Bewegungsmuster erlernen.
- *Wenn sich unerfahrene Bodenkämpfer bewegen, begeben sie sich normalerweise in noch größere Gefahr.* Begreift man die beim Bodenkampf möglichen Positionen nicht richtig, werden die Bewegungen am Boden in der Regel schlecht koordiniert. Oft sieht man, wie kraftvolle, aufbrausende Kämpfer, die im Bodenkampf nicht sonderlich geübt sind, einen enormen Kraftaufwand betreiben, um aus einer einzigen ungünstigen Position herauszukommen, nur um in eine andere, noch schlechtere Position zu geraten. Dies kommt von fehlenden Bodenkampfkenntnissen und mangelndem Bodentraining. Würden sie wissen, wozu die verschiedenen Positionen gut sind, welche man meiden sollte und welche erstrebenswert sind, wären sie in der Lage, sich selbst zu retten.
- *Der Boden selbst spielt eine entscheidende Rolle.* Der Boden bietet eine effektive Fläche, auf der man einen Gegner festhalten und ihn daran hindern kann, sich mit Leichtigkeit zu bewegen. Er ermöglicht den wirksamen Einsatz des Körpergewichts, um einen Gegner zwischen eigenem Körper und Boden einzuklemmen. Im Stand können Kämpfer einen ähnlichen Trick anwenden, indem sie einen Gegner gegen eine Wand drücken. Die Wand (wie auch der Boden) übernimmt nun die Rolle einer Bewegungssperre. Die Situation am Boden jedoch kontrolliert noch stärker als an der Wand, da du (mit Hilfe der Erdanziehung) dein gesamtes Körpergewicht auf deinem Gegner lasten lassen kannst, um ihn bewegungsunfähig zu machen.
- *Weil am Boden eine stärkere Kontrolle möglich ist, sind Aufgabegriffe dort besonders wichtig.* Das Anbringen eines Aufgabegriffs ist schwierig, so lange sich der Gegner frei bewegen kann. Da die Bewegungsfreiheit am Boden weitgehend eingeschränkt werden kann, ist die Anwendung von Aufgabegriffen

hier wesentlich einfacher. Die Ausübung einer kraftvollen Kontrolle über die Bewegung eines Gegners geht den meisten Aufgabegriffen voraus. Diese Taktik ist am einfachsten, wenn die Kämpfer sie am Boden anwenden.

- *Das Schlagen am Boden unterscheidet sich grundlegend vom Schlagen im Stand.* Im Stand geht es beim erfolgreichen Schlagen größtenteils um den explosionsartigen Einsatz des Körpergewichts im richtigen Augenblick und mit dem richtigen Abstand. Am Boden ist das nicht der Fall. Beim Bodenkampf ist erfolgreiches Schlagen das Ergebnis von überlegener Position und Kontrolle. Das Timing, das beim Schlagen im Stand so überaus wichtig ist, ist für das Schlagen am Boden nahezu bedeutungslos, da sich der Gegner nicht ungehindert bewegen kann. Aus dem selben Grund ist am Boden auch der Abstand ein wichtiger Aspekt, den es zu beachten gilt. Da für die Kämpfer Bewegungen aus der Hüfte in Bodenkampfpositionen weitaus schwieriger sind, beschränkt sich das Schlagen eher auf ein Drauflosprügeln und eröffnet weniger die Möglichkeit eines blitzschnellen Knockouts.

Der Sieg in der Bodenphase

Wir haben uns bemüht klarzustellen, dass die Bodenphase des Kampfs der Abschnitt ist, in dem die meisten Kämpfe gewonnen und verloren werden. Treffen zwei ungeübte Kämpfer aufeinander, landen sie immer auf dem Boden. Der größere, stärkere und aggressivere Kämpfer setzt sich normalerweise durch, besonders dann wenn er obenauf landet. Diese Tendenz ändert sich jedoch, wenn Können und Technik ins Spiel gebracht werden. Ein geübter Grappler kann sein Wissen über positionsbezogene Halte- und Ausweichtechniken dazu nutzen, einem Gegner zu entkommen und ihn zu kontrollieren. Darüber hinaus kann er Aufgabegriffe einsetzen, um einen Gegner zu hebeln oder zu würgen und so sogar einen größeren und kräftigeren Gegner besiegen. Und tatsächlich ist es für einen geübten *Grappler* sogar sehr gut möglich sich durchzusetzen und den Sieg zu erringen, wenn er den Bodenkampf unter seinem Gegner liegend beginnt – auch wenn er dafür ein wenig härter arbeiten muss. Derartige Abläufe wurden bei MMA-Veranstaltungen schon viele Male gezeigt und sind für die meisten Kampfsportler keine Überraschung mehr. Die beiden häufigsten Mittel, die beim Bodenkampf zum Erfolg führen sind folgende:

- Das Einnehmen einer dominanten Position, anschließendes Schlagen des Gegners mit ausreichender Kraft und Härte, um ihn zur Aufgabe zu zwingen, Ausknocken, das Herbeiführen eines Schiedsrichterabbruchs oder Sieg nach Schiedsrichterentscheidung. Diese Strategie kann mit einem variierenden Maß an Raffinesse verfolgt werden. Wenn du wesentlich größer und stärker als dein Gegner bist, reicht es normalerweise, sich eine beliebige Oberlage zu verschaffen und einfach auf deinen Gegner einzuprügeln. Diese *Ground-and-Pound*-Methode ist bei MMA-Kämpfen unter den Ringern beliebt und konnte bislang sicherlich einige Erfolge erzielen. Allerdings verzeichnete sie auch viele bemerkenswerte Pleiten, insbesondere dann, wenn beide Kämpfer gleich groß waren. Ein wesentlich sinnvollerer Ansatz ist die Anwendung der dem modernen Jujitsu zugrunde liegenden Positionsstrategie. Dahinter steht der Gedanke, ständig auf der Suche nach einer besseren, dominierenderen Position zu sein, in der es unwahrscheinlich ist, dass ein eigener Schlag- bzw. Trittangriff unterbunden oder von einem versierten Gegner gekontert wird. Eine solche Position erhöht die Effektivität deines Angriffs beträchtlich und macht es unwahrscheinlich, dass dein Gegner deinen Angriff mit Aufgabeversuchen unterbrechen kann.
- Das Einnehmen einer dominanten Position, mit anschließendem Versuch, den Kampf mit Hilfe eines Aufgabegriffs zu beenden. Hierbei handelt es sich um

eines der charakteristischsten Merkmale der verschiedenen Grapplingstile, insbesondere im Bereich des modernen Jujitsu. Diese Aufgabegriffe zeichnen sich durch eine beeindruckende Eigenschaft aus – eine bemerkenswerte Demonstration der Kunst, einen Kampf mit einer unblutigen Präsentation reiner Grapplingtechnik zu gewinnen. In diesem Zusammenhang präsentiert sich modernes Jujitsu als eine Kunst und nicht als ein blutiges, gladiatorengleiches Kräftemessen, in dem sich nur Ausdauer und Stärke durchsetzen.

Im wirklichen Kampf werden diese beiden Ansätze normalerweise miteinander vermischt. Fast immer verfügt der Gegner neben starken Abwehrtechniken über grundlegende Aufgabegriffe. (Das gilt jedoch nicht für den Straßenkampf, da dein Gegner mit ziemlicher Sicherheit kein Grapplingtraining absolviert hat). Häufig macht dieser Umstand den Einsatz von Schlägen bzw. Tritten erforderlich, um seine Verteidigung aufzubrechen. Wenn er auf einen Angriffswirbel reagiert, werden seine Extremitäten bloßgestellt, was das Anbringen von Aufgabegriffen sehr erleichtert.

Strategie und Taktik in der Bodenphase

Hinter dem großartigen Erfolg des Jujitsu bei MMA-Kämpfen verbirgt sich eine allgemeine Technik. Eine grobe Darstellung dieser Technik haben wir bereits gesehen; nun ist es an der Zeit, uns mit den Besonderheiten zu beschäftigen. Sobald der Kampf auf den Boden verlagert wird – egal ob zufällig oder absichtlich, können die beiden Kämpfer in viele verschiedene Positionen zueinander geraten. Diese Positionen können entsprechend ihrem Ausmaß an Kontrolle und Dominanz, die sie dem einen Kämpfer über den anderen ermöglichen, in eine Rangfolge gebracht werden. Kontrolle und Dominanz werden deshalb in Bezug auf das Ausmaß gesehen, mit dem es dir eine Position ermöglicht, den Gegner mit Treffern und Aufgabegriffen anzugreifen und gleichzeitig dessen Möglichkeiten einschränkt, dasselbe zu tun. Einige Positionen sind neutral und verschaffen keinem der Kämpfer einen wirklichen Vorteil. Andere sind untergeordnet und erlauben es deinem Gegner, zu entscheiden, wann und wie er angreift, während sie es dir schwer machen, selbst mit Angriffen zu kontern. Würdest du die Positionen umkehren, befändest du dich natürlich in einer überlegenen Position.

Zusätzlich zum Kampf um die Position gibt es auch den Kampf um den endgültigen Sieg – der Kampf, der deinen Gegner aufgeben lässt. Vergiss nicht: *Die positionsbezogene Kontrolle ist nur ein Mittel, um das Ende herbeizuführen.* Dieses Ende ist es dann, das dafür sorgt, dass dein Gegner aufgibt. Unter diesem Aspekt betrachtet siehst du, dass Beendigungstechniken (Treffer setzen und Aufgabegriffe) – absolut entscheidend sind. Nur wenige geben auf, weil sie einfach nur festgehalten werden, aber fast jeder gibt auf, wenn er festgehalten und hart getroffen wird und ein so starker Druck auf eines seiner Körperteile ausgeübt wird, dass dieses zu brechen droht oder er gewürgt wird. Es ist verlockend zu glauben, dass Beendigungstechniken *die* wichtigsten Techniken beim Bodenkampf sind, da sie ja direkt eingesetzt werden, um einen Gegner zur Aufgabe zu bewegen. Daran ist etwas Wahres. Besitzt du aber nicht die Fähigkeit, einen Gegner zuerst einmal zu kontrollieren (und das geschieht durch das Einnehmen einer guten Position), wird es dir schwer fallen, irgendeinen Aufgabegriff erfolgreich anzusetzen. Deshalb sollte man ruhig sagen, dass Positionstechniken und Aufgabetechniken ungefähr gleich wichtig sind. Obwohl es wahr ist , dass die Positionskontrolle nur ein Mittel zur Ausführung der Beendigungstechniken (Schläge, Tritte und Aufgabegriffe) ist, ist es ebenso wahr, dass das angestrebte Ende ohne die Positionskontrolle recht unwahrscheinlich ist. Mit anderen Worten: Positionskontrolle und Beendigungstechniken sind voneinander abhängig und somit müssen die Kämpfer beiden Elementen die gleiche Aufmerksamkeit widmen.

Wichtige Bodenpositionen

Wir haben gesehen, dass die Positionskontrolle und der Übergang von einer Position zu anderen dominanteren Positionen die Grundlage für den Erfolg am Boden bilden. Nun ist es an der Zeit, die wesentlichen Positionen vorzustellen, die am Boden vorkommen.

Wenn zwei Kämpfer mit dem Grappling am Boden beschäftigt sind, können sie irgendeine von vielen Positionen einnehmen. Darüber hinaus gibt es von jeder Position zahlreiche Varianten. Trotzdem können wir die grundlegenden Positionen des Bodenkampfs weitgehend in einer simplen Zusammenstellung kategorisieren, die auch von einem Anfänger leicht verstanden werden kann und die das Gerüst des Stellungsspiels eines Bodenkämpfers bildet. Diese Positionen sind ihrer jeweiligen Dominanz entsprechend angeordnet, beginnend mit der dominantesten Position (der *top-rear mount*) und von dort aus absteigend bis hin zu den neutralen Positionen (*Guard* und *half-guard*). Mach dir klar, dass die schlechtesten Lagen, die sind, bei denen man sich unter den dominanten Positionen befindet. Folglich ist die Unterlage bei der *top-rear mount* die am wenigsten wünschenswerte Position, in die man geraten kann.

Die *Rear-mounted-Position* (Mount von hinten)

Von allen wichtigen Positionen, die bei einem Bodenkampf vorkommen können, ist die *Rear-Mounted*-Position oder einfach *rear mount* wohl die beste. Sie bietet eine fantastische Kombination aus Kontrolle und offensiver Durchschlagskraft in Form von Aufgabegriffen und Treffern. Gleichzeitig macht sie es deinem Gegner schwer, dich wirkungsvoll anzugreifen, insbesondere dann, wenn er kein versierter Grapplingtechniker ist.

Als Kämpfer hast du zwei verschiedene Möglichkeiten, die *rear mount* anzuwenden. Zunächst einmal kannst du dich entweder über dem Gegner (Abb. 6.1a) oder unter ihm (Abb. 6.1b) befinden. Obenauf zu sein, bietet dir ein wenig mehr Kontrolle, besonders dann, wenn du deinen Gegner strecken kannst, indem du deine Hüften gegen seine untere Rückenpartie nach vorn schiebst. Obwohl es bei dieser Bewegung zahlreiche Alternativen gibt, ist der von hinten angesetzte *Naked-Sleeper*-Würgegriff, kurz auch einfach nur *Sleeper*-Griff (*hadaka jime*) genannt, die gängigste Methode, um mit einem Gegner aus dieser Position heraus fertig zu werden.

Bei der *bottom-rear mount* befindest du dich hinter deinem Gegner und legst deine Beine um ihn herum, wobei du die Füße an die Innenseiten seiner Hüften bringst. In dieser Position erfüllen deine Beine und Füße eine entscheidende Aufgabe: Sie arretieren dich am Platz und funktionieren dabei wie Sporen, die dich in die Lage versetzen deinen Gegner zu „reiten", egal in welche Richtung er sich rollt und bewegt. Pass auf, dass du deine Füße in dieser Position nicht kreuzt, da der Gegner ansonsten ganz leicht einen simplen, aber wirkungsvollen Fußhebel gegen dich einsetzen könnte. Setz deine Füße deshalb einfach mit ausgestreckten Zehen in seine Hüften. Auch wenn es für deinen Gegner selbst in dieser Position noch möglich ist, deine Füße anzugreifen, wäre es nicht nur schwieriger für ihn, sondern gleichzeitig für dich viel leichter, einen derartigen Angriff zu kontern.

Aus der Perspektive des Gegners, dem Mann in der passiven Rolle der *rear mount*, hat die Flucht in eine bessere Position oberste Priorität. Über bestimme Aufgabegriffe hat dein Gegner selbst in dieser unvorteilhaften Lage potentielle Angriffsmöglichkeiten. Gleichwohl haben diese Angriffe nur geringe Erfolgsaussichten. Sie dienen eher der Vorbereitung zur Flucht als echten Versuchen eine Aufgabe herbeizuführen.

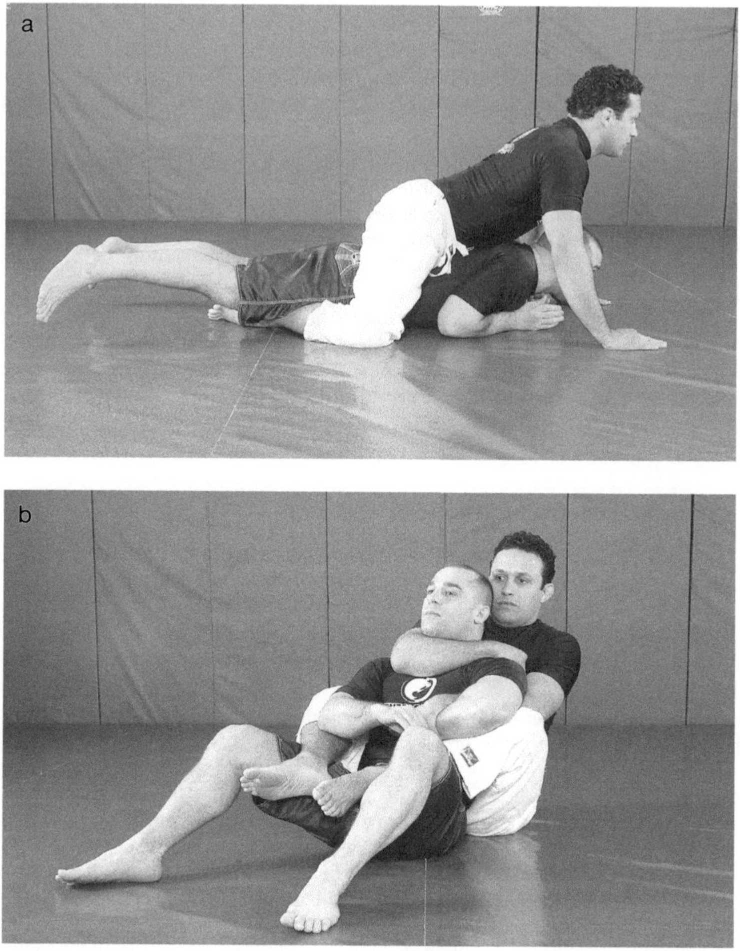

Abb. 6.1 *Top-rear mount* (a) und *bottom-rear mount*

Die *Mounted*-Position (*Tate Shiho Gatame*)

Eine weitere dominante Position ist die einfache *Mount*-Position, bei der du den Brustkorb deines Gegners bedeckst und über ihm kniest. Um diese Aktion auszuführen, kannst du aufrecht sitzen, um Platz zum Schlagen zu schaffen, oder einen Arm um seinen Nacken legen und dich hinunter beugen, um ihn zu kontrollieren, so wie in Abb. 6.2 gezeigt. Aus der *mount* heraus ist es für einen Kämpfer leicht, kraftvoll drauflos zu schlagen, während es für den Gegner schwierig ist, sich zur Wehr zu setzen, da seine Schultern und Hüften auf der Matte festgehalten werden, was seinen Schlägen jegliche Kraft nimmt. Darüber hinaus kannst du in der *mount* viele wirkungsvolle Aufgabegriffe anwenden, wohingegen dein Gegner kaum eine Chance hat, dem etwas entgegen zu setzen.

Häufig, besonders bei einem Straßenkampf gegen einen unerfahrenen Grappler, bieten sich den Kämpfern Gelegenheiten, von der *Mount*-Position in die *Rear-mounted-Position* zu wechseln. Diese Aktion kommt normalerweise dann vor, wenn du beginnst, aus der *mount* heraus zu schlagen: Der Gegner wendet sich ab, um den Schlägen auszuweichen und dreht dir seinen Rücken zu. Indem du deine Beine ein wenig lockerst, gibst du ihm einfach ein wenig Raum, um sich zu drehen. Dann hakst du dich ein, um in die *Rear-mounted-Position* zu gelangen und dir so eine einfache Möglichkeit zu verschaffen, den Kampf mit einer freien Würgetechnik von hinten zu beenden. Dieser Übergang ist bei den heutigen MMA-Kämpfen eher unüblich, da die meisten wissen, dass es unklug ist, sich unter einer *mount* zu drehen und seinen Rücken preiszugeben. Trotzdem passiert so etwas bei Straßenkämpfen immer wieder. Deshalb musst du in der Lage sein, einen derartigen Übergang blitzschnell auszuführen. Aus dem Blickwinkel des in der *Mount*-Position unten Liegenden ist ein Entkommen immer noch das Beste. Der sich unten befindende Kämpfer versucht gewöhnlich, die Hüfte ruckartig hochzubringen und nach oben zu kommen, genau in die Guard seines Gegners, oder er versucht, auszubrechen und den sich oben befindenden Mann selbst in seine *Guard* zu nehmen.

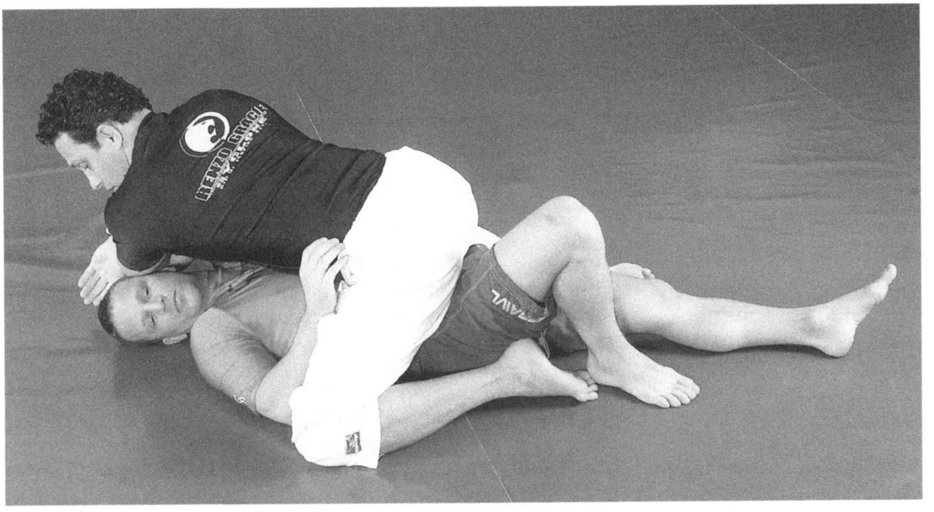

Abb. 6.2 Mounted-Position

Die Knie-auf-Bauch-Position *(Uki Gatame)*

Wie der Name schon sagt, ist das auf Bauch oder Brustkorb des Gegners gepresste Knie des oben befindlichen Kämpfers das charakteristische Merkmal der Knie-auf-Bauch-Position. Während dein Knie in die richtige Stellung gebracht wird, können sich deine Hände an vielen verschiedenen Stellen befinden. Das gegenüberliegende Bein wird weit ausgestreckt, um das Gleichgewicht zu sichern, während der Fuß flach auf dem Boden aufgesetzt wird (Abb. 6.3).

Man ist geteilter Meinung darüber, ob die *Mounted*-Position oder die Knie-auf-Bauch-Position besser geeignet ist, um den Gegner mit Schlägen zur Aufgabe zu zwingen. Beides sind überaus vielversprechende Ausgangspositionen für Angriffe. Die *mount* ist in Bezug auf Stabilität und Kontrolle mit Sicherheit überlegen. Zudem kann sie ein Anfänger leichter anwenden. Trotzdem haben Kämpfer stichhaltige Gründe, warum sie die Knie-auf-Bauch-Position bevorzugen. Sie ermöglicht eine enorme Bewegungsfreiheit und blitzschnelle Übergänge zu Aufgabegriffen und anderen Positionen (insbesondere zur *mount*). Der Knie-auf-Bauch-Position kann man nur schwer entkommen, ohne sich Hebel und Würgern auszusetzen.

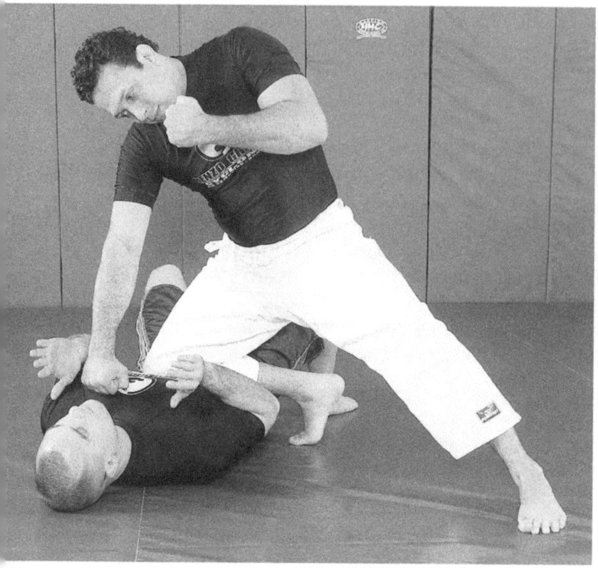

Ungeachtet der jeweiligen Vorteile der beiden Positionen, steht fest, dass die Knie-auf-Bauch-Position eine hervorrage Stellung ist, aus der heraus man einen Gegner kontrollieren und angreifen kann. Auch wenn es für den sich in der Knie-auf-Bauch-Position unten befindlichen Kämpfer möglich ist, verschiedene Aufgabegriffe anzuwenden, ist das Entkommen für ihn dennoch immer die wichtigste Aufgabe.

Abb. 6.3 Knie-auf-Bauch-Position

Die *Seitenkontroll-Position*

Die Seitenkontroll-Position ist eine starke Festhalteposition, die in einer Vielzahl von Varianten vorkommt. Allen gemeinsam ist, dass du dich, nach einer Seite ausgerichtet, schräg über seinem Körper liegend, auf dem Gegner befindest (Abb. 6.4). Diese Position hat viele Namen, wie z.B. *side mount* oder *across side* (*Kuzure Yoko Shiho Gatame*). Es handelt sich dabei um eine hervorragende Position, um einen Gegner zu kontrollieren und ihn sich gefügig zu machen. Darüber hinaus ist es auch eine großartige Position, von der aus man in andere Positionen, wie z.B. in die *Mounted*-Position oder die Knie-auf-Bauch-Position wechseln kann. Das große Plus der Seitenkontroll-Position ist ihre Stabilität. Keine andere Position bietet ein solches Maß an Kontrollmöglichkeit wie die Seitenkontroll-Position. Dieser Vorteil macht sie zu einer fantastischen Ausgangssituation, um das Tempo aus einem Kampf zu nehmen und eine erschöpfende und frustrierende Positionskontrolle über den Gegner auszuüben, die ihn schnell müde werden lässt.

Für die Kämpfer gibt es viele Möglichkeiten eine Seitenkontroll-Position durchzuführen, von denen jede ihre Vor- und Nachteile hat. Die Hauptelemente, die allen zugrunde liegen, sind folgende:

- *Halt deinen Gegner immer Brust-an-Brust.* Stell sicher, dass die Mitte deiner Brust direkt auf der Mitte der Brust deines Gegners liegt. Achte darauf, dass sie nicht zu seinem Magen oder über seine Seite hinweg rutscht.
- *Halt deine Hüfte tief und breit.* Richtest du deine Hüfte auf, machst du es dem Gegner leicht, mit aller Kraft in die Brücke zu gehen und dich in eine ungünstige Position zu bringen. Senke die Hüften, um dein Gewicht wirkungsvoller einzusetzen und einen unangenehmen und ermüdenden Druck auf den Gegner auszuüben. Achte auch darauf, dass du eine breite Auflagefläche hast. Damit ist gemeint, dass du die Beine weit auseinanderspreizt, während du mit den Hüften nach unten gehst. Das erschwert es deinem Gegner, dich umzurollen.

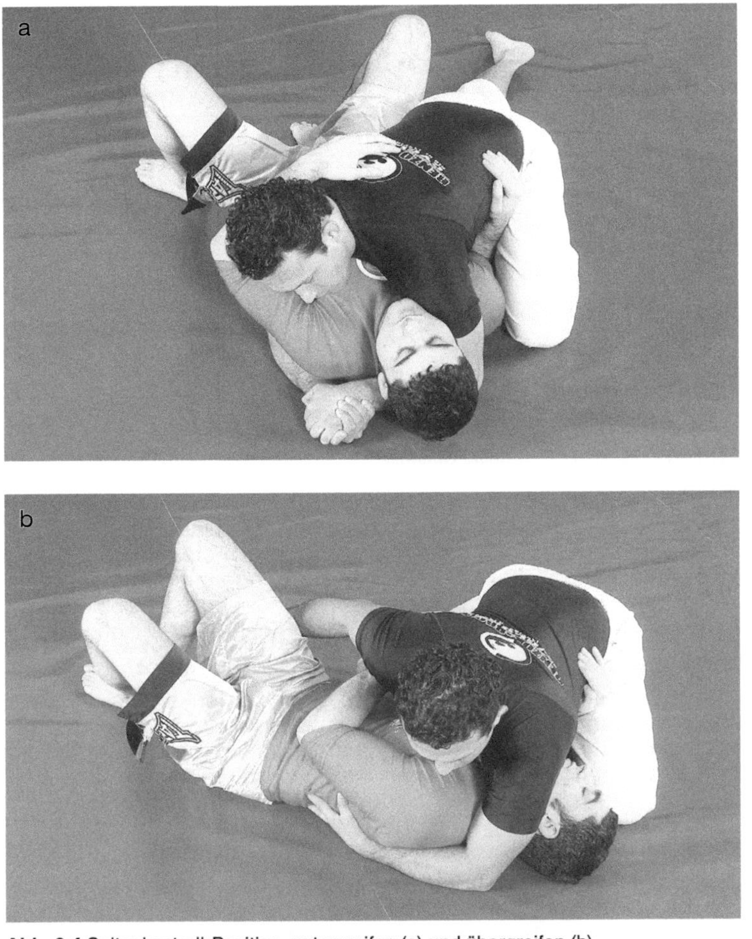

Abb. 6.4 Seitenkontroll-Position, untergreifen (a) und übergreifen (b)

- Bleib beweglich. Klammer dich nicht einfach eisern an deinen Gegner. Ganz gleich wie fest du ihn hältst, wird er letztlich einen Ausweg finden. Beweg dich stattdessen mit seinen Bewegungen mit, wobei du die Hüften tief hältst und deine Brust dabei auf seiner bleibt. Wenn er dich wieder zurück in die Guard zu bringen versucht, musst du keine Angst haben, deine Hüften von seinen zu entfernen. Du kannst sogar um seinen Kopf herum zur anderen Seite seines Körpers gehen (dabei musst du deine Hüften aber die ganze Zeit tief halten). Das ist eine gute Methode, Aufgabegriffe vorzubereiten und die Bewegungen deines Gegners zu kontern.

Eine interessante und wichtige Variante der Seitenkontroll-Position wird wirksam, wenn der sich oben befindende Kämpfer über und um den Kopf seines Gegners herumgeht und dann dort bleibt (Abb. 6.5). Diese Aktion bringt ihn in eine Kontrollposition, die auch die „Nord-Süd"-Position genannt wird (da ihr euch in entgegengesetzten Richtungen gegenüberliegt). Diese Haltetechnik bringt sowohl für den oberen als auch für den unteren Kämpfer ein etwas anderes Gefühl mit sich.

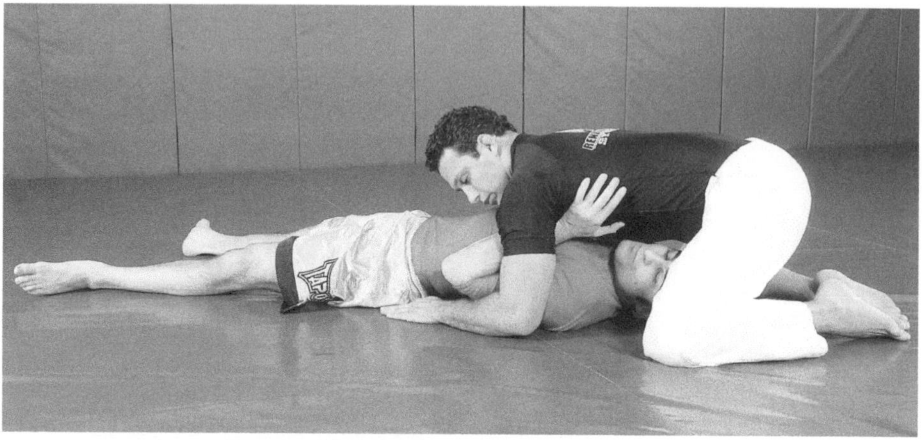

Abb. 6.5 „Nord-Süd"-Position *(Kami Shiho Gatame)*

Für den in der Haltetechnik unten liegenden Kämpfer besteht das Hauptinteresse darin, in eine bessere Position zu entkommen. Die häufigsten Fluchtmethoden bestehen darin, in die Guard-Position zurückzukehren oder auf die Knie zu gelangen. Es ist ebenfalls möglich, den sich in der Oberlage befindenden Kämpfer komplett umzudrehen oder ihn sogar mit einem Aufgabegriff zu besiegen. Allerdings gestalten sich diese Alternativen bei einem erfahrenen Gegner schwierig.

Die Schildkröten-Position (auch Turtle-*Position* genannt*)*

Die Schildkröten-Position kommt im Verlauf eines Bodenkampfs häufig vor. Befindet sich einer der Kämpfer mit nach unten gesenktem Kopf auf seinen Händen und Knien eng zusammengekauert, so spricht man von der „Schildkröten-Position". Sein Gegner befindet sich normalerweise auf ihm, und hat seinen Arm um dessen Kopf und einen seiner Arme geschlungen (*front-headlock*), oder zur Kontrolle um die Taille des Gegners gelegt (Abb. 6.6). Eine dritte Alternative sieht vor, dass sich der oben befindliche Mann direkt hinter seinem Gegner in Stellung bringt.

Aus der Perspektive des Untermanns handelt es sich bei der Schildkröten-Position um eine unvorteilhafte Lage. Indem er sich eng zusammenkauert, kann der unten Liegende dem sich oben Befindlichen einen Angriff erschweren. Für den sich unten befindenden Kämpfer ist es sogar möglich, mit eigenen Aufgabegriffen anzugreifen oder aber zu versuchen, auf unterschiedliche Weise in günstigere Positionen zu entkommen. Nichtsdestotrotz ist es nicht sehr sinnvoll, unter einem aggressiven Gegner zu viel Zeit in der Schildkröten-Position zu verbringen, da man dort oft eine Menge einste-

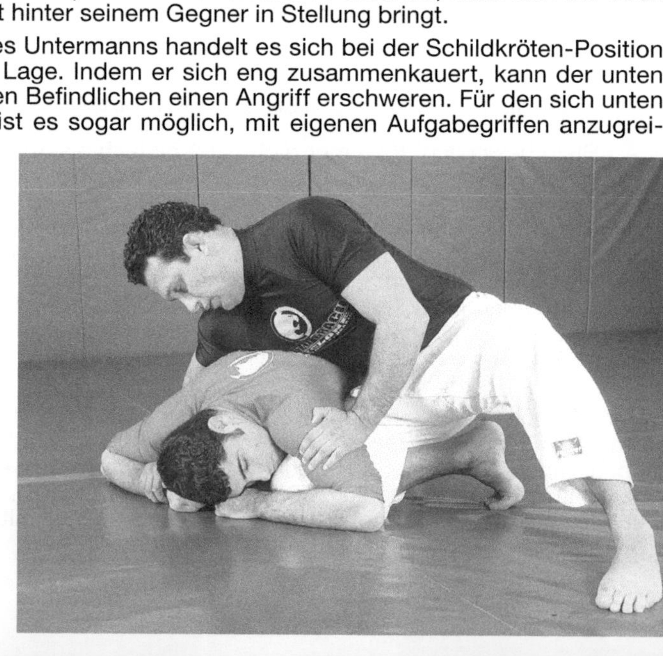

Abb. 6.6
Die Schildkröten-Position

cken muss. Der unten liegende Kämpfer muss so schnell wie möglich in eine günstigere Position entkommen oder aber einen Aufgabegriff versuchen. Der Obermann hat die Wahl, entweder Schläge gegen seinen Gegner einzusetzen, seine Position zu verbessern oder Aufgabegriffe anzuwenden.

Die *Guard*-Position

Eine der Positionen des Bodenkampfs, über die viel gesprochen wird, ist die *Guard*-Position. Diese Position bezieht sich auf jede Situation, in der sich ein Kämpfer auf seinem Rücken oder Gesäß befindet, während sich sein Gegner vor seinen Beinen aufhält (Abb. 6.7). Als die MMA-Kämpfe in Nordamerika in den frühen Neunzigern ihren Anfang nahmen, vertraten die Meisten die Auffassung, dass sich ein Kämpfer in Schwierigkeiten befände, wenn er auf dem Rücken lag. Westlicher Tradition zufolge galt, dass man, wenn man auf dem Rücken liegend festgehalten wurde, hilflos war. In den Köpfen Vieler war ein auf dem Rücken liegender Mann, über dem ein anderer kniete und nach Belieben auf ihn einschlug, der Inbegriff der Hilflosigkeit im Kampf. Zum Entsetzen der Meisten waren Brazilian Jiu Jitsu-Kämpfer, die in Rückenlage kämpfend auch noch gewannen, ein ganz normaler Anblick bei diesen MMA-Veranstaltungen.

Die Leute hatten den gewaltigen Unterschied einfach nicht erkannt, der zwischen dem Festhalten eines auf dem Rücken liegenden Mannes aus einer wirklich dominanten Position heraus und einem einfachen Halten in der *Guard*-Position bestand. Ersteres bedeutet, hinter die Beine eines Gegners zu gelangen und dessen Oberkörper wirkungsvoll am Boden zu halten. Die zweite Variante bedeutet, dass der sich unten befindende Kämpfer seine Beine und Hüften einsetzen kann, um die Bewegungen des oben befindlichen Mannes in einem überraschenden Maße zu kontrollieren. Je schneller du den entscheidenden Unterschied begreifst, desto schneller wirst du Fortschritte im Bodenkampf machen.

Allzu oft macht genau dieser Unterschied, ob du einen Mann, der sich auf dir befindet, vor deinen Beinen hältst (in der *Guard*-Position) oder ob du ihn hinter deine Beine gelangen lässt, den Unterschied zwischen Sieg und Niederlage aus.

Solange du einen Gegner in der *Guard* hältst, verfügst du über ein wirksames Mittel, um dich gegen Schläge und Aufgabegriffe im Oberkörperbereich zu verteidigen während du gleichzeitig in der Lage bist deinerseits Schläge und Aufgabegriffe gegen deinen Gegner einzusetzen. In dem Moment, in dem dein Gegner an deinen Beinen vorbeikommt, verlierst du sämtliche Kontrolle; auf diese Weise wirst du stufenweise angreifbarer, während sich dein Gegner in der Rangfolge der Positionen vorarbeitet.

Im siebten Kapitel werden wir uns die *Guard* noch genauer ansehen, da sie für die Bodentaktik der MMA derart wichtig ist. Aus der Sicht des sich oben Befindenden stellt die *Guard* auch ein gewisses Problem dar. Es ist möglich, einen Kampf zu gewinnen, indem man einfach auf seinen Gegner einschlägt, während man sich in seiner *Guard* befindet; wie schon viele *Ground-and-Pound*-Kämpfer erfahren mussten. ist es allerdings auch möglich, den Kampf zu verlieren, wenn man dieser Strategie folgt. Es ist eine wesentlich sinnvollere Strategie den Versuch zu unternehmen, an den Beinen und Hüften des unten liegenden Mannes vorbeizukommen und eine wirklich dominante Position einzunehmen, die es dem unten Liegenden viel schwerer macht, sich zu verteidigen. Diese Strategie des Vorbeikommens an den Beinen des unten liegenden Mannes ist bei erfahrenen Grapplern besonders beliebt und ist ein erfolgversprechendes Mittel beim Bodenkampf. Eine alternative Strategie besteht darin, die Beine des unten Liegenden mit Aufgabegriffen anzugreifen, was bei richtiger Ausführung durchaus eine Abkürzung auf dem Weg zum Sieg sein kann. Bei schlechter Ausführung kann dies jedoch den Verlust der Oberlage zur Folge haben.

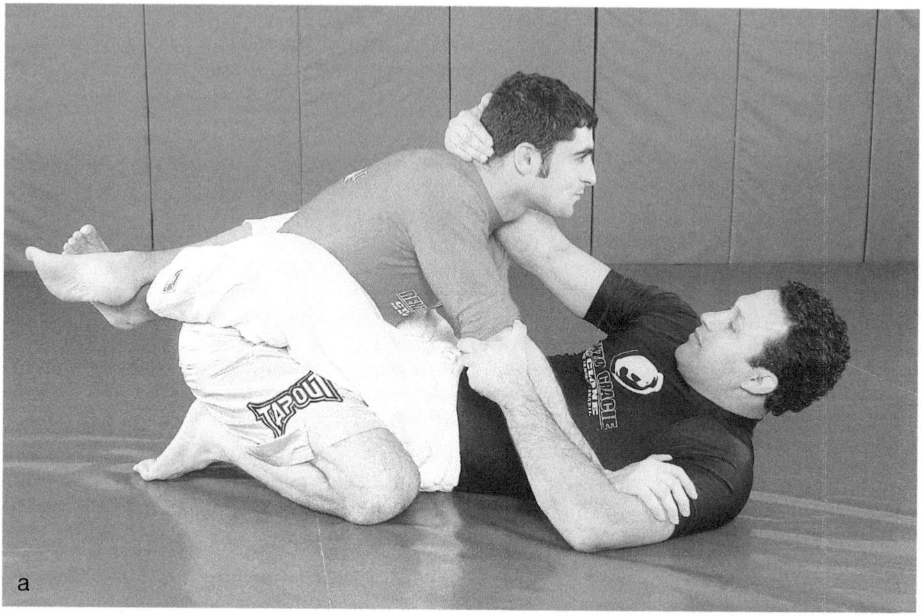

Abb. 6.7
Geschlossene *Guard*-Position *(a)*, offene *Guard*-Position *(Butterfly) (b)*, und offene *Guard*-Position (mit stehendem Gegner) *(c)*

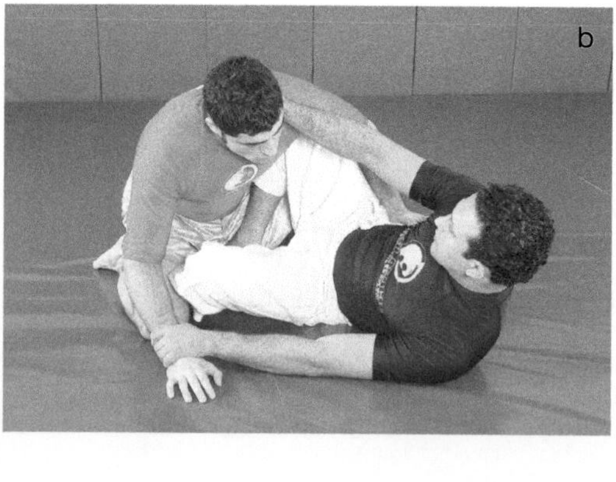

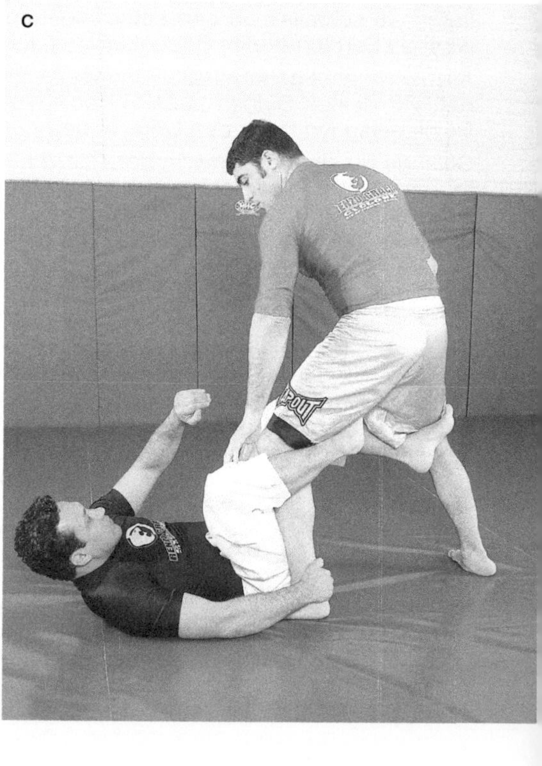

Die *Half-Guard*-Position

Es kann sein, dass dein Gegner im Verlauf eines Bodenkampfs und während der Ausführung der *Guard*-Position den Versuch unternimmt, an deiner *Guard* vorbeizukommen (d. h. um deine Beine herum zu kommen). Wenn das passiert, bist du häufig gezwungen, deine Beine um ein Bein deines Gegners zu klammern (anstatt um seine Hüften). Da du nur ein Bein unter Kontrolle hast, befindet sich dein Gegner auf halbem Weg um deine *Guard* herum – daher der Name *half-guard* (Abb. 6.8).

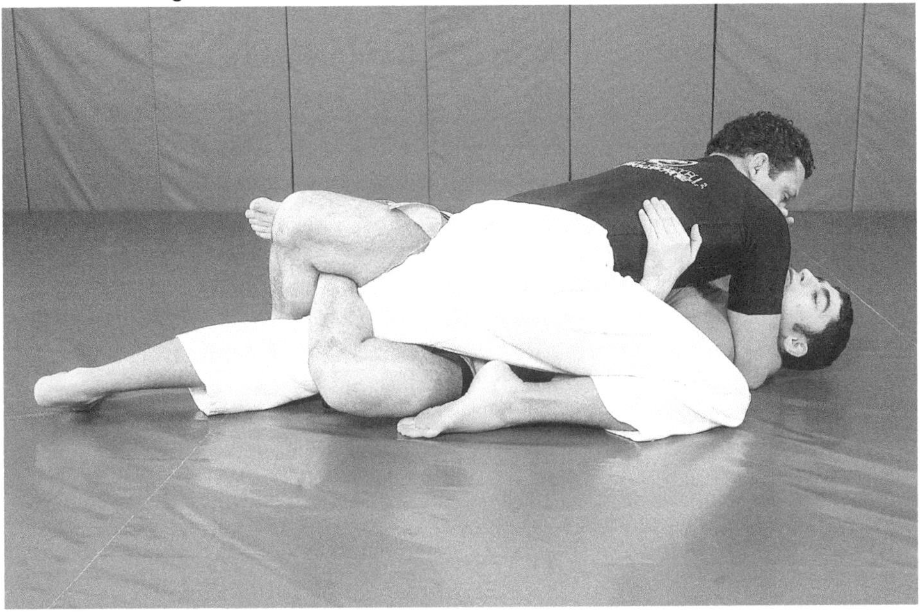

Dabei handelt es sich um eine weitere neutrale Position Aus dieser Position kannst du deinen Gegner zur Aufgabe zwingen, er dich aber auch. Aus der Position heraus ergibt sich für den oben befindlichen Kämpfer ein klarer Vorteil, wenn er schlagen will. Übertreibt er das Schlagen jedoch, kann er in die Unterlage befördert oder mit Aufgabegriffen attackiert werden. Da diese Position häufig vorkommt, musst du dich damit vertraut machen.

Abb. 6.8 Half-Guard-Position

Die Rangfolge der Positionen

Nun können wir einen groben Leitfaden zur Hierarchie der Positionen präsentieren. Die Auflistung beginnt aus der Perspektive des oben befindlichen Kämpfers. Mach dir aber klar, dass sich der Obermann in einer dominanten Position befindet und der untere Kämpfer in einer unterlegenen Position ist. Je dominanter die Position dessen ist, der sich oben befindet ist, desto unterlegener ist die Position des unten liegenden Kämpfers. Folglich verläuft die Liste in zwei Richtungen, aus der Perspektive des Kämpfers in der Oberlage beginnend, absteigend zu den neutralen Positionen (wo weder der obere noch der untere Kämpfer einen entscheidenden Vorteil hat) bis hinunter zu den Positionen, die für den unten liegenden Kämpfer zunehmend schlechter werden:

Top-rear mounted Position

Bottom rear mounted Position

Mounted Position

Knee-on-belly Position / (Knie-auf Bauch-Position)

Side-control Position / (Seitenkontroll-Position)

Turtle Position / (Schildkröten-Position)

Half-Guard-Position

Guard-Position

Half-Guard-Position

Turtle-Position / (Schildkröten-Position)

Side-control-Position / (Seitenkontroll-Position)

Knee-on-belly-Position / (Knie-auf Bauch-Position)

Mounted Position

Bottom rear mounted Position

Top-rear mounted Position

Denk daran, dass es zu jeder dieser Positionen und anderen nicht erwähnten Positionen, die im Verlauf des Grapplings und des Kämpfens vorkommen, viele Varianten gibt. Darüber hinaus werden gewisse andere Positionen (wie z.B. Genickhebel-Varianten) hier nicht behandelt. Der ein oder andere mag mit der exakten Einteilung der Positionen vielleicht nicht einverstanden sein; letzten Endes hat jede davon ihre Vor- und Nachteile. Trotzdem kann diese Rangfolge als nützlicher Leitfaden für das Stellungsspiel dienen, das am Boden so entscheidend ist. Mach dir sofort klar, dass die Ziele und Strategien der beiden Kämpfer – je nachdem ob sie die Ober- oder die Unterlage innehaben – verschieden sind. In Wirklichkeit sind die Ziele des oberen und des unteren Kämpfers normalerweise sogar diametral gegensätzlich. Diese Asymmetrie wird dadurch verdeutlicht, dass wir diese beiden Aspekte des Bodenkampfs trennen und uns ihnen in den nächsten beiden Kapiteln zuwenden.

VII. Siegen in der Unterlage

In den letzten Jahren ist der Bodenkampf zu einem der meist diskutierten Aspekte im Kampfsport geworden, was eine komplette Trendwende verglichen mit den davor liegenden Jahrzehnten bedeutet, als man ihn fast gänzlich vernachlässigte. Der Grund für dieses Umdenken ist zweifelsohne der Einfluss der *Mixed Martial Arts* (MMA), in denen sich der Bodenkampf so oft als die Phase gezeigt hat, in der Kämpfe gewonnen und verloren werden. Es gibt jedoch tiefer gehende Gründe, die eine Erklärung dafür sind, warum dem Bodenkampf derzeit die ungeteilte Aufmerksamkeit so vieler Kampfsportler zuteil wird.

Erstens gibt es in einem Kampf ohne Regeln keine Gewichtsklassen. Du musst gegen jeden kämpfen, den das Schicksal dir vor die Nase setzt, was auch in den frühen MMA-Begegnungen der Fall war. Immer wenn es einen krassen Größenunterschied gibt, ist die Wahrscheinlichkeit, dass ein kleinerer Mann von einem wesentlich größeren zu Boden gebracht wird, wesentlich höher.

Zweitens besteht unabhängig von jedem auffälligen Größenunterschied stets die Gefahr, in einem richtigen Kampf auf dem Rücken zu landen. Der Grund dafür kann die gute Takedowntechnik deines Gegners oder ein Fehler sein, den du selbst zu verantworten hast. Es ist einfach eine Tatsache, dass das Risiko, irgendwann auf dem Boden zu landen, beim Kampf gegen starke Gegner groß ist.

Drittens sind Kämpfe normalerweise chaotische Angelegenheiten, die scheinbar nie so laufen, wie man sie plant. Oft stellt sich heraus, dass es viel schwerer als erwartet ist, gegen deinen Gegner zu kämpfen, selbst wenn dieser untrainiert ist. In dem wirbelnden Chaos eines Kampfs kann alles passieren. So kannst du zum Beispiel einfach nur stolpern und schon befindest du dich in der Unterlage, obwohl du das gar nicht wolltest. Der vielleicht wichtigste Grund, deine Bodentechnik weiterzuentwickeln, ist das Gefühl der Zuversicht, die dadurch in dir wächst. Die Meisten haben die größte Angst davor, am Boden festgehalten und geschlagen zu werden. Diese natürliche Angst verbietet es ihnen, mit Zuversicht zu kämpfen. Wenn ein Kämpfer Angst hat zu Boden zu gehen, wird er seine Techniken nur zögerlich einsetzen. Er wird Bedenken haben, dass er zu Boden gebracht und verdroschen wird, wenn er sich für Schläge und Tritte entscheiden sollte. Weiß er jedoch, dass er am Boden bestehen und von dort aus sogar angreifen kann, hat er keine Angst mehr, zu Boden gebracht zu werden. Dies führt dazu, dass er mit Selbstvertrauen aus dem Stand mit Schlägen und Tritten angreifen wird. Der Bodenkampf ist eine Methode, den schlimmsten Fall eines richtigen Kampfs zu bewältigen – die Vorstellung, am Boden festgehalten und fertig gemacht zu werden. Wenn du mit diesem Aspekt des Kampfs gut zurechtkommst, gibt es nur wenig, wovor du Angst haben müsstest.

Der Sieg in der Unterlage

Die beiden gängigsten Wege zum Sieg aus der Unterlage sind Aufgabegriffe sowie Feger und Wendetechniken. Aufgabegriffe sind gegen Gelenke oder Nacken gerichtete Hebel, die beim Gegner zu Verletzungen oder Bewusstlosigkeit führen, wenn er nicht aufgibt. Viele wirkungsvolle Aufgabegriffe können von unterhalb deines Gegners angebracht werden, insbesondere in der *Guard*-Position. Ebenso gibt es zahlreiche Feger und Wendetechniken, die es dir ermöglichen, deinen Gegner auf die andere Seite zu drehen und selbst die Oberlage einzunehmen. Wenn es erst einmal zu diesen Aktionen kommt, kannst du anfangen, dir deinen Weg zum Sieg frei zu schlagen, oder du erkämpfst dir einen Stellungsvorteil und machst dir diesen unter Anwendung eines Aufgabegriffs aus einer noch dominanteren Position zu Nutzen.

Denk trotzdem daran, dass es schwierig ist, einen Kampf, bei dem du dich unter deinem Gegner befindest, einzig und allein mit Hilfe von Schlägen und Tritten zu gewinnen. Eine der wenigen Ausnahmen dieser Regel ist ein gezielter Fersentritt an den Kiefer deines Gegners, während er über deiner offenen *Guard* steht. Diese Aktion ist bei MMA-Veranstaltungen ein bewährtes Mittel, um einen Kampf zu beenden. Eines der berühmtesten Beispiele dieser Methode, aus der Unterlage heraus zu treffen, entstand, als Renzo Gracie im *Martial Arts Reality Superfight* (MARS) gegen Oleg Taktarov antrat. Taktarov war ein begabter Grappler mit einer ausgezeichneten Bilanz im MMA-Wettbewerb. Nach einem gelungenen *takedown* gegen Renzo beging er den Fehler, sich herunter zu beugen, um Renzos Füße in der offenen *Guard* unter Kontrolle zu bringen (vielleicht als Vorstufe eines Fußgelenkhebels). Renzo packte die Gelegenheit beim Schopf, knallte einen trockenen, nach oben gerichteten Fersentritt gegen Taktarovs Kiefer, und kam so zu einem grandiosen Knockout.

Die meisten Schläge und Tritte, die du *nach oben* verlaufend gegen deinen Gegner richtest sind allerdings schwächer als die, die er von oben *nach unten* herab gegen dich einsetzt. Dieser Nachteil sollte dich jedoch nicht daran hindern, zu versuchen, aus der Unterlage heraus Treffer zu landen. Sie sorgen dafür, dass sich dein Gegner unbehaglich fühlt und bringen dich vielleicht einem Aufgabegriff oder einem Feger näher.

Die Strategie in der Unterlage

Die meisten Positionen in der Unterlage sind unterlegene Positionen. In den meisten Fällen möchtest du den Kampf oben auf deinem Gegnern führen. Trotzdem wirst du, wenn du gegen einen größeren, stärkeren Gegner (oder einen geübten Takedownspezialisten) kämpfst, unweigerlich in der Unterlage landen. Viele behaupten, dass sie niemals auf dem Rücken in der Unterlage kämpfen würden und dass dies eine dumme Art zu kämpfen sei. Tatsächlich kämpfen Jujitsu-Kämpfer lieber von oben herab, doch Tatsache ist, dass das, was du in einem Kampf gerne tun würdest und das, wozu dich die Umstände zwingen, in der Regel nicht dasselbe ist. Wenn du gegen harte Gegner kämpfst, wird es immer Zeiten geben, in denen du dich unter ihnen befindest und aus der Unterlage heraus kämpfst.

Da die meisten Positionen in der Unterlage unterlegen sind, besteht das Bestreben eines jeden Kämpfers der von unten kämpfen muss, darin, in eine bessere Position zu fliehen. Wende immer die folgende Strategie an, wenn du gezwungen bist, von unten zu kämpfen:

Entzieh dich auf effektive und sichere Weise kontrollierenden, dominanten Haltetechniken und versuch entweder

- in die *Guard*-Position zu entkommen,
- auf die Knie oder Füße zu entkommen (und so wieder in eine neutrale Position zu gelangen),
- den Gegner herumzudrehen, oder
- einen Aufgabegriff anzusetzen.

Solltest du versuchen, den Gegner herumzudrehen, sei dir darüber im Klaren, dass manche Fluchtversuche so aussehen, dass man seinen Gegner auf die andere Seite dreht und sich schließlich in einer dominanten Position oben auf ihm befindet. Diese Versuche sind im Allgemeinen schwierig und ermüdend. Darüber hinaus birgt ihre Anwendung ein Risiko. Misslingen sie, bringen sie dich in eine noch schlechtere Lage als zuvor und machen dich hundemüde. Gut ausgeführt können sie einen Kampf aber auch auf den Kopf stellen.

Versuchst du dich an einem Aufgabegriff, solltest du bedenken, dass diese Aktion aus Positionen in der Unterlage schwierig sein kann. Trotzdem zwingt sie deinen

Gegner vielleicht dazu, ein wenig zurückzuweichen, um dem Hebelversuch zu entgehen. Seine Reaktion könnte dann den erforderlichen Raum für deinen Versuch schaffen, in die Guard-Position zu entkommen oder aber auf deine Knie oder Füße zu gelangen.

Die *Guard*-Position

Da das Entkommen aus dominanten Haltetechniken und Griffen oft mit einem Rückzug in die *Guard*-Position einhergeht, werden wir uns mit dieser Position ausführlich auseinandersetzen. Das charakteristischste Merkmal der *Guard* ist, dass du dabei unter deinem Gegner sitzt oder liegst und er sich vor deinen Beinen befindet. Der Vorteil, einen Gegner in der *Guard* zu halten, besteht darin, dass du deine Beine nutzen kannst, um seine Bewegungen zu kontrollieren und ihn deinen Aufgabegriffen, Fegern sowie Schlägen und Tritten zuführst, wobei du gleichzeitig seine Angriffe einschränkst. Obwohl es zahlreiche Formen der *Guard* gibt, kann man sie dennoch allesamt in drei grundlegende Kategorien einteilen:

1. Die geschlossene *Guard*: Dabei umschließt du die Taille deines Gegners mit deinen Beinen, während du unter ihm liegst. Diese Aktion entspricht dem, was die Meisten unter der *Guard*-Position verstehen, da es sich hierbei um die in den frühen MMA-Kämpfen von allen Varianten am häufigsten angewandte Form handelt. Der Vorteil der geschlossenen Guard liegt in der Leichtigkeit, mit der man sie anwenden kann, um einen Schlag- oder Trittangriff eines Gegners zunichte zu machen. Sie ist sozusagen ein fester, beengender Clinch am Boden. Du kannst sie dazu benutzen, die Arme eines Gegners zu fesseln, um ihn bei seinen Schlägen zu stören.
2. Die offene *Guard*: Hier handelt es sich um eine breit gefächerte Kategorie von Positionen, deren einzige Gemeinsamkeit darin besteht, dass sich dein Gegner vor deinen Beinen befindet. Da du deinen Gegner mit deinen Beinen nicht festhältst, steht es ihm frei, wann immer er will, aufzustehen und sich zu entfernen, was insbesondere eine Alternative für viele Schlag- und Trittexperten ist, die den Standkampf bevorzugen. Die offene *Guard* scheint somit effektiver gegen einen Gegner zu sein, der den Kampf in der Bodenphase halten will und entweder mit der *Ground-and-Pound*-Methode auf dich los geht oder den Versuch unternimmt, um deine Beine herum in eine bessere Position zu gelangen. In dieser Situation bietet dir die offene Guard eine hervorragende Mischung aus defensiven und offensiven Alternativen, was an der großen Bewegungsfreiheit liegt, die diese Stellung deinen Hüften und Beinen ermöglicht.
3. Eine dritte Kategorie der *Guard*-Position – und zudem eine von großer Wichtigkeit – ist die sogenannte *Half-Guard*-Position. In einer vollen *Guard* sind deine Beine um die Taille deines Gegners geschlungen; somit befinden sich seine *beiden* Beine zwischen deinen. Beim Grappling mit deinen Trainingspartnern passiert es recht häufig, dass der Gegner um deine Beine herum zu kommen versucht. Wenn er sich an deinen Beinen vorbei schiebt, musst du deine Beine um eines seiner Beine schlingen, um ihn daran zu hindern, dass er an deinen Beinen vorbei kommt und in eine dominante Seitenposition gelangt. Da du nur eines seiner Beine unter Kontrolle hast, hast du ihn in einer *half-guard*.

Die Neutralität der *Guard*-Position

Wir haben darauf hingewiesen, wie wichtig es für Bodenkämpfer ist, nach besseren Positionen Ausschau zu halten. Somit lohnt sich die Frage „Ist es für einen Kämpfer möglich in eine dominante Position zu gelangen, während er sich noch unter seinem Gegner befindet?“ In den frühen MMA-Turnieren konnten so viele Jujitsu-Kämpfer ihre nichts ahnenden Gegner in der *Guard*-Position von unten besiegen, dass viele

Leute zu dem Schluss kamen, dass es sich bei der *Guard* um eine *dominante* Position handele.

In Wirklichkeit ist das jedoch nicht der Fall. In einem Kampf zwischen zwei ungefähr gleichwertigen Jujitsu-Kämpfern ist die *Guard* eine *neutrale* Position. Weder der Obermann noch der unten Liegende hat einen entscheidenden Vorteil. Der Mann in der Oberlage kann den unten Liegenden nicht wirklich mit Leichtigkeit niederhalten, da dieser seine Beine und Hüften so einsetzen kann, dass er sich einer wirksamen Kontrolle entzieht. Darüber hinaus ist der unten Liegende immer noch in der Lage, relativ problemlos Aufgabegriffe einzusetzen, und kann auch den meisten Schlägen entgehen.

Somit ist es klar, dass er nicht im Sinne einer absoluten Kontrolle festgehalten wird. Andererseits kann der Obermann leicht versuchen, eigene Aufgabegriffe anzubringen (meist gegen die Beine gerichtet). Seine Bewegungen werden nicht streng durch den unteren Kämpfer kontrolliert. Das bedeutet, dass es ihm, sobald die *Guard* geöffnet wird, freisteht, einfach aufzustehen und sich zu entfernen. Das zeigt deutlich, dass er nicht dominiert wird.

In einem zwischen zwei gleich talentierten Jujitsu-Kämpfern geführten Kampf basieren Angriffe aus der *Guard* mehr auf Tricks, Täuschung, Timing und Irreführung als auf Kontrolle und Dominanz. Unter diesem Licht betrachtet, ist die *Guard* eher eine neutrale als eine dominante Position, sieht man einmal von ihrer Scheindominanz in den ersten MMA-Turnieren ab.

Deshalb können wir Folgendes sagen: *Beim Bodenkampf ist es immer wünschenswert, in der bestmöglichen Kontrollposition oben zu sein. Befindest du dich trotzdem in der Unterlage, ist die Guard für dich die beste Lösung.* Wenn sie auch nicht die stellungsbezogene Kontrolle und Dominanz der führenden Oberlagenpositionen bietet, verhindert sie doch, dass einen der Gegner dominiert und lässt auch dem unten Liegenden eine Siegchance. Es ist wichtig, dass du mit der *Guard*-Position vertraut bist, da du sie immer dann brauchen wirst, wenn du auf dem Rücken liegst. Darüber hinaus wirst du auch *gegen* die *Guard*-Position kämpfen müssen, wenn du einen geübten Bodenkämpfer auf den Rücken legst.

Fallstudie für den Gebrauch der Guard-Position: Royce Gracie

Als der MMA-Wettkampf in Nordamerika erstmals bekannt wurde, brachte man einen Mann wie keinen anderen mit MMA-Kampftechniken in Verbindung. Dieser Mann war Royce Gracie. Ein Großteil seines Erfolgs in den ersten MMA-Begegnungen war das Ergebnis seiner überragenden Anwendung der *Guard*-Position. So war es auch Royce Gracie, der die Verwendung der *Guard* unter MMA-Fans und Zuschauern wirklich populär machte. Vor seinen Erfolgen dachten die Meisten noch, dass ein auf dem Rücken liegender Kämpfer ein verlierender Kämpfer sei. Royce zeigte, dass ein kleiner, schwächerer Kämpfer die *Guard* dazu einsetzen konnte, die Angriffe eines starken, aggressiven Gegners zu vereiteln und dann selbst zum Angriff überzugehen und den Kampf zu gewinnen – und alles aus der Unterlage.

Zu dieser Zeit war dieses Konzept revolutionär und Royces beachtliche, anfängliche Siegesserie war maßgeblich für den Beginn der Grappling-Hype und das Bekanntwerden des Jujitsu verantwortlich. Sein Erfolg war die Beherrschung der *Guard*-Position. Damit ausgestattet, hatte er große Geduld, auf einen Fehler seines Gegners zu warten, selbst dann, wenn er unter extremem Druck stand. Die *Guard*-Position gestattete es Gracie auch, seine großartigen Abwehrtechniken einzusetzen; nur Wenigen gelang es, ihn mit Schlägen zu treffen, während sie in seiner *Guard* festsaßen. Diese Techniken in Verbindung mit seiner Fähigkeit, von unten her Aufgabegriffe einsetzen zu können, erwiesen sich als zu viel für seine Gegner.

Die Abwehr aus der *Guard*-Position

Die meisten halten die *Guard* für eine Abwehrstellung, in der sie sich gegen die Schläge eines sich über ihnen befindenden Gegners schützen können. Im nächsten Abschnitt versuchen wir dennoch mit Nachdruck die Annahme zu zerstreuen, dass die *Guard* eine rein defensive Position sei. Nichtsdestotrotz stimmt es, dass einem die *Guard* bei richtiger Ausführung exzellente Verteidigungsmöglichkeiten gegen einen aggressiven, schlagenden Gegner zur Verfügung stellen kann.

Bei der Verwendung der *Guard* als defensiver Schutz haben die Kämpfer zwei Hauptoptionen. Die erste besteht darin, deinen Gegner in einer geschlossenen *Guard* so fest wie möglich an dich zu klammern, wobei du deinen Arm über einen seiner Arme legst und seinen Kopf mit deinem anderen Arm unten hältst. Das bringt dich in einen engen, auf dem Rücken liegenden Clinch mit deinem Gegner und macht es ihm schwer, dich wirkungsvoll zu treffen. Du kannst deine Position verbessern, indem du deine Hüfte zu derselben Seite ausfährst, auf der sich auch der von dir umschlungene Arm befindet, und dich dann auf die Seite drehst.

Eine zweite Möglichkeit ergibt sich dann, wenn du die offene Guard anwendest. In diesem Fall willst du den Gegner normalerweise so weit wie möglich von dir fern halten, da er sich die größte Mühe geben wird, dich mit den Fäusten zu treffen. Stemm deine Füße gegen seine Hüften und drück ihn zurück, wodurch du es ihm schwer machst, an deinen Kopf heranzukommen. Du kannst auch einen Fuß auf seine Brust, Schulter oder seinen Bizeps setzen, um so zu verhindern, dass er in Reichweite kommt, um deinen Kopf zu treffen. Obwohl es noch viele Grifftechniken gibt, die den Schaden in Grenzen halten können, den dir der Gegner in der Guard-Position zufügen kann, sind diese beiden Methoden die simpelsten und einfachsten Strategien, die man in den Wirren eines richtigen Kampfs einsetzen kann.

Angriffe aus der *Guard*-Position

Einen der schlimmsten Fehler, die du beim Jujitsu begehen kannst, ist die *Guard*-Position für eine passive Abwehrstellung zu halten, in der man einfach nur „abhängt", um den Kampf zu überstehen. Obwohl die *Guard* sicherlich auch so genutzt werden kann, ist dies kaum wünschenswert. Du solltest die *Guard* auch als eine Position sehen, aus der heraus du den Kampf gewinnen kannst und in der du nicht nur ausharrst, um dein nacktes Leben zu retten. Denk daran: *Noch nie hat irgendjemand einen Kampf gewonnen, nur weil er seinen Gegner festgehalten hat.*

Somit ist es also wichtig, dass du eine eigenständige Angriffsinitiative aus der *Guard* heraus startest und deinem Gegner den Kampf aufzwingst. Wir werden einen kurzen Überblick über eine Mischung aus Fegern und Aufgabegriffen geben, die es dir ermöglicht, den Gegner sowohl in offenen als auch in geschlossenen *Guard*-Positionen anzugreifen, egal ob er in deiner *Guard* aufrecht steht oder sich auf den Knien befindet. Hierbei handelt es sich um Erfolg versprechende Aktionen, die ebenso gut in MMA- wie auch in Grapplingveranstaltungen funktionieren. Ebenso werden wir Aktionen beleuchten, die im modernen Wettbewerb hohe Erfolgsquoten verzeichnen konnten.

Eine gute Faustregel bei der Anwendung der *Guard* lautet: *Verbring so wenig Zeit wie möglich auf dem Rücken.* Versuch immer, zur Seite deines Gegners auszubrechen – setz dich, leg dich auf die Seite, bring deine Hüfte auf eine Seite. Diese kleinen Veränderungen deiner Körperhaltung machen einen *großen* Unterschied aus; sie machen dir deine Angriffe aus der *Guard* wesentlich leichter. Liegst du bloß flach auf dem Rücken, hast du wirklich nur wenige Angriffsalternativen. Beweg dich also wie zuvor erwähnt, um deine Offensive ins Rollen zu bringen. Die einzige Situation, in der du dich hinlegen darfst, ist wenn du dich erschöpft fühlst und den Wunsch hast, dich ein wenig auszuruhen.

Angriffe aus der geschlossenen Guard-Position, wenn sich dein Gegner auf den Knien befindet

Hip-Heist-Feger (*Anmerkung des Übersetzers:* wörtlich = Hüftraub-Feger; dabei handelt es sich um ein Um-/Überwälzen des Gegners mit anschließender Drehung zur Seite). Der *Hip-Heist*-Feger ist eine der besten Aktionen, die du einsetzen kannst, wenn sich der Gegner innerhalb deiner geschlossenen *Guard* auf den Knien befindet. Es handelt sich dabei um eine Aktion mit geringem Risiko, die man bei MMA-Kämpfen oft auf allen möglichen Leistungsebenen sieht. Bei richtiger Ausführung kann er die Richtung, in die sich ein Kampf entwickelt, innerhalb von Sekunden verändern. Um den Feger einzuleiten, setzt du beide Füße auf den Boden (Abb. 7.1a). Platzier eine Hand hinter dich auf dem Boden und setz dich schnell zu der Seite hin gerichtet auf, an der sich deine Hand am Boden befindet – das ist die Seite, zu der du deinen Gegner über dich hinweg fegen wirst. Greif mit deiner anderen Hand über und pack den Arm deines Gegners (am Ellenbogen) auf der Seite, auf der du ihn fegen willst (Abb. 7.1b). Ramm deine Hüften gegen deinen Gegner, wobei sie sich höher befinden als seine. Dreh den Kopf, um hinter dich zu sehen und setz dein Knie auf derselben Seite auf den Boden, auf der du deinen Gegner zu fegen beabsichtigst.

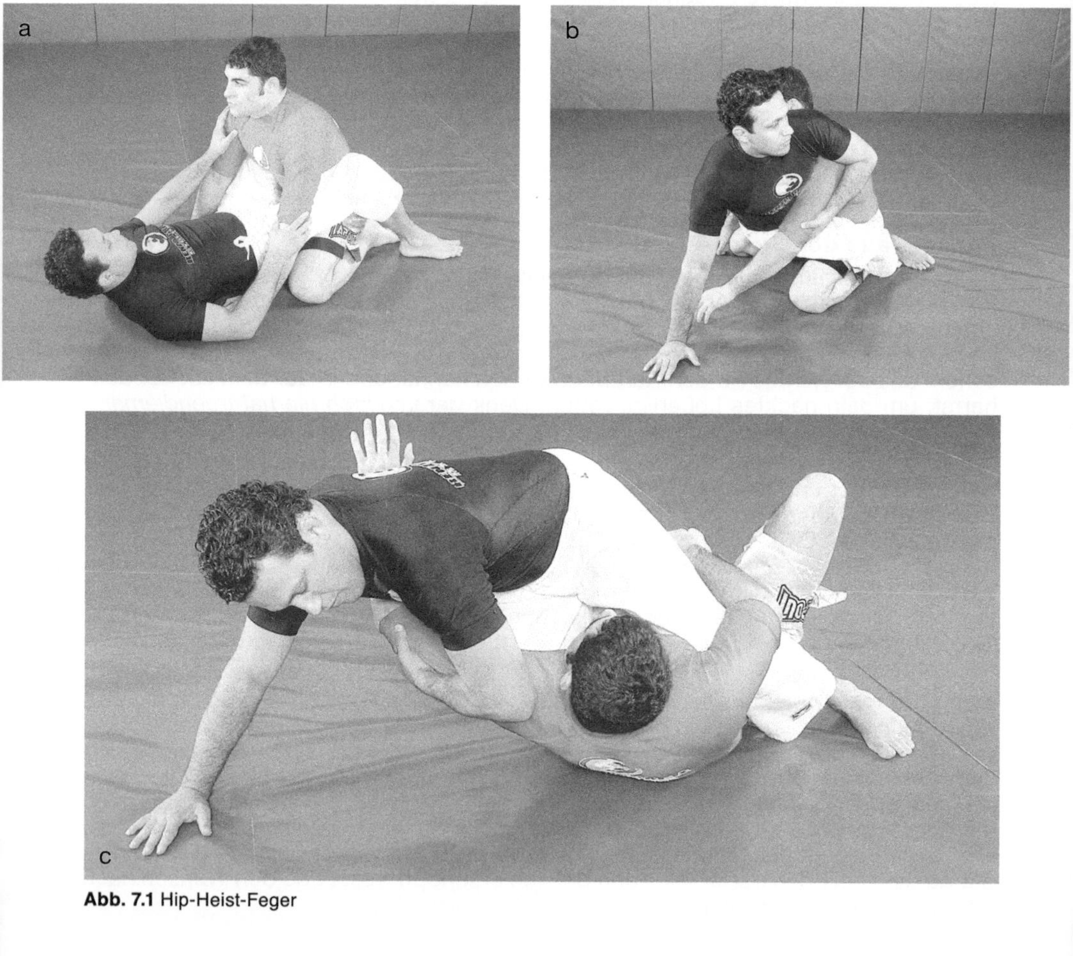

Abb. 7.1 Hip-Heist-Feger

Roll mit deinen Hüften in einer durchgängigen Bewegung auf die Seite (Abb. 7.1c). Damit drehst du deinen Gegner ohne Probleme. Beweg dich eher zur Seite hin als auf deinen Gegner zu. Deine Aktion endet schließlich in der *Mount*-Position.

Guillotine-Würger (Guillotine Choke). Der Guillotine-Würger ist der am häufigsten verwendete und effektivste Aufgabegriff im MMA-Bereich. Er kann aus vielen Positionen heraus angewendet werden, jedoch ist die Guillotine aus der *Guard* heraus besonders wirkungsvoll, da sie einen großen Teil deiner Körperkraft gegen den empfindlichen Nacken des Gegners einsetzt. Man kann sie ausgesprochen gut mit dem *Hip-Heist*-Feger kombinieren. Wenn eine der beiden Techniken fehlschlägt, wechselst du sofort zu der anderen. Am besten setzt man sie gegen einen in deiner *Guard* knienden Gegner ein. Setz beide Füße auf den Boden und setz dich zur Seite geneigt hin wie du es auch beim *Hip-Heist*-Feger tust (Abb. 7.2a). Setz deine Hand hinter dir auf den Boden und greif mit deinem anderen Arm (das ist dein Würgearm Abb. 7.2b) um den Nacken deines Gegners herum. Du kannst deine Hüften ein wenig von deinem Gegner abrücken, um dir das Umgreifen seines Nackens mit deinem Arm zu erleichtern. Mit dem anderen Arm ergreifst du deinen Würgearm am Handgelenk (Abb. 7.2c). Zieh deinen Würgearm bis zu deinem Brustbein hoch. Leg dich hin und verlagere deine Hüften nach außen zu der dem Kopf deines Gegners gegenüberliegenden Seite. Nimm deinen Gegner in deine geschlossene *Guard* und zieh den Würgegriff an (Abb. 7.2d).

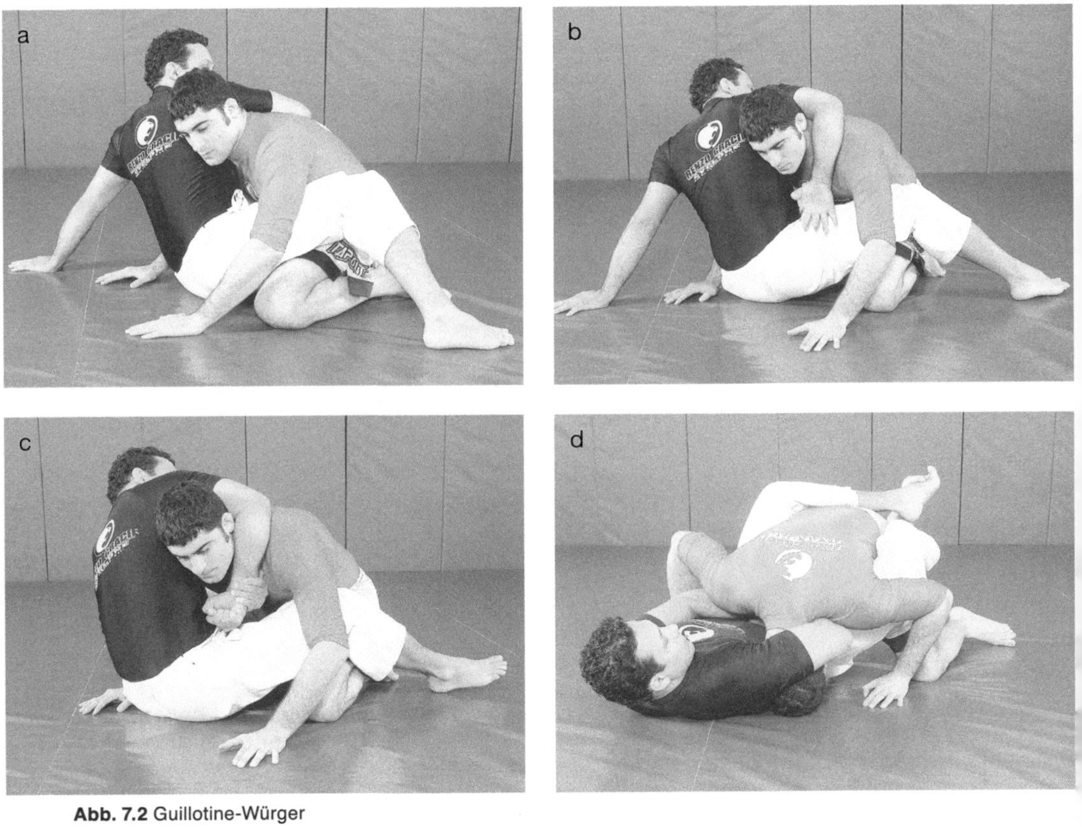

Abb. 7.2 Guillotine-Würger

Genickhebel mit anschließendem Umdrehen (Neck-Crank-Turnover). Dies ist eine hervorragende Methode, einen Gegner entweder zur Aufgabe zu zwingen oder in die *Mount*-Position zu drehen. Wenn der Gegner in deiner geschlossenen *Guard* kniet, stellst du beide Füße auf den Boden und setzt dich seitlich auf, genauso wie beim *Hip-Heist*-Feger und dem Guillotine-Würger. Diese drei Aktionen eignen sich, miteinander kombiniert zu werden, da sie allesamt mit derselben Anfangsbewegung beginnen. Du setzt eine Hand hinter dir auf den Boden und legst den anderen Arm wie bei der Guillotine um den Nacken deines Gegners (7.3a). Schieb den Arm, den du um den Nacken deines Gegners gelegt hast unter seine Achsel und zieh ihn bis an seine obere Rückenpartie hoch. Deine Handfläche sollte von dir abgewandt sein. Der Kopf deines Gegners ist unter deiner Achsel eingeklemmt. Leg die Handflächen ineinander und zieh den Griff fest an, indem du deine Hände quer über seinen Rücken bringst (Abb. 7.3b und c). Dies reicht oft, um einen Gegner zur Aufgabe zu zwingen. Falls nicht, übst du weiterhin Druck aus, bis du ihn auf den Rücken gedreht hast und dich selbst obenauf befindest (Abb. 7.3d).

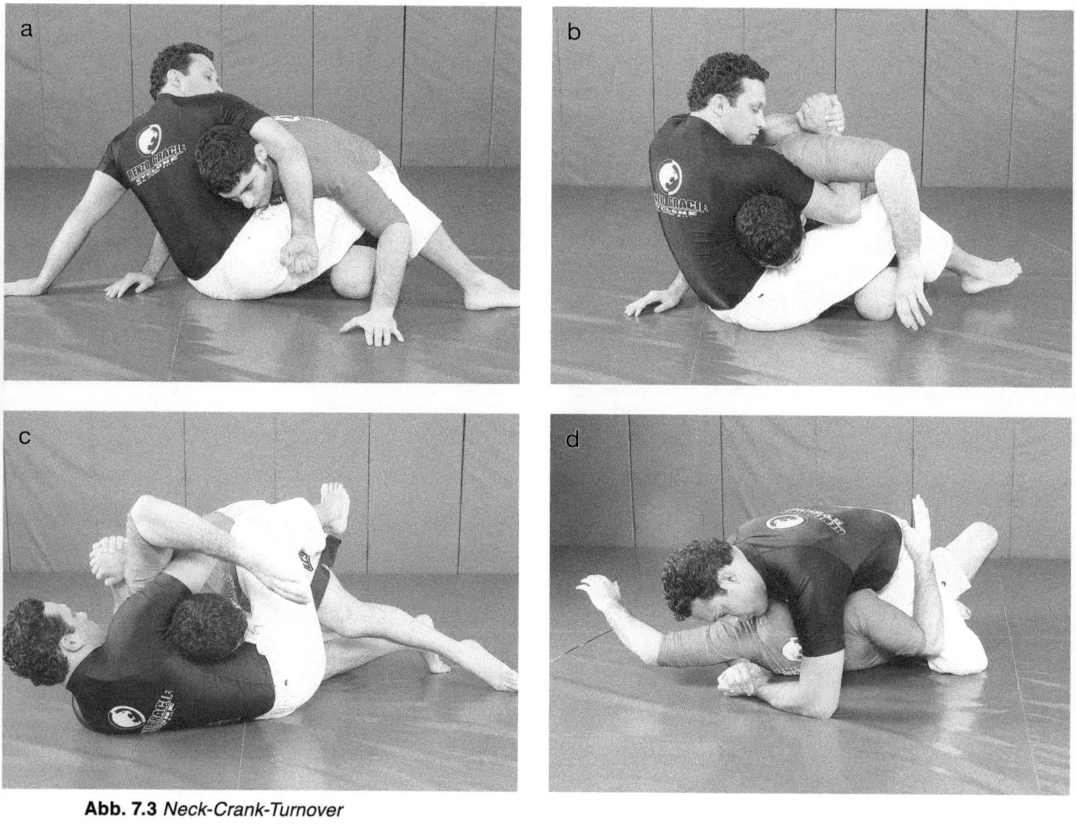

Abb. 7.3 *Neck-Crank-Turnover*

Triangel-Würger (Sankaku Jime). Der Triangel-Würger bleibt einer der beliebtesten und erfolgreichsten Aufgabegriffe aus der *Guard*-Position. Die Variante, die wir hier betrachten, wird am besten in der geschlossenen *Guard* eingesetzt, wenn sich der Gegner auf den Knien befindet. Während du deinen Gegner in der geschlossenen *Guard* festhältst, packst du seine beiden Handgelenke und drückst eines davon auf sein Brustbein zu (Abb. 7.4a). Das ermöglicht es dir, dein Bein über den so gehaltenen Arm und den Nacken deines Gegners zu werfen (dies wird dein Würgebein). Damit immobilisierst du den Kopf deines Gegners sowie einen seiner Arme zwischen deinen Beinen (Abb. 7.4b). Versuch, mit dem Fuß deines Würgebeins den Rücken deines Gegners an der gegenüberliegenden Schulter zu berühren, um so einen optimalen Winkel für den Würgegriff zu schaffen (möglicherweise musst du deinen Fuß in diese Position ziehen). Oft ist es hilfreich, die Hüften zur Seite hin auszufahren, um den Würger zu erleichtern. Schließ deine Beine um Kopf und Arm des Gegners (Abb. 7.4c). Sorg dafür, dass du den Fuß des würgenden Beins während der ganzen Aktion unter das Knie des anderen Bein ziehst (du darfst nicht einfach nur deine Füße kreuzen). Drück deine Knie zusammen und zieh damit den Kopf deines Gegners herunter, um ihn zu würgen.

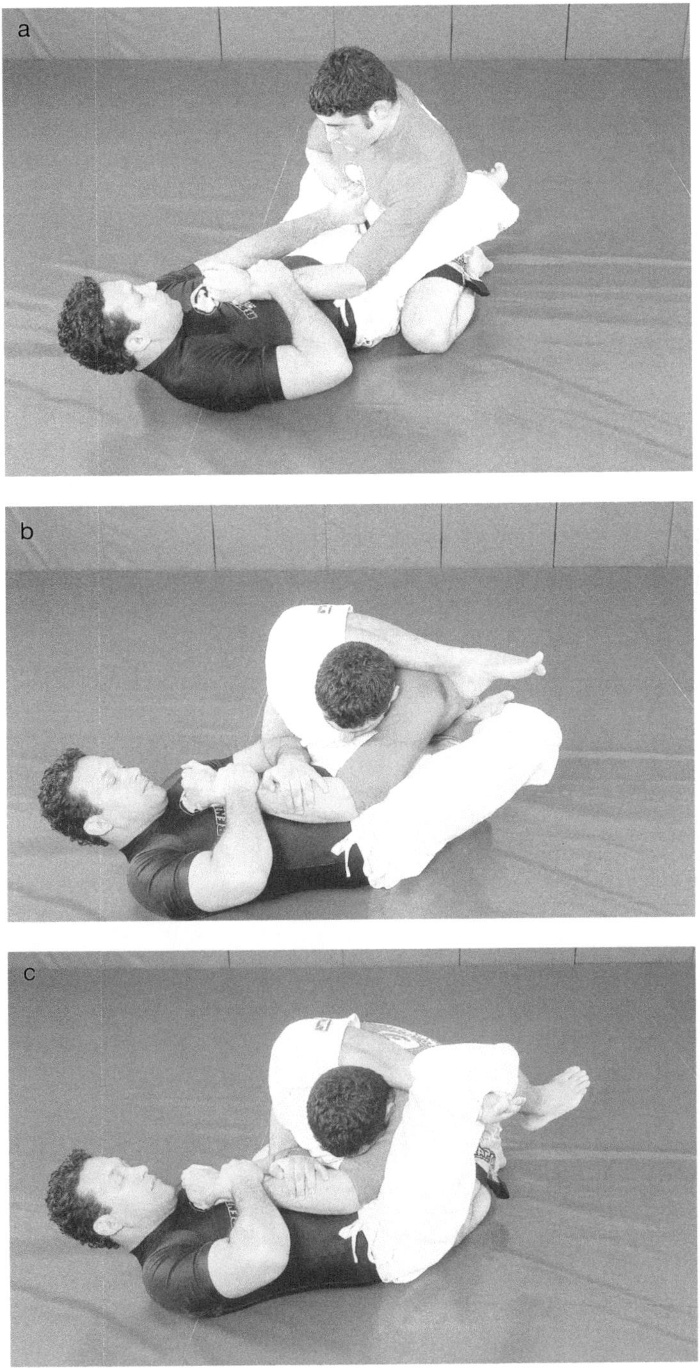

Abb. 7.4 Triangle Choke

Angriffe aus der geschlossenen Guard-Position während dein Gegner steht

Armhebel (Juji Gatame). Dieser vielseitige Aufgabegriff kann in sehr vielen Positionen eingesetzt werden. Hier sehen wir seine Anwendung gegen einen in der geschlossenen *Guard* stehenden Gegner. Pack das Handgelenk des Armes, den du mit deiner Hand festhalten willst und fixier es an deiner Brust (Abb. 7.5b). Mit deiner anderen Hand greifst du an die Innenseite seines Beins in Höhe des Fußgelenks. Dabei ziehst du deinen Kopf an das Fußgelenk heran, das du gerade ergriffen hast (Abb. 7.5b). Dadurch entsteht der richtige Winkel für den Armhebel. Dein Körper sollte sich ungefähr im rechten Winkel zum Gegner befinden. Wandere mit deinen Füßen zum Rücken deines Gegners hoch. Lass deine Hüften nicht auf den Boden herab, da dies die Aussichten auf einen erfolgreichen Armhebel beträchtlich mindert. Schwing dein Bein über den Kopf deines Gegners, um den Haltegriff zu sichern (Abb. 7.5c). Versuch mit deiner Hüfte die Achsel des Arms zu berühren, den du festhältst. Dies sorgt für einen erheblich festeren Halt. Drück deine Knie zusammen, bring deine Füße in Richtung des Bodens nach unten, heb deine Hüften an und zieh das Handgelenk des von dir festgehaltenen Arms nach unten. Dadurch übst du einen Druck aus, mit dem du den Arm des Gegners brechen könntest.

Kniehebel (Hiza Gatame). Der Kniehebel ist ein weiterer Aufgabegriff, der in zahlreichen Positionen angewendet werden kann. Besonders effektiv ist er, wenn ein Gegner aufrecht in deiner geschlossen *Guard* steht. Man kann ihn gut mit der gerade gezeigten Armhebelattacke kombinieren, da die Ausgangsbewegung dieselbe ist. Sollte der Armhebel fehlschlagen, ist der Kniehebel eine ausgezeichnete Anschlussaktion. Während dein Gegner in deiner geschlossen *Guard* steht, greifst du, so wie du es schon beim Armhebel gemacht hast, mit deinem Arm zur Innenseite seines Beins (Abb. 7.6a). Zieh deinen Kopf zum Fuß dieses Beins. Öffne deine Guard und senk deine Hüften. Dein Fuß liegt auf der Hüfte des Beins, das du hebeln willst, wie in Abb. 7.6b gezeigt. Bring dein Knie auf die Innenseite des Knies des Beins, das du ergriffen hast. Dies ist ein entscheidendes Detail. Schwing das andere Bein in einem weiten Bogen herum, bis dein Fuß das Gesäß deines Gegners berührt (Abb. 7.6c). Stell sicher, dass du deine Hüften über das Knie des von dir angegriffenen Bein bringst! Gelingt dir dies nicht, ist der Hebel wirkungslos. Drück deine Knie zusam-

a b c

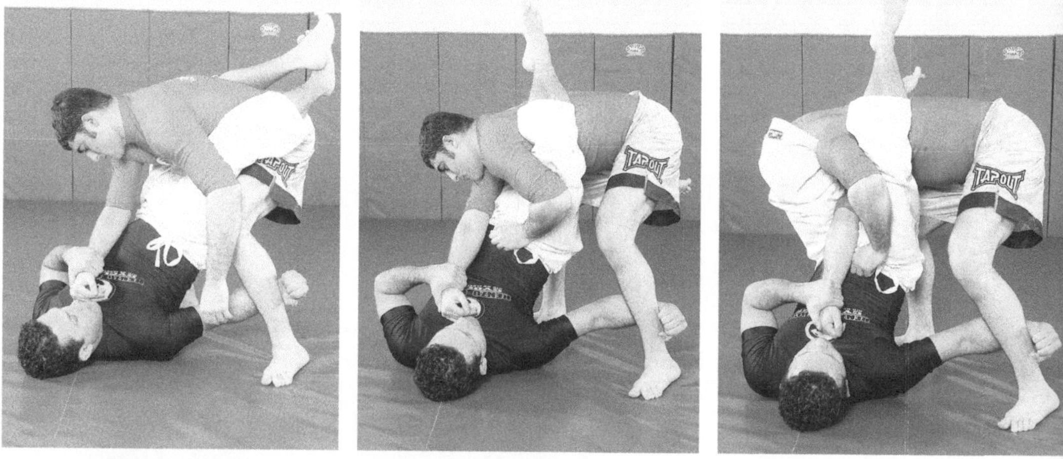

Abb. 7.5 Armhebel

men, um das Bein deines Gegners zu kontrollieren (Abb. 7.6d). Schließ deine Arme um das Fußgelenk deines Gegners, beug dich zurück und stoße deine Hüften nach vorn, um einen Druck auf das Kniegelenk auszuüben, mit dem du es zum Brechen bringen könntest (Abb. 7.6e).

Angriffe aus der offenen Guard-Position, während sich dein Gegner auf den Knien befindet

Elevator-Feger (Sumi Gaeshi). (*Anmerkung des Übersetzers: elevator* = Aufzug/ Lift) Dieser großartige Schachzug wird am besten dann eingesetzt, wenn sich der Gegner auf seinen Knien in deiner offenen *Butterfly-Guard* befindet (du positionierst dabei beide Füße innen unter den Oberschenkeln des Gegners). Setz dich hin und umklammere den Oberarm deines Gegners mit deinem Arm (von oben). Mit der anderen Hand hältst du den Ellenbogen oder das Handgelenk deines Gegners fest (Abb. 7.7a). Lass dich direkt auf die Seite fallen, auf der du das Handgelenk oder den Ellenbogen ergriffen hast (Abb. 7.7b). Während du fällst, führst du eine Hebebewegung mit dem Fuß aus, der sich gegenüber der Seite befindet, zu der hin der Feger verläuft. Stoß dich mit dem anderen Fuß vom Boden ab (Abb. 7.7c).

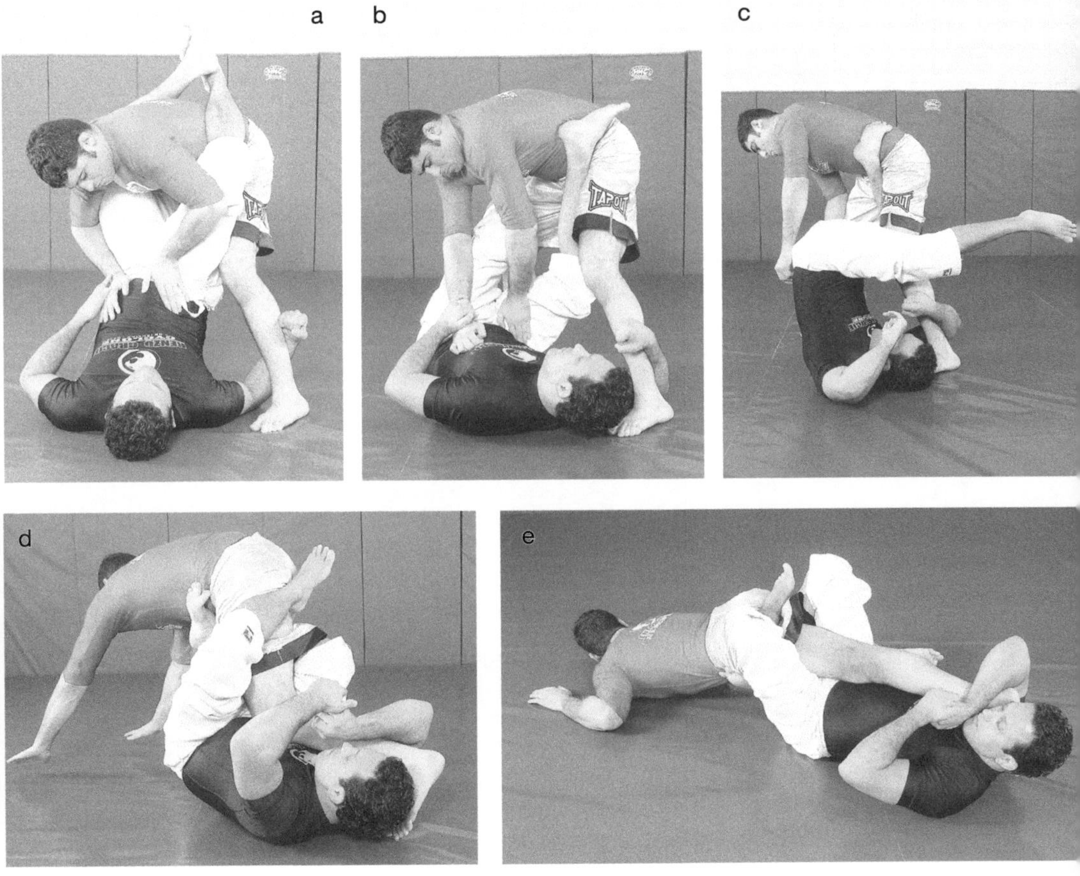

Abb. 7.6 Kniehebel

Diese kombinierte Aktion wirft den Gegner über die Seite auf den Rücken. Setz solange nach, bis du entweder in die *Mount*-Position kommst oder quer über ihm liegst (Abb. 7.7d).

Pressender Armhebel (Ude Gatame). Nur wenige Aufgabegriffe können mit der Leichtigkeit und Schnelligkeit von *Ude Gatame* ausgeführt werden – einem der besten Angriffe, den du gegen einen innerhalb deiner offenen *Guard* knienden Gegner einsetzen kannst. In dem Moment, in dem der Gegner einen Arm in deiner offenen *Guard* ausstreckt, kannst du ihn mit *Ude Gatame* angreifen. Gleite mit den Hüften seitlich nach außen (dein Körper sollte sich auf der Seite befinden) und leg deinen Arm wie gezeigt um seinen Ellenbogen (Abb. 7.8a). Klemm das Handgelenk des Arms, den du hebeln willst, zwischen deinem Nacken und deiner Schulter ein. Klammer mit den Knien die Schulter des Arms, den du angreifst und übe Druck aus. Das erschwert ein Entkommen. Verschränk die Arme unmittelbar über dem Ellenbogen des gegnerischen Arms und drück diesen zu deiner Brust, womit du sein Ellenbogengelenkt überdehnst (Abb. 7.8b).

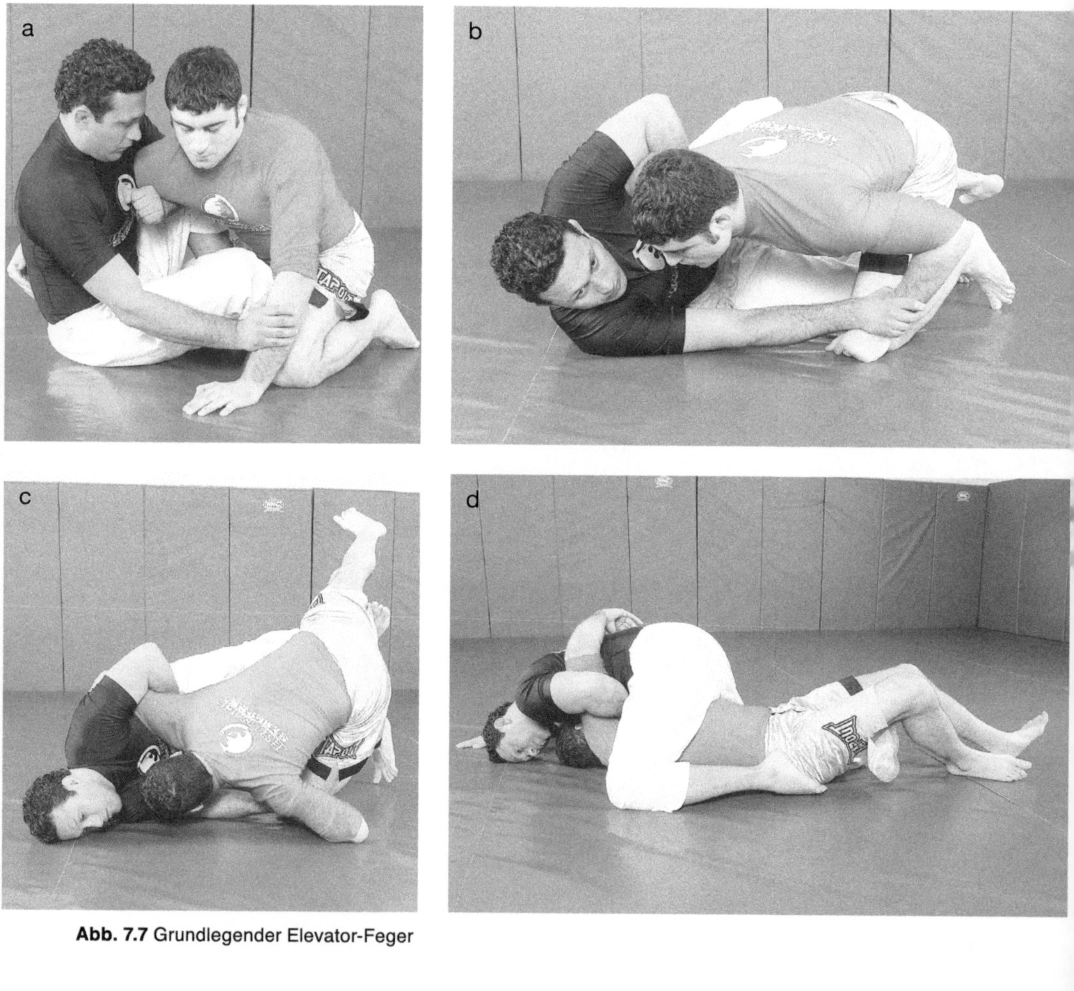

Abb. 7.7 Grundlegender Elevator-Feger

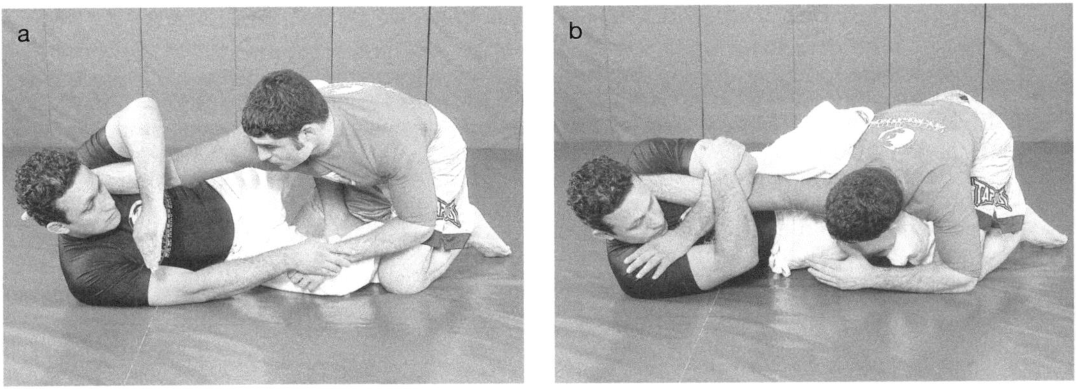

Abb. 7.8 Pressender Armhebel

Fallstudie für die offensive Anwendung der Guard-Position: *Antonio Rodrigo „Minotauro" Nogueira*

Unter den zeitgenössischen MMA-Kämpfern gab es niemanden, der sich beim Gebrauch der *Guard*-Position derart hervortat wie der Jiu Jitsu Experte Antonio Rodrigo „Minotauro" Nogueira. Kampf um Kampf nahm er die besten Kämpfer der Welt in seine *Guard* und brachte sie zur Aufgabe. Recht oft waren diese Gegner bedeutend größer als Minotauro, doch das war egal – innerhalb der *Guard* gerieten sie in ein regelrechtes Trommelfeuer bestehend aus Aufgabeangriffen. Was Nogueiras Taktik von den meisten anderen Kämpfern unterschied, waren seine ständigen unermüdlichen Attacken aus der Bodenposition. Die meisten Kämpfer nutzen die *Guard* auf weitgehend defensive Weise. Nogueira hingegen versuchte, seinen Gegner dauerhaft mit einem Kombinationsangriff unter Verwendung von Triangel-Würger, *Kimura*-Armhebel und *Omo Plata*-Armhebel zu hebeln. Kaum hatten sich seine frustrierten Gegner aus einem der Griffe befreit, befanden sie sich auch schon im nächsten. Angesichts dieses gezielt gesteuerten Angriffs, konnten sie nur so lange standhalten, bis sie die Niederlage auf dem Wege eines weiteren perfekt ausgeführten Aufgabegriffs ereilte.

Was ebenfalls dazu beitrug, dass Nogueira ein derart schwieriger Gegner war, war seine Geschicklichkeit im Stand. Er war ein guter Boxer und auch stark bei *takedowns*. Versuchte ein Gegner also aufzustehen und zu fliehen, bezog er noch mehr Prügel, sobald er auf den Beinen stand. Angesichts dieser Bedrohung blieben die Meisten in Nogueiras *Guard*, wo sie seinen Attacken mit Aufgabegriffen ausgeliefert waren. Auf diese Weise gerieten sie in ein Dilemma: Standen sie auf, riskierten sie, niedergeschlagen oder in eine Bodenposition gezwungen zu werden. Blieben sie jedoch in der *Guard*, wurden sie mit Aufgabegriffen ausgeschaltet. Jeder wusste, was ihn in Nogueiras *Guard* erwartete. Seine Aufgabeangriffe waren allseits bekannt und relativ einfach. Was jedoch den Unterschied ausmachte, waren die Präzision und die Hartnäckigkeit, mit der sie ausgeführt wurden (normalerweise im Rahmen ausgedehnter Kombinationen). Mit dem ständigen von unten kommenden Druck konfrontiert, waren nur wenige Gegner in der Lage, in Minotauros *Guard* irgendwelche wirkungsvollen Angriffe einzufädeln.

Angriffe aus der offenen Guard-Position während dein Gegner steht

Doppelter Schienbeinfeger. Diese Aktion ist eine hervorragende Methode, um einen in deiner offenen *Guard* stehenden Gegner anzugreifen, die dich nicht irgendwelchen lästigen Fußgelenk- und Kniehebeln aussetzt (im Gegensatz zu vielen anderen Fegern in der offenen *Guard*). Während dein Gegner steht, setzt du deine Füße in Kniehöhe an die Innenseiten seiner Beine, wobei du mit dem unteren Teil deiner Schienbeine gegen seine Kniekehlen drückst (Abb. 7.9a). Ergreif seine beiden Fußgelenke von außen (Abb. 7.9b). Zieh mit beiden Händen, während du dich mit den Hüften ruckartig nach oben vom Boden abstößt und die Knie nach außen spreizt (Abb. 7.9c). Das schleudert deinen Gegner sofort hinterrücks auf den Boden. Nun kannst du entweder in die Oberlage gehen oder versuchen, einen Achilleshebel anzubringen.

a b c

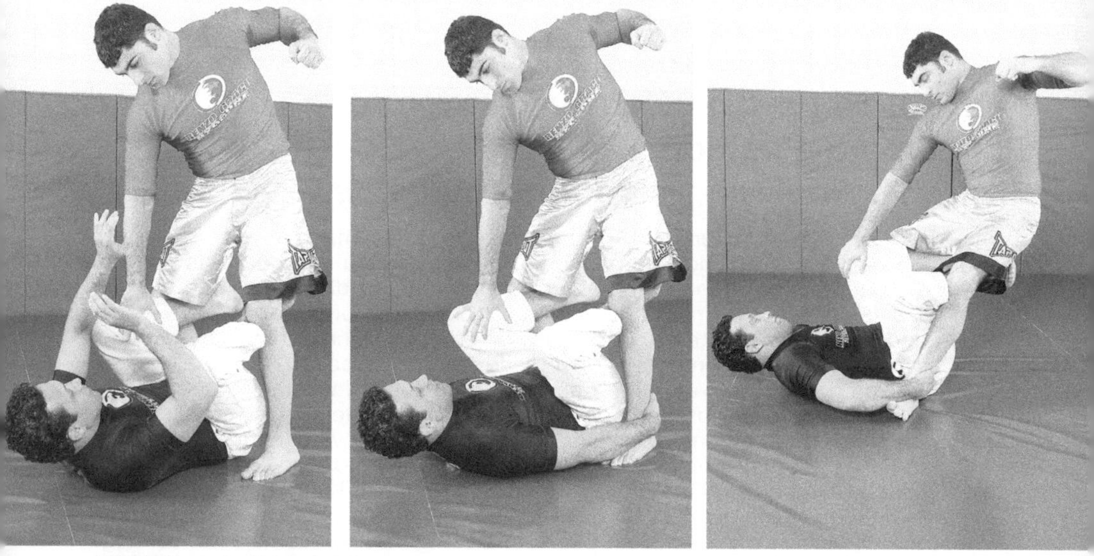

Abb 7.9 Doppelter Schienbeinfeger

Fersenhebel (Heel Hook). Der Fersenhebel ist eine hervorragende Methode, um einen aufrecht in deiner offenen *Guard* stehenden Gegner anzugreifen. Du hakst beide Füße in Kniehöhe an den Innenseiten der Beine deines Gegners ein, streckst eine Hand aus und ergreifst die Ferse des Fußes, die dir am nächsten ist (Abb. 7.10a). Zieh deine Hüften nahe an diesen Fuß heran und tritt mit deinem Fuß auf der Innenseite um dieses Bein herum (gemeint ist das Bein, das du angreifst), bis dein Fuß an der Hüfte des von dir angegriffenen Beins ankommt (Abb. 7.10b und c). Dein anderer Fuß sitzt unter dem hinteren Oberschenkelmuskel des Beins, das du angreifst. Press deine Knie zusammen, um Kontrolle auszuüben. Zieh die Zehen des Fußes, den du angreifst unter deine Achsel. Hak dein Handgelenk unter der Ferse dieses Fußes ein und schließ deine Hände zusammen. Dreh die Ferse zu deiner Brust herüber, um extremen Druck auf das Fußgelenk und das Knie auszuüben. Sei vorsichtig bei der Anwendung dieser Technik – Verletzungen kommen hierbei oft vor. Gib deinem Partner beim Training genügend Zeit zur Aufgabe.

a b c

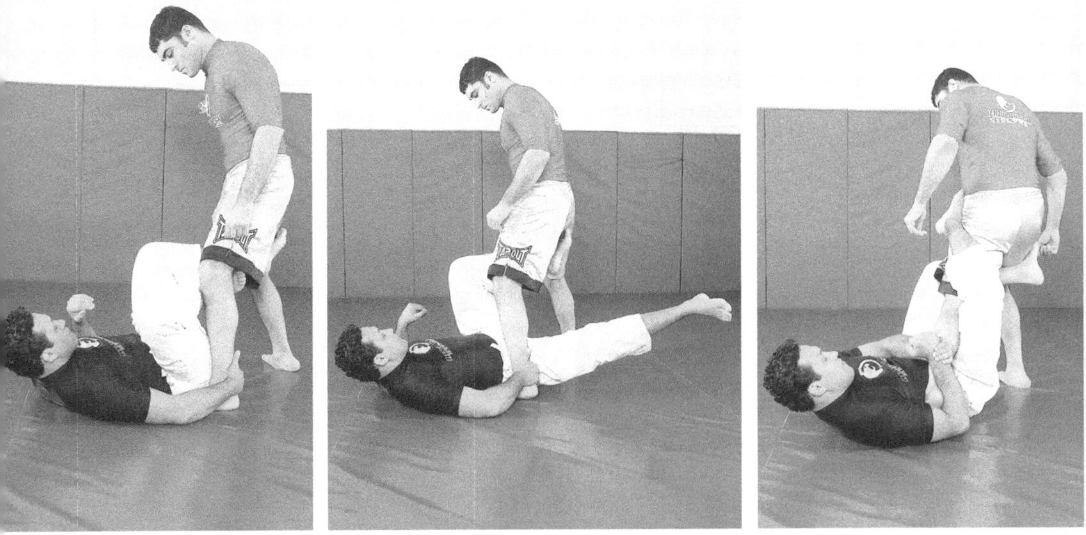

Abb. 7.10 Fersenhebel

Befreien und Kontern in der Unterlage

Nun ist es an der Zeit, uns alle gängigen Positionen des Bodenkampfs aus der Perspektive des sich in der Unterlage befindenden Kämpfers anzusehen. Wir haben bereits erwähnt, dass das Hauptanliegen des unten Liegenden darin besteht, in eine bessere Position zu entkommen. Eine Alternativstrategie besteht darin, von unten her einen Aufgabegriff zu versuchen. Gelingt der Aufgabegriff, ist dies ein echter Trumph. Misslingt er, zwingt er deinen Gegner wenigstens, sich dagegen zu verteidigen und schafft dir den Platz, den du brauchst, um in eine bessere Position zu entkommen. In jedem Fall hast du die richtige Wahl getroffen. Wir werden nun Aktionen betrachten, die dich in die Lage versetzen, aus den gefährlicheren MMA-Halte- und -Niederhaltegriffen herauszukommen.

Befreiung aus der Rear-Mount (Mount von hinten)

Die *rear-mount* ist einer der gefährlichsten Situationen, in die man in einem richtigen Kampf geraten kann. Wenn sich dein Gegner auf dir befindet, kann er dich mit Schlägen auf Hinterkopf und Nacken verprügeln, während du hingegen nur wenig ausrichten kannst. Darüber hinaus kann er deinen Nacken und deine Arme mit einer Vielzahl an Aufgabegriffen attackieren. Folglich ist eine effektive Methode, um zu entkommen, extrem wichtig. Wir sehen uns nun an, wie man den beiden wichtigsten Formen einer *rear-mount* obere sowie untere entkommen kann.

Obere Rear-Mount

Die obere *rear-mount* kommt zustande, wenn dein Gegner in Reitstellung über deiner unteren Rückenpartie und deiner Hüfte auf dir hockt und beide Beine in deinen beiden Hüftseiten einhakt.

Aus dieser Position heraus kann er dich lang ausstrecken und unter großen Druck setzen. Eine Möglichkeit des Entkommens bietet die Ellenbogen-Befreiung.

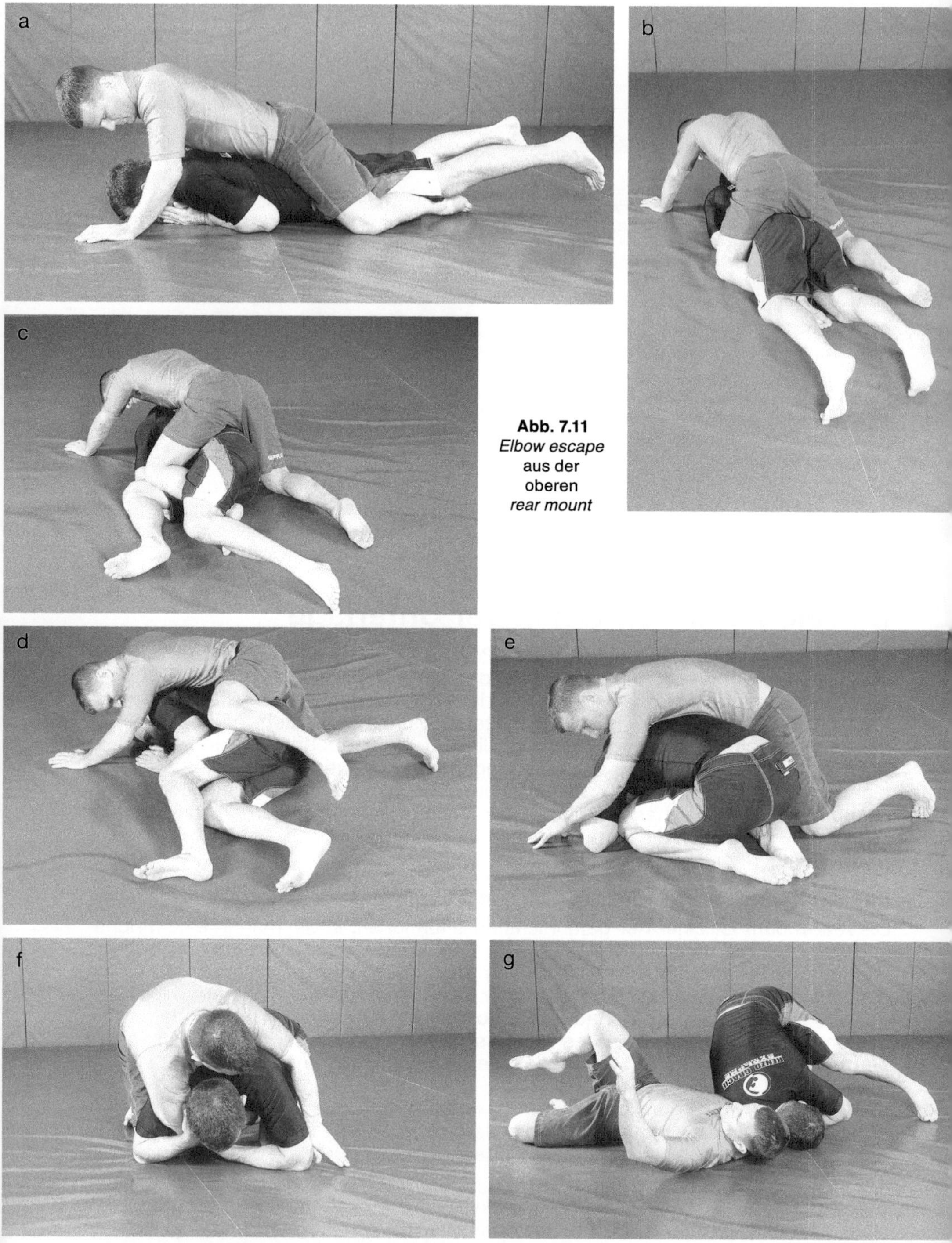

Abb. 7.11
Elbow escape
aus der
oberen
rear mount

Der *elbow escape* (dt. Ellenbogen-Befreiung) ist beim Jujitsu die mit Abstand nützlichste und wichtigste Befreiungsmethode. Sie versetzt dich in die Lage, relativ leicht den Halte- und Hebeltechniken von Gegnern zu entkommen, die viel größer sind als du. Normalerweise gilt die Ellenbogenbefreiung für ein Entkommen aus der gewöhnlichen *mount*, doch gibt es viele Varianten, einschließlich der hier gezeigten aus der oberen *rear mount*. Sie mag vielleicht kompliziert erscheinen, aber mit ein wenig Übung wirst du sie schnell und wirkungsvoll beherrschen. Dein Gegner befindet sich in einer *rear mount* auf dir (Abb. 7.11a). Am wichtigsten ist, die „Haken" (seine Füße in deinen Hüften) los zu werden, die ihm Stabilität und Kontrolle verschaffen. Um dich von den Haken zu befreien, trittst du mit einem deiner Beine nach hinten und platzierst es flach am Boden zwischen den Beinen deines Gegners (Abb. 7.11b). Dadurch löst du sofort einen Haken. Rutsch mit dem Knie des Beins, mit dem du gerade ausgekeilt hast unter den noch verbleibenden Haken deines Gegners (Abb. 7.11c). Versuch mit dem Knie dieses Beins deinen gegenüberliegenden Ellenbogen zu berühren. Das hindert deinen Gegner daran, seinen Haken wieder erneut anbringen zu können. Um den verbleibenden Haken zu lösen, trittst du mit dem anderen Bein (das, bei dem sich dein Gegner immer noch untergehakt hat) nach hinten. Nun hast du beide Haken gelöst (Abb. 7.11d). Begib dich auf deine Knie und halt dabei Knie und Ellenbogen eng zusammen, um zu verhindern, dass der Gegner seine Haken erneut zum Einsatz bringt (Abb. 7.11e). Greif nach oben und pack seinen Arm (Abb. 7.11f). Roll ihn über deine Schulter (Abb. 7.11g). Die Tatsache, dass er sich nicht mehr bei dir festgehakt hat, macht dies einfach. Wenn er von deinem Rücken herunterfällt, bleibst du auf deinen Knien, um eine Haltetechnik in der Oberlage einsetzen zu können.

Untere *rear mount*

Die untere *rear mount* kommt zum Zug, wenn sich der Gegner nicht nur von hinten bei dir eingehakt hat, sondern sich gleichzeitig auch noch unter dir befindet. Von hier aus kann er deinen Nacken sowie deine Arme angreifen, wenngleich seine Schlagkraft im Vergleich zur oberen *rear mount* etwas geringer ist. Auch hier brauchst du eine vernünftige Befreiungsmethode, wenn du seinen Angriffen entgehen willst. Zum Beispiel die *Slide-Out*-Methode (dt.: herausgleiten). Sie ermöglicht es dir, dich vor den üblichen Würge- und Armhebelversuchen zu schützen, die von einem Gegner zu erwarten sind, sobald er sich diese hervorragende Position erkämpft hat. Gleichzeitig bringt sie dich aus der unmittelbaren Gefahr in eine bessere Position.

Dein Gegner befindet sich sowohl hinter als auch unter dir in einer unteren *rear mount*, aus der heraus dir ein Würgeangriff droht (Abb. 7.12a). Er hat beide Füße vor deiner Hüfte eingehakt. Auch diesmal sind diese „Haken" vor deiner Hüfte der Ursprung des Problems. Um zu entkommen, bäumst du dich mit einer Brücke gegen deinen Gegner auf, während du seinen Würgearm am Handgelenk und am Ellenbogen nach unten ziehst. Gleite in Richtung der Seite hinaus, in die die Finger seines Würgearms zeigen. Senk dein Kinn nach unten sowie in Richtung des Bizeps seines würgenden Arms. Rutsch soweit heraus, bis deine Schultern den Boden berühren (Abb. 7.12b). Es ist absolut entscheidend, dass du Rücken und Schultern auf den Boden bekommst – hast du dies geschafft, kann dich dein Gegner nicht mehr würgen. Versuch, mit dem Gesicht deinem Gegner zugewandt auf die Seite zu gelangen (Abb. 7.12c). In dieser Position bist du vor dem Würgegriff sicher. Nun besteht die Gefahr, dass dein Gegner in die Mount auf dich steigt. Um das zu verhindern, hakst du dich mit deinem sich höher befindenden Fuß am Knie unter dem oberen Bein deines Gegners ein und hebst es an. Hak deinen Arm unter demselben Bein ein (Abb. 7.12d). Drück mit deinem Arm nach oben, um zu verhindern, dass sich dein Gegner erhebt. Tritt mit deinem Bein nach hinten und begib dich in eine seitliche Halteposition (Abb. 7.12e).

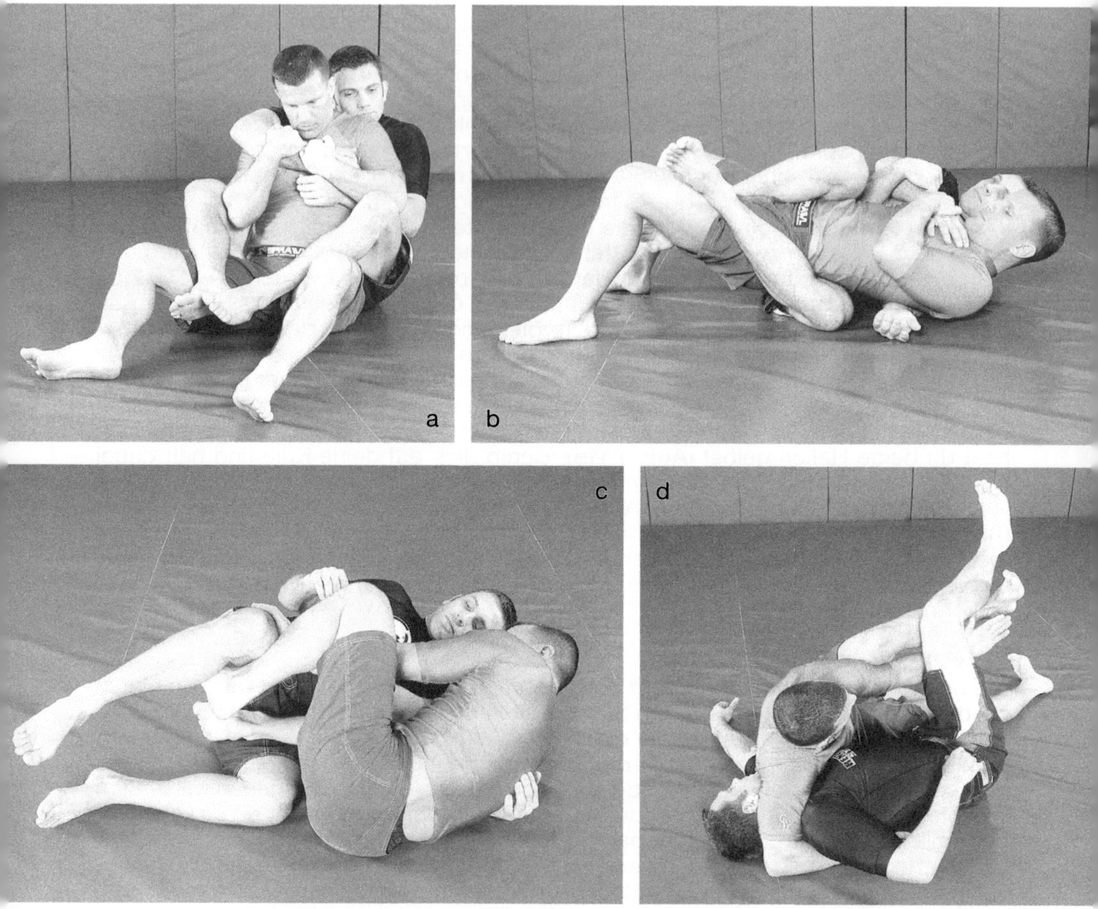

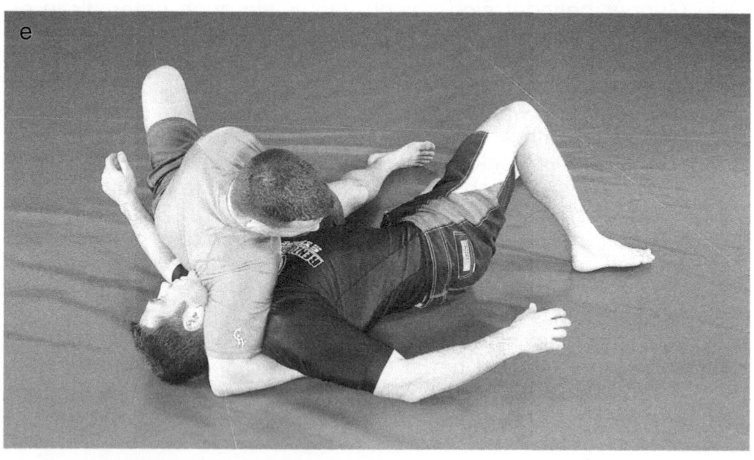

Abb. 7.12
Slide-Out-Befreiung aus der unteren *rear mount*

Befreiung aus der Mount

Die *Mount* hat vielen MMA-Kämpfen ein Ende gesetzt. Sie ermöglicht es dem sich oben befindenden Kämpfer, nahezu nach Belieben zu schlagen. Ohne eine vernünftige Methode des Entkommens ist der unten Liegende praktisch hilflos – daraus ergibt sich die Notwendigkeit des *elbow escapes*.

Wir haben die enorme Wichtigkeit des *elbow escapes* – der Königin der Befreiungstechniken – schon zuvor festgestellt. Außer dass er nur wenig Kraft erfordert und selbst gegen wesentlich größere Gegner wirksam ist, setzt er den Anwender bei der Ausführung einer nur geringen Gefahr aus. Hier betrachten wir eine Variante, die mit einer Offensivaktion endet – dem Achilles-Hebel. Während sich dein Gegner in der *Mount* auf dir befindet, bildest du deine Abwehr, indem du beide Hände an die Hüften des Gegners legst (Abb. 7.13a). Geh in die Brücke, um deine Hüften vom Boden zu heben. Drück mit beiden Händen in Richtung deiner Füße (drück dabei aber nicht nach oben!) und dreh dich zu einer Seite hin. Beim Herunterlassen deiner Hüften, lässt du sie entgegengesetzt zu der Seite hinausschießen, der du dich zuvor zugewandt hast. Gleichzeitig bringst du dein gegenüberliegendes Knie (das des unteren Beins) zwischen die Beine des Gegners (Abb. 7.13b). Du solltest dein Knie bis zur Brust hochziehen. Schling das andere Bein um das Bein, das du attackieren willst, und setz deinen Fuß gegen die Hüfte des Gegners (an der Seite des Beins, das du angreifst).

Schling deinen Arm an der Achilles-Sehne um das Fußgelenk des Gegners, sodass sich der knochige Teil deines Handgelenks unter der Achilles-Sehne befindet (Abb. 7.13c). Ergreif dein Handgelenk mit deiner anderen Hand und zieh beide Arme zum Brustbein hoch. Schieb deine Hüfte vor und krümm den Rücken, um Druck bis hin zur Bruchbelastung auf das Fußgelenk auszuüben. Führ den Hebel in seitlicher Position und nicht flach auf dem Rücken liegend aus.

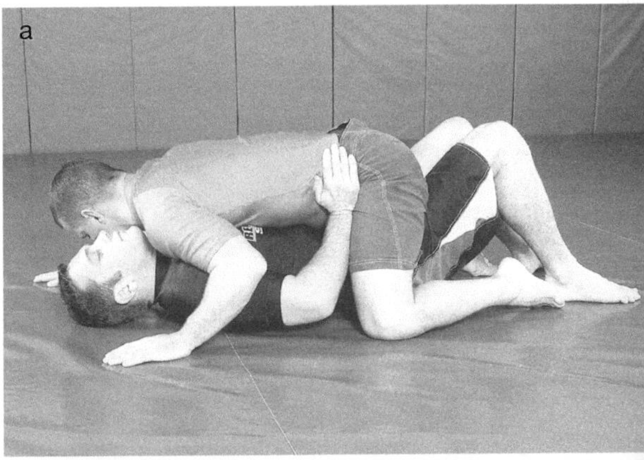

Abb. 7.13 *Elbow escape* aus der *mount*

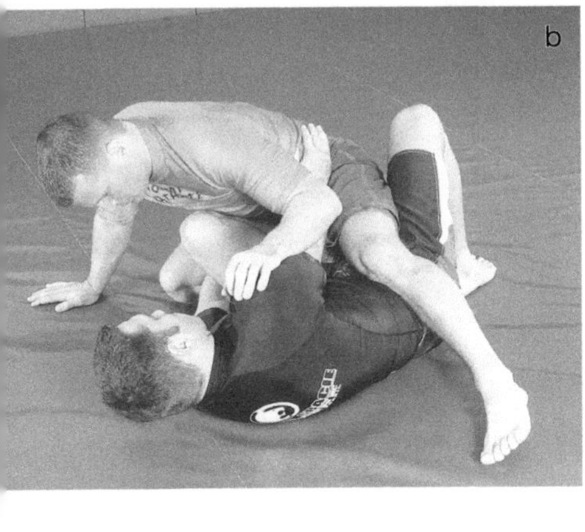

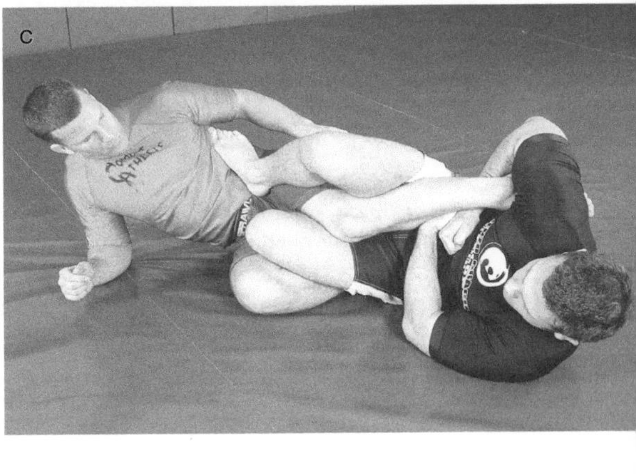

Befreiung aus der Knie-auf-Bauch-Position

Die Knie-auf-Bauch-Position ist nur unbedeutend weniger gefährlich als die *mount*. Es sei hier nochmals erwähnt, dass die Kämpfer in dieser Position mit der echten Gefahr konfrontiert werden, bis zur Aufgabe verprügelt oder mit einem Würger oder einem Gelenkhebel gehebelt zu werden.

Wenn du unter die Knie-auf-Bauch-Situation gerätst (Abb. 7.14a), besteht eine gute Befreiungsmethode darin, deinen Gegner nach vorn aus dem Gleichgewicht zu bringen. Mach dies, indem du dein Knie gegen sein Gesäß rammst, um dadurch sein Gewicht nach vorn zu bringen (Abb. 7.14b). Dein Gegner wird sich auf seinen Händen abstützen müssen, um ein Vornüberkippen zu verhindern. Wende dich deinem Gegner zu und schwing deinen (sich am weitesten vom Gegner entfernten) Arm (in Kniehöhe) um das Bein herum, das er dir auf den Bauch gesetzt hat (Abb. 7.14c). Spreiz deine Beine scherenartig, komm schnell auf die Knie, greif die Beine deines Gegners an und bring ihn zu Boden (Abb. 7.14d).

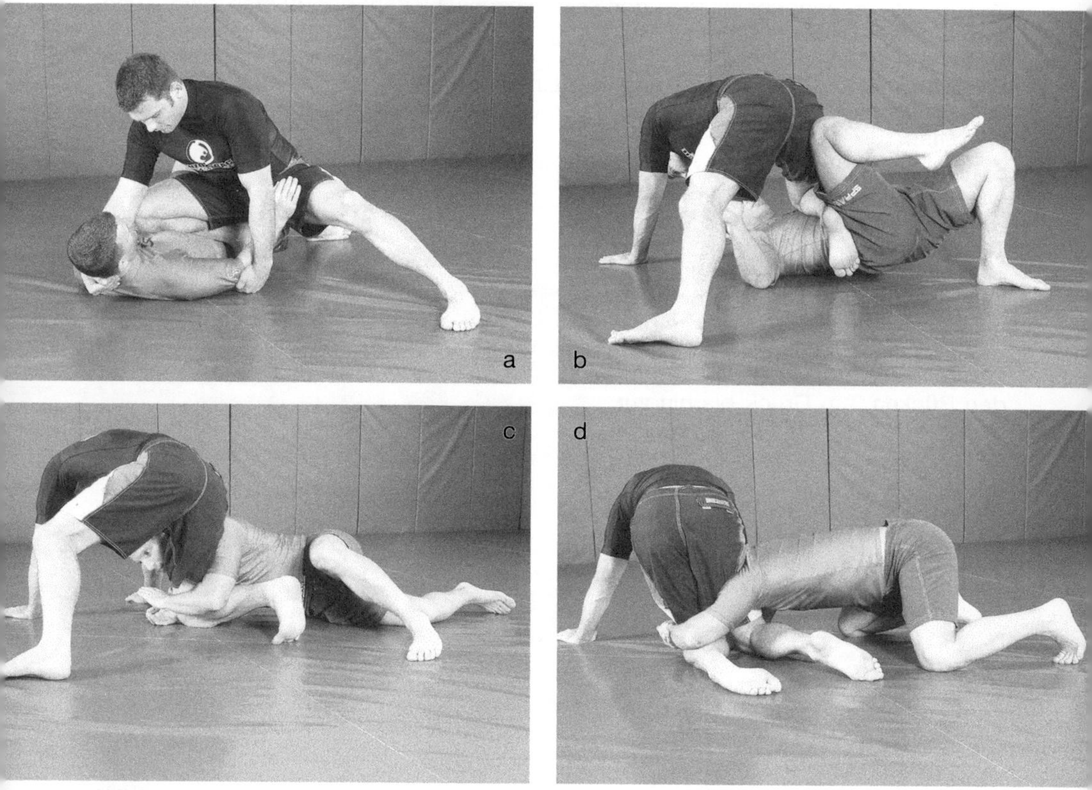

Abb. 7.14 Befreiung aus der Knie-auf-Bauch-Position

Befreiung aus der Seitenkontroll-Position

Die Seitenkontroll-Position ist nicht ganz so potentiell gefährlich wie die Positionen, die wir uns bisher angesehen haben. Dennoch ist sie das Sprungbrett zu diesen Positionen. Außerdem kann man mit Treffern aus dieser Position heraus beträchtlichen Schaden anrichten. Aus der Seitenkontroll-Position kann man eine große Anzahl an

Aufgabegriffen ausführen; Deshalb ist eine gründliche Befreiungsmethode erforderlich. Die Art der Befreiung aus der Seitenkontroll-Position hängt davon ab, wie dich dein Gegner festhält. Wir erörtern nun die Befreiungsmethode mit anschließendem Aufrichten auf die Knie sowie die Befreiungsmethode mit anschließendem Armhebel.

Befreiungsmethode mit anschließendem Aufrichten auf die Knie. Wenn dich der Gegner mit einer Umklammerung von oben festhält, besteht eine gute Methode, sich zu befreien darin, auf die Knie zu kommen. Um das zu bewerkstelligen, während man von einem entschlossenen und erfahrenen Gegner niedergehalten wird, bedarf es einer sorgfältigen Beobachtung der Technik. Beginne, indem du deine Arme in die gute, in Abbildung 7.15a gezeigte Position bringst – eine Hand befindet sich an der Hüfte des Gegners, der Ellenbogen ist dabei an seiner Gürtellinie. Dein anderer Arm liegt unter seinem Arm und hält seinen oberen Rückenbereich. Stemm dich hoch, dreh dich auf deinen Gegner zu und schieb deine Hüften weit von deinem Gegner weg (Abb. 7.15b). Schlag den Arm, der auf seinem oberen Rückenbereich lag um das Bein deines Gegners herum. Während du auf deinen Bauch rollst, schließt du deine Hände am Knie um das Bein deines Gegners (Abb. 7.15c). Zieh dich selbst zu deinem Gegner, begib dich auf die Knie und komm dabei nah an das Bein heran, das du festhältst (Abb. 7.15d). Geh in deinen Gegner hinein, greif nach dem anderen Bein und bring deinen Gegner zu Boden (Abb. 7.15e).

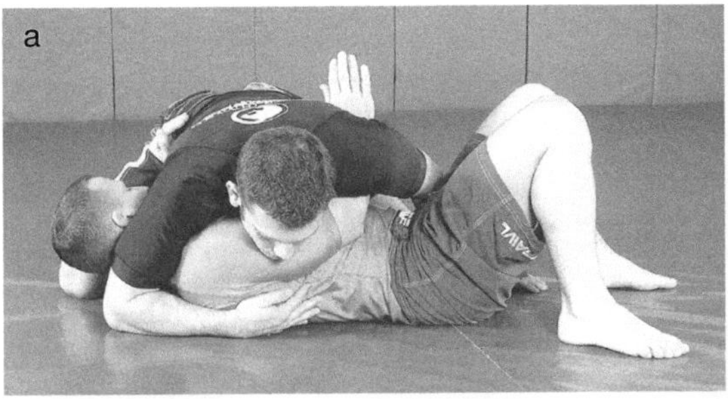

Abb. 7.15 Befreiung aus der Seitenkontroll-Position (übergreifend) auf die Knie

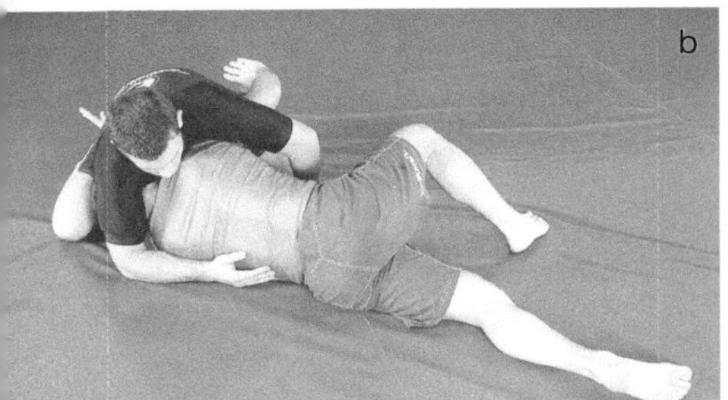

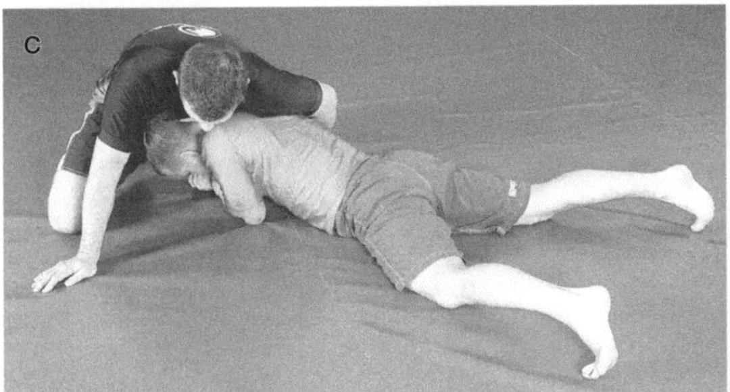

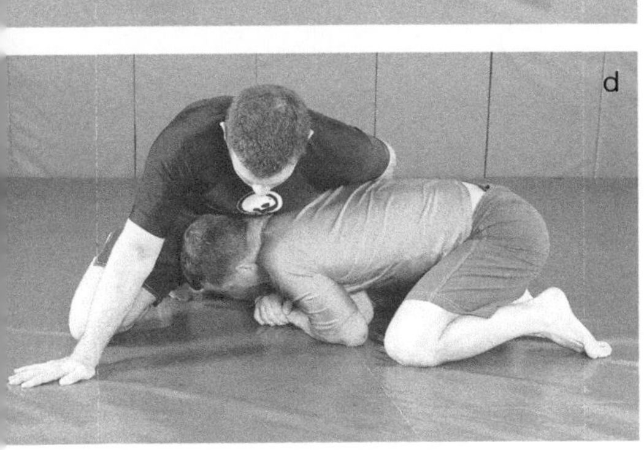

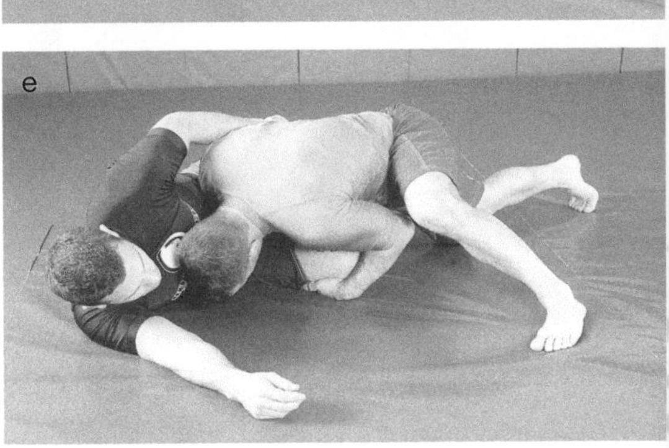

Befreiung mit anschließendem Armhebel (Juji Gatame). Diese Methode wird gegen ein seitliches Festhalten mit Griff hinter dem Genick angewandt. Dein Gegner hat bei seitlicher Kontrolle eine Haltetechnik mit Unterklammern eingesetzt. Nimm eine Abwehrhaltung ein, bei der deine beiden Hände auf deinem oberen Brustkorb und deine Ellenbogen fest auf deiner Brust liegen (Abb. 7.16a). Bäum dich auf und drück deinen Gegner mit beiden Ellenbogen über deinen Kopf hinweg wie in Abb. 7.16b gezeigt (und nicht einfach nur gerade nach oben). Das verschafft dir genügend Platz, um beide Beine gleichzeitig hochzuschwingen. Bring das Bein, das deinem Gegner am nächsten ist, unter seinen Arm, sodass dein Fuß die Rückseite seiner Schulter berührt. Das andere Bein legst du um seinen Kopf (Abb. 7.16c). Bring den Fuß dieses Beins in Richtung des Bodens hinunter und press dabei deine Knie zusammen. Drück den Gegner mit beiden Beinen herunter und von dir weg, um ihn so aus dem Gleichgewicht zu bringen, dass er auf dem Rücken landet. Vervollständige den Armhebel, indem du deine Hüften anhebst und sein Handgelenk mit beiden Händen nach unten ziehst (Abb. 7.16d).

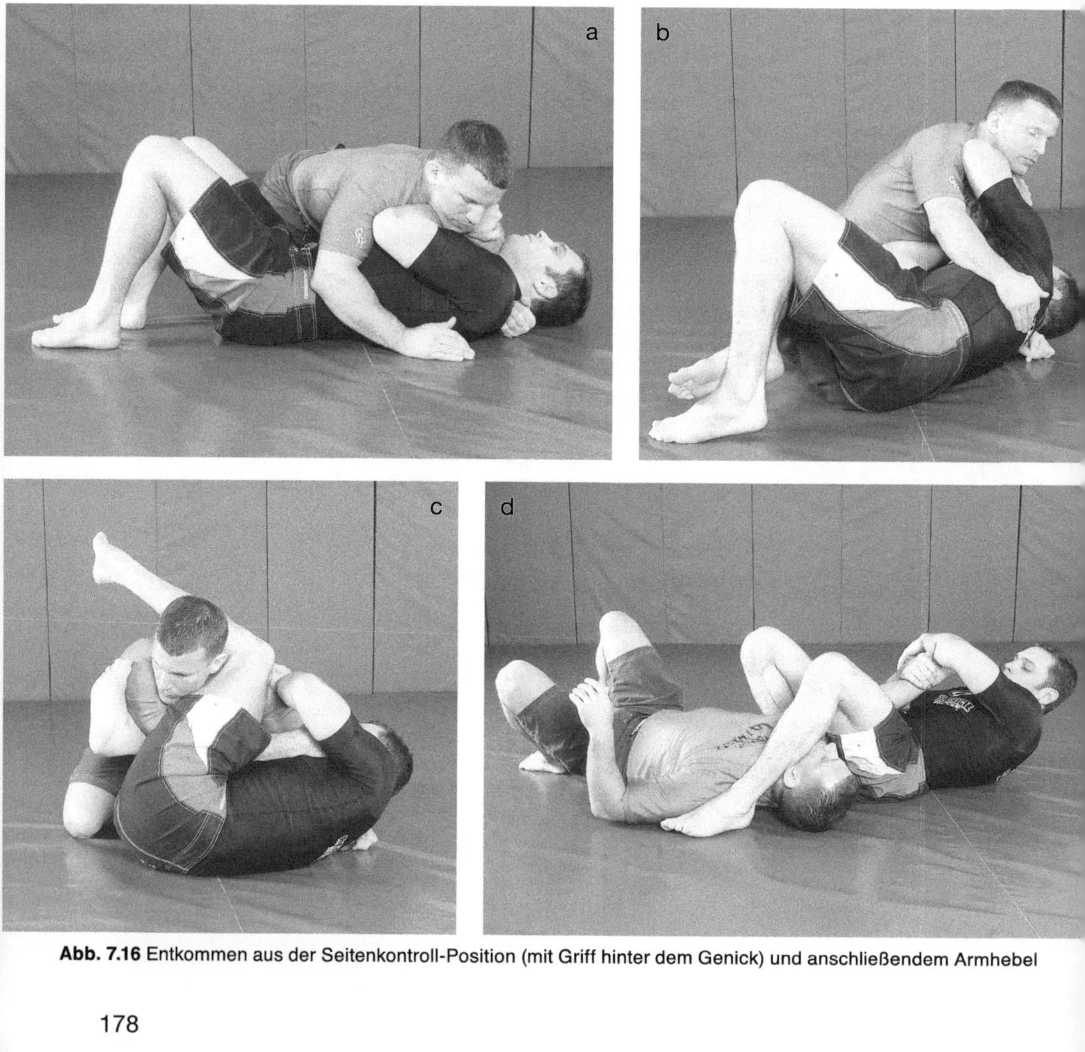

Abb. 7.16 Entkommen aus der Seitenkontroll-Position (mit Griff hinter dem Genick) und anschließendem Armhebel

Entkommen aus der Schildkröten-Position

Die Schildkröten-Position lässt sich bezüglich des Grades der mit ihr verbundenen Gefahr nur schwer einstufen. Bei den gegenwärtigen MMA-Wettkämpfen ist die Schildkröten-Position mit großem Erfolg eingesetzt worden, um sich in bestimmten Fällen gegen Angriffe zu verteidigen. In anderen Fällen hat die Schildkröten-Position die Kämpfer jedoch in arge Schwierigkeiten gebracht, insbesondere aus der Position des von vorn erfolgenden Schwitzkastens, die wir uns zuvor in dem Kapitel über den Clinchkampf angesehen haben. Recht häufig kann der sich oben befindende Kämpfer harte Kniestöße am Kopf des unteren Kämpfers landen, wenn dieser sich in die Schildkröten-Position begibt, was mit Knockouts und schweren Verletzungen endet. Man kann tatsächlich ohne Übertreibung behaupten, dass ein Sich-Unten-Befinden in der Schildkröten-Position in manchen Fällen riskanter ist als eine Unterlage in der *mount*.

Die *Trap-and-roll*-Methode (dt.: Festhalten und Rollen) ist eine effektive Methode, um sich zu befreien. Wenn du dich in der Schildkröten-Position befindest und dein Gegner in einer kontrollierenden Position über dir ist, ergreifst du das Handgelenk des Arms, den dein Gegner über deinen Rücken gelegt hat (Abb. 7.17a). (Er muss den Arm über deinen Rücken legen, um dich unten zu halten, und deinen Ellenbogen an deine Rippen zu drücken.) Am besten nimmst du eine senkrechte Stellung zu deinem Gegner ein, bevor du die Rolle ansetzt. Setz deine Hüften dicht unter deinen Gegner. Blicke in seine Richtung und roll über deine Schulter (Abb. 7.17b). Du musst deinen Körper unter deinem Gegner drehen. Das leitet ihn direkt über deine Schulter auf deinen Rücken. Roll mit ihm mit und wende dich seinen Beinen zu. Das ist sehr wichtig. Drehst du dich in die falsche Richtung, gelangt er in eine gute Position. Indem du dich zu seinen Beinen hin drehst, landest du in einer sauberen seitlichen Halteposition (Abb. 7.17c).

Drills für die Unterlage

Mit einer Reihe nützlicher Drills kann man die Bodentechnik eines Kämpfers grundlegend verbessern. Einige der besten werden wir uns nun ansehen. Bevor wir dies tun, wollen wir uns noch einmal schnell vor Augen führen, wie die Partner jeden Drill beginnen sollten.

Die vielleicht beste Methode, auf schnelle und wirkungsvolle Weise Erfahrung im Entkommen aus schlechten Positionen zu sammeln, besteht darin, den Partner in jeder der dominanten Positionen beginnen zu lassen, während du ihnen zu entkommen versuchst (positionsbezogene Befreiungsdrills). Jetzt können wir mit den folgenden positionsbezogenen Befreiungsdrills beginnen.

Rear-Mount-Befreiungsdrill

Lass deinen Partner in der *Rear-Mount*-Position anfangen (probier die *mounts* sowohl in Ober- als auch in Unterlage aus). Er versucht, dich zur Aufgabe zu bringen, während du zu entkommen versuchst. Sobald einer von euch sein Ziel erreicht hat, tauscht ihr die Rollen und beginnt von vorn.

Mount-Fluchtdrill

Dein Partner beginnt in der *Mount*. Er versucht, seine *Mount*-Position zu behaupten und Aufgabegriffe anzuwenden, während du versuchst, in die *Guard*-Position zu entkommen oder dich aufzubäumen und deinen Partner über dich zu rollen. Sobald einer von euch sein Ziel erreicht hat, tauscht ihr die Positionen und beginnt von vorn.

Der Befreiungsdrill aus der *mount* kann entsprechend auch mit der Knie-auf-Bauch Position sowie der Seitenkontroll-Position ausgeführt werden. Dabei versucht der Obermann aber nicht nur, seinen Partner zur Aufgabe zu bringen, sondern bemüht

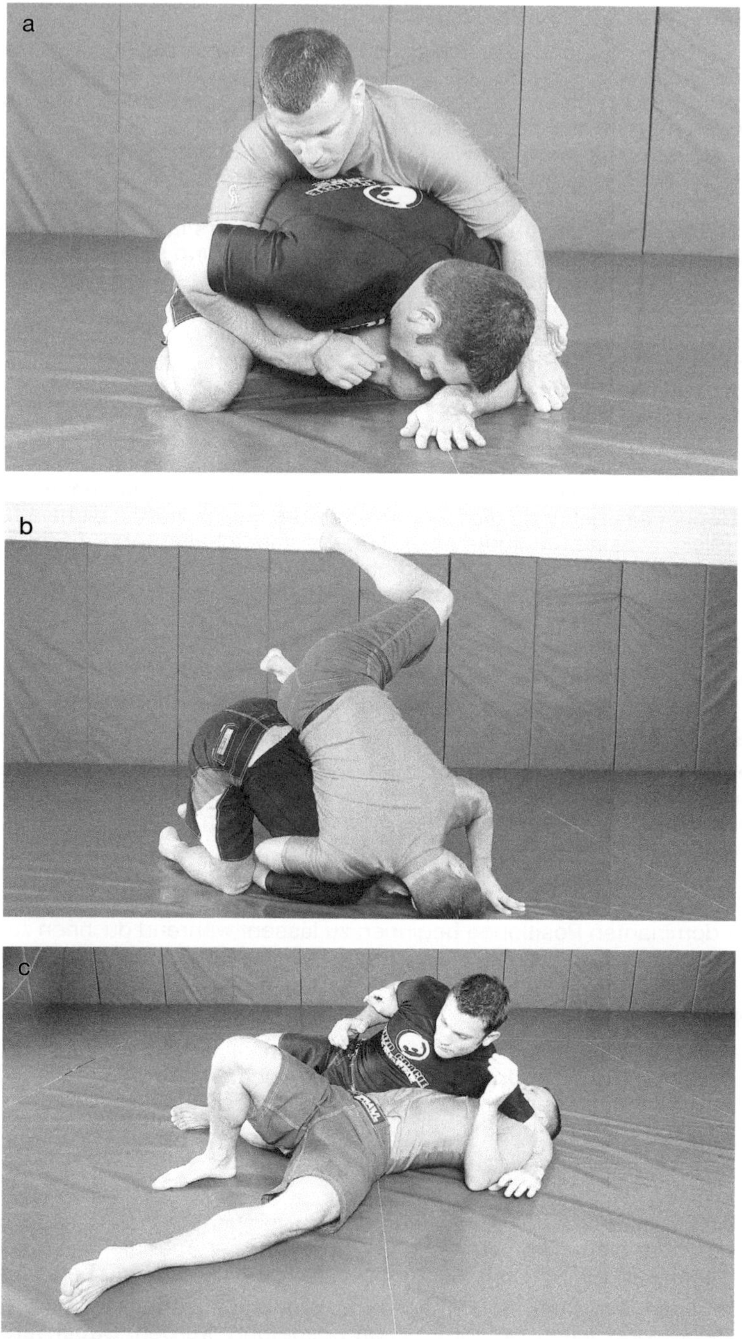

Abb. 7.17 *Trap-and-Roll*-Methode, um sich aus der Schildkrötenposition zu befreien

sich außerdem, seine Position zu verbessern und in die Mount-Position zu gelangen. Der unten Liegende muss sich gegen diese Aktion zur Wehr setzen, indem er entweder in die *Guard*-Position entkommt, auf die Knie kommt oder einfach nur weg krabbelt.

Schildkröten Drill

Der obere Kämpfer versucht, den unteren, der eine kompakte Schildkrötenposition eingenommen hat, zu kontrollieren und unten zu halten. Der untere Mann versucht, zu entkommen, indem er in die *Guard*-Position gelangt, aufsteht oder seinen Partner über sich rollt. Der obere Kämpfer versucht daraufhin, Aufgabegriffe anzuwenden, seinen Partner unten zu halten oder dessen Position zum Zusammenbruch zu bringen, um selbst in eine überlegenere Position zu gelangen.

Guard Drill ohne Arme

Der *Guard*-Drill ohne Arme ist der nützlichste Drill, um eine starke *Guard* aufzubauen. Dazu beginnst du mit dem Partner in der offenen *Guard*. Er versucht, deine *Guard* zu umgehen, während du ihn mit den Beinen und Füßen zu kontrollieren versuchst. Das Knifflige an der Sache ist, dass du deine Arme nicht zu Hilfe nehmen kannst. Bei diesem Drill musst du dich gänzlich auf deine Beine verlassen, um deine Hüften und deinen Körper so zu bewegen, dass du ihn in deiner *Guard* halten kannst. Dieser Drill ist zunächst äußerst frustrierend. Es ist nicht schwer an deiner *Guard* vorbeizukommen. Wenn du aber hartnäckig bleibst, wird sich deine Beinarbeit entscheidend verbessern und es wird schwierig, deiner *Guard* zu entgehen. Nichts schult überlegene Beinarbeit, Flexibilität und die Position des Körpers in der *Guard* besser als dieser Drill.

VIII. Siegen in der Oberlage

Kontrolle ist charakteristisch für den in der Oberlage geführten Bodenkampf. Dabei geht es nicht nur um die Kontrolle über die Bewegungen deines Gegners, während du ihn am Boden hältst, sondern auch um die Kontrolle über den weiteren Kampfverlauf. Der große Vorteil in der Oberlage zu kämpfen liegt darin, dass sie es dir ermöglicht, das Wesen des Kampfs selbst zu bestimmen. In der Oberlage kannst du wählen, ob du den Kampf am Boden hältst, oder ob du aufstehst. Folglich wird die Frage nach der Phase, in die der Kampf übergeht, von dem Kämpfer entschieden, der sich oben befindet.

Ein zusätzlicher Vorteil beim Kampf in der Oberlage besteht darin, dass du deinen Gegner unter großen und dauerhaften Druck setzen kannst, da er unter deinem Körpergewicht agieren muss. Für den unten Liegenden ist dies ermüdend und frustrierend; außerdem sind hier das Schlagen und der Einsatz von Aufgabegriffen schwieriger als in der Oberlage. Die Oberlage erleichtert das Schlagen am Boden erheblich, da es von oben herab wesentlich einfacher ist als von unten. Dieser Druck provoziert bei deinem Gegner oft Fehler und bereitet deine Aufgabegriffe vor.

Zwei Methoden der Bodentaktik

Beim Kampf in den verschiedenen Positionen der Oberlage haben wir erkannt, dass es zwei grundsätzliche Ansätze gibt, die sich in den MMA-Wettbewerben beide als höchst effektiv erwiesen haben. Der erste ist die sogenannte *Ground-and-Pound*-Methode, die mit mehr oder weniger großer Raffinesse ausgeführt werden kann. Manche Kämpfer versuchen einfach, aus jeder Position der Oberlage, die sie ergattern können, so schnell und fest wie möglich zu schlagen, wobei sie sich normalerweise in der *Guard* ihres Gegners befinden. Diese Taktik zeigt dann Wirkung, wenn man viel größer und stärker als der Gegner ist. Allzu häufig jedoch endet sie in einer Niederlage, wenn der unten Liegende, einen strammen Aufgabegriff anbringen kann.

Eine wesentlich erfolgreichere Methode, die von nahezu allen heutigen Topkämpfern eingesetzt wird, besteht darin, mit großer Vorsicht zu schlagen und sich selbst nie den gängigen Aufgabegriffen und Fegern auszusetzen. Indem er eine stabile Stellung beibehält und aufpasst, dass er die Arme nicht zu weit ausstreckt und seine Schläge nicht zu sehr übertreibt, kann ein Kämpfer innerhalb der *Guard* erfolgreich zuschlagen. Diese Methode endet selten mit einem Aufgabegriff, häufig jedoch mit einem Sieg nach Schiedsrichterentscheidung. Noch besser ist jedoch der Versuch, hinter die *Guard* und in eine wirklich dominante Position zu gelangen, aus der heraus ein Kämpfer zuversichtlich draufloshauen kann. Diese Taktik endet häufig mit einer Aufgabe oder dem Abbruch durch den Schiedsrichter und stellt die höchste Stufe der *Ground-and-Pound*-Methode dar.

Ein zweiter Ansatz, den die Jujitsu-Kämpfer besonders bevorzugen, sieht die Anwendung von Gelenkhebeln und Würgegriffen in der Oberlage vor. Das sind die gebräuchlichsten Mittel, um den Sieg durch Aufgabe zu sichern. Es waren die Eleganz und die Listigkeit dieser Griffe, die die Zuschauer bei den ersten MMA-Veranstaltungen beeindruckten. Sie sind es scheinbar, die den Traum des Kampfsportlers von einem sauberen, einwandfreien und friedlichen Sieg über einen größeren und aggressiveren Gegner repräsentieren. Denk daran, dass du beide Methoden in der Oberlage miteinander kombinieren kannst. Vielleicht ist das auch tatsächlich die vernünftigste Art, einen Bodenkampf in der Oberlage anzugehen.

Das größte Hindernis für einen Sieg in der Oberlage ist jedoch die *Guard*. Die *Guard*-Position ist unter den Positionen der Unterlage insofern ungewöhnlich, als dass sie deinen Gegner daran hindert, dich jemals wirklich zu kontrollieren, obwohl du dich unter deinem Gegner befindest. Deshalb ist es absolut unerlässlich, dass du erfolgreich mit der *Guard*-Position umzugehen lernst, was bedeutet, dass du in der Lage sein musst, um die Beine und Hüften des Gegners herum in eine Seitenkontrolle hineinzukommen, ohne von einem Feger oder einer Aufgabetechnik erwischt zu werden. Diesen Kampf, um die Beine des Gegners herum in eine wirklich dominante Halteposition zu kommen, nennt man „Passing the Guard" (*dt.: die Guard umgehen*). Es ist die Grundlage einer richtigen positionsbezogenen Dominanz im Jujitsu und eine der wirklich wichtigen Techniken in der Oberlage beim Bodenkampf.

Strategie in der Oberlage

Aus den vorhergehenden Anmerkungen kannst du die Leitstrategie des Jujitsu-Kämpfers in der Oberlage leicht ableiten: Versuch immer, hinter die Beine deines Gegners zu kommen *(Passing the Guard)*. Die meiste Zeit bedeutet das, zu versuchen, in die Seitenkontroll-Position zu gelangen, wenngleich man auch die *Guard* umgehen und von dort aus die Knie-auf-Bauch-Position oder die Mount einnehmen kann. Bist du dort angekommen, hinderst du deinen Gegner daran, die *Guard* wieder aufzubauen und die Kontrolle auf diese Weise wiederzuerlangen; bemüh dich, dir noch stärkere Positionen zu erschließen. Ist deine positionsbezogene Dominanz größer geworden, versuchst du, deinen Gegner mit Schlägen oder der Anwendung von Aufgabegriffen zu besiegen.

Einige Jujitsu-Kämpfer zeichnen sich durch eine unglaubliche Beinarbeit aus und können für große Probleme sorgen, wenn jemand versucht, an ihrer *Guard* vorbei zu kommen. In Fällen, in denen man einfach nicht um die Beine des Gegners herum kommt, gibt es die Alternative, auf diesen Vorgang zu verzichten und zu versuchen, die Beine direkt mit einer Aufgabetechnik anzugreifen. Dieser Schachzug kann als nützliche Strategie dienen. Üblicherweise bevorzugt man beim Jujitsu ganz klar die Strategie, die *Guard* zu umgehen, da dies zu einer Kontrolle über den Oberkörper des Gegners und folglich zu starken und sicheren Haltetechniken führt. Diese Oberkörperhaltetechniken ermöglichen dir die Wahl, einen Gegner aus einer dominanten Position heraus zu schlagen oder es mit einem Aufgabegriff zu versuchen (oft leitet Ersteres das Letztere ein). Wenn du mit Bein-Aufgabetechniken weiter machst, geht dir diese Wahlmöglichkeit verloren, da du die Oberkörperkontrolle dafür opferst. Das soll aber nicht heißen, dass Bein-Aufgabetechniken keine gute Wahl seien; sie können sehr gut funktionieren. Sorg nur dafür, dass sie nicht deine einzige Option sind.

Die *Guard* zu umgehen, ist einer der besten Wege, um zu lernen, wie man einen sich wehrenden Gegner wirklich kontrolliert. Man geht dabei auf eine Weise vor, die die bewährte positionsbezogene Kontrolle des Jujitsu zum Ausdruck bringt – den ständigen Kampf um eine bessere Position. Außerdem verleiht sie dir große Flexibilität in Bezug auf die Art und Weise, auf die du gegen einen Gegner kämpfst. Du kannst einfach eine Position einnehmen, in der du ihn mit einer wirklich dominanten Oberkörperhaltetechnik unten halten kannst und dann entweder auf ihn einschlagen oder irgendeine der zahlreichen Aufgabegriffe anwenden.

Der Übergang aus der stehenden Position in die Oberlage am Boden

Immer wenn du einen Gegner zu Boden bringst, möchtest du in der Oberlage auf ihm landen. Der Jujitsu-Kämpfer geht allerdings noch einen Schritt weiter. Anstatt dich damit zufrieden zu geben, dass du irgendeine Position in der Oberlage erkämpft hast, solltest du immer versuchen, in der bestmöglichen Oberlagenposition anzukommen. Gib dich nicht damit zufrieden, in der geschlossenen *Guard* deines Gegners zu landen; versuch vielmehr schräg über der Seite deines Gegners oder in der *Mount*-Position zu landen. Diese Aktion hilft dir, den Kampf zu vermeiden, um an den Beinen deines Gegners vorbeizukommen.

Beim Übergang aus dem Stand zum Boden haben die Wenigsten die Geistesgegenwart, in einer guten Position zu landen. Tatsächlich sind die Meisten völlig mit ihrem eigenen Fallen beschäftigt. Dadurch hast du eine ausgezeichnete Chance, dir diese Ablenkung zu Nutze zu machen, während du auf den Boden fällst: Sofort nach dem *takedown* gleitest du um die Beine deines Gegners herum und bringst dich in eine gute Position. Wenn du derart vorgehst, kannst du dir eine Menge unnötige Anstrengung und Frustration am Boden ersparen.

Behalt also einen klaren Kopf bei dem so wichtigen Übergang zwischen den Stand- und den Bodenphasen. Sei dir, wenn du fällst, der Notwendigkeit in einer dominanten Position landen zu müssen, bewusst – oder noch besser – lande direkt mit einem Aufgabegriff. Nutz die Konfusion und das Chaos, das entsteht, wenn du jemanden zu Boden bringst, indem du sofort eine dominante Oberlage einnimmst.

Eine neue Theorie zum Fest- bzw. Niederhalten

Die meisten Grapplingstile bauen auf dem Begriff des Fest- oder Niederhaltens (engl. Pin) auf, der eine Aktion bezeichnet, bei der Schultern und Rücken am Boden festgehalten werden. Dahinter steht der Gedanke, dass man, wenn man jemanden am Boden festhält, die Kontrolle und Dominanz über ihn ausübt. Und wirklich ist das Niederhalten bei den Grapplingstilen, die das Bodengrappling zulassen, normalerweise einer der Hauptwege zum Sieg. Oft hält man ihn in der Tradition des westlichen Ringens sogar für das ultimative Mittel zum Sieg. Die Meinung über das Fest-/Niederhalten als dem Inbegriff des Siegs ist möglicherweise ein Anerkenntnis der Tatsache, dass am Boden gehalten zu werden in Zeiten der historischen Kriegsführung ein sicherer Weg war, um durch einen Dolchstoß – sei es durch den Festhaltenden selbst oder durch seine Kameraden - getötet zu werden. Allerdings ist dies kein überzeugendes Argument, da es gar nicht nötig ist, jemanden mit dem Rücken am Boden zu halten, um eine Klinge in ihn hinein zu rammen. Das funktioniert genauso einfach, wenn der andere auf dem Bauch liegt oder sich auf den Knien befindet. Wahrscheinlicher ist, dass die Meinung über das Fest-/Niederhalten daher kommt, dass es eine starke Kontrolle über einen Widersacher mit sich bringt. Diese Kontrolle ist beispielhaft dafür, dass man in einem richtigen Kampf großen Schaden hätte anrichten können, wenn man sich so entschieden hätte.

Das Bild des Fest-/Niederhaltens hat sich im modernen Jujitsu allerdings radikal geändert. Es ist keine Übertreibung zu behaupten, dass dies die Art und Weise verändert hat, in der moderne Grappler die Begriffe von Kontrolle und Dominanz beim Bodenkampf beurteilen. Durch den Vorsprung des Brazilian Jiu Jitsu haben sich die heutigen Grapplingdisziplinen in drei entscheidenden Richtungen von den klassischen Interpretationen des Fest-/Niederhaltens entfernt.

1. Moderne Jujitsu-Grapplingstile sind insofern ungewöhnlich, als sie das Fest-/Niederhalten nicht als Mittel zur Beendigung eines Kampfs betrachten. Möglicherweise ist dies eine natürliche Folge der Tatsache, dass sich das moderne Jujitsu von den Schlachtfeldursprüngen der alten Stile wegentwickelt hat. Wahr ist jedoch, dass noch nie jemand dadurch verletzt wurde, dass er einfach nur am Boden festgehalten wurde. Das reine Festhalten fügt deinem Gegner keinen körperlichen Schaden zu; es gibt einem nur die Gelegenheit zu gesundheitsgefährdenden Aktionen wie Schlagen, Aufgabegriffen oder Dolchstößen überzugehen. In modernen Jujitsu-Grapplingstilen interpretiert man das Fest-/Niederhalten anders als in den meisten anderen Grapplingdisziplinen.

2. Das moderne Jujitsu kennt beim Fest-/Niederhalten eine Rangfolge. Nicht alle Haltetechniken ermöglichen es dem sich oben Befindenden, einen Kämpfer in gleichem Maße zu schlagen oder zu besiegen. In den meisten anderen Bodengrappling-Disziplinen hingegen ist das Halten egal in welcher Form eben immer nur ein Halten. Hält man den Gegner eine bestimmte Zeit lang auf dessen Rücken am Boden, ist der Kampf beendet, unabhängig von der Art der angewandten Haltetechnik. Beim Jujitsu zählen bestimmte Haltetechniken mehr als andere. *Je leichter eine Haltetechnik das Schlagen und die Aufgabegriffe macht (die beiden Hauptmethoden, mit denen man einen Kampf aus der Oberlage heraus beendet), desto höher wird er gewertet.* Das bloße Anbringen einer Haltetechnik beendet den Kampf in einem modernen Jujitsu-Wettbewerb **niemals**. Er bringt einfach nur Punkte bezogen auf das Maß, in dem diese spezielle Art des Fest-/Niederhaltens Schläge und Aufgabegriffe vorbereitet. Darüber hinaus erkennt Jujitsu die *Guard*-Position erst gar nicht als Haltetechnik an, da es für den unten Liegenden trotz der Tatsache, dass er mit dem Rücken am Boden liegt, möglich ist, den Kampf von dort aus zu gewinnen. Das Gleiche gilt auch für Judo.
3. Jujitsu ist insofern einzigartig, als dass es Haltetechniken anerkennt, mit denen der Gegner nicht auf den Rücken gebracht wird. Eine der im sportlichen Jujitsu-Wettkampf am höchsten bewerteten Haltetechniken ist die *rear mount*, die die selbe Punktzahl ergibt wie die *Mount*-Position. Hierbei liegt das Opfer häufig auf dem Bauch. Natürlich ist die Vorstellung von einem Fest-/Niederhalten mit dem Gesicht am Boden bei Grapplingstilen ungewöhnlich. Tatsächlich zählt die rear *mount* bei den meisten anderen Grapplingstilen überhaupt keine Punkte und dient dem sich unten befindenden Kämpfer als Sicherheitsposition. Im richtigen Kampf jedoch ist die *rear mount* eine potentiell verheerende Position, da du ohne mit Gegenwehr rechnen zu müssen, Schläge gegen Hinterkopf und Nacken deines Gegners richten und gleichzeitig Aufgabegriffe einsetzen kannst; folglich bringt sie im modernen Jujitsu auch eine hohe Punktzahl.

Man sollte noch erwähnen, dass die Brasilianer dem Begriff des Fest-/Niederhaltens einen kampfbezogenen Realismus eingehaucht haben, der in den klassischen Grapplingdisziplinen fehlte. Diese Tatsache ist einer der Hauptgründe, warum ihnen ein solch unvorhergesehener Erfolg im MMA-Wettkampf beschieden war.

Umgehen der *Guard*

Wir haben bereits gesehen, dass die Fähigkeit, um die Beine eines Gegners herum zu kommen und zu einer wirklich dominanten Haltetechnik zu gelangen, die Basis der Positionskontrolle im richtigen Kampf ist. Bei der Betrachtung der *Guard* aus der Perspektive des Kämpfers in der Unterlage, haben wir im vorigen Kapitel gesehen, dass die *Guard* in zwei verschiedenen Ausführungen vorkommt.

1. Die geschlossene *Guard*: Hier befindet sich dein Gegner mit um deine Taille geschlungenen Beinen und gekreuzten Füßen auf dem Rücken. Das erste Problem, mit dem du bei deinem Versuch, um die geschlossene *Guard* herum zu kommen, konfrontiert wirst, besteht darin, die *Guard* aufzubrechen, in dem du seine gekreuzten Füße löst. Vorher kommst du nicht an seiner *Guard* vorbei.
2. Die offene *Guard*: In diesem Fall befindet sich dein Gegner entweder auf dem Rücken oder auf seinem Gesäß, wobei sich seine Beine vor dir befinden. Hier musst du die *Guard* nicht erst aufbrechen; die Aufgabe, um seine Beine herum zu kommen, gestaltet sich einfacher.

Umgehen der *geschlossenen Guard*

Zuerst sehen wir uns die geschlossene *Guard* an. Während eines Kampfs brauchen die Beteiligten zunächst ein zuverlässiges Mittel, um die *Guard* aufzubrechen, damit sie um die Beine des Gegners herum kommen können. Das Problem ist, dass sich ein Kämpfer beim Versuch, die *Guard* des Gegners aufzubrechen Fegern, Schlägen und Aufgabegriffen aussetzt. Denk also immer daran, dass ein Gegner nicht untätig herumsitzt, während du im Training oder im Kampf versuchst, seine *Guard* zu umgehen. Er wird ganz im Gegenteil alles daran setzen, dich zu besiegen. Wir sehen uns eine äußerst effektive Methode an, um die *Guard* aufzubrechen, die dich nicht den Angriffen deines Gegners aussetzt. Zunächst einmal beschäftigen wir uns mit dem Stehen in der geschlossenen *Guard*.

Es ergeben sich viele Vorteile daraus, aufzustehen, anstatt die *Guard* zu umgehen. Der Stand macht es deinem Gegner schwer, dich mit Schlägen zu treffen oder dich mit Aufgabegriffen im Oberkörperbereich zu besiegen. Außerdem erleichtert es dir

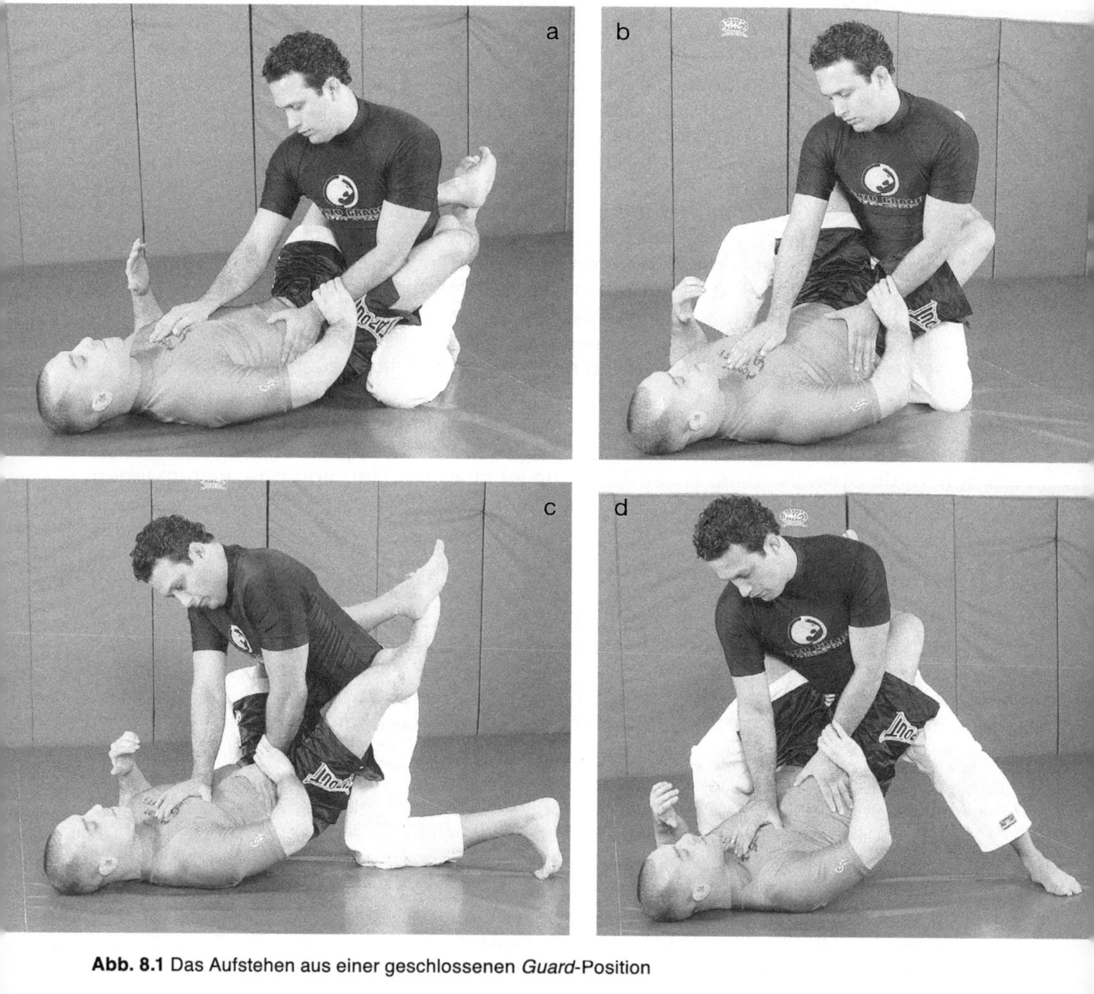

Abb. 8.1 Das Aufstehen aus einer geschlossenen *Guard*-Position

ein wenig das Aufbrechen der *Guard*. Das Aufstehen aus der *Guard* eines sich wehrenden Gegners erfordert präzise Technik sowie Übung. Beginne, indem du dich ziemlich gerade aufsetzt und eine Hand auf die Brust des Gegners legst (Abb. 8.1a). Lehn dich auf dieser Hand nicht nach vorn. Setz sie ein, um zu verhindern, dass sich der Gegner aufsetzt und dich angreift. Deine andere Hand drückt ihn im Hüftbereich nach unten. Steh auf, indem du mit dem Bein auf der Seite deines vorderen Arms nach vorn gehst (Abb. 8.1b). Setz deinen Fuß nah an die Rippen des Gegners, um beim Aufstehen eine starke Position beizubehalten. In der nächsten Aktion verbreiterst du deine Standfläche, um es dem Gegner schwer zu machen, dich umzukippen. Dies kannst du machen, indem du den anderen Fuß weit hinter dir ausstreckst wie in Abb. 8.1c gezeigt (dein Knie befindet sich immer noch am Boden). Das vergrößert den Abstand zwischen deinen Füßen erheblich und verbreitert deine Basis. Jetzt bist du in einer starken Position, um den Vorgang des Aufstehens zu vollenden. Steh auf und dreh dich gleichzeitig korkenzieherartig von deinem vorderen Bein ausgehend in den Gegner hinein (Abb. 8.1d). Mit dieser starken Drehbewegung übst du eine Menge Druck auf seine Beine aus (was die *Guard* oft ganz von selbst öffnet). Du kommst mit einem nach vorn, quer zu deinem Gegner stehenden Bein raus. Jetzt stehst du in einer relativ sicheren Stellung auf den Füßen, bereit, die *Guard* des Gegners zu öffnen und dann in eine passende Bewegung überzugehen.

Wenn dein Gegner starke Beine hat, wird er auch nachdem du aufgestanden bist, eine geschlossene Guard beibehalten. Um sie zu öffnen, nimmst du die Hand, die zuvor auf der Hüfte lag und ziehst sie zurück, bis du deinen Ellenbogen an einem Punkt an oder dicht unter der Kniekehle des Gegners verkantet hast (Abb. 8.2a). Drück mit dem Ellenbogen geradewegs nach unten, um seine Beine auseinanderzubiegen (Abb. 8.2b). Hierbei handelt es sich nicht um einen Druckpunktangriff, obwohl es auch solche Methoden gibt. Du wendest hier lediglich Hebelkraft an, um die Beine zu öffnen. Jetzt befindest du dich in einer starken Standposition, bei der dein Gegner seine Beine geöffnet hat. Im nächsten Schritt geht es darum, um die Beine des Gegners herum zu kommen und eine starke Seiten-Kontroll-Haltetechnik anzuwenden. Um dies zu bewerkstelligen, setzen wir ein kraftvolles Mittel ein, um die Bewegungsfreiheit des Gegners einzuschränken. Dies nennen wir *Kontrollposition*.

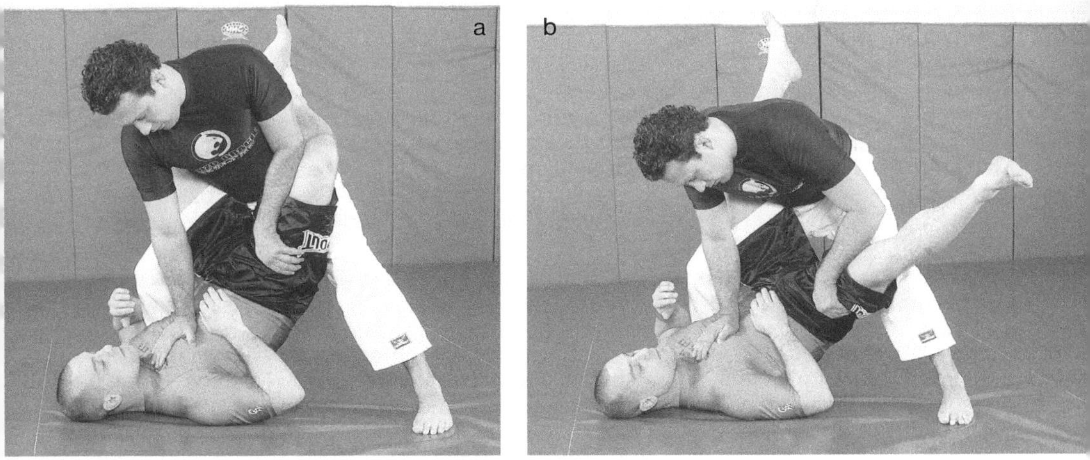

Abb. 8.2 Das Öffnen einer geschlossenen *Guard*

Die Kontrollposition

Der große Vorteil der Kontrollposition liegt darin, dass sie es dir ermöglicht, die Richtung beim Umgehen der *Guard* sofort zu ändern. Spürst du in einer Richtung Widerstand, wechselst du einfach auf die andere Seite. Das macht es deinem Gegner äußerst schwer, deinem Ausbruch etwas entgegenzusetzen. Gleichzeitig macht es die meisten offensiven Aufgabetechniken und Feger des Gegners zunichte.

Um in die Kontrollposition zu gelangen, hebst du ein Bein deines Gegners unter dein Knie, während du das andere Knie gleichzeitig nach unten drückst (Abb. 8.3a). Schieb das eigene Knie über das Knie, das du nach unten drückst und halt es fest am Boden. Hole das Bein, das du anhebst, ganz bis zu deiner Schulter hoch (Abb. 8.3b). Nun hast du deinen Gegner in einer starken Kontrollposition, in der er sich nur schwer bewegen kann und aus der heraus er dich nicht mit Schlägen oder Aufgabegriffen angreifen kann. Das Schöne an dieser Kontrollposition ist, dass es dir eine enorm effektive und sichere Ausgangsbasis bietet, von der aus du die Guard in zwei unterschiedlichen Richtungen umgehen kannst.

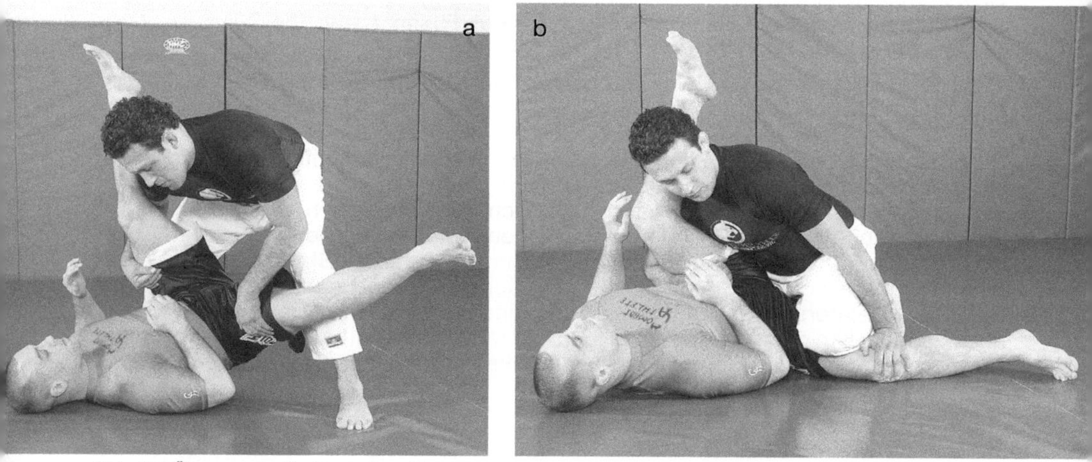

Abb. 8.3 Übergang in die Kontrollposition

Zwei Umgehungsformen aus der Kontrollposition sind der *Stacking Guard Pass* und der *Leg Pin Guard Pass*. (*Anmerkung des Übersetzers:* In Fachkreisen hierzulande nennt man ersteren *„Pass the Guard*, Grundform 1. *„Stacking"* bedeutet „stapeln bzw. anheben", was sich ein wenig seltsam liest, sich dem Leser aber schon bald erschließen sollte. Die Erklärungsversuche „Stapel-Guard-Passieren bzw. „Bein-Fixier-*Guard*-Passieren sollen hier nur einmal erwähnt werden. Im Folgenden bleibt es jedoch bei den englischen Begriffen).

***Der* Stacking Guard Pass:** Jedes Mal, wenn du deinen Gegner mit vom Boden abgehobenen Beinen und Hüften auf seinen Schultern liegend anhebst bzw. stapelst, bringst du ihn in eine Situation, in der es für ihn extrem schwierig ist, irgendetwas Vernünftiges aus der *Guard* heraus zu unternehmen. Befindet er sich in einer so argen Bedrängnis, fehlen ihm sowohl die Mobilität als auch die Position, um dich anzugreifen oder sich so zu bewegen, dass er seine *Guard* wiederherstellen kann. Von hier aus ist es leicht für dich, in die Seitenkontrolle zu gelangen. Wenn dein Gegner es dir schwermacht, durch anheben bzw. stapeln vorbeizukommen, gehst du einfach zur nächsten Methode über.

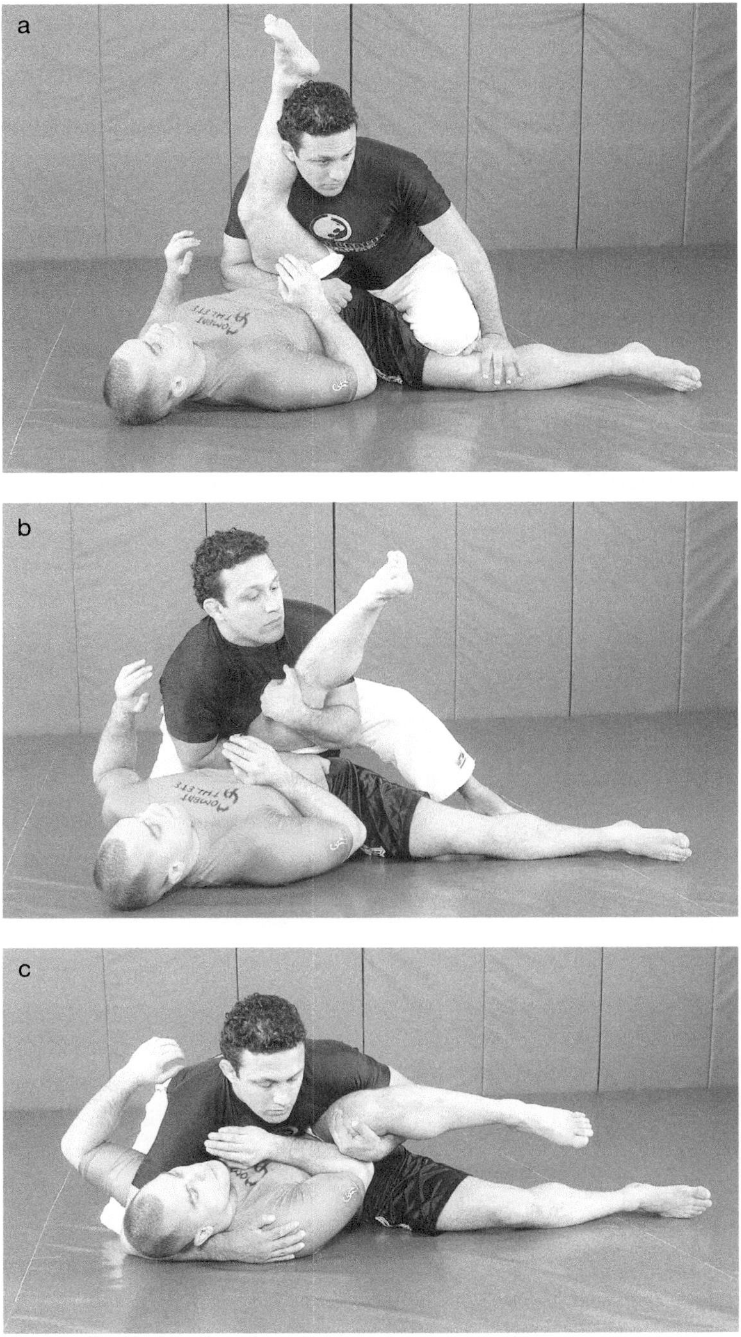

Abb. 8.4 Der Stacking Guard Pass

Aus der Kontrollposition greifst du im Hüftbereich um das Bein des Gegners herum und legst dein Gewicht so in diese Aktion, dass du sein Knie in Richtung seines Kinns bringst, um ihn anzuheben (Abb. 8.4a). Schieb mit deinen Hüften und deinem Bauch und halt den Rücken dabei gerade, um zusätzlichen Druck zu erzeugen. Beginn dich um das Bein zu drehen, das du nach vorn schiebst. Pack mit der anderen Hand dasselbe Bein von der Innenseite her in der Nähe des Knies (Abb. 8.4b). Zieh das Bein an dich heran und begib dich in eine starke Seiten-Kontrollposition. Pack deinen Gegner unterhalb des Nackens, um seine Bewegungen noch stärker zu kontrollieren. Nimm dir mit diesem Passieren Zeit. Denk nicht, du müsstest im Eiltempo um die Beine des Gegners herumkommen. Oft bringt es mehr, mit einem langsamen, gemächlichen Tempo vorzugehen und dabei Körpergewicht und Hebelkräfte einzusetzen, um sich um die Beine herum zu arbeiten. Stelle sicher, dass du in eine Position kommst, in der du dich Brust an Brust mit deinem Gegner wiederfindest (Abb. 8.4c). Recht häufig widersetzt sich der Gegner dem *Stacking Guard Pass*, indem er mit dem Bein, dass du anzuheben versuchst, Gegendruck erzeugt. Wenn du merkst, dass es schwierig ist, weiter nach vorn zu kommen, solltest du zum *Leg-Pin Guard Pass* übergehen.

Der Leg-Pin Guard Pass: Indem du ein Bein deines Gegners am Boden festhältst, sorgst du für die Möglichkeit, die *Guard* über dieses Bein hinweg zu umgehen und

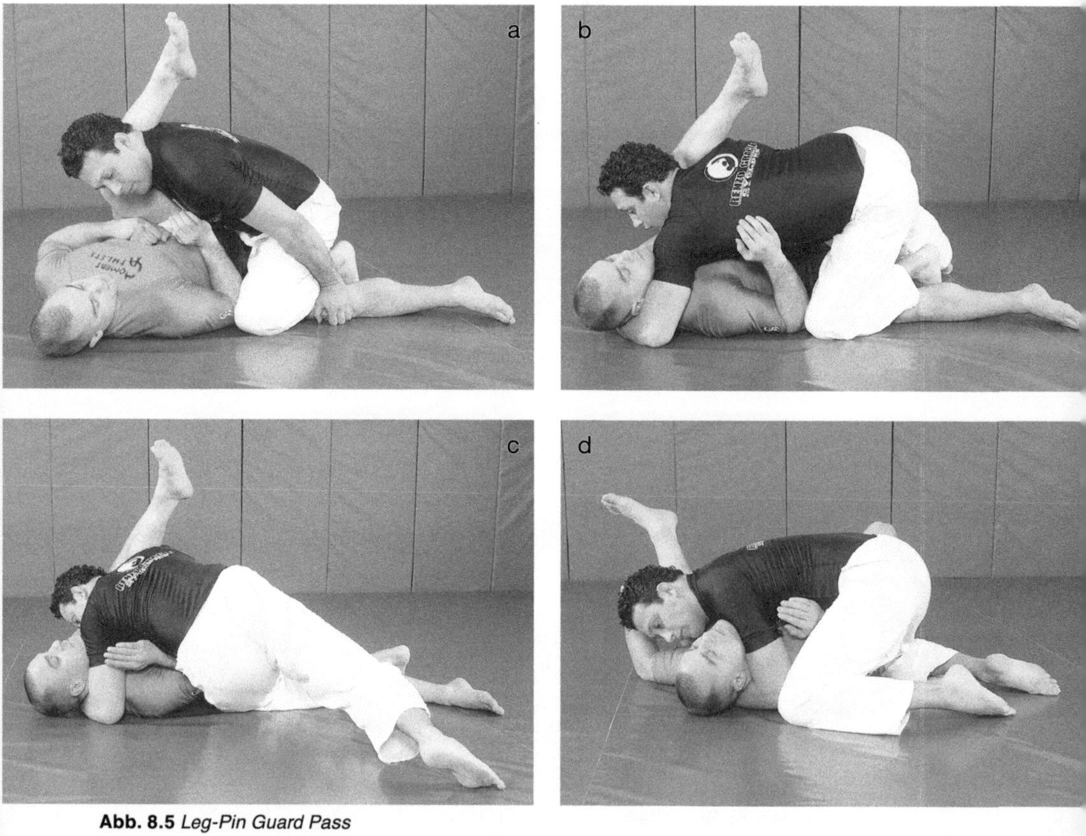

Abb. 8.5 *Leg-Pin Guard Pass*

in die Seiten-Kontrollposition zu gelangen. Da sein Bein (und folglich auch seine Hüfte) kontrolliert wird, ist es schwierig für ihn, dich mit Aufgabegriffen oder Fegern anzugreifen. Sollte dein Gegner dir ein Passieren mit Hilfe dieser Methode schwer machen, änderst du einfach die Richtung und passierst durch Anheben.

Drück auf das Knie, das du am Boden festhältst und rutsch mit deinem Knie in Höhe seines Knies über die Innenseite des Oberschenkels, bis du deinen Fuß in der Kniekehle deines Gegners einhaken kannst (Abb. 8.5a). Lehn dich nach vorn und umgreife den Nacken deines Gegners, wobei dein Fuß in der Kniekehle, die du am Boden hältst, eingehakt bleibt (Abb. 8.5b). In diesem Moment befindet sich immer noch ein Bein von dir zwischen den Beinen deines Gegners. Streck dieses Bein seitlich hinter dir aus, um die Beine des Gegners freizugeben, während dein anderer Fuß in der am Boden gehaltenen Kniekehle eingehakt bleibt (Abb. 8.5c). Nun hast du deine beiden Beine von denen deines Gegners befreit. Knie dich hin und sorg für eine feste Seitenkontroll-Haltetechnik, Brust an Brust auf deinem Gegner (Abb. 8.5d). Wende den *Stacking Guard Pass* in Verbindung mit der Methode der Beinhaltetechnik an. Wann immer du mit der einen Technik nicht weiter kommst, solltest du zu der anderen wechseln.

Umgehen der offenen *Guard*

In einer offenen *Guard* muss ein Kämpfer nicht zuerst die Füße seines Gegners lösen, da dessen Beine bereits geöffnet sind. Das Problem, mit dem du in diesem Fall konfrontiert wirst, ist die Beweglichkeit der gegnerischen Beine. Mit geschickter Beinarbeit kann es dir ein Gegner schwermachen, an seiner *Guard* vorbeizukommen, während er dich gleichzeitig mit einer verblüffenden Folge von Fegern und Aufgabegriffen attackieren kann. Du brauchst ein schnelles und effektives Mittel, um die Beine zur Seite zu fegen, um sicher in die Seitenkontrolle kommen zu können. Ein solches Mittel ist die Seitschritt-Methode.

Beginn damit, dass du die Beine des Gegners an den Fußgelenken packst (Abb. 8.6a). Mit einer sanften Bewegung schiebst du die Beine auf eine Seite und gehst auf die andere Seite hinüber, wobei du den Fuß, mit dem du den Schritt ausführst, direkt neben die Hüfte des Gegners setzt (Abb. 8.6b). Schiebst du seine

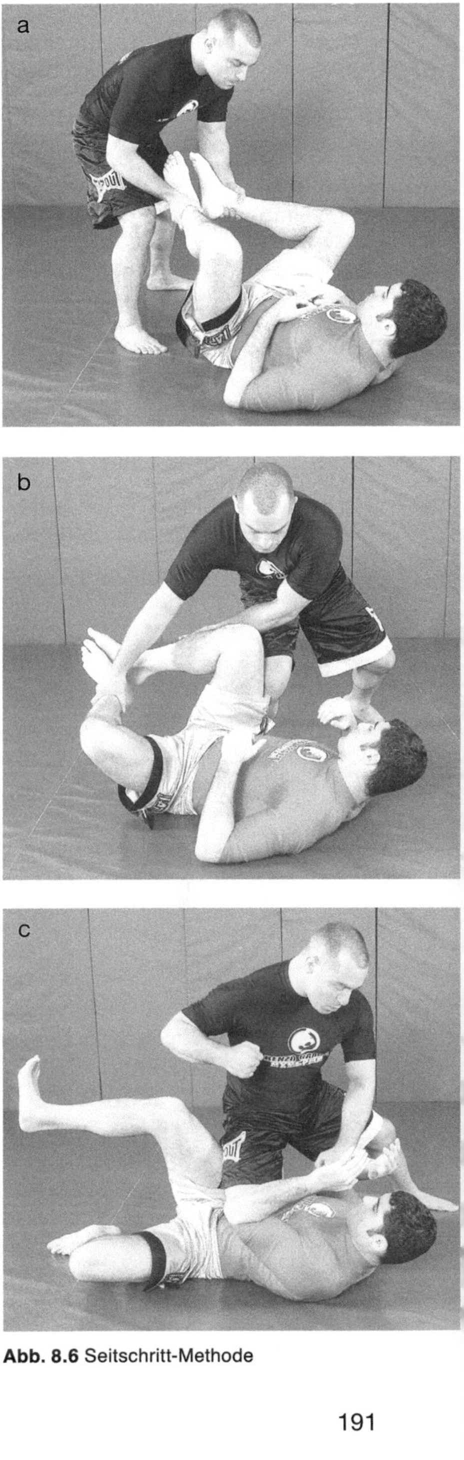

Abb. 8.6 Seitschritt-Methode

Beine nach rechts, setzt du deinen rechten Fuß neben seine rechte Hüfte und umgekehrt. Von hier aus setzt du einfach das Knie, des Beins, das den Schritt ausgeführt hat, auf den Bauch deines Gegners und machst mit dem anderen Bein einen Schritt, sodass du in eine perfekte Knie-auf-Bauch-Position kommst (Abb. 8.6c). Führ diese Bewegung in einer sanften, durchgehenden Bewegung mit fließender Geschwindigkeit aus.

Umgehen der *Half-guard*

Beim Umgehen der *Guard* und sogar beim Grappling überhaupt kann es passieren, dass du in einer standardmäßigen *Half-Guard*-Position landest, was eine durchaus frustrierende Erfahrung sein kann. Einige Jujitsu-Kämpfer haben die *Half-Guard*-Position tatsächlich soweit entwickelt, dass sie sie sogar offensiv einsetzen können und dabei mit Fegern und Aufgabetechniken angreifen. Deshalb brauchst du dringend eine starke und wirkungsvolle Methode, um die *Half-Guard*-Position zu umgehen, wenn du deine positionsbezogene Dominanz ausspielen willst.

Kämpfer kennen Dutzende effektive Methoden zur Umgehung der *half-guard*. Ein Problem ist, dass viele dieser Methoden nur unter gewissen Voraussetzungen funktionieren. So müssen sich beispielsweise Arme und Beine des Gegners in bestimmten Positionen befinden, wenn das Passieren wie beabsichtigt verlaufen soll. Die Methode, die wir uns ansehen werden, hat jedoch den großen Vorteil, dass sie unabhängig von der Position der Arme und Beine des Gegners funktioniert. Somit ist sie

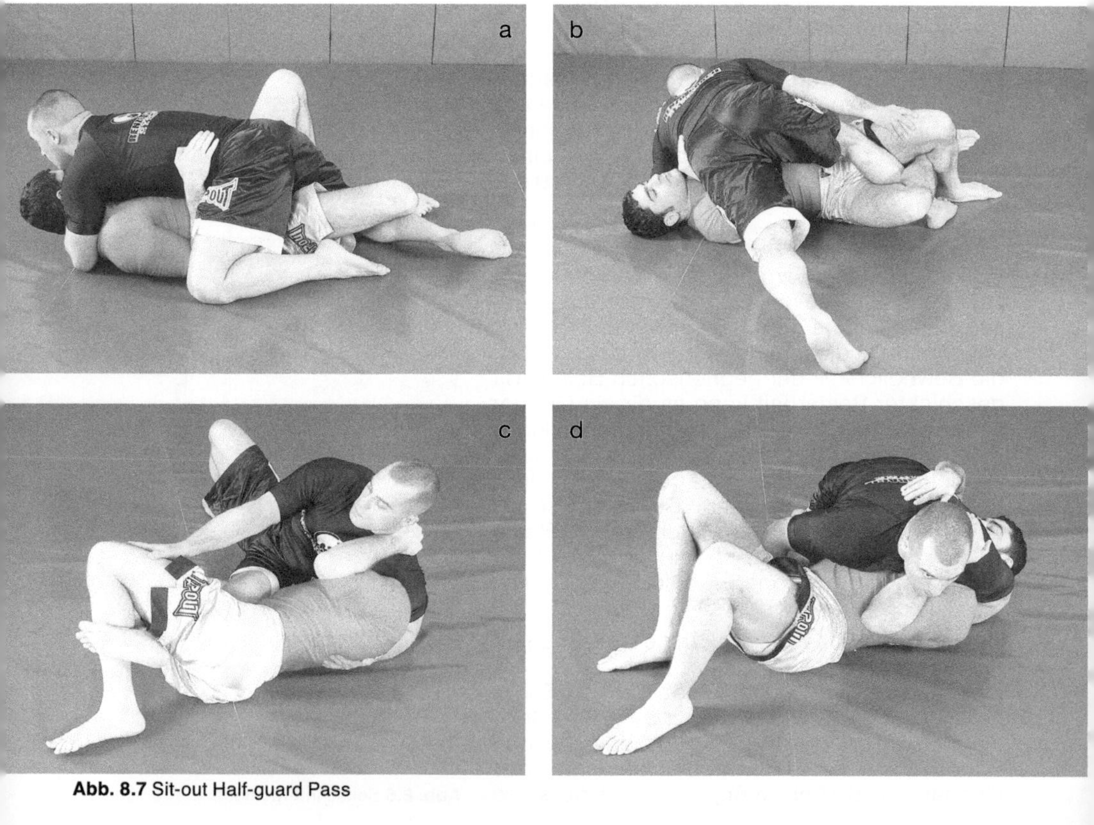

Abb. 8.7 Sit-out Half-guard Pass

eine der vielseitigsten und sichersten Techniken, um an der *half-guard* vorbeizukommen. Bekannt ist sie unter dem Namen „*Sit-out*-Methode".

In einer *Half-Guard*-Position, in der dein Bein eingekeilt ist, platzierst du den linken Ellenbogen neben dem linken Ohr des Gegners (Abb. 8.7a). Setz dich auf die linke Hüftpartie und dreh dich so, dass du den Beinen des Gegners zugewandt bist. Schieb deine Hüften in Richtung seines Kopf hoch und leg deine Hand dabei auf sein rechtes Knie (Abb. 8.7b). In dieser *Sit-out*-Position rutschst du mit dem linken Knie auf den Bauch des Gegners, sodass dein linkes Schienbein zwischen seinem oberen Bein und seiner Hüfte eingekeilt ist. Schieb seine Beine mit deinem linken Schienbein weg und nutz dabei die dadurch erzeugte Hebelkraft, um dein eingeklemmtes rechtes Bein herauszuziehen (Abb. 8.7c). Oft ist es hilfreich, deinen rechten Fuß vorher bis zum Gesäß deines Gegners hochzuschieben. Das macht das Herausziehen deines eingeklemmten Beins wesentlich leichter. Beende die Aktion, indem du eng Brust-an-Brust in der Seitenkontrolle auf die Knie kommst (Abb. 8.7d).

Der Achilles-Hebel

Wir haben schon früher festgestellt, dass es Momente gibt, in denen ein direkter Angriff auf die Beine des Gegners eine nützliche Alternative zum Umgehen der Guard sein kann. Ein wirkungsvolles Mittel ist hier der Einsatz des Achilles-Hebels. Bei richtiger Anwendung kann er den Kampf schnell und effektiv beenden.

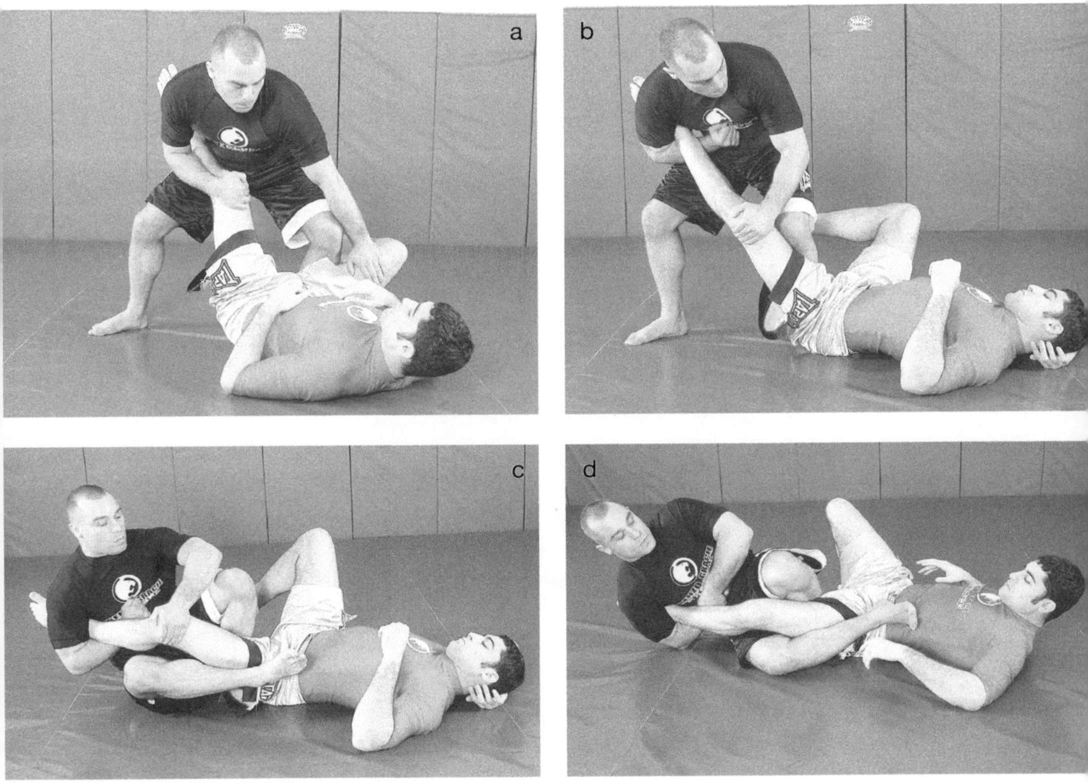

Abb. 8.8 Achilles-Hebel

Wenn du merkst, dass ein direkter Angriff gegen die Beine des Gegners eine gangbare Option darstellt, setzt du ein Bein zwischen die Beine deines Gegners. Lass den Fuß des Beins, das du angreifen willst, an deiner Hüfte entlang gleiten und leg deine Hand auf das Knie dieses Beins, um es zu stabilisieren (Abb. 8.8a). Leg deinen Arm an der Stelle um das Bein, an dem die Achilles-Sehne in das untere Bein übergeht. Setz den Fuß des Beins, den du zwischen die Beine deines Gegners gestellt hast, unter das Gesäß bzw. den hinteren Oberschenkelmuskel des von dir angegriffenen Beins (Abb. 8.8b). Leg deine andere Hand gleichzeitig auf das Knie des Beins, das du festhältst, um es zu stabilisieren. Lass dich auf kontrollierte Weise fallen, und setz deinen äußeren Fuß mit nach außen gestreckten Zehen gegen die Hüfte deines Gegners (Abb. 8.8c). Um den Hebel zu Ende zu bringen, presst du deine Knie zusammen. Ergreife das Handgelenk der das Fußgelenk des Gegners umschließenden Hand und zieh es bis zum Brustbein hoch (Abb. 8.8d). Leg dich soweit auf die Seite, bis deine Schulter den Boden berührt (leg dich nicht flach auf den Rücken). Schieb die Hüften vor und krümm deinen Rücken. Dies übt starken Druck auf das Fußgelenk aus und endet in einer schnellen Aufgabe.

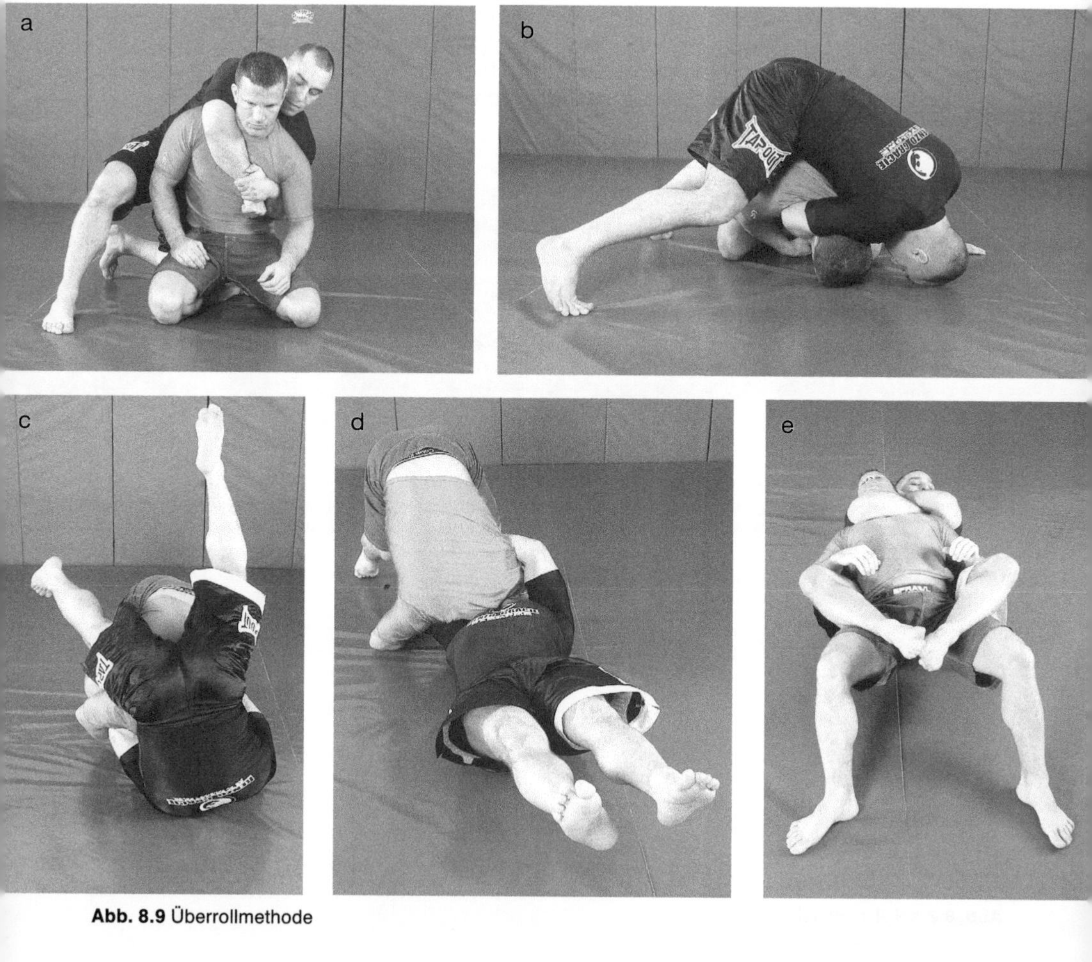

Abb. 8.9 Überrollmethode

Die Schildkrötenposition (*Turtle Position*)

Immer wenn du die *Guard* eines starken Gegners umgehen willst, besteht eine große Wahrscheinlichkeit, dass er sich eher auf die Knie begibt und die Schildkrötenposition einnimmt, als dich in die dominierende Seitenkontroll-Haltetechnik kommen zu lassen. Eine andere Möglichkeit wäre die, dass er in dem Moment, in dem du ihn anheben willst, eine Rückwärtsrolle macht und in der Schildkrötenposition landet. Deshalb musst du auf die Schildkrötenposition vorbereitet sein, wenn du an seiner *Guard* vorbeikommen willst.

Der Angriff auf eine Schildkrötenposition kann eine frustrierende Erfahrung sein. Wir sehen uns zwei hervorragende Methoden an, dies zu tun. Bei der ersten bringst du die Schildkrötenposition zum Zusammenbruch, indem du deinen Gegner über dich rollst und mit einem *Sleeper*-Griff (Würgegriff von hinten) packst. Die zweite beinhaltet den Versuch eines Armhebels. Zu beiden sehen wir uns ein wirkungsvolles und zuverlässiges Beispiel an.

Die Überrollmethode. Positionier dich außen an der Seite deines Gegners. Leg einen Arm von unten um den Nacken des Gegners. Der andere wird an seinem Rücken entlang unter seinem weiter entfernten Arm hindurchgeschoben. Schließ deine Hände fest zusammen, so wie in Abb. 8.9a gezeigt. Drück mit deiner Schulter von oben nach unten auf den Hinterkopf des Gegners, bis seine Stirn den Boden berührt. Spreiz deine Beine und richte dich senkrecht zum Gegner aus (Abb. 8.9b). Stell sicher, dass deine Brust eng an der oberen Rückenpartie deines Gegners liegt und roll dich über die Schulter ab, die du an die Rückseite seines Nackens angelegt hast (Abb. 8.9c). Du landest in einer Position ausgestreckt vor deinem Gegner. Der

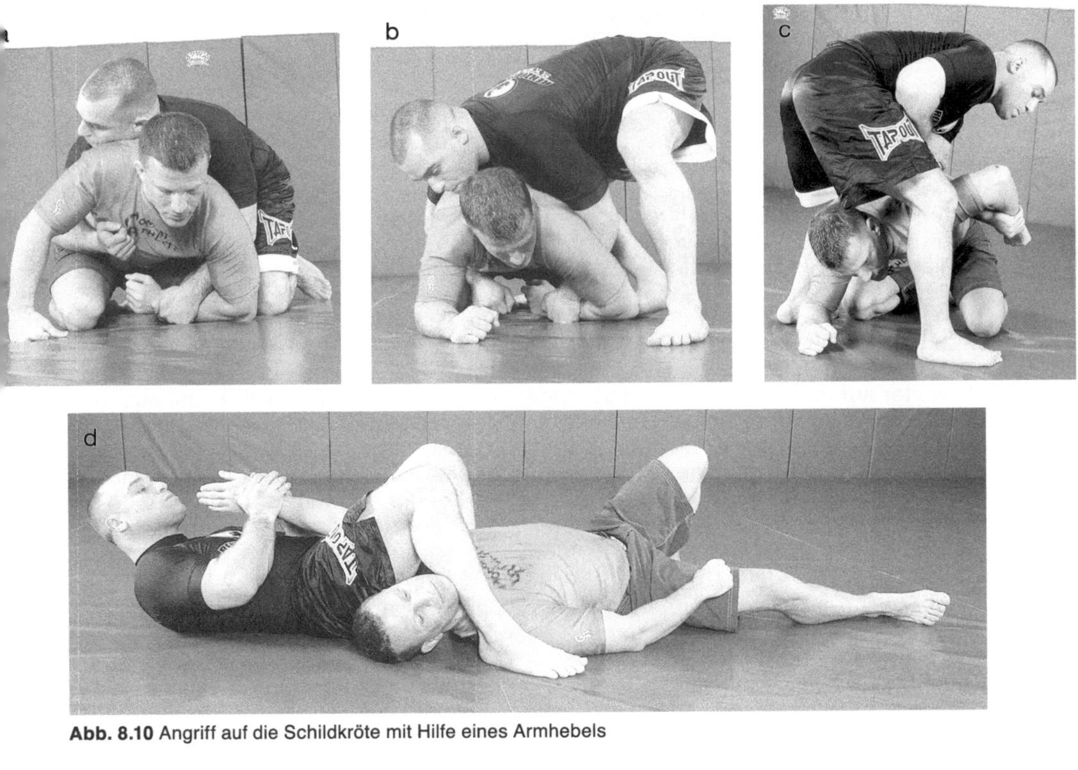

Abb. 8.10 Angriff auf die Schildkröte mit Hilfe eines Armhebels

Griff deiner Hand befindet sich dabei noch immer an derselben Stelle (Abb. 8.9d). Zieh kräftig mit beiden Armen, um den Gegner ruckartig über dich rüber zu reißen. Er landet in deinem Schoß. Setz deine „Haken“ ein und greif mit dem Sleeper-Griff an (Abb. 8.9e).

Von der Handgelenkkontrolle zum Armhebel: Während du dich über deinem Gegner in der Schildkrötenposition befindest, greifst du unter seiner Achsel hindurch und packst sein Handgelenk ganz dicht an seiner Hand (Abb. 8.10a). Du ziehst an dem festgehaltenen Handgelenk und drückst mit dem Gewicht deines Körpers auf den Gegner. Kreise dabei um seinen Kopf herum (Abb. 8.10b). Steh auf und umrunde seinen Kopf vollständig, während du immer noch sein Handgelenk kontrollierst und es über den oberen Rücken hinweg hochziehst (Abb. 8.10c). Das zwingt ihn auf den Rücken. Setz dich (ein Zurückrutschen beim Hinsetzen unterstützt diese Aktion), und geh – wie in Abb. 8.10d gezeigt - direkt in die Armhebel-Position (*Juji Gatame*) über. Achte darauf, dass du die Knie zusammen presst und kontrollier das Handgelenk des von dir gehaltenen Arms. Halte den Daumen des ergriffenen Arms oben, um dadurch für einen effizienteren Krafteinsatz zu sorgen.

Die Seitenkontroll-Position

Die Seitenkontroll-Position ist die erste der wirklich dominanten Haltepositionen und fast immer die erste Haltetechnik, die du anwendest, wenn du an der *Guard* deines Gegners vorbei gekommen bist. Sie ist stabil und eine hervorragende Ausgangsposition, aus der heraus man seinen Gegner entweder zur Aufgabe bringen, ihm Schläge versetzen oder noch bessere Haltetechniken einsetzen kann. Nachfolgend betrachten wir zwei der möglichen Strategien aus der Seitenkontrolle heraus.

Übergang aus der Seitenkontroll-Position in die Mount-Position. Es gibt viele Übergangsbewegungen, die einen Kämpfer sanft und zügig von einer Position in die andere bringen. Dahinter steht der Gedanke, fließend von einer guten Position zur nächsten übergehen zu können und sich dabei in der Hierarchie der Positionen hochzuarbeiten. Es ist nicht genug, sich nur bewegen zu können – du musst dich in einer Art und Weise bewegen, die den Gegner unten hält und die es ihm nicht gestattet, während deines Übergangs zu entkommen. Einer der wichtigsten positionsbezogenen Übergänge ist der von der Seiten-Kontroll Position in die *Mount*-Position. Führst du ihn richtig aus, verhilft er dir in eine Position, in der du den Gegner mit Schlägen und Aufgabetechniken unter enormen Druck setzen kannst. Führst du ihn schlecht aus, verhilft er deinem Gegner zu einer Fluchtmöglichkeit, womit du deine gute Position verlierst. Mit der *Sit-Out*-Methode sehen wir uns hier eines der besten Mittel an, um in die *Mount*-Position zu gelangen. Aus der Seiten-Kontroll Position setzt du dich den Beinen des Gegners zugewandt nach außen (Abb. 8.11a). Während du weiter auf deiner Hüfte sitzt und immer noch den Druck Brust zu Brust ausübst, hältst du dein hinteres Bein weit aus der Gefahrenzone, um zu vermeiden, dass dein Gegner eine Brücke ausführt und dich damit umdreht. Schwing dein hinteres Bein mit einer gleichmäßigen Bewegung über die Beine deines Gegners und lande mit deinem Fuß auf der anderen Seite seines Körpers auf dem Boden (Abb. 8.11b). Während du deinen Körper auf deinen Gegner hochziehst, schiebst du die Hüften nach vorn, um deine Position zu festigen und ein Entkommen deines Gegners zu verhindern (Abb. 8.11c). Breite zur Stabilisierung sofort deine Hände aus.

Armhebel (Juji Gatame) aus dem Kimura-Griff heraus. Nur wenige Aufgabegriffe sind derart vielseitig wie *Juji Gatame*. Er kann aus einer Vielzahl von Positionen heraus eingesetzt werden. Hier sehen wir eine besonders nützliche Variante aus der Seitenkontroll-Position. Beginne, indem du den weiter entfernten Arm deines Gegners am Handgelenk packst (Abb. 8.12a). Führ deine andere Hand um den Ellenbogen des Arms, den du gerade gepackt hast herum, unter diesem hindurch, und

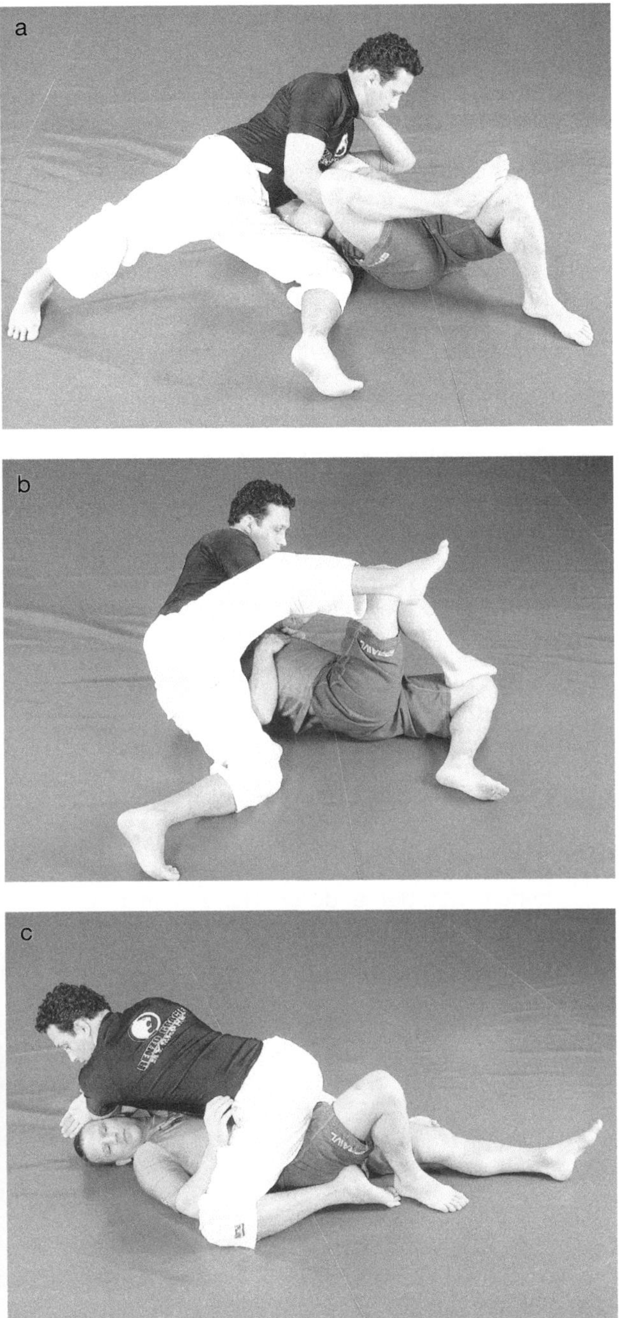

Abb. 8.11 Übergang aus der Seitenkontroll-Position in die Mount-Position

ergreif dein eigenes Handgelenk (Abb. 8.12b). Dieser häufig als „Kimura“ bezeichnete Griff, verschafft dir eine enorme Kontrolle über den von dir festgehaltenen Arm. Eine Möglichkeit besteht darin, um den Kopf deines Gegners herumzugehen und deinen Fuß ganz dicht neben die obere Partie seines Rückens zu setzen (Abb. 8.12c). Dreh dich nun einfach um und setz dich (Abb. 8.12d). Das bringt dich in eine ausgezeichnete Position, um Juji Gatame auszuführen. Press deine Knie zusammen, um den Arm zu kontrollieren und streck den Arm gerade aus, wobei du ihn am Handgelenk festhältst. Zieh deine Hüften hoch, um den Armhebel anzuziehen (Abb. 8.12e).

Die *Mount*-Position

Wenn du erst einmal rittlings auf der Brust deines Gegners sitzt, steht es dir frei, deinen Gegner mit Schlägen ins Gesicht zu verdreschen. Die Gefahr, dass er zurück schlägt, ist dabei gering. Der von dieser Angriffsart ausgehende Druck leitet fast immer Aufgabegriffe ein und macht die *mount* dadurch zu einer der begehrtesten Positionen im Bodenkampf.

Übergang aus der Mount- zur Rear-Mount-Position. Wir haben uns bereits zu der großen Bedeutung der Übergangsbewegungen geäußert, die dich aus einer Position in die andere bringen. Dabei handelt es sich um ein zentrales Thema der Positionsstrategie, die in diesem Buch vorgestellt wird. Einer der wirklich wichtigen Übergänge ist der von der *mount* in die *rear-rount*. Eine Gelegenheit zu diesem Übergang bietet sich immer dann, wenn dir dein Gegner den Rücken zudreht, wäh-

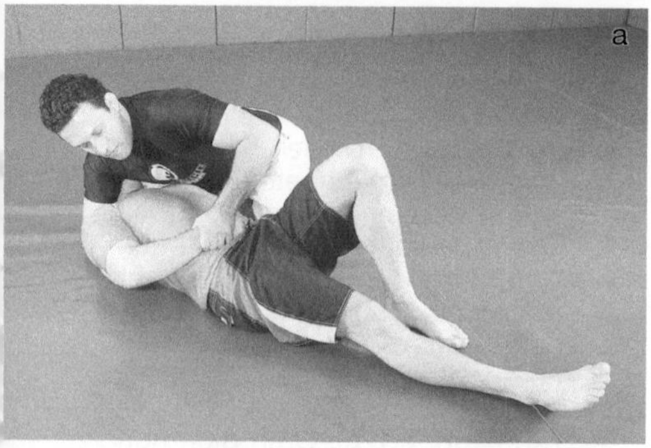

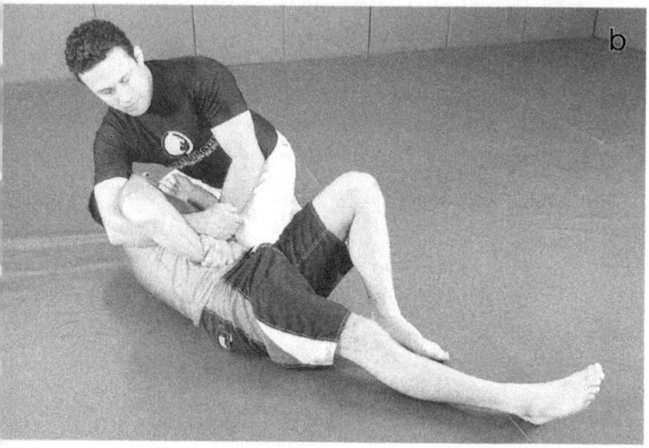

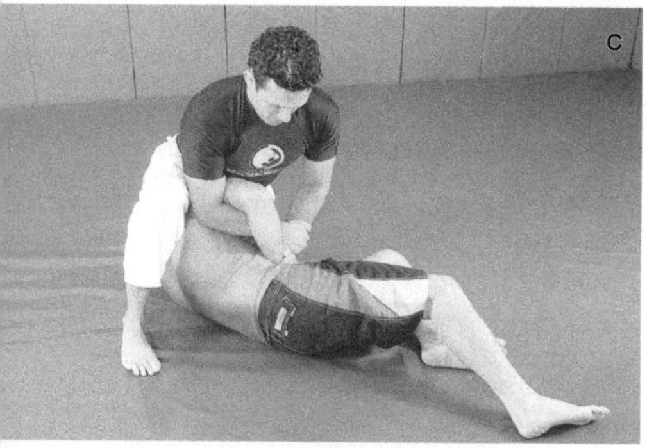

rend du dich in der *mount* auf ihm befindest. Dies wird er beispielsweise dann tun, wenn er einen stürmischen Fluchtversuch aus deiner *mount* unternimmt, oder wenn die Belastung durch die ständigen Schläge aus der *mount* heraus Panik bei ihm auslösen. Der Schlüssel, hinter einen unter dir liegenden, wild um sich schlagenden Gegner zu kommen, ohne dabei die eigene Position aufzugeben, besteht darin, ihm genügend Platz zu lassen, damit er sich ungehindert umdrehen kann. Wenn du die Oberschenkel zusammenpresst, kann er dich ziemlich leicht abwerfen. Wenn sich dein Gegner dreht, öffnest du deine Beine in die Richtung, in die er sich dreht und lässt ihn rollen (Abb. 8.13a). Drück deine Füße in angezogener Haltung knapp über seinen Knien gegen seine äußeren Schenkelpartien. Sollte er versuchen zu fliehen, schiebst du deine Füße zur Stabilisierung der Position wie Haken in seine Hüften (Abb. 8.13b). Erst nachdem du dich eingehakt und eine stabile Position eingenommen hast, solltest du über den nächsten logischen Schritt nachdenken – deinen Gegner mit dem *rear naked choke* (freie Würgetechnik von hinten) anzugreifen.

Armhebel (Juji Gatame) aus der Mount-Position. Erneut spielt der Armhebel bei unseren Aufgabeattacken eine Rolle. Aus der *mount* ergreifst du die Rückseite des Kopfs oder den Nacken des Gegners, um deiner Position zu mehr Stabilität zu verhelfen. Mit der anderen Hand greifst du über und packst seinen Arm am Ellenbogen (Abb. 8.14a). Dabei ergreift deine linke Hand den linken Arm des Gegners oder deine rechte seinen rechten Arm. Zieh den

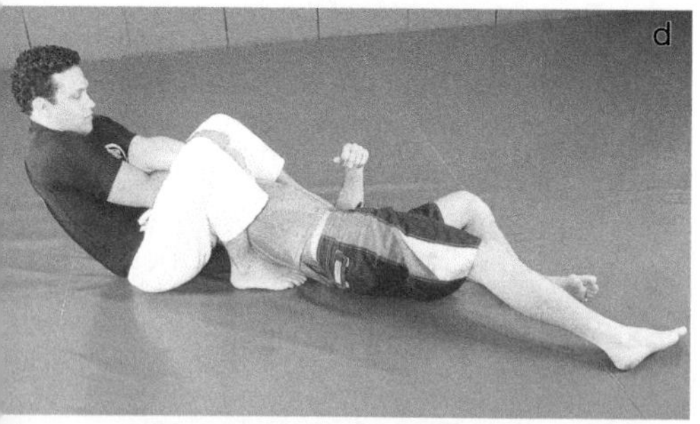

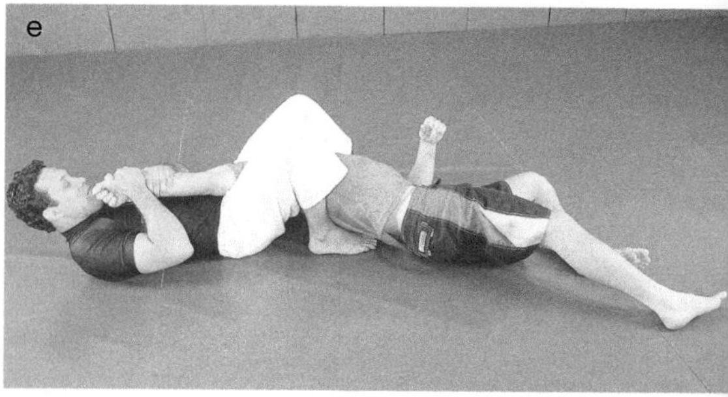

Abb. 8.12 Aus der Seitenkontrolle zum Armhebel

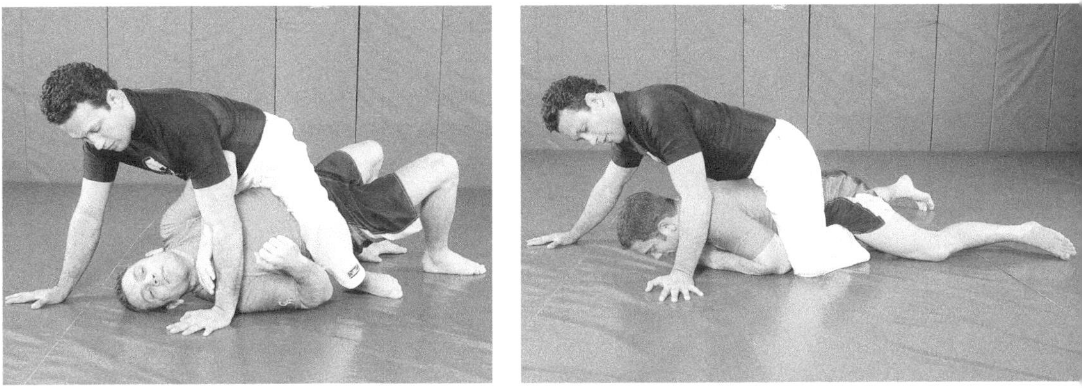

Abb. 8.13 Übergang von der Mount zur Rear-Mount-Position

Arm der Kontrolle wegen an deinen Körper heran. Rutsch mit dem Knie an derselben Seite, an der sich der von dir angegriffene Arm befindet, über den Boden bis hoch zum Ohr deines Gegners (Abb. 8.14b). Setz den anderen Fuß auf der gegenüberliegenden Seite dicht neben die Rippen deines Gegners, bis du dich in der seitlichen *Sit-out*-Position befindest. An dieser Stelle liegt deine Hand immer noch in seinem Nacken und zieht ihn fest auf dich zu. Deine andere Hand zieht seinen Arm fest zu deiner Brust. Um den Armhebel anzusetzen, gleitest du mit dem sich unter seinem Nacken befindlichen Arm über sein Gesicht und legst ihn auf seine weiter von dir entfernte Schulter. Lehn dich über den Gegner, und beginn deinen Körper in dieselbe Richtung zu drehen, in die sein von dir in Gefahr gebrachter Arm weist (Abb. 8.14c). Heb den Fuß des Beins, das du neben seinem Ohr platziert hast und setz ihn an die dir gegenüberliegende Seite seines Kopfs. Das ist einfacher, wenn du den Oberkörper zu seinen Beinen herabbeugst. Lehn dich wieder zurück und leg dich hin, wobei du deine Knie zusammenpresst, um seinen Arm zu fixieren (Abb. 8.14d). Heb die Hüften an, um den Druck zu erzeugen, mit dem du den Arm brechen könntest.

Schulter-Würger (Shoulder Choke). Einer der sichersten und erfolgreichsten Aufgabegriffe beim Jujitsu ist der Schulter-Würger. Er kann auf vielfältige Weise aus vielen Positionen heraus eingesetzt werden. Hier sehen wir ein sehr gutes Anwendungsbeispiel aus der *mount* heraus. Jedes Mal, wenn dein Gegner wie in Abb. 8.15a gegen deinen Brustkorb drückt (eine übliche Reaktion auf den Druck der entsteht, wenn man aus der *mount* mit Schlägen traktiert wird), setzt du dich aufrecht hin und stößt einen seiner Arme schräg an deinem Körper vorbei. Rutsch mit dem Gesicht an der Außenseite des Arms herunter, den du gerade zur Seite gestoßen hast, während du deinen anderen Arm gleichzeitig um seinen Nacken schlingst (Abb. 8.15b). Wenn du mit deiner Brust auf seiner ankommst, hast du seinen Arm unter dem Nacken eingekeilt (Abb. 8.15c).

Dadurch wird sein Deltamuskel gegen seine Halsschlagader gedrückt; dein Bizeps blockiert die andere Arterie. Leg die Hand des Arms, den du zuvor um den Nacken deines Gegners geschlungen hast auf den Bizeps deines anderen Arms, dessen Hand sich auf seiner Stirn befindet (Abb. 8.15d). Drück die Ellenbogen zusammen, um den Würgegriff einzuleiten.

Die *Rear-mounted*-Position

In einem richtigen Kampf ist die Rear-mounted-Position wohl die Königin aller Positionen. Von hier aus kannst du einen Gegner, der kein guter Grappler ist, nahezu

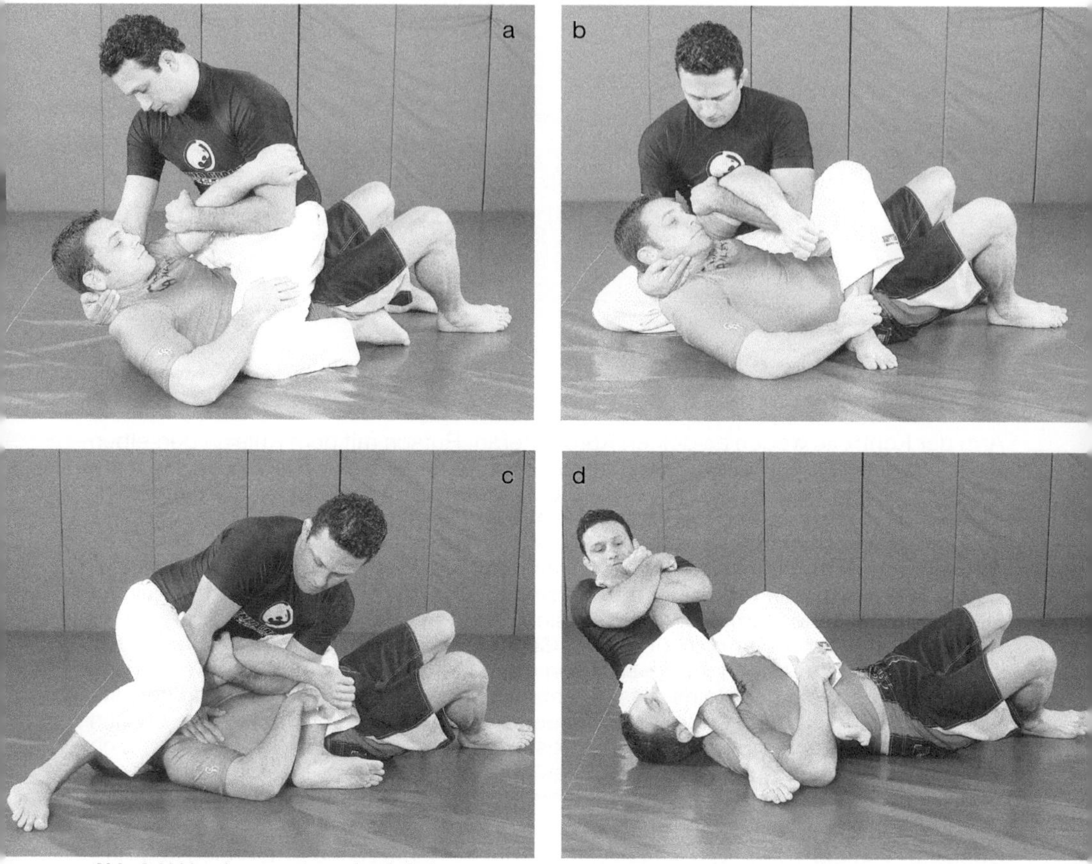

Abb. 8.14 Von der *mount* zum Armhebel

ungestraft angreifen. Selbst einem geübten Kämpfer wird es schwer fallen, sich unbeschadet aus diesem Griff zu befreien.

Rear Naked Choke – freie Würgetechnik von hinten (Hadaka Jime). (*Anmerkung des Übersetzers: „naked"* bzw. *„hadaka"* bedeutet hier „mit bloßen Händen", also ohne Hilfsmittel). Von allen Aufgabegriffen ist der *rear naked choke* (auch *Sleeper*-Griff genannt) einer der wichtigsten, die du lernen musst. Er kann immer dann eingesetzt werden, wenn du infolge guter Stellungsarbeit hinter einen Gegner kommst. Hast du ihn erst angesetzt, ist der Kampf auch schon vorbei, unabhängig von Größe, Kraft oder Heftigkeit. Der Schlüssel zur erfolgreichen Anwendung des Würgers besteht darin, als erstes den Gegner unter Kontrolle zu bringen, indem du die Füße wie Haken in seine Hüften stemmst (Abb. 8.16). Das hält dich unabhängig von den wild entschlossenen Ausbruchsversuchen deines Gegners fest am Platz. Leg einen Arm um den Nacken des Gegners, so dass sich der Ellenbogen des würgenden Arms unter seinem Kinn befindet. Leg die Hand des Würgearms auf den Bizeps deines anderen Arms. Deine andere Hand liegt am Nacken oder Hinterkopfs des Gegners. Bring deinen Kopf dicht an den Hinterkopf deines Gegners heran und drück deine Ellenbogen zusammen.

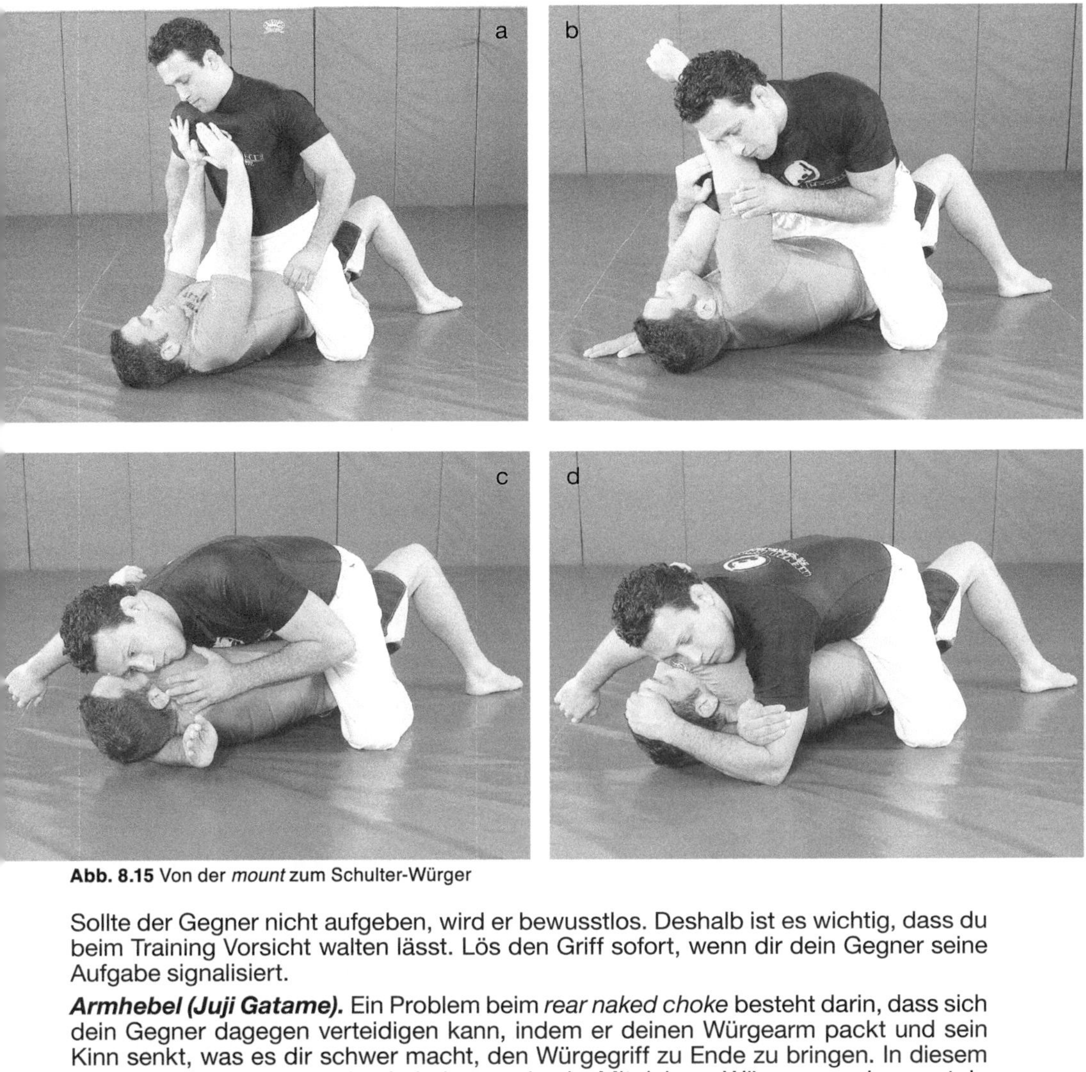

Abb. 8.15 Von der *mount* zum Schulter-Würger

Sollte der Gegner nicht aufgeben, wird er bewusstlos. Deshalb ist es wichtig, dass du beim Training Vorsicht walten lässt. Lös den Griff sofort, wenn dir dein Gegner seine Aufgabe signalisiert.

Armhebel (Juji Gatame). Ein Problem beim *rear naked choke* besteht darin, dass sich dein Gegner dagegen verteidigen kann, indem er deinen Würgearm packt und sein Kinn senkt, was es dir schwer macht, den Würgegriff zu Ende zu bringen. In diesem Fall ist es oft besser, zum Armhebel zu wechseln. Mit deinem Würgearm schnappst du dir das Handgelenk deines Gegners. Fädle deine andere Hand unter dem Arm ein, den du gerade ergriffen hast, und pack dein eigenes Handgelenk (Abb. 8.17a). Das ist eine Variante des *Kimura*-Griffs, die dir eine großartige Kontrolle über den eingeklemmten Arm verschafft. Lös den mit deinem Fuß gebildeten Haken an der gegenüberliegenden Seite des von dir festgehaltenen Arms und setz ihn auf den Boden (Abb. 8.17b). Lass deinen Würgearm über den Kopf deines Gegners gleiten und schieb seinen Kopf von dir weg. Das Ziel ist, dadurch eine möglichst rechtwinklige Position zu schaffen. Leg das Bein, das du auf dem Boden aufgesetzt hast über den Kopf deines Gegners, leg dich hin und geh in den Armhebel über (Abb. 8.17c). Press die Knie zusammen und heb die Hüften an, um den Hebel auszuführen (Abb. 8.17d).

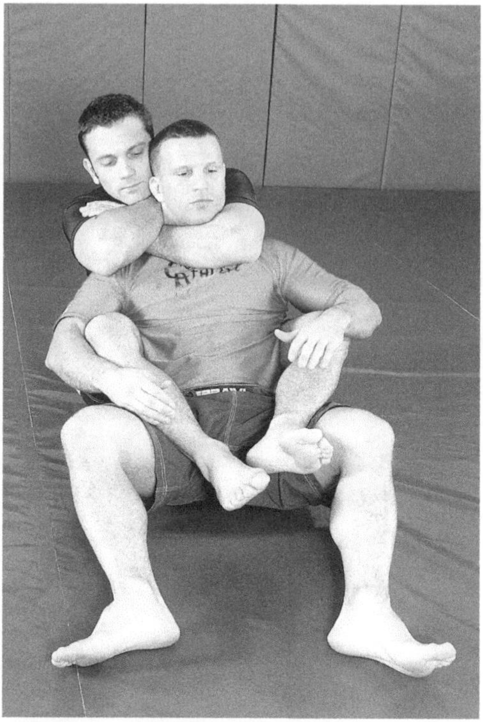

Abb. 8.16 *rear naked choke*

Drills für die Oberlage

Realitätsnahe Drills sind die beste Methode, um die Techniken und Eigenschaften zu entwickeln, die dich zu einem geübten Kämpfer in allen Lagen der Auseinandersetzung machen.

Positionsbezogene Drills

Im vorangegangenen Kapitel (in dem es um die Unterlage ging), haben wir uns eine Reihe positionsbezogener Drills angesehen, bei denen du und dein Partner in den grundlegenden Bodengrapplingpositionen beginnt und euch von da aus hocharbeitet. Genau dieselben Drills können auch aus der Perspektive des sich oben befindenden Kämpfers eingesetzt werden. Beginn dabei in irgendeiner der Haltepositionen, die wir uns angesehen haben. Versuch aus der Oberlage heraus, deine Position entweder zu behaupten und weiter zu verbessern oder den Partner zur Aufgabe zu bringen, wenn er den Versuch unternimmt, dem Haltegriff zu entkommen. Sobald eines dieser Ziele erreicht wird, stoppt ihr und beginnt den Drill von vorn.

Wiederholungsdrill zum Umgehen bzw. Passieren der Guard

Beginn in der geschlossenen Guard deines Gegners. Versuch, aus der Guard entweder in die Seitenkontrolle, die Knie-auf-Bauch-Position oder in die *mount* zu gelangen. Dein Partner versucht, entweder Aufgabegriffe oder Feger anzuwenden, aufzustehen oder auf die Knie zu kommen. Sobald eines dieser Ziele erreicht wird, stoppt ihr und beginnt den Drill von vorn.

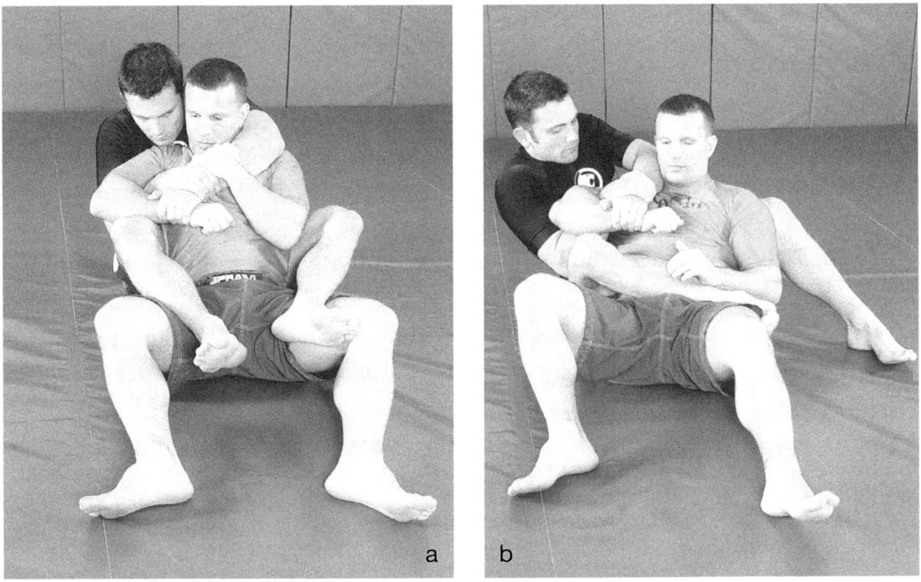

Abb. 8.17 Von der *Rear-Mount*-Position zum Armhebel

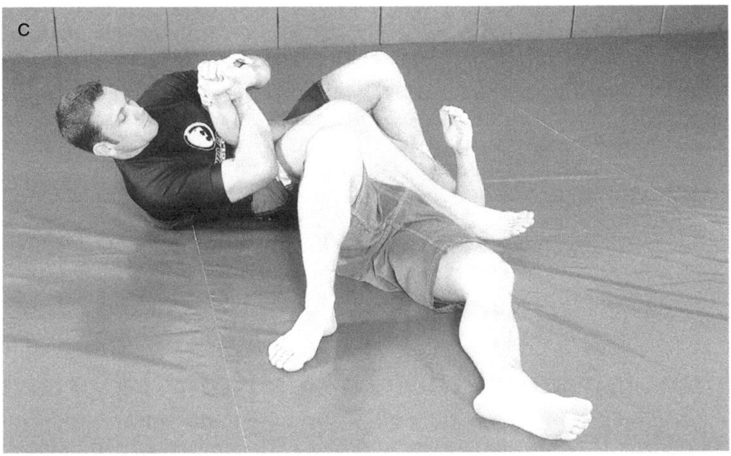

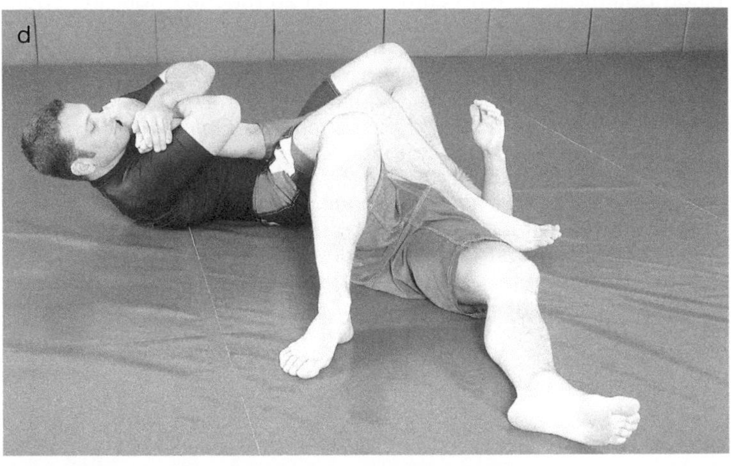

IX. Training und Wettkampf

Die meisten Menschen stellen sich unter einer Kampfsportart eine Ansammlung von Techniken vor und neigen dazu, einen bestimmten Kampfstil mit seinen markantesten Techniken in Verbindung zu bringen. Dieses Verhalten ist eine durchaus natürliche Konsequenz, stellt man doch fest, dass die meisten Stile die Technik als Grundlage ihrer Kunst herausstellen. Dies ist jedoch eine recht unglückliche Situation. Die Wahrheit ist, dass die Technik für sich genommen nur wenig zählt. Technik ist nur so viel wert, wie die Qualität, mit der sie von dem Ausführenden unter Kampfbedingungen eingesetzt werden kann. Alle Technik dieser Welt ist nutzlos, wenn sie nicht gut ausgeführt wird. Das fehlende Glied bei den meisten Kampfstilen (was in den MMA-Wettbewerben schnell offenbart wurde) ist eine angemessene Trainingsmethode, die es einem Schüler ermöglicht, seine Technik unter Kampfbedingungen erfolgreich zu beherrschen.

Zuvor haben wir bereits gesehen, dass Jigoro Kano, der Begründer des Judo, derjenige war, der für die Übernahme einer überragenden Trainingsmethode als Grundlage für seinen Stil verantwortlich war. Das Faszinierende an Kano war die Tatsache, dass er eine relativ kleine Anzahl an Techniken unterrichtete, von denen nur wenige Originale waren. Trotzdem beherrschten seine Schüler überlegen die Grapplingwettkämpfe der Achtzigerjahre des vorletzten Jahrhunderts, was dem Judo bis zum Ende des 19. Jahrhunderts die absolute Vormachtstellung verschaffte. Sein Erfolg wurde durch die Einführung des realitätsnahen Trainings (*Randori*) als Grundlage des Judotrainings gefestigt. Durch sein realitätsnahes Training konnte das *Kodokan*-Team seine Techniken wesentlich effizienter einsetzten als seine Kontrahenten.

Kano erkannte, dass eine riesige Lücke zwischen dem theoretischen Begreifen einer Technik und ihrer praktischen Anwendung bestand. Anders gesagt: Das Wissen darüber, wie man eine Technik ausführt und sie bei einem sich nicht wehrenden Trainingspartner einsetzt, unterscheidet sich grundlegend von der Fähigkeit, diese unter Kampfbedingungen gegen einen sich mit allen Kräften zur Wehr setzenden Gegner anwenden zu können. Sich wiederholende Drills und *Katas* können für Ersteres durchaus großes Fachwissen aufbauen, doch garantieren sie keine Kompetenz für den zweiten Bereich. Genau diese Lücke zwischen theoretischem und praktischem Wissen konnte sich Kano zu Nutzen machen und damit seine Konkurrenz ausschalten.

Das grundlegende Problem des Kampfsporttrainings

Eines der Hemmnisse für das realitätsnahe Training in einer Kampfsportart sind die gefährlichen Techniken. Typischerweise gibt es im Kampfsport Techniken, die dazu dienen, einen potentiellen Feind zum Krüppel zu machen oder ihn sogar zu töten. Normalerweise wird die Sicherheit des Gegners nicht in Betracht gezogen, da man davon ausgeht, dass man es mit einem gefährlichen Feind in einem Kampf ohne Regeln zu tun hat. Viele dieser Techniken sind Angriffe gegen Unterleib, Haare oder Augen. Beißen oder Kratzen und eine Menge anderer potentiell gefährlicher Taktiken werden gewöhnlich eingesetzt, genauso wie Gelenkhebel, Würgegriffe und kräftige Schläge und Tritte gegen empfindliche Stellen. Diese Liste zerstörerischer Taktiken sorgt für ein unmittelbares Problem, dass wir getrost als Hauptproblem des Kampfsporttrainings betrachten können. Praxis ist erforderlich, um Erfahrung in der körperlichen Aktivität zu sammeln, aber wie will man Kampfsporttechniken üben, deren Anwendung fast immer zu schweren Verletzungen führt? Vor diesem Dilemma stehen alle Kampfsportarten, und dabei ist die Art und Weise, auf die sich eine Kampfsportart diesem Problem stellt, ein charakteristisches Merkmal dieses Kampfstils. Zur Lösung dieses Problems gibt es zwei grundlegende Antworten.

1. Die erste Antwort lautet, alle Kampfsporttechniken – selbst die gefährlichsten – mit einzubeziehen, aber ihre Anwendung im Training auf die *Kata* zu begrenzen – die eingeschränkten, im Voraus festgelegten technischen Abläufe, die mit einem sich nicht zur Wehr setzenden, kooperierenden Partner durchgeführt werden. Mit anderen Worten: Diese Techniken werden niemals realitätsbezogen gegen einen sich wehrenden Gegner eingesetzt, sondern stattdessen auf die abstrakten Bewegungsmuster einer sicheren *Kata* übertragen. Diese Strategie gewährleistet natürlich die Sicherheit der Schüler, da Griffe in die Weichteile, Augenstechen, usw. niemals wirklich zum Einsatz kommen. Das Problem ist allerdings, dass man diese Techniken ohne einen echten Kontakt ausführt. Demzufolge erlernt der Schüler die Theorie der Aktion und begreift, was er tun sollte, wenn es zu einem bestimmten Angriff käme.
2. Ein weiterer Lösungsvorschlag, der durch Kano bekannt wurde, bestand in der Abschaffung der gefährlichen Techniken, sodass die übrig gebliebenen sicheren Techniken mit vollem Krafteinsatz im sportlichen Wettkampf Anwendung finden konnten. Durch das Streichen bestimmter Technikarten, die man einfach nicht zum Bestandteil eines sicheren Alltagstrainings machen kann – wie z.B. Unterleibsangriffe, Augenstechen, Beißen und Ähnliches – kann man sich ein Repertoire an Techniken zusammenstellen, dass im offenen Wettkampf mit *„Full Power"* gegen einen sich wehrenden Gegner eingesetzt werden kann. Ein weiterer Lösungsweg ist die Einführung eines Aufgabesystems, bei dem zwischen den beiden Beteiligten folgende Übereinkunft besteht: Wurde eine potentiell gefährliche Technik erfolgreich von einem der Kämpfer angewandt, kann der andere ein Zeichen seiner Aufgabe geben, das den Kampf beendet. Beim Jujitsu erfolgt dieses Signal durch ein schnelles Abklopfen am Körper des Gegners oder auf der Matte. Mit einer Kombination aus Technikeinschränkungen und einem Aufgabesystem wird die Sicherheit beim sportlichen Wettkampf und Training im Kampfsport möglich. Dieses Verfahren, Techniken zu beschränken, ist auch bei westlichen Kampfsportarten üblich. So gibt es beispielsweise beim Ringen eine Reihe von technikbezogenen Einschränkungen, die die Anwendungen unter vollem Einsatz sicher machen. Gleiches gilt für das Boxen mit seinen Einschränkungen bezüglich der Stellen, die ein Boxer treffen darf (z.B. nichts unterhalb der Gürtellinie) und seinen Regeln, wie man schlagen darf (z.B. ausnahmslos Schläge mit der behandschuhten Faust).

Diese beiden grundverschiedenen Herangehensweisen an das grundlegende Problem des Kampfsporttrainings haben eine tiefe Kluft in der Kampfsportwelt geschaffen. Das Thema hat für eine Spaltung zwischen den Kampfarten gesorgt, die sich vor dem Hintergrund, dass sie keine sportliche Anwendung kennen (da man dies für zu gefährlich hält) selbst als „rein" bezeichnen und denen mit sportlicher Ausrichtung. Tatsächlich beklagen Kampfsportpuristen seit langem eine „Degenerierung" der Kampfkünste durch ihre Anwendung im sportlichen Bereich. Sie argumentieren, dass dies zu einer Reihe unerwünschter Begleiterscheinungen bei den Kampfkünsten führe. Siegesgier, Arroganz, und (vielleicht vor allem) eine Ausdünnung der Techniken, bei denen nur die „sicheren" übrig bleiben, sind die Mängel, die am häufigsten mit Stilen in Verbindung gebracht werden, die den zweiten Lösungsweg in Zusammenhang mit dem grundlegenden Problem des Kampftrainings beschritten haben. Solche Puristen lehnen die sportlichen Kampfstile häufig ab als „bloßen" Sport im Gegensatz zu der wirklich kampfbezogenen Kunst mit ihrer Gewichtung gefährlicher Techniken.

Betrachtet man diese Kluft, die aufgrund dieser beiden Lösungsansätze in der Kampfkunstszene gewachsen ist, könnte das Missverständnis, das den Begriff der „sicheren Technik" belastet, vielleicht ein Teil des Problems sein. Viele die an eine

„sichere“ Technik denken, denken oft an eine „harmlose“ Technik. Diese Assoziation ist ein klares Missverständnis. Viele der „sicheren“ Techniken des modernen Jujitsu und anderer Kampfsportarten sind nur insofern „sicher“, als dass es zwischen den beiden Teilnehmern eine zuvor getroffene Vereinbarung gibt, dass man aufhört, sobald die Techniken erfolgreich angewendet werden. Ohne diese Übereinkunft wären schwere Gelenkverletzungen, Bewusstlosigkeit oder sogar der Tod die Folge.

Die potentiell brutalen Gelenkhebel und Würgegriffe der Grapplingstile sollte man nie für harmlos halten.

Ebenso sollte man auch die Schläge und Tritte der schlagenden Kampfsportarten berücksichtigen. Thai Boxen und das westliche Boxen haben strenge Regeln hinsichtlich was und wie man treffen darf. Darüber hinaus wird eine Sicherheitsausrüstung in Form von Handschuhen, Suspensorien und Mundschutz vorgeschrieben. Solche Regeln dienen dazu, diese Disziplinen potentiell weniger gefährlich zu machen als die traditionellen schlagenden Kampfkünste, die Angriffe auf Augen, Unterleib und Knie zusätzlich zu einer Reihe anderer Techniken lehren, die man nicht in das Repertoire einer halbwegs sicheren Sportart aufnehmen kann. Schläge und Tritte des modernen Jujitsu, die im Rahmen der MMA-Turniere zur Anwendung kommen, ähneln mehr dem westlichen Boxen und dem Thai Boxen als den klassischen Jujitsu-Stilen und wären somit ebenfalls der selben Kritik ausgeliefert.

Dennoch erscheint es naheliegend, welche der beiden Methoden die bessere Lösung für das Kampfsporttraining ist. Für die meisten Leute ist es klar, dass eine Disziplin, in der wirklich gefährliche Techniken unterrichtet werden, viel besser sein muss als eine, die sich auf „sichere“ Techniken beschränkt. Die „reine“ Kampfkunst müsste sämtliche sicheren Techniken der sportlichen Disziplinen beinhalten und zusätzlich auch die wirklich gefährlichen, die in den sportlichen Varianten fehlen.

Die Wahrheit ist jedoch, dass die reinen, derart mit tödlichen und furchterregenden Techniken vollgepackten Kampfkünste an einem großen Nachteil leiden, der ihre Effektivität im MMA-Geschehen - dem besten Beweis für deren Wirksamkeit im Kampf - stark beeinträchtigt. Dadurch, dass die Schüler ihre angeblich tödlichen Techniken nicht in aktuellen Situationen trainieren können, haben die traditionellen Kampfkünste ihre Auszubildenden nie dem Druck und dem Gefühl ausgesetzt, diese Techniken in einer realen Situation anzuwenden. Die theoretische Anwendung einer Technik gegen einen kooperierenden Partner zu kennen, ist eine Sache für sich; sie aber gegen jemanden einzusetzen, der alles dafür tut, sich gegen deine Technik zu wehren und stattdessen seine eigene anzuwenden, ist jedoch etwas vollkommen anderes.

Technik, Grundsätze und Eigenschaften

Nur Wenige in der Kampfsportszene sind sich der elementaren Unterschiede in den Techniken, Grundsätzen und Eigenschaften bewusst. Dennoch tragen diese Unterschiede entscheidend zum Verständnis bei, wie es den sportlich orientierten Kampfstilen gelingt, sich gegen die rein traditionellen Kampfkünste durchzusetzen, wann immer sie in den MMA-Turnieren aufeinandertreffen. Versuchen wir die Unterschiede in den Techniken, Grundsätzen und Eigenschaften folgendermaßen zu verstehen.

Eine *Technik* ist eine Aneinanderreihung von Bewegungen, die dazu dient, zu einem gewünschten Ergebnis zu führen. So ist z.B. der *Rear Naked*-Würger (wenn er richtig ausgeführt wird) eine Technik, deren Ziel darin besteht, die Aufgabe oder die Bewusstlosigkeit des Opfers herbeizuführen. Ein *Grundsatz* ist eine allgemeine Richtlinie, die die Ausführung der Techniken regelt. So ist z.B. der Grundsatz „Lass deinen Fuß niemals in einer exponierten Stellung, während du aus der *Guard* heraus arbeitest“ mit Sicherheit keine besondere Technik, sondern eine allgemeine Ausführungsanleitung für das Grappling. Eine Eigenschaft hingegen ist eine Fähigkeit oder ein Merkmal eines bestimmten Kämpfers, das ihn in die Lage versetzt, sich mit einer gegebenen Aufgabe auseinanderzusetzen. So kann ein Kämpfer beispielsweise mit einer enormen physischen Fitness ausgestattet sein, die eine körperliche Eigenschaft wäre, die ihm bei der Anwendung seiner Technik hilfreich ist.

Denk daran: Ein erfolgreicher Kämpfer kann auf eine Mischung aus Techniken, Grundsätzen und Eigenschaften zurückgreifen. Es ist wichtig zu begreifen, dass eine Technik ohne Grundsätze und Eigenschaften eine Technik ohne Wert ist. Die Eigenschaften eines Kämpfers sind es, die ihm die Anwendung einer Technik in einer realen Situation ermöglichen.

Es sollte die Zeit wert sein, uns einmal anzusehen, wie dieser Vorgang funktioniert. Um eine Technik in einer realitätsnahen Situation anzuwenden, musst du mit einer Reihe von Eigenschaften ausgestattet sein wie z.B. gutes Timing, entsprechender körperlicher Kraft, Kondition, Beweglichkeit, dem Vermögen, die günstige Gelegenheit für eine Aktion erkennen zu können und (in manchen Fällen) Schnelligkeit und Kontrolle. Ohne diese Eigenschaften hilft die Kenntnis einer Technik nicht viel weiter.

Führ dir den grundlegenden jab vor Augen. Die Technik an sich ist einfach und kann selbst von einem Anfänger in kurzer Zeit gut erlernt werden. Die eigentliche Umsetzung der Technik ist jedoch eine ganz andere Sache. An dieser Stelle musst du wesentlich mehr tun als nur die bloße Technik auszuführen; du musst auch alle Eigenschaften mitbringen, die dir die Anwendung der Technik unter Kampfbedingungen ermöglichen. Zum Beispiel musst du den Schlag richtig *timen* und ihn mit *Genauigkeit* schlagen. Misslingt dies, verfehlst du das Ziel. Darüber hinaus muss der Schlag mit einer angemessenen *Geschwindigkeit* geschlagen werden, da der Gegner ihm ansonsten mit Leichtigkeit ausweicht. Hast du keine *Kondition*, setzt die Müdigkeit schnell ein und macht deine Fähigkeit zur richtigen Ausführung der Technik zunichte. Du siehst also deutlich, dass die eigentliche Ausführung einer Technik viel mehr als die mit ihr verbundene körperliche Bewegung umfasst. Vielmehr beinhaltet eine kompetente Ausführung die eigentliche Technik in Kombination mit einer Reihe von Eigenschaften, die zusammen zu einer erfolgreichen Ausführung beitragen.

Hierin liegt der große Schwachpunkt der Kampfkünste, die ausschließlich mit *Kata* trainieren. Da die Techniken, die sie unterrichten, nicht sicher im Sparring oder im sportlichen Wettkampf ausgeübt werden können, können sie nur über Wiederholungsdrills an kooperierenden Partnern vermittelt werden. Ein derartiges *Kata*-Training entwickelt niemals die Eigenschaften, die die Technik braucht, wenn der Kämpfer sie erfolgreich unter Kampfbedingungen einsetzen will. Mit anderen Worten: *Kata* fördern nur die Technik, aber keine Eigenschaften. Dieses Ungleichgewicht ist das große Manko der traditionellen Kampfkünste, das sich bei den MMA-Turnieren schnell offenbarte. Andererseits erlauben es sportlich ausgerichtete Kampfstile den Schülern, ihre „sicheren Techniken“ mit vollem Einsatz auszuführen und entwickeln auf diese Weise die entscheidenden Eigenschaften, die die erfolgreiche Anwendung der Technik möglich machen. Diese Argumentation erklärt die Ironie, wieso eine auf „sichere“ Techniken beschränkte Kampfart regelmäßig über Disziplinen siegt, die voller tödlicher oder gefährlicher Techniken sind. Wenn diese Unterschiede in Techniken, Grundsätzen und Eigenschaften erst einmal richtig deutlich werden, wird einem auch die Weisheit klar, die sich hinter Kanos Trainingsmethode verbirgt.

Moderne Jujitsu-Formen, ganz besonders der brasilianische Stil, sind denselben Weg gegangen. Indem sie die Techniken auf diejenigen beschränkt haben, die Bestandteil einer sicheren Sportart werden konnten (wenngleich sie wesentlich weniger Beschränkungen eingeführt haben als Kano), haben sich die modernen Jujitsu-Stile in dem wichtigen Bereich der Trainingsmethodologie von den klassischen Schulen abgesetzt. Dieser Trend gilt auch für die Schläge und Tritte beim modernen Jujitsu, die mit dem westlichem Boxen und Thaiboxen vergleichbar sind. Beide haben das Konzept umgesetzt, die Technik dahingehend einzuschränken, dass man sie als Teil eines sicheren Sports nutzen konnte. Genauso wie moderne Jujitsu-Kämpfer entwickeln auch Boxer die erforderlichen Eigenschaften viel kompetenter als Vertreter klassischer Kampfkünste, da Boxer und moderne Jujitsu-Kämpfer genauso trainieren können wie sie kämpfen. Es gibt einen für die Kampfkunst geltenden Trainingsgrundsatz, den jeder kennen sollte: *Du kämpfst so, wie du trainierst.* Kampfstile, bei denen du deine Technik im täglichen Training und beim Sport mit annähernd vollem Einsatz anwenden kannst, ermöglichen es dir immer, genau diese Techniken auf nahezu gleiche Weise im richtigen Kampf einzusetzen.

Diese Beständigkeit schafft eine unglaubliche Vertrautheit mit der Technik und ihrer Anwendung im Ernstfall.

Training außerhalb des *Dojo*

Der größte Teil deines Jujitsu-Trainings wird sich aus der Strategie, den Fähigkeiten, Grundsätzen und Eigenschaften zusammensetzen, die du im Dojo erlernst und einübst. Es wäre jedoch ein Fehler, dein Training nur auf diese Faktoren des Jujitsu zu beschränken, da auch viele nützliche Trainingsmethoden außerhalb des Dojo stattfinden können, die zu einer bedeutenden Verbesserung deines gesamten Leistungsstands beitragen können. Die beiden am nahe liegendsten sind Kondition und Crosstraining.

Kondition

Bei einem Straßenkampf spielt die Kondition nicht immer eine entscheidende Rolle, auch wenn dies manchmal der Fall sein kann. Oft sind Straßenkämpfe schon nach kurzer Zeit vorbei, normalerweise aufgrund von unfairen Attacken, Überraschungstreffern oder dem Eingreifen von unbeteiligten Zuschauern; Kondition ist also keine Grundvoraussetzung für Erfolg. Allerdings spielt die Kondition bei einem MMA-Kampf zwischen zwei Athleten über eine festgelegte Dauer eine wichtige Rolle in Bezug auf dessen Ausgang. Egal wie raffiniert und hoch entwickelt dein technisches Können auch ist – wenn du erschöpft bist, wird deine Fähigkeit dieses Können anzuwenden, völlig über den Haufen geworfen. Wenn du in Bezug auf deine Technik dein Bestes geben willst, ist es deshalb wichtig, dass du dich physisch so entfaltest, dass das Niveau deiner Kondition, Beweglichkeit und Kraft den Aufgaben, die du dir selbst stellst, angemessen ist.

Natürlich ist das Maß an Kondition, das man für die Vorbereitung auf einen Profikampf benötigt, wesentlich höher, als das für denjenigen, der für die Teilnahme an einem regionalen Grapplingturnier in der Anfängerklasse trainiert. Kraft und Kondition spielen eine oft entscheidende Rolle in einem Kampf. Allzu häufig hört man Aussagen, dass Kraft unnötig sei, um einen Kampf zu gewinnen und dass Technik viel wichtiger sei. Darin steckt eine Menge Wahrheit. Du solltest alles in deiner Macht stehende tun, um deine technischen Fähigkeiten weiterzuentwickeln. Wenn du trainierst, solltest du den Einsatz von Technik über den Gebrauch von Kraft stellen. Dies bedeutet allerdings nicht, dass Kraft und Kondition unwichtig seien. Du solltest auch viel Zeit darauf verwenden, an diesen Eigenschaften zu arbeiten. Normalerweise stellt der Aufbau von Kraft und Kondition einen Teil eines eigenen Programms außerhalb des Dojo dar, doch gibt es Meinungsverschiedenheiten darüber, welches Übungsprogramm für den MMA-Kämpfer am besten sei (anscheinend gibt es immer genauso viele Theorien wie Kämpfer). Eine vernünftige Analyse der Bedürfnisse eines MMA-Kämpfers offenbart uns schnell ein paar Knackpunkte.

Ausdauer

Ausdauer ist eine wichtige körperliche Eigenschaft, die noch über Körpergröße, Kraft, und Beweglichkeit steht (wenngleich auch diese unleugbar wichtig sind). Den Grund begreift man schnell: Wenn zwei gut trainierte Kämpfer aufeinandertreffen, ist es unwahrscheinlich, das der eine den anderen schnell überwältigt. Meistens zieht sich die Auseinandersetzung in die Länge, da jeder die Angriffe des anderen abwehren kann. Jeder Kämpfer braucht Ausdauer, um die Dauer des Kampfs zu überstehen; somit ist Ausdauer eine wichtige Eigenschaft die der Kampfsportler braucht.

Es werden zwei Arten von Ausdauer benötigt. Die erste ist die kardiovaskuläre Ausdauer, die die Stärke deines Herzens und deiner Lungen betrifft. Sie fördert man am besten durch aerobe Aktivitäten wie Laufen, Radfahren, Übungen an aeroben Fitnessgeräten (wie z.B. *Stepper*) sowie realitätsnahes Sparring. Bei der zweiten handelt es sich um die muskuläre Ausdauer, deine Fähigkeit deine Muskeln über lange Zeiträume im Clinch oder in einer Situation beim Bodengrappling einzusetzen. Sie entwickelt man am besten über zuständige Fitnessübungen, wie Bankdrücken, *Sit-ups*, Klimmzüge und Dips (*Anmerkung des Übersetzers:* Spezialübung zur Stärkung des Trizeps) zusätzlich zum Ringkampfsparring, Yoga und bestimmten Einheiten aus dem Programm der Gewichtheber (wie z.B. Zirkeltraining).

Körperliche Anforderungen

Jede Phase des Kampfs stellt eine Reihe von ganz bestimmten körperlichen Anforderungen. Mit allen musst du zurechtkommen. In der Standphase kannst du dich vielleicht frei bewegen. Für diesen Fall benötigst du die Eigenschaften Schnelligkeit, Explosivität und aerobe Kondition. Gerätst du in einen Clinch, sind Gleichgewicht, festes Zupacken und Antriebskraft erforderlich. Am Boden brauchst du anaerobe Kondition, Kraft, Beweglichkeit und Ausdauer für das Grappling.

Häufig passiert es, dass ein Kämpfer, der ganz bequem über einen langen Zeitraum in einer bestimmten Phase trainieren kann, sehr schnell erschöpft ist, wenn er in eine andere Kampfphase gerät, mit der er nicht vertraut ist. Dies resultiert zum Teil aus einem mangelnden technischen Wissen, das er benötigt, um sich in solch einer ungewohnten Situation effizient zu bewegen. Das kompensiert er, indem er eine Menge Kraft aufwendet (und somit vergeudet). Allerdings liegt dies auch an den unterschiedlichen körperlichen Anforderungen, die jede Phase an die Kämpfer stellt.

Die Bewegung deiner Körpermasse

Das bedeutendste Merkmal eines MMA-Kampfs ist, dass du deine Körpermasse (und oft auch die des Gegners) durch eine Reihe von ganz bestimmten physikalischen Szenarien hindurch bewegen musst. Während eines Kampfs setzt du deinen ganzen Körper dazu ein, diverse athletische Bewegungen auszuführen. Die Beherrschung der Bewegung und Kontrolle deiner Körpermasse und der deines Gegners ist das bestimmende Merkmal eines MMA-Kampfs, das etwas über die Übungsformen aussagen sollte, die für die Entwicklung des Konditionsstands eines MMA-Kämpfers am wichtigsten sind. Es ist die Bewegung deines Körpers und des Körpers deines Gegners sowohl im Stand als auch in der Rückenlage, die einen Kampf am deutlichsten charakterisiert.

Es ist also sinnvoll, sich Übungen einfallen zu lassen, die die Bewegung der eigenen Körpermasse (und zu einem gewissen Grad auch der deines Gegners) als wichtigste Form des Konditionstrainings eines MMA-Kämpfers mit einbeziehen. Deshalb hat sich die Kallisthenie (Übungen, die die Bewegung der eigenen Körpermasse zum Gegenstand haben) als bedeutendstes Konditionstraining für Jujitsu-Kämpfer herauskristallisiert. Denk immer daran: Legst du Körpergewicht zu, musst du dieses zusätzliche Gewicht über die Dauer des Kampfs mit dir herumschleppen, was dazu führt, dass du schneller ermüdest.

Crosstraining

Eine weitere Trainingsform, die unter Jujitsu-Kämpfern beliebt ist, ist das Crosstraining. Hierunter verstehen wir das Training mehrerer unterschiedlicher Kampfstile, von denen sich jeder auf eine ganz bestimmte Phase des Kampf spezialisiert. Das Crosstraining ist dazu da, einen wirklich vollendeten Kämpfer zu schaffen, der in allen drei Phasen des Kampfs beschlagen ist. So kann ein Kämpfer beispielsweise Thai Boxen trainieren, um Erfahrung in der Phase der freien Bewegung zu erlangen, Griechisch-Römisches Ringen für die Phase des Clinchs und Brazilian Jiu Jitsu für die Bodenphase. Auf diese Weise versucht er, alle möglichen Bereiche eines richtigen Kampfs abzudecken. Viel spricht für eine solche Methode. Heraus kommt dabei ein Kämpfer, der mit nahezu jeder Situation im Laufe eines Kampfs vertraut ist.

Es gibt allerdings auch einige Probleme mit dem Crosstraining. Die verschiedenen Kampfkünste wurden einst als selbständige Disziplinen konzipiert. Als solche haben sie ihre eigenen Regelwerke und Standpunkte, von denen manche nicht mit denen der anderen harmonieren. So verbietet das Boxen beispielsweise jede Form einer offensiven Technik, die nicht mit den Händen ausgeführt wird. Demzufolge verwendet es einige Techniken und Regularien, die in einem MMA-Kampf Probleme bereiten können.

Nehmen wir einmal das gängige Tauchen und Pendeln, das beim Boxen Verteidigungsbewegungen sind. Indem du unter einem Schlag abtauchst, kannst du Schaden aus dem Weg gehen, während du in einer Reichweite bleibst, aus der heraus du deinen eigenen Angriff starten kannst. In einem Boxkampf ist diese Taktik eine ausgezeichnete Strategie. In einem MMA-Kampf hingegen gibt es keine Einschränkungen für einen Einsatz der Knie und in manchen Fällen auch der Ellenbogen. Indem er den Kopf des Gegners in einen Nackenclinch nimmt, kann ein Kämpfer mit Knien und Ellenbogen einen furchtbaren Angriff gegen einen tauchenden und pendelnden Kontrahenten in Gang setzen. Dies ist nur ein Beispiel von vielen, bei denen eine Technik, die in einem Kampfstil angebracht ist, in einer MMA-Begegnung möglicherweise verheerende Folgen haben kann. Darum müssen sich die Kämpfer vergewissern, dass sie von den unterschiedlichen Kampfkünsten nur die Dinge beherrschen, die für MMA-Veranstaltungen geeignet sind.

Die vielleicht nützlichste Lehre, die man aus dem Crosstraining ziehen kann, ist, dass es einem die Stärken und Schwächen der verschiedenen Kampfstile näherbringt, von denen man erwarten kann, dass sie einem, sei es beim Wettkampf oder auf der Straße, begegnen. Indem man sich mit der Strategie und den Techniken eines bestimmten Stils vertraut macht, fühlt man sich wesentlich wohler, wenn man unter Kampfbedingungen mit diesem konfrontiert wird. Darüber hinaus haben die meisten Kämpfer Erfahrungen in einer oder in zwei Kampfstilen. Somit neigen sie dazu, den Vorschriften dieses Stils entsprechend zu kämpfen. Wenn du dich mit den Stärken und Schwächen dieses bestimmten Stils auskennst, hast du eine hervorragende Chance, den Angriff deines Gegners zu unterbinden und ihn erfolgreich aus seiner schützenden Umgebung heraus zu holen. Das ernsthafte Studium anderer Kampfstile ist demnach ein wichtiger Abschnitt auf dem Weg zum Sieg beim Kampf.

Du musst nicht nur etwas über die Stärken und Schwächen eines Stils lernen, sondern auch in der Lage sein, die Stärken und Schwächen eines einzelnen Kämpfers einzuschätzen. Wenn du mit ihm Sparring betreibst, musst du dir seine Reaktionen auf deine Angriffe merken. Diesen Prozess nennt man das „Ergründen eines Gegners“. Wenn du die Reaktionen deines Gegners beobachtest, kannst du schnell ein Gespür dafür bekommen, wo seine Fähigkeiten liegen. Wenn du daraus seine Schwachpunkte abgeleitet hast, weißt du oft schon, in welcher Phase du den Kampf halten musst – sollten seine Schwächen allerdings dieselben sein wie deine, kann es jedoch sein, dass du das gar nicht möchtest.

Verletzungen

Das moderne Jujitsu ist ein Kampfsport und birgt als solcher stets die Gefahr von Verletzungen. Hebel können zu schnell ausgeführt werden, *takedowns* können zu heftigen Stürzen führen, und Treffer können zu hart ausfallen. Selbst mit einem verantwortungsbewussten Partner besteht immer das Risiko, dass etwas schief geht und es zu Verletzungen kommt.

Natürlich gibt es unterschiedlich schwere Verletzungen. Mit entsprechender Erfahrung kannst du aber entscheiden, welche Verletzungen so schwer sind, dass sie beim Training unbedingt zu vermeiden sind und welche einfach nur unangenehm sind, so dass man sie beim Training tolerieren muß.

Training für unterschiedliche Wettkämpfe

Sehr oft suchen Leute, die sich mit dem Erlernen von Jujitsu beschäftigen ein Umfeld für den sportlichen Wettkampf, um ihr Können auf die Probe zu stellen. Eine solche Einstellung ist normal und gesund. Unter Freunden des modernen Jujitsu sind drei Wettkampfformen beliebt, deren Ursprünge jeweils vom Brazilian Jiu Jitsu beeinflusst werden. Dies sind der sportliche Brazilian Jiu Jitsu Wettkampf, das Aufgabegrappling (*Submission Grappling*) und die MMA-Veranstaltungen.

Der sportliche Brazilian Jujitsu-Wettkampf

Hierbei handelt es sich um den Standardwettkampf im Brazilian Jiu Jitsu. Er basiert auf dem Regel- und Punktsystem, das die Gracies entwickelt haben, um den Charakter eines echten Kampfs widerzuspiegeln. Positionen werden mit Punkten bewertet, je nach dem wie deutlich sie dich in die Lage versetzen, einen Gegner zu treffen und zu kontrollieren. *Takedowns*, das Mittel, um einen Gegner zu Boden zu bringen, wo man ihn wesentlich besser unter Kontrolle halten kann, werden mit zwei Punkten honoriert. Kommst du an den Beinen eines Gegners vorbei in eine echte Kontrollposition, erhältst du dafür drei Punkte. Gelingt es dem Kämpfer in der Unterlage, seinen Gegner umzudrehen, bevor dieser an seinen Beinen vorbei kommen kann, bekommt er dafür zwei Punkte. Die Einnahme der besten Schlagpositionen – die Knie-auf-Bauch-Position sowie die *mount* – wird mit drei bzw. vier Punkten belohnt. Die begehrte *rear-mount* ist ebenfalls vier Punkte wert. Unabhängig vom Punktstand, ist ein Kampf – genauso wie dies auch in einem richtigen Kampf wäre - automatisch beendet, wenn einer der Männer den anderen zur Aufgabe bringt.

Bei der Verwendung dieses Punktsystems werden die Kämpfer entsprechend dem Wert von Position, Kontrolle und Aufgabe belohnt, die sie auch in einem richtigen Kampf anstreben würden. Brazilian Jiu Jitsu vermittelt seinen Schülern für den sportlichen Wettkampf also dasselbe Verhalten, das auch in einem richtigen Kampf zur Anwendung käme. Das Tragen eines *Judogi* ist Pflicht. Deshalb ist das Wissen, wie man den *Gi* (japanische Jacke) für Würfe, zwecks Kontrolle und zur Aufgabe einsetzt, absolut wichtig. Es ist keinesfalls übertrieben, zu behaupten, dass ein Jujitsu-Wettkampf mit dem *Gi* ein völlig anderes Gefühl vermittelt wie das Grappling ohne *Gi*. Häufig kommen Kämpfer mit der einen Variante wesentlich besser zurecht als mit der anderen.

Aufgabegrappling

Für das Aufgabegrappling gibt es viele verschiedene Regelwerke. Es sollte jedoch erwähnt werden, dass die Form des Aufgabegrapplings, die anlässlich der inoffiziellen Weltmeisterschaft im Aufgabegrappling in Abu Dhabi zur Anwendung kommt, sich in den letzten Jahren weltweit am stärksten durchgesetzt hat. Eigentlich handelt es sich dabei einfach nur um das standardmäßige Brazilian Jiu Jitsu ohne *Gi*. Im Grunde ist das positionsbezogene Punktsystem damit nahezu identisch.

Trotzdem bestehen zwischen den beiden Sportarten aber auch einige wichtige Unterschiede. Beim Aufgabegrappling gibt es weniger Einschränkungen. Anders als beim wettkampfmäßigen Brazilian Jiu Jitsu sind sämtliche gedrehten Beinhebel zulässig. Eine stark vereinfachende, jedoch recht treffende Aussage wäre, dass die *takedowns* beim Brazilian Jiu Jitsu mehr denen eines Judokampfs ähneln (was nicht sonderlich überrascht, da beide ein ähnliches *Gi* verwenden), während die des Aufgabegrapplings eher an Olympisches Ringen erinnern. Somit unterscheiden sich die Sportarten in Aussehen, Gefühl und Dynamik von einander.

Die *takedowns* beim Aufgabegrappling sind anders, weil die Kontrahenten kein *Judogi* tragen. Das *Judogi* hat in einem Brazilian Jiu Jitsu-Kampf eine drastisch verlangsamende Auswirkung auf die Kämpfer, was daher kommt, dass es den Kontrahenten eine Vielzahl an Greif- und Festhaltemöglichkeiten eröffnet, die dazu genutzt werden können, Aktionen des Gegners zu unterbinden. Aufgrund dieser Komponente, gibt es häufig lange Phasen verhältnismäßiger Inaktivität, in denen beide Kämpfer anscheinend an einem toten Punkt angekommen sind. Beim Aufgabegrappling hingegen wirken die Kämpfe aufgrund des geringeren Reibungswiderstands und der fehlenden Greif- und Festhaltemöglichkeiten, mit denen man einen Gegner halten und seine Bewegungen verlangsamen kann schneller, (auf den Körpern der Athleten bildet sich eher Schweiß).

MMA-Veranstaltungen – *Vale Tudo, No-Holds-Barred* (NHB)

Zweifelsohne haben sich die MMA-Veranstaltungen beim Fernsehpublikum sowie bei Kampfsportfans als am beliebtesten erwiesen. Wir haben gesehen, dass dahinter der Grundgedanke steht, die jeweilige Kampfeffektivität der verschiedenen Stile zu testen, indem man sie in einem Kampf mit nur wenigen Regeln gegeneinander antreten lässt. Dies ist einem echten Kampf so nah, wie es einem die Gesellschaft gerade noch erlaubt. Insofern handelt es sich dabei um den besten empirischen Nachweis, den es für die Effektivität eines bestimmten Kampfstils gibt.

Ein überzeugendes Argument ist, dass der MMA-Kampf der letzte Test des Könnens eines Kampfsportlers ist. Er umfasst die gesamte Palette der kämpferischen Fähigkeiten, Treffer, *takedowns*, Clinchtechnik und des Bodengrapplings. Solche MMA-Wettkämpfe erfordern natürlich eine Menge Vorbereitung, wenn man ernsthafte Verletzungen vermeiden will. Zusätzlich zu dem hohen technischen Niveau, das für den Erfolg erforderlich ist, muss man auch in einer hervorragenden körperlichen Verfassung sein. Ständige Treffer, Grappling und Bewegung sind für diejenigen, die nicht gut vorbereitet sind, überaus anstrengend.

Man sollte zur Kenntnis nehmen, dass das MMA-Geschehen derzeit nicht standardisiert ist. Jede Organisation hat ihre eigenen Regeln und Bestimmungen. Mach dich mit diesen vertraut, bevor du dich zu einem Wettkampf anmeldest. Kleinere Turniere laufen häufig mit Regeln ab, die dazu dienen, die Sicherheit der Teilnehmer zu gewährleisten. So können sie beispielsweise die Art der erlaubten Schläge einschränken, indem sie Ellenbogenstöße und Schläge mit der Faust untersagen.

Es ist ratsam, in der nachfolgend vorgestellten Reihenfolge in diese drei Wettbewerbskategorien einzusteigen. Beginn mit Brazilian Jiu Jitsu, geh danach zum Aufgabegrappling über, und mach, wenn du das möchtest, dann den Schritt zu den *Mixed Martial Arts*. Du musst zuerst lernen, wie man die Wucht der Treffer einsteckt, bevor du zu den MMA-Wettkämpfen wechselst. Versuch es also nicht ohne regelmäßiges realitätsnahes Sparring (natürlich mit Schutzausrüstung). Ebenso ist es am Anfang wichtig für dich, gegen jemanden anzutreten, der denselben Leistungsstand und die gleiche Größe hat wie du. Um dies sicherzustellen, musst du dich einer verantwortungsbewussten Organisation anschließen, die großen Wert auf die Sicherheit der Kämpfer legt.

X. JUJITSU FÜR DIE SELBSTVERTEIDIGUNG

Menschen führen alle möglichen Gründe an, warum sie Kampfsportarten erlernen. Körperliche Fitness, Disziplin, geistige Weiterentwicklung und gesellschaftliche Kontakte sind alles gängige Gründe, die Schüler z. B. für den Besuch einer Sportschule angeben. Letztendlich ist das Hauptmotiv für das Erlernen eines Kampfstils jedoch die Vorstellung, sich gegen einen Angriff verteidigen zu können. Alle anderen Motive sind bloß nettes Beiwerk. Die anderen landläufig ins Feld geführten Nutzen, können auch leicht durch irgendwelche anderen körperlichen Aktivitäten erzielt werden. Der größte Anreiz des Kampfsporttrainings ist das persönliche Gefühl der Zuversicht, das daraus resultiert, dass man sich darauf vorbereitet fühlt, körperliche Bedrohungen zu bewältigen.

Kampfsport als wirkungsvolle Selbstverteidigung

Wir haben behauptet, dass sich Menschen mit dem Erlernen von Kampfkünsten auseinandersetzen, um Selbstvertrauen zu gewinnen und um in der Lage zu sein, sich gegen körperliche Angriffe zu verteidigen, doch stellt sich von Beginn an die Frage, ob dies überhaupt stimmt. Mit anderen Worten: Ermöglicht einem das Erlernen von Kampfsportarten tatsächlich, sich gegen Angriffe zu verteidigen? Oft hört man Geschichten über Menschen, die sich gründlich mit einer Kampfsportart auseinandergesetzt haben, und dann ordentlich verprügelt wurden, als sie in einen richtigen Kampf gerieten. Somit besteht bei Vielen eine berechtigte Sorge, dass Kampfsportler mit einem trügerischen Selbstvertrauen umher laufen, das gar nicht auf tatsächlichem kämpferischen Können beruht. Darüber hinaus ist es auch kein Allheilmittel zur Beantwortung unserer Frage, wenn man von Kampfsportlern wissen will, ob ihr Stil wirklich effektiv sei, da die meisten überzeugt sind, dass ihr Stil sowieso wirkungsvoller als jeder andere ist. Tatsächlich gibt es nur wenige menschliche Aktivitäten mit derart hochtrabenden Ansprüchen bei einer gleichzeitig so schwachen Beweisführung wie in der Welt des Kampfsports.

Die einzig geeignete Methode, unsere Frage zu beantworten, besteht darin, einen unvoreingenommenen empirischen Beweises für die Effektivität einer Kampfdisziplin zu suchen, die im echten Kampf zwischen richtigen Gegnern zum Einsatz kommt. Diese Aufgabenstellung war schließlich auch der ursprüngliche Anlass für die Einführung der MMA-Kämpfe. Indem sie die unterschiedlichen Kampfstile mit nur wenigen Regeln gegeneinander antreten ließen, wollten sich die Organisatoren ebenso wie die Teilnehmer eine genaue Vorstellung von der Effektivität eines jeden Kampfstils verschaffen.

Aus den Ausscheidungskämpfen der offenen Wettbewerbe, konnten die Beobachter leicht schließen, dass die traditionsreichsten Kampfkünste die Prüfung hinsichtlich ihrer Effektivität im Kampf nicht bestanden hatten. Das soll heißen, dass diejenigen, die die traditionellen Kampfstile betrieben, durchweg daran scheiterten, die Kämpfe entsprechend ihren Regeln und Lehren zu führen. Kaum hatte ein Kampf begonnen, befanden sie sich auch schon in Situationen, die sie ausdrücklich vermeiden wollten. So scheuen die meisten traditionellen Kampfkünste beispielsweise davor zurück, in einem richtigen Kampf zu Boden zu gehen. Dennoch fanden sich diese Traditionalisten bei fast jeder Gelegenheit schnell in einem Bodenkampf wieder, auf den sie absolut unvorbereitet waren.

Tatsache war, dass es keiner der traditionellen Kampfkünste gelang, dem Kampf den planmäßigen Ablauf ihres Stils aufzuzwingen. Boxer wie auch Kickboxer konnten den Kampf nicht in der in ihren Stilarten bevorzugten Phase der freien Bewegung halten. Karateka waren absolut nicht in der Lage, ihre *„One strike, one kill“*-Theorie in die Tat umzusetzen und *Wing Chun*-Kämpfern schafften es nicht, den Kampf in der Nahdistanz zu führen. Die Liste stilistischer Rohrkrepierer ist lang und hätte in der Kampfsportgemeinschaft leicht zu einem Eindruck des totalen Versagens führen können, zumal die Vertreter der allseits bekannten Disziplinen scheinbar gegen Kämpfer verloren, denen nur ein geringes Maß an formalem Training zuteil geworden war. Sie verloren nicht nur einfach, sondern taten dies oft sogar auf eine geradezu mitleiderregende Weise. Vielfach wurden angeblich hochbegabte Athleten am Boden erbarmungslos verdroschen und wirkten dort wie untrainierte Kämpfer.

Die einzige Ehrenrettung für die Welt der Kampfkunst war die ausgezeichnete Vorstellung, durch die verschiedenen Grapplingstile. Die Grappler waren die einzigen Kämpfer, die durchweg die echte Befähigung unter Beweis stellten, die alle Kampfdisziplinen für sich in Anspruch nahmen – nämlich, dass kleinere, schwächere Kämpfer größere und stärkere mit einem Minimum an Gewalt und Blutvergießen überwältigen und besiegen konnten.

Durch objektive Quellen bestätigt, legitimiert dieser Beweis die Jujitsu-Kämpfer, die Behauptung aufstellen zu dürfen, Kampferfahrung zu besitzen. Ihrer Behauptung sind keine leeren, wirkliche Beweise entbehrende Worthülsen. Ihr Stil funktioniert tatsächlich. Es handelt sich dabei um eine Behauptung, die vor Millionen skeptischer Zuschauer bei zahlreichen Gelegenheiten in richtigen MMA-Kämpfen, *bewiesen* wurde. Und deshalb vertrauen viele Schüler des modernen Jujitsu auf die Effektivität ihrer Disziplin. Ihr Vertrauen fußt auf einer Fülle von Belegen, dass sie außergewöhnlich gut funktioniert, sogar gegen größere und stärkere Angreifer.

Obwohl vieles an diesen Nachweisen dafür spricht, dass moderne Grapplingformen des Jujitsu in einem richtigen Kampf ausgesprochen effektiv sind, betrachten sich deren Anwender dennoch nicht als unantastbar. Jeder Kampfstil, so auch Jujitsu, hat seine Grenzen und recht häufig sind diese rein menschlicher Natur. Als menschliches Wesen sind dir, bezogen auf das was du kannst und was nicht, bestimmte Grenzen gesetzt, unabhängig davon, welche Art von Training du betreibst.

Trotzdem werden diese menschlichen Beschränkungen im Kampfsport seltsamerweise ignoriert. Ständig hört man wundersame Geschichten über kämpferische Heldentaten und übermenschliche Taten, die fernab der Realität liegen. Noch seltsamer ist, dass viele Kampfsportler (ansonsten ein vernünftiger Menschenschlag) solche Fabeln auch noch bereitwillig für bare Münze nehmen. Der Grund für diese seltsame Tatsache liegt viel zu oft daran, dass sich Menschen, die sich mit dem Kampfsporttraining beschäftigen, mehr um ihre Kampfphantasien als um die Realität kümmern. Die Leute lassen sich schlichtweg von dem Gedanken eines übermenschlichen kämpferischen Heldentums verzaubern.

Deshalb ist es klug, sich im Bereich der Selbstverteidigung immer die eigenen menschlichen Grenzen vor Augen zu halten. Du wirst niemals unempfindlich gegen Kugeln oder Messer sein, und ebenso wenig bist du in der Lage, zehn starke Gegner ohne jede Anstrengung niederzumachen. Darum konzentrier dich lieber darauf, deine Fähigkeiten so gut es dir gelingt, weiter auszubauen und dabei eine gesunde Bescheidenheit zu bewahren, wenn es um die persönliche Einschätzung deiner Fähigkeiten, Leib und Leben zu verteidigen, geht. Wenn du kämpft können und werden Dinge oft schief gehen. Die Gefahr besteht, dass du nicht gewinnst, ohne dabei selbst ein paar Tropfen Blut zu vergießen. Deine Fähigkeiten machen dich nicht immun gegen Waffen und Gruppen entschlossener Angreifer.

Worauf du wirklich hoffen darfst, ist, dass du deine Chancen, schwere Prügel zu vermeiden, erheblich vergrößerst, wenn du einen einzelnen unbewaffneten Angreifer beherrschst und unter Kontrolle bringst. Bei allem, was darüber hinausgeht, beginnen die Aussichten, ohne ernsthafte Blessuren aus der Auseinandersetzung hervorzugehen, schnell zu sinken. Dein Jujitsu-Training (sofern du es ernst nimmst) bringt dir in einem unbewaffneten Kampf gegenüber einem einzelnen, untrainierten Gegner einen großen Vorteil, selbst wenn dieser größer und stärker ist als du. Lass diese Tatsache aber nicht zu Arroganz oder Überheblichkeit führen. In einem richtigen Kampf kann alles passieren, und übermäßiges Selbstvertrauen kann dir das Genick brechen.

Sechs mögliche Motive für Angriff und Abwehr

Im zivilen Bereich führen normalerweise sechs Arten von Situationen zu einer Notwendigkeit, sich zu verteidigen. Ohne eine besondere Reihenfolge handelt es sich dabei um Ego-Kampf, Raub, Überfall, Vergewaltigung, soziopathischen Angriff und professionelles Eingreifen bei einer gewaltsamen Konfrontation.

1. *Der Ego-Kampf:* Zweifelsohne ist der Ego-Kampf der häufigste Grund für körperliche Auseinandersetzungen zwischen Menschen. Wir alle tragen ein Ich-Gefühl in uns – unser Ego – das sich häufig durch Handlungen und Worte einer anderen Person oder Gruppe provoziert fühlt. In vielen Fällen, kämpfen Menschen, um ihr Eigenwertgefühl zu wahren, selbst wenn ein solches Handeln vollkommen irrational ist. Die meisten Ego-Kämpfe sind durch die Irrationalität beider Parteien gekennzeichnet. Unser Stolz, das persönliche Image, unser Bild in der Öffentlichkeit, Eitelkeit und eine Menge anderer Faktoren sind allesamt Teil unseres Ichs, von denen uns ein jeder zu jeder Zeit in einen Kampf verwickeln kann.

   Wann immer das Ego provoziert wird, halten wir typischerweise eine emotionale Antwort bereit, die uns zu einer Art Gegenschlag treibt. Mit dieser Reaktion will der Andere gleichziehen, und so wird ein Prozess der Eskalation in Gang gesetzt. Innerhalb kurzer Zeit fühlen sich beide Parteien derart angegriffen, dass keiner von beiden mehr bereit ist, zurückzustecken. Die Heftigkeit des Kampfs hängt nun von der mentalen und physischen Zähigkeit der Kontrahenten sowie von dem Grad ab, bis zu dem sie zu gehen bereit sind. In den meisten Fällen beginnen sie mit einem recht niedrigen Maß an Intensität, doch treibt der Prozess der Eskalation die Intensität der beiden Parteien schnell weiter in die Höhe, hoch genug, um Kämpfe zu beginnen und sogar bis zu schwerer Körperverletzung oder Todschlag zu gehen.

   Der eigentliche Prozess der Eskalation ist jedoch ein faszinierendes Phänomen. In der Mehrzahl der Fälle, beginnen Menschen, die in Ego-Kämpfe verwickelt werden, die Konfrontation ohne eine Absicht, sich körperlich mit dem Anderen auseinanderzusetzen. Jede Seite verspürt die Notwendigkeit, mit dem als falsch Empfundenen gleichzuziehen und es noch zu überbieten. Wir haben das Gefühl, dass wir uns irgendwie selbst erniedrigen, wenn wir einem Anderen in einem Streit das letzte Wort zugestehen. Das ist eine Situation, die unser Ego nicht tolerieren kann. Eine sich hochschraubende Spirale an Beleidigungen und Drohungen ist die Folge. Wird dieser Kreis zunehmend stärker werdender Sticheleien, Gesten und Körperhaltungen nicht durch den Rückzug bzw. das Kleinbeigeben einer Seite oder ein Eingreifen von außerhalb unterbrochen, nimmt die Konfrontation fast immer unweigerlich körperlich Formen an.

   Das körperliche Element der Auseinandersetzung erfolgt ebenfalls stufenweise. Typischerweise beginnt es damit, dass sich beide (als Versuch der Einschüchterung) körperlich näher rücken. Danach geht es in ein Stoßen und Schieben und schließlich in einen offenen Kampf über. Jedes Mal wenn die Konfliktstufe durch neue Beleidigungen und Gesten erhöht wird, wird es für alle Beteiligten schwieriger, aus dem Kreislauf der Gewalt auszubrechen. Ironischerweise geht es zu Beginn der meisten Ego-Kämpfe um Angelegenheiten, die so klein und unbedeutend sind, dass keiner bereit wäre, dafür zu kämpfen. Dann jedoch erhält die Sache eine Eigendynamik, die den ursprünglichen Grund des Disputs vollkommen in Vergessenheit bringt. Es ist, als säßen sie in einer Falle, wenn sich beide Beteiligten in dem eskalierenden Streit gefangen fühlen und sich diesem nicht mehr entziehen können. Dies doch zu tun, hinterließe das Gefühl eines angeknacksten Selbstverständnisses, das nicht hinnehmbar wäre. Wenn du verstehst, wie dieser Kreislauf funktioniert, kannst du auch verstehen, wie leicht sich diese Art des Kampfes vermeiden lässt. Wenn du dich einfach aus dem Spiel, besser als der Andere sein zu wollen, zurückziehst, kannst du deinem Widersacher ein selbstgefälliges Gefühl der Überlegenheit vermitteln, was ihm fast immer genügt, um mit einem zufriedenen Ego von dannen zu ziehen.

2. *Raub:* Eine uralte Form der Aggression ist simpler Raub. Hier haben die Bedrohung oder die Gewaltanwendung ein klares Ziel: Dir Geld oder etwas anderes abzunehmen. Oft hegt der Angreifer keine persönlich gemeinte Böswilligkeit gegen dich, sondern führt seinen Angriff auf rein professioneller Ebene aus. Um körperlichen Schaden zu vermeiden, kannst du aus dieser Tatsache leicht einen Vorteil ziehen - gib ihm einfach, was er haben will. Du solltest dich fragen, ob das Eigentum, das du verteidigen willst, wirklich den eventuellen Preis wert ist, den du möglicherweise für die Verteidigung zahlen musst. Vielleicht gibt es Besitztümer, die du einfach nicht hergeben willst. In diesem Fall geht eine entschlossene Verteidigung in Ordnung.

   Normalerweise ist ein Räuber nur an finanziellem Vorteil interessiert. Erbitterter Widerstand ist vielleicht mehr als er zu riskieren bereit ist, um an dein Eigentum heranzukommen. Genauso wie Ego-Kämpfe kommt auch Raub in unterschiedlichen Abstufungen vor. Manchmal gehen die Räuber amateurhaft und unbeholfen vor, von diesen Raubüberfällen geht nur eine geringe Gefahr aus. Bei anderen Gelegenheiten sind die Überfälle sorgfältig geplant und stellen potentiell gefährliche Unterfangen dar, bei denen Waffen ins Spiel kommen und die Gefahr besteht, dass es Tote oder schwere Verletzungen gibt. Deine Reaktion sollte von deiner Einschätzung abhängig sein, um welche Art von Raub es sich handelt. Es ist klug, immer auf Nummer sicher zu gehen, wenn du dich dazu entschließt, körperlich auf einen Raub zu reagieren. Das Maß an Gewalt kann schnell eskalieren und dramatische Folgen haben.

3. *Mordanschlag:* Von allen Angriffsformen ist der Mordanschlag diejenige, mit der am schwierigsten umzugehen ist, Gott sei Dank aber auch die seltenste. Der Attentäter will deinem Leben ein Ende setzen. Dieser Umstand kann viele Gründe haben, sowohl politische als auch soziale. Manchmal handelt es sich einfach um den Racheakt einer Person, die einen Groll gegen dich hegt. In anderen Fällen geht es um die Arbeit eines professionellen Attentäters, der von einer Einzelperson oder einer Gruppe angeheuert wurde, der eine Welt ohne dich lieber ist. Der Umgang mit dieser Art von Angriff ist besonders schwierig, da es sich bei dem Angreifer um einen bezahlten Profi handelt, der (vermutlich) Erfahrung und einen „Schlachtplan“ für dein Ableben hat.

   Die Verteidigung gegen einen Mordanschlag ist mehr eine Sache der Vorbereitung und Vorahnung. Du musst dich selbst zu einem schwierigen Ziel machen. Das kannst du tun, indem du einen ständig wechselnden Terminkalender hast, dich unauffällig verhältst und Orte und Zeiten meidest, an denen ein Attentat wahrscheinlich wäre. Es geht einfach darum, nicht da zu sein, wenn einer kommt, um dir das Leben zu nehmen. Diese Strategie hat wenig mit körperlichen Jujitsu-Fertigkeiten, aber eine Menge mit intelligenter Planung und Voraussicht zu tun. Wenn es wirklich um dein Leben geht, hast du natürlich das Recht, alle dir zu deiner Verteidigung zur Verfügung stehenden Techniken, und dabei auch die potentiell lebensbedrohlichen (zusammen mit improvisierten Waffen) einzusetzen. So können zum Beispiel die üblicherweise bei MMA-Kämpfen angewandten Würgegriffe auf tödliche Weise ausgeführt werden. Im Normalfall können die Würgegriffe eingestellt werden, wenn ein Gegner aufgibt oder ohnmächtig wird. Im Fall eines wirklichen Mordversuchs werden die üblichen Verhaltensmuster jedoch typischerweise aufgegeben.

4. *Vergewaltigung:* Sexuelle Übergriffe bilden eine weitere Gruppe. Solche Angriffe geschehen beunruhigend häufig. Vergewaltigungen vollziehen sich wie die meisten Formen körperlicher Angriffe in Abstufungen physischer Härte. Manchmal erfolgt der Angriff durch einen Unbekannten und resultiert in einem bösartigen Überfall. In anderen Fällen kennen sich die Betroffenen und die körperliche Nötigung fällt eher mild aus. In nahezu allen Fällen versucht der Vergewaltiger jedoch die Kontrolle über den Körper seines Opfers derart zu gewinnen, dass es zur Ausführung einer sexuellen Handlung kommt. Fast immer wird das Opfer bei dieser Nötigung auf irgendeine Weise am Boden festgehalten. Diese Tatsache macht die modernen Grapplingformen des Jujitsu (die großen Wert auf Bodenkampftechniken legen) für Frauen zu einem der besten Mittel, um sich gegen sexuelle Übergriffe zu verteidigen.

   Grappling Jujitsu *ist gerade dort, wo sich sexuelle Übergriffe fast immer ereignen, nämlich am Boden, besonders effektiv.* Diese Tatsache sollte von Menschen, die daran interessiert sind, sich gegen die verschiedenen Arten einer Vergewaltigung zur Wehr zu setzen, nicht außer Acht gelassen werden. Wenn überhaupt, gibt es nur wenige Kampfmethoden, die besser die Bedürfnisse von Frauen angepasst sind, die Verteidigungsmöglichkeiten gegen Sexualstraftäter suchen. Die Härte der Technik, um sich gegen einen sexuell motivierten Angriff zu verteidigen, kann von der Härte des Angriffs abhängig gemacht werden. Wenn Selbstverteidigungstechniken angewandt werden steht die Öffentlichkeit üblicherweise auf der Seite des Vergewaltigungsopfers, so dass man sich auch keine allzu großen Sorgen machen muss, wenn man dabei vielleicht ein wenig zu viel des Guten getan hat.

5. *Soziopathische Angriffe:* Wie der Mordanschlag ist auch diese Angriffsform relativ selten. Das Unterscheidungsmerkmal solcher Angriffe ist das Fehlen einer normalen Antriebskraft. Beim Raub sucht der Täter Geld; bei einer Vergewaltigung sexuelle Macht; bei einem Mordanschlag, handelt es sich um Rache oder irgendein gesellschaftliches oder politisches Motiv. Ein soziopathischer Angriff scheint hingegen nur um der reinen Gewalt willen zustande zu kommen. In den Augen des Angreifers ist der Angriff ein Vergnügen. Manche Menschen scheinen sich am Schmerz und Leid Anderer zu erfreuen – zumindest aber sind sie unfähig, ihren Opfern gegenüber Reue zu empfinden. Soziopathen führen sowohl geplante als auch ungeplante Angriffe gegen andere Menschen aus, wobei es für sie keinen anderen ersichtlichen Grund als Erregung oder Freude gibt.

   Soziopathische Gewalt äußert sich auf vielfache Weise. Manchmal ist es das Verhalten von Bandenmitgliedern oder unzufriedenen Jugendlichen, die einfach nur Spaß an gewalttätigen Handlungen haben. In anderen Fällen ist es das Werk eines Einzelgängers, der aus gewaltbestimmten Zwängen und Phantasien heraus handelt (z.B. Serienmörder). Natürlich ist es dir in solch einem Fall (wie auch bei einem Mordanschlag) erlaubt, dich mit allem in deiner Macht stehenden zu verteidigen. Jujitsu bietet dir die volle Auswahl an Verteidigungsmöglichkeiten, einschließlich vieler Techniken, die verstümmeln oder töten können.

6. *Professionelles Eingreifen bei einer gewaltsamen Konfrontation:* Ein weiteres Szenario betrifft das Eingreifen in einen körperlich ausgetragenen Streit durch eine neutrale dritte Seite. Diese Situation kommt besonders häufig in Berufen vor, die sich besonders mit dieser Form der Auseinandersetzung befassen. So müssen beispielsweise Polizeibeamte, Türsteher, professionelle Sicherheitsbeauftragte und andere dort Gewalt entschärfen, wo zwar keine persönliche Beteiligung, wohl aber ein rein berufliches Interesse besteht.

   Dies kann jedoch genauso gut auch Nichtangehörigen dieser Berufsgruppen passieren. Recht häufig greifen Menschen ein, um eine Schlägerei auf der Straße zu beenden, insbesondere dann, wenn jemand schwer verletzt wurde. Bei dieser Art des Kampfs handelt es sich nicht wirklich um Selbstverteidigung, da du ja nicht dich, sondern eine andere Person verteidigst. Du bist nicht persönlich in die Angelegenheit verwickelt, und musst deshalb sozusagen „kalt" in den Kampf einsteigen, da dir die emotionale Verbundenheit mit dem Kampf fehlt. Wenn du dich gefühlsmäßig in den Konflikt hineinziehen lässt, befindest du dich schnell mitten in einem Ego-Kampf.

   Ein Unterscheidungsmerkmal bei dieser Art der Konfrontation ist der Bedarf an gewaltfreien, der Schlichtung dienenden, Techniken. Als professionell agierender Mittler, der ein Interesse daran hat, den Disput auf eine für beide Seiten zufriedenstellende Weise zu beenden, kannst du nicht einfach auf die Beteiligten einschlagen und –treten und ein Blutbad anrichten. Jujitsu eignet sich für solche Situationen gut, da es so großen Wert auf Kontrolle und Beherrschung legt. Es macht es dir möglich, in hohem Maß Kontrolle über jemanden auszuüben, ohne ihm dabei schwere körperliche Schäden zuzufügen. Dies ist keine erschöpfende Auflistung aller möglichen Selbstverteidigungsszenarien, doch werden die wichtigsten Varianten hiermit abgedeckt. Genug zu den allgemeinen Unterteilungen der Motive für einen Straßenkampf. Wie aber soll man nun auf diese verschiedenen Möglichkeiten reagieren?

Wir haben gesehen, dass jede Kategorie (mit Ausnahme der des Mordanschlags) in Abstufungen unterschiedlicher Härte vorkommt. Deine Reaktion wird natürlich von dem Grad der dem Angriff zugrunde liegenden Härte bestimmt. Dennoch müssen wir unser Augenmerk nun auf einen allgemeinen Punkt richten, den es beim Versuch der Selbstverteidigung zu beachten gilt. Dabei geht es darum, was eigentlich einen Sieg in einem Straßenkampf ausmacht. Zuvor haben wir schon erfahren, dass der Begriff „Sieg" in einem Straßenkampf oftmals anders definiert wird als in einer MMA-Begegnung. Diesen Unterschied wollen wir beschreiben und seine Auswirkungen auf die Selbstverteidigung ergründen.

Der Sieg in einem Straßenkampf

In einem sportlichen Kampf streben beide Kämpfer im Rahmen der jeweiligen Regeln der Veranstaltung einen positiven Sieg über den Gegner an. Ein Sportkampf ist ein Nullsummenspiel, in dem der Eine gewinnt und der Andere verliert. Bei einem Straßenkampf besteht das Ziel jedoch oft gar nicht darin, den Gegner zu besiegen, sondern einfach nur zu überleben. Somit geht jemand, der einem mit einer Pistole bewaffneten Straßenräuber seine Brieftasche aushändigt und unversehrt, nur mit einem geringen finanziellen Verlust davon kommt, durchaus als Sieger aus der Angelegenheit hervor, da er diese offensichtlich in einem akzeptablen Zustand überlebt hat.

Stell dir einen anderen Fall vor, in dem du von einem Mann, der doppelt so groß ist wie du, angegriffen wirst. Er wirft dich um und springt auf dich drauf. Du nimmst ihn schnell in eine eng anliegende, defensive *Guard*-Position und hältst ihn darin solange fest, bis Hilfe kommt und ihr auseinander gebracht werdet. Im Endeffekt entkommst du der Begegnung unverletzt. Auch das käme in einem Straßenkampf einem Sieg gleich.

In einem weniger dramatischen Fall wirst du von einer Schlägertruppe an einer Straßenecke verbal angegangen. So sehr es dich auch juckt, gehst du trotzdem weiter, da du weißt, dass deine Aussichten, eine Schlägertruppe in einem richtigen Kampf zu besiegen, minimal sind. Indem du weiter gehst, kommst du völlig ungeschoren, lediglich mit einer unangenehmen Erinnerung davon. Du hast selbst ohne irgendeine körperliche Auseinandersetzung einen Sieg davongetragen. Es ist also gar nicht nötig, deinen Gegner im Rahmen einer Selbstverteidigungssituation zu besiegen. Dies bedeutet, dass es viele andere mögliche Methoden gibt als die in einem MMA-Kampf gezeigten. Das bloße Verhindern eines Kampfs und das konsequente Vermeiden körperlicher Schäden ist bereits ein Sieg. Glaub also nicht, bei jeder Selbstverteidigungssituation auf der Straße den Gegner bezwingen zu müssen. Das ist normalerweise nicht der Fall. Betrachte den Begriff des Sieges in einem Straßenkampf mehr im Sinne von Überleben und weniger als einen positiven Sieg auf Kosten einer Niederlage deines Gegners. Meistens wirst du sehen, dass Selbstverteidigung viel mehr ist als ein rein körperlich orientierter Kampf. Wenn du eine Konfrontation auf der Straße überstehst, bist du erfolgreich gewesen.

Unterschiede beim Beginn eines Kampfs

Ein wichtiger Punkt, der beim Kampfsporttraining oft außer Acht gelassen wird, ist die Tatsache, dass Straßenkämpfe völlig anders anfangen als sportliche Wettkämpfe und dass dieser Unterschied eine wichtige Rolle für den Ausgang richtiger Kämpfe spielt. Da es sich bei den meisten Straßenkämpfen in der Regel um relativ kurze Angelegenheiten handelt, ist der Beginn eines Kampfs deshalb *sehr* wichtig. Derjenige, der in einem Straßenkampf direkt einen guten Start erwischt, befindet sich, besonders bei untrainierten Gegnern, normalerweise auf der Siegerstraße. Bei einem MMA beginnt die Auseinandersetzung damit, dass zwei Kontrahenten im Ring (oder Käfig) aufeinander zugehen und eine Kampfstellung einnehmen. Eine solche Konfrontation kennt kein Vorgeplänkel. Sobald der Schiedsrichter den Kampf offiziell eröffnet, wissen beide Seiten sofort, dass der Kampf begonnen hat und dass beide nun versuchen müssen, den anderen innerhalb der Regeln der Veranstaltung zu besiegen.

In einem Straßenkampf verläuft der Beginn der Auseinandersetzung ganz anders. Führ dir den Fall eines Ego-Kampfs vor Augen. Dieser beginnt fast immer mit einem verbalen Vorspiel und mit Einschüchterungsversuchen. Ego-Kämpfe sind genauso ein Versuch, ein Gefühl sozialer Dominanz geltend zu machen als auch ein Versuch, jemanden zu verletzen. Mit anderen Worten sie sind mehr Teil eines gesellschaftlichen Phänomens als eines rein körperlichen. Ego-Kämpfe beginnen fast immer mit irgendeiner Form sozialer Interaktion – Beleidigungen, Flüche, Provokationen und Drohungen. Das Standardmuster ist ein rauer Wortwechsel, der mit der Zeit an Schärfe zunimmt. Eines der Hauptprobleme, dem sich eine in das Vorspiel zu einem Ego-Kampf verwickelte Person ausgesetzt sieht, ist die Ungewissheit der Situation. Es ist nicht klar, ob der Andere überhaupt kämpfen will. Häufig gehen Leute auf Konfrontationskurs ohne Absicht, in eine körperliche Auseinandersetzung zu geraten. Diese Motivationsfrage stellt eine klare Abgrenzung zum Beginn eines MMA-Kampfs dar, zu dem beide Kämpfer mit der ausdrücklichen Absicht kämpfen zu wollen, antreten.

Beim Straßenkampf gibt es eine Phase, in der beide Beteiligte entscheiden müssen, ob der Andere wirklich kämpfen will. Wenn dieser Prozess eintritt, rücken die beiden Kontrahenten normalerweise näher an einander heran und gehen zu Sticheleien und Verhaltensweisen über, mit denen sie soziale Überlegenheit andeuten. Das komplexe Wechselspiel zwischen Ungewissheit, sozialer Dominanz, Körpersprache, verbalem Gehabe und Näherrücken erzeugt hier eine Phase, in der die Beteiligten alle möglichen Tricks und Täuschungen anwenden können – hinterhältige Schläge, Tritte in die Weichteile, Kopfstöße. All dies lässt sich aus der Nahdistanz leicht ausführen, während das Gehabe weitergeht. Der Abstand zwischen den beiden Beteiligten ist tatsächlich so gering, dass der Kampf fast immer von Angesicht zu Angesicht beginnt. In dieser Situation fängt der Kampf eigentlich im Clinch an, was ein wichtiger Gesichtspunkt ist und im Vergleich zu MMA-Kämpfen zu einer ganz anderen Ausgangsposition führt. Hier gibt es kaum Anlass zu dem Ritual des Lückeschließens, das bei den meisten Kampfsportarten für den Beginn so wichtig ist.

An dieser Stelle ist die Frage angebracht: Macht die Tatsache, dass die meisten Straßenkämpfe anders als MMA-Kämpfe beginnen eine Abänderung unserer Taktik erforderlich? Die Antwort ist eindeutig. Hat der Kampf erst einmal begonnen, kämpfst du auf ähnliche Weise wie bei einem MMA-Kampf. Trotzdem macht es das Vorgeplänkel, das kurz vor dem Ausbruch des Kampfs stattfindet, erforderlich, dass wir unser taktisches Verhalten an die Situation anpassen. Du musst die Hauptunterschiede, die es zwischen diesen beiden Situationen gibt, miteinander in Einklang bringen. Es folgen die wichtigsten Unterschiede:

1. Große Nähe zueinander
2. Ungewissheit bezüglich der Absichten
3. Soziale Faktoren; Versuch des Aufbaus einer sozialen Dominanz
4. Augenzeugen, die dein Verhalten der Justiz melden

Diese Faktoren erschweren deine Entscheidungen, was du zu tun hast, nur noch mehr. So musst du dich zum Beispiel fragen: Will der Andere wirklich kämpfen, oder blufft er nur? Außerdem musst du bedenken, dass die Gefahr besteht, dass der Kampf eskaliert, wenn du zu aggressiv auftrittst. Andererseits läufst du Gefahr, angegriffen zu werden, wenn du zu wehrlos erscheinst. Darüber hinaus kann es vor dem Gesetz gegen dich ausgelegt werden, dass du wie der Aggressor wirkst, wenn Augenzeugen die Konfrontation beobachten.

Dennoch sind diese Konfliktfaktoren wesentlich besser zu bewältigen, wenn ein Kämpfer während dieses Drohgehabes, das den Ego-Kämpfen fast immer voraus zu gehen scheint, einen besonderen Stand einnimmt - den Gebetsstand.

Der Gebetsstand (prayer stance)

Das Einnehmen des Gebetsstands ist eine wirksame Methode, um mit den vielen Faktoren in der trickreichen Vorphase der körperlichen Gewalt fertigzuwerden. In einem MMA-Kampf hätte dieser Stand keinen Nutzen, doch ist er sinnvoll während der verbalen Vorstufe zum richtigen Kampf, der so häufig in Bars, Clubs, auf der Straße oder wo auch immer ausbricht. Der Hauptvorteil dieses Stands ist, dass er nicht bedrohlich und darüber hinaus sicher ist. Er führt zu keiner Eskalation und schützt dich, wenn dich dein Gegenüber für einen Schwächling hält und sich dazu entscheidet, dich körperlich zu drangsalieren. Außerdem vermittelt

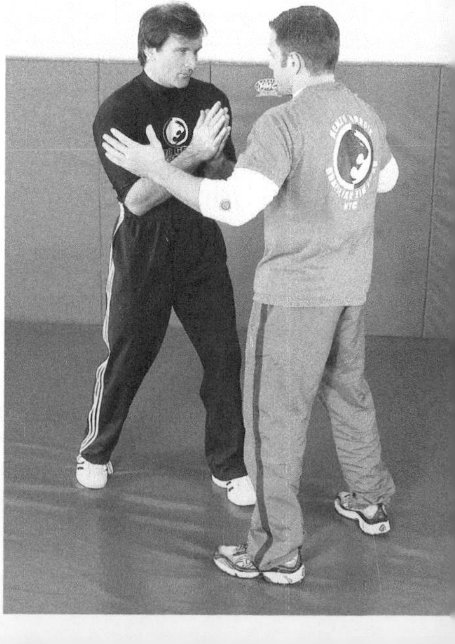

Abb. 10.1 Gebetsstand

er möglichen Zeugen den Eindruck, dass du auf der passiven Seiten des Disputs standest, während er dir Zeit und Sicherheit gibt, zu entscheiden, ob der Gegner ernsthaft kämpfen will oder nur blufft. Um dir zu helfen, das Beste aus einer potentiell riskanten Situation zu machen, bedient sich der Gebetsstand einer Kombination aus Körpersprache und kluger Positionierung: Erstere hilft dir, die Situation zu entschärfen und einen Eindruck der Passivität zu vermitteln; letztere bietet dir Schutz und die Möglichkeit blitzschnell zum Angriff überzugehen.

Beim Gebetsstand stehst du vor deinem Gegner mit einem leicht nach vorn zwischen seine Beine gestellten Bein. Diese Stellung hilft dir, deinen Unterleib vor hinterhältigen Tritten zu schützen. Steh mit gebeugten Beinen, wobei die Ferse des hinteren Fußes vom Boden abgehoben wird – dies ist ein wichtiges Detail. Befindet sich dein Fuß flach am Boden, kann man dich leicht zurückstoßen. Ist deine hintere Ferse angehoben, und liegt dein Gewicht auf den Fußballen, wirkt dies wie ein Stoßdämpfer und ermöglicht es dir, einen harten Stoß wesentlich leichter abzufangen. Darüber hinaus trägt es dazu bei, dass du dich schneller in jede beliebige Richtung bewegen kannst, wenn die Situation handfest werden sollte. Deine beiden Hände presst du wie beim Gebet zusammen. Deine Fingerspitzen befinden sich dabei ungefähr in Kinnhöhe. Siehe Abb. 10.1

Der Vorteil dieses Stands ist, dass er demutsvoll erscheint. Dein Gegenüber fühlt sich durch jemanden, der seine Hände wie im Gebet faltet, nicht bedroht. Dieser Eindruck des Friedens ist ein echter Vorteil. Es hält sein Gefühl zurück mit deinen körperlichen Bewegungen gleichzuziehen und sie sogar noch überbieten zu müssen. Die Meisten begehen den Fehler, aggressiv mit dem Finger auf jemanden zu zeigen, die Hände auf den Anderen zu legen, eine angriffslustige Haltung einzunehmen oder irgendeine andere körperliche Handlung auszuführen, die den Disput auf eine andere Ebene eskalieren lässt.

Der Gebetsstand ist nicht nur ein gutes Mittel um die Situation zu beruhigen, er ist auch eine hervorragende Methode, um dir selbst einen echten körperlichen Vorteil zu verschaffen, wenn aus der Auseinandersetzung ein Kampf werden sollte. Wenn du deine Hände wie im Gebet zusammen hältst, hast du den enormen Vorteil der Innenseitenkontrolle. Immer wenn sich deine Hände an den Innenseiten der Hände deines Gegners befinden, ist es leichter für dich, seinen Oberkörper zu kontrollieren und schnell zu einem dominanten Clinch oder einem takedown zu kommen (Abb. 10.2). Darüber ermöglicht er dir, seine Schläge an seinen Schultern abzublocken oder ihn zurückzustoßen. Somit ist der Gebetsstand viel mehr als nur ein Mittel, um den Vorgang der Eskalation zu entschärfen. Er ist auch eine hervorragende Methode, um die Sache zu deinen Gunsten zu drehen, wenn ein Kampf zwischen dir und deinem Gegenüber ausbrechen sollte.

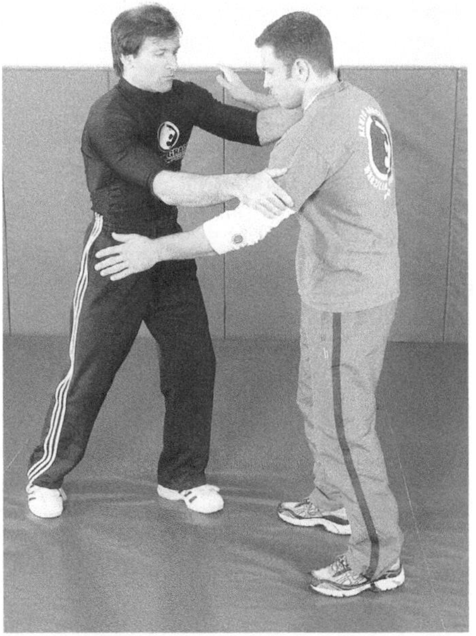

Ein anderes Detail dieses Stands betrifft die Haltung deines Kopfs. Senk das Kinn und richte deinen Blick auf den oberen Brustbereich deines Gegners. Begeh nicht den häufigen Fehler, das Kinn zu heben und deinen Gegner von oben anzusehen. Dies macht es ihm leicht, dir

Abb. 10.2 Innenseitenkontrolle

einen Überraschungsschlag oder einen furchtbaren Kopfstoß zu verpassen. Indem du deinen Blick auf seine Brust richtest, stellst du keinen direkten Blickkontakt her, was oft zu einer Eskalation der Gewalt führt. Es vermittelt den Eindruck einer Person, die keinen Ärger anfängt, aber darauf vorbereitet ist, entschlossen zu handeln, wenn es zu Ärger kommt.

Gehen wir kurz die Hauptvorteile des Gebetsstands als Verhaltensweise im Vorfeld eines richtigen Kampfs durch:

1. Er verschafft dir eine sichere Verteidigungshaltung: Alle Hauptziele (Kinn, Unterleib, Solarplexus) sind geschützt.
2. Er ermöglicht einen schnellen Übergang zu offensiven Bewegungsabläufen.
3. Die Hand-/Augenposition vermittelt eine demutsvolle Körpersprache, die den Kreislauf der Gewalt nicht steigert.
4. Er lässt dich mit dem wichtigen Vorteil der Innenseitenkontrolle beginnen.

Der Gebetsstand ist so wertvoll, weil der Anwender damit keine Anzeichen vermittelt, dass er aggressiv sein will. Die Gefahr solcher Situationen besteht darin, dass man durch ein zu aggressives Erscheinungsbild, die Lage in einen Kampf ausufern lässt, den man eigentlich gar nicht will. Eine der häufigsten Aktionen seitens eines aggressiven Ego-Kämpfers besteht darin, ganz nah auf denjenigen zuzugehen, mit dem er sich im Streit befindet. Aus dieser Nähe setzt der Aggressor sein einschüchterndes Zwiegespräch, seine Körpersprache und sein Drohgehabe fort. In einem derart geringen Abstand ist dein potentieller Gegner gefährlich. Viele Kämpfe werden verloren, weil ein Kämpfer den anderen zu nah an sich heran lässt. Dabei ist er ungeschützt, wenn der andere ganz plötzlich zum Angriff übergeht. Als derjenige, der sich nicht in der Rolle des Aggressors sieht, hast du an dieser Stelle zwei Möglichkeiten:

1. Beginn den Kampf: Wenn dir klar wird, dass ein Kampf unvermeidbar ist, dann überspring einfach den ganzen Eskalationsvorgang und beginn den Kampf. Es gibt viel, was für ein solches Vorgehen spricht. Es stellt sicher, dass du ganz bestimmt nicht das Opfer eines Überraschungsschlags wirst. Indem du zuerst angreifst, wirkt sich der Anfangsschwung des Kampfs fast immer zu deinen Gunsten aus, was beim Straßenkampf ein großer Vorteil ist. Allerdings birgt diese Methode gewisse Probleme.
   Manchmal willst du einfach nicht kämpfen, und in solchen Fällen bedarf es einer Art konfliktbezogener Deeskalation. Wenn sich der Kampf vor Zeugen in der Öffentlichkeit abspielt, kannst du außerdem in Schwierigkeiten mit dem Gesetz geraten, wenn der erste Schlag von dir kommt. Arbeitest du in einem Sicherheitsberuf, z.B. als Polizist oder Türsteher, kann es sein, dass das Ausführen des ersten Schlags keine gute Wahl ist. Hier besteht deine vorrangige Aufgabe darin, Gewalt zu entschärfen und nicht darin sie auszulösen.
2. *Versuch einen Kampf zu vermeiden:* Du kannst ein Gespräch mit dem Anderen beginnen und versuchen, die Situation unter Kontrolle zu bringen. Das große Problem besteht bei dieser Methode darin, dass dein Gegenüber so nah zu dir steht, dass es schwierig für dich wird, zu kontern, wenn er plötzlich zum Angriff übergeht. An dieser Stelle kommt der Gebetsstand ins Spiel. Er schützt dich und verhindert, dass du dich dem Anderen gegenüber als Bedrohung präsentierst.

Zusammenfassung: Stell dich vor deinen Gegner, Kinn nach unten, Hände vor deinem oberen Brustbereich, Augen auf seinen oberen Brustbereich gerichtet. Beweg deine Augen nur, um die Bewegungen Dritter zu erkunden, besonders wenn er sich in Begleitung von Freunden befindet. Wenn er den Versuch unternimmt, eine Hand an dich zu legen oder seine Hände in bedrohlicher Weise nach oben bringt, bringst du deine Hände an die Innenseiten der seinen. Diese Bewegung wird dir dadurch leicht gemacht, dass du deine Hände zu Beginn im Zentrum zusammengepresst hast, womit du dir automatisch eine Innenseitenkontrolle verschafft hast. Dadurch sicherst du dir schnell eine Kontrolle über seine Arme, was dir einen wichtigen Vorteil verschafft, wenn er versuchen sollte, dich wegzustoßen oder zu schlagen. Indem du seine Arme von der Innenseite her kontrollierst, kannst du nicht nur die Kontrolle über die Bewegungen seiner Arme ausüben, sondern auch das Einleiten eigener Schlagfolgen (insbesondere Ellenbogen- und Kopfstöße), dominanter Clinchs oder *takedowns* vorbereiten.

Wenn du im Gebetsstand stehst, kannst du dich entscheiden, ob du dich auf ein Gespräch mit deinem Gegenüber einlässt, bei dem du ihn mit Worten beruhigst, während du dich selbst nicht seinen Angriffen auslieferst. Wenn du spürst, dass der Disput davor steht, einen körperlichen Verlauf zu nehmen, kannst du dich nun entscheiden, deine Innenseitenkontrolle auf eine von zwei möglichen Arten zu nutzen. Zum Ersten kannst du sie einsetzen, um seine Arme aus dem Weg zu räumen und direkt zu Ellenbogenstößen, Kopfstößen, Clinchs oder *takedowns* überzugehen. Zum Zweiten kannst du die Wahl treffen, einen Grapplingkampf zu vermeiden, indem du deine Innenseitenkontrolle dazu einsetzt, um ihn zurückzustoßen und dir auf diese Weise den nötigen Raum für Schläge und Tritte zu verschaffen.

Offensivbewegungen aus dem Gebetsstand

Wenn eine Konfrontation erst einmal einen körperlichen Verlauf genommen hat, musst du in der Lage sein, aus dem Gebetsstand heraus schnell und wirkungsvoll zu offensiven Bewegungen überzugehen, die die Konfrontation mit einem der Situation angemessenen Maß an Kraft so schnell wie möglich beendet. Hast du dich für den Kampf entschieden, musst du auf den Gegner losgehen können und eine entsprechende Technik anwenden. Es gibt zwei verschiedene Methoden, auf den Gegner loszugehen. Die erste ist der Innenseitenschritt, bei dem du deinen vorderen Fuß (wie der Name schon sagt) weit zwischen die Füße des Gegners setzt. Die andere ist der Außenseitenschritt, bei dem dein vorderer Fuß außerhalb der Füße deines Gegners aufgesetzt wird. Beide sind sehr nützlich.

Übergang vom Schritt zwischen die Beine des Gegners (inside step) zum Double-Underhooks-Clinch. Sehr oft entwickeln sich Konfrontationen zu körperlichen Auseinandersetzungen, die nicht allzu ernst sind. Streitereien und Meinungsverschiedenheiten können in ein Stoßen und Schubsen ausarten, dass aber nicht viel weiter eskaliert. Hier bedarf es keiner brutalen Technik, die zu ernsthaften Verletzungen führt, sondern einfacher Kontrolle. Der *Double-Underhooks*-Clinch ist eine hervorragende Methode, um einen Gegner unter Kontrolle zu bringen und eine Situation zu bereinigen, ohne großen Schaden anzurichten. Tauch ab und geh weit zwischen die Füße deines Gegners. Geh mit deinen Händen unter seinen Armen hindurch und verschließ deine Handflächen hinter dem unteren Bereich seines Rückens (Abb. 10.3). Dein Kopf befindet sich an seiner Brust. Behalt deine Hüften zur Kontrolle unter seinen. Zieh seine Hüften sowie seinen unteren Rückenbereich fest auf dich zu während du mit dem Kopf nach vorn stößt. Auf diese Weise kannst du seine Bewegungen vollständig kontrollieren und ihn dazu bringen, dort hin zu gehen, wo du willst. Wenn es die Situation erfordert, kannst du ihn mit dem an früherer Stelle in diesem Buch erklärten Beinstellen an der Außenseite (*outside trip*) auch leicht zu Boden bringen.

Übergang vom Schritt außerhalb der Beine (outside step) des Gegners zum Ellenbogenstoß. Erweist sich die Situation als gefährlicher, kann es sein, dass du mit einem schnellen, den Kampf beendenden Schlag, anfangen musst. Kaum einer eignet sich besser als der horizontale Ellenbogenstoß. Geh mit einem zur Außenseite hin verlaufenden Schritt auf den Gegner zu und ramm ihm den Ellenbogen deines hinteren Arms vor den Kiefer, die Nase oder die Augenbrauen, während du die andere Hand in Form eines Deckungsblocks (siehe S. 92) zum Schutz hochhältst (Abb. 10.4). Sei, falls nötig, auf weitere Aktionen vorbereitet.

Vom Innenseitenschritt zum Kniestoß. Eine weitere hervorragende Angriffsmethode, die in der Regel weniger blutig ist als der Ellenbogenstoß, ist der Kniestoß. Geh mit einem Innenseitenschritt nach vorn und ramm das Knie deines hinteren Beins in Unterleib oder Leber oder gegen Brustbein oder Kiefer (Abb. 10.5). Am besten ist es, deinen Gegner mit beiden Händen am Bizeps oder an der Schulter zu packen oder ihn in einen Nackenclinch zu nehmen und ihn nach vorn auf dein Knie zu ziehen. Sei auch hier auf weitere Aktionen vorbereitet. Eine der besten Folgeaktionen nach Einsatz des Knies ist der Guillotine-Würgegriff (siehe Seite 162), da das

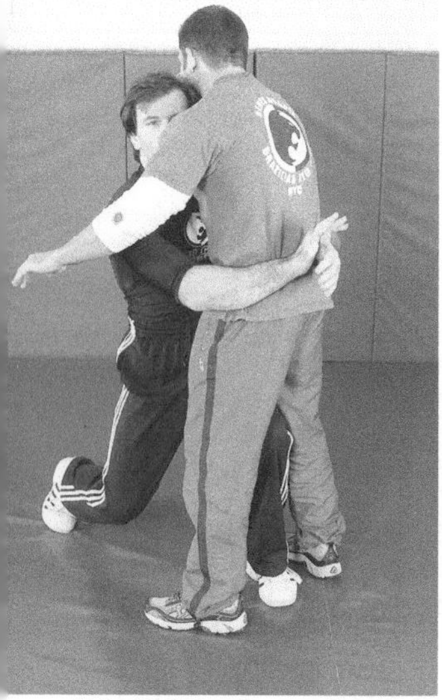

Abb. 10.3 Vom Innenseitenschritt zum *double underhooks*

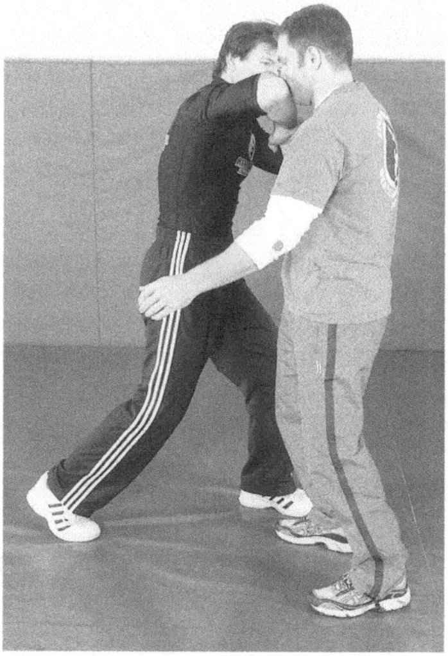

Abb. 10.4 Vom Außenseitenschritt zum Ellenbogenstoß

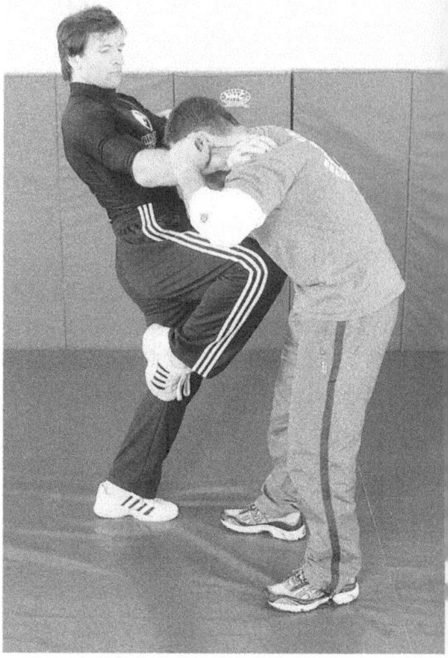

Abb. 10.5 Vom Innenseitenschritt zum Kniestoß

Knie den Kopf des Gegners normalerweise dort hin nach unten bringt, wo man ihn leicht in eine Guillotine nehmen kann.

Übergang vom Seatbelt-Clinch (Sicherheitsgurt-Clinch) zum Rear Clinch – the throw-by. In einem richtigen Kampf ist mit entsprechender Kontrolle hinter den Gegner zu kommen eines der besten Dinge, die du tun kannst. Hast du ihn erst von hinten gepackt, ist es für ihn überaus schwierig, dich mit den normalen, von (unbewaffneten) Straßenschlägern angewandten Methoden anzugreifen. Du kannst ihn mit irgendeinem der sich für die Beendigung eines Kampfs am besten eignenden Mittel des Jujitsu (z.B. mit einem *rear naked choke*) angreifen oder ihn einfach nach Belieben unter Kontrolle halten. Du benötigst zunächst eine schnelle und zuverlässige Methode, um hinter einen fest entschlossenen Gegner zu kommen. Eine solche Methode ist der *throw-by.* Beginn, indem du mit einem Außenseitenschritt einen *Seatbelt*-Clinch einnimmst. Dabei geht es darum, einen Arm unter dem Arm des Gegners hindurch um dessen Taille zu legen (wie bei einem Autogurt). Dein anderer Arm kontrolliert seinen weiter entfernten Arm am Ellenbogen (Abb. 10.6a). Halt deinen Kopf dicht an seiner Brust. Du musst einen breiten Stand einnehmen, wobei sich deine Hüften unterhalb von sowie dicht an seinen Hüften befinden. Der *Seatbelt*-Clinch ist ein äußerst sicherer und kontrollierender Clinch für den Straßenkampf. Während du deinen Gegner unter Kontrolle hast, kannst du viele stellungsbezogene Übergänge, Würfe, *takedowns*, sowie Ellenbogen- und Kniestöße ausführen. Für den Übergang zum Rear Clinch greifst du mit dem Arm um die Taille deines Gegners und packst seinen Unterarm (Abb. 10.6 b). Nun kontrollierst du diesen Unterarm mit der Kraft deiner beiden Hände. Mit eng angelegter Hüfte rückst du ein wenig hinter deinen Gegner. Mit einer explosionsartigen Bewegung tauchst du mit dem Kopf ab und reißt die Schulter des Arms, den du um die Hüfte des Gegners gelegt hast, nach

a b c

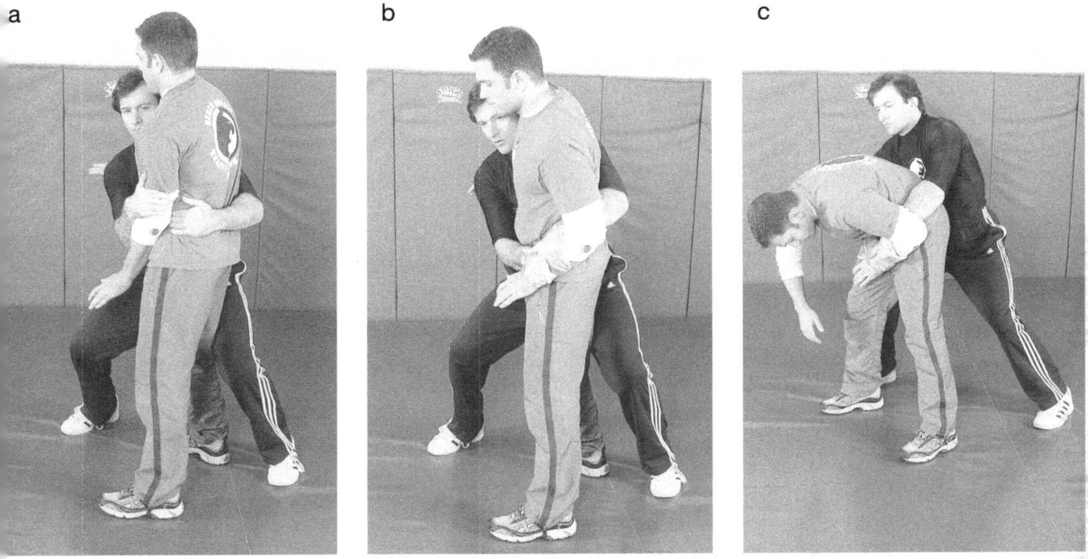

Abb. 10.6 Übergang vom *Seatbelt*-Clinch zum *Rear* Clinch

vorn. Dies bringt dich direkt hinter deinen Gegner und verschafft dir die absolute Kontrolle über seine Taille und einen seiner Arme (Abb. 10.6 c). Von diesem Punkt ab wird es für ihn ausgesprochen schwierig, dir irgendetwas anzutun, wohingegen du ihn nach Belieben angreifen kannst.

Die gängigsten Formen unbewaffneter, körperlicher Angriffe auf der Straße

Straßenkämpfe sind wilde, chaotische Angelegenheiten. Interessanterweise zeigen sie dennoch sich wiederholende Verhaltensmuster, die in der Regel einen deutlichen Mangel an Erfahrung und Training seitens des Angreifers offenbaren. Man bedenke, dass die meisten Erwachsenen nur wenige Male in ihrem Leben kämpfen. Tun sie es, ist es unwahrscheinlich, dass sie dabei sehr effizient vorgehen. Die Tatsache, dass viele beim Kämpfen blind vor Wut sind, trägt nicht gerade zu ihrem technischen Können bei. In anderen Fällen lässt die Art des Angriffs sogar einen feigen oder hinterhältigen Charakterzug des Angreifers erkennen. Solche Feiglinge verwenden oft verdeckte Schläge, wobei sie den Anderen von hinten oder ohne Vorwarnung attackieren. Sie erringen Siege mit Hilfe von Überraschungseffekten oder Täuschung und weniger aufgrund ihres Könnens.

In anderen Fällen greift eine Gruppe einen Einzelnen oder eine wesentlich kleinere Gruppe an und versucht, durch zahlenmäßige Überlegenheit gegenüber ihren Gegnern zu gewinnen. Ein solches Szenario ist oft die Vorgehensweise krimineller oder gewalttätiger Gesellschaftsschichten, die regelmäßig „kämpfen" (oder besser: hinterhältige Überfälle ausüben). Ihr Ziel besteht weniger darin, zu gewinnen, sondern Andere zu verletzen. Zur Umsetzung dieses Ziels ist der Hinterhalt eine wirksame (wenngleich feige und rücksichtslose) Taktik. Somit sind technisch unmotivierte Raserei und hinterlistige Täuschung zwei der häufigsten geistigen Haltungen, die hinter den meisten Straßenkämpfen stehen. Gelegentlich sieht man auch ehrenhafte Kämpfe, in denen zwei Männer Aufstellung nehmen und wie in einem MMA-Kampf miteinander kämpfen. Doch lassen wir diese ehrenwerten Auseinandersetzungen einmal beiseite und untersuchen die gebräuchlicheren Formen des unbewaffneten Angriffs.

Einfaches Stoßen

Das simple, mit offenen Handflächen ausgeführte Stoßen gegen die Brust oder ins Gesicht ist wohl die gängigste Form körperlicher Aggression in Straßenkämpfen. Diese Handlung taucht normalerweise in der Grauzone eines Ego-Kampfs auf, genau in dem Moment, in dem der Disput sich von einer verbalen in eine körperliche Auseinandersetzung verlagert. Wenn der Disput hitziger wird, entscheidet sich einer der Kontrahenten, einen Schritt weiter zu gehen und schubst den anderen, wobei er auf eine Reaktion wartet und darauf hofft, damit entweder eine wirkungsvollere Technik ins Rollen zu bringen oder seinen Gegner entweder gegen eine Wand aber direkt zu Boden zu stoßen. Der Stoß an sich ist nicht gefährlich, wohl aber das, was daraus resultiert.

Wenn dich der Stoß entweder aus dem Gleichgewicht oder zu Boden bringt, oder dich vor Schreck erstarren lässt (was bei Vielen eine normale Reaktion ist), macht er dich für einen zweiten kräftigen Angriff anfällig, der durchaus eine neue Stufe der Intensität erreichen kann. Den Stoß kontert man am besten mit einer Innenseitenkontrolle der Arme des Gegners, was dessen Möglichkeit, dir einen kraftvollen Stoß versetzen zu können, ganz erheblich schmälert. Im Anschluss daran kannst du deinen Gegner kräftig nach unten reißen, wobei du dir seinen nach vorn gerichteten Schwung zunutze machst, um ihn aus dem Gleichgewicht zu bringen und auf diese Weise für deine Angriffe anfällig zu machen. Der Sumo-Drill in Kapitel 5 ist eine hervorragende Methode, um dich auf einen kräftigen Stoß sowie einen darauf ausgerichteten Konter vorzubereiten.

Der Überraschungsschlag

Eine der unter Straßenkämpfern am häufigsten angewendeten Techniken ist der Überraschungsschlag. Dieser Schachzug umfasst jede Art des Angriffs (nicht nur Faustschläge), die das Opfer völlig überrumpelt – beispielsweise das Treffen eines Gegners von hinten oder von der Seite oder die anfängliche Ablenkung durch irgendeinen Trick. Ein Überraschungsschlag ist schlichtweg jede Methode, zu einem kraftvollen ersten Treffer zu gelangen, ohne dem Gegner die Möglichkeit zu geben, sich zu verteidigen oder eigene Angriffe anzubringen. Diese Vorgehensweise bietet viele Vorteile. Erstens ist das Risiko des Angreifers, gekontert zu werden, gering, da der Gegner den Angriff nicht kommen sieht. Zweitens hat der Treffer meistens katastrophale Auswirkungen für das Opfer, da es die Muskeln nicht angespannt hat, um den Schlag abzufangen. Deshalb führen Überraschungsschläge häufig zu Knockouts oder zumindest zu erheblichen Schockwirkungen.

Es gehört nicht viel dazu, solche Angriffe auszuführen; deshalb kann sie jeder anwenden und damit großartige Ergebnisse erzielen. Das Einzige was bei einem Überraschungsschlag gekonnt sein will, ist die Vorbereitung. Erfahrene Straßenkämpfer sind Experten darin, heimlich hinter oder seitlich an ein Opfer heranzukommen. Andere täuschen Schwäche, Freundlichkeit oder Angst vor, um ihr Opfer dann völlig überraschend zusammenzuschlagen. Gegen einen Überraschungsschlag gibt es keinen Konter, weil man ihn einfach nicht kommen sieht, und eine Technik die man nicht sieht, kann man natürlich auch nicht kontern.

Der Schlüssel zur Vermeidung von Überraschungsschlägen ist nicht etwa eine Technik. Vielmehr ist es die eigene Aufmerksamkeit aufrecht zu erhalten, mit der man vermeidet, dass man überrascht wird. Man kann eine Menge Tricks anwenden, um es schwieriger zu machen, dass einen ein Anderer in einem Moment der Unachtsamkeit erwischt. Um von hinten kommende Angriffe zu vermeiden, drückst du dich (wenn möglich) mit dem Rücken gegen eine Mauer. Sag deinem Gegenüber, dass er Abstand von dir halten soll. Informier ihn, dass der Kampf beginnt, sobald er in eine bestimmte Entfernung zu dir kommt. Bluffe nicht mit dieser Drohung. Wenn du deine Drohung nicht wahr machst, sieht man dich als Schwächling an. Wenn du nicht gerne kämpfen willst, vermeide verbale Drohungen und nimm einfach den Gebetsstand ein. Diese Stellung macht dich weniger anfällig für einen Überraschungsschlag als wenn du vor deinem Gegenüber stehst und mit ihm diskutierst.

Weit ausholende Schwinger

Den meisten Menschen fehlt ein Kampfsporttraining. In ihrem Erwachsenenleben kämpfen sie nur wenige Male. Deshalb ist es keine Überraschung, dass die meisten in einem Straßenkampf um sich schlagen, anstatt irgendwelche anderen Techniken einzusetzen, da ein Schlag die bekannteste Methode ist, um einen Anderen zu verletzen. Bei diesen Schlägen handelt es sich meistens um wilde Schwinger von weit her, die mit großer Begeisterung aber geringem Können geschlagen werden.

Zum Glück kann man diesen wilden Schwingern leicht aus dem Weg gehen. Wenn du, wie in Kapitel 4 beschrieben, im Rahmen des realitätsnahen Sparrings die richtige Schlagtechnik und Verteidigung in der Phase der freien Bewegung trainierst, ist es für dich ein Leichtes, solchen unsauberen Schlägen auszuweichen und ihnen mit einem starken Konter zu begegnen. Um die Schläge abzublocken, kannst du einfach eine der standardmäßigen Abwehrtechniken (wie zuvor in diesem Kapitel beschrieben) anwenden. Eine noch bessere Reaktion besteht darin, gänzlich auf Verteidigung zu verzichten. Stattdessen nutzt du den Vorteil der weit ausholenden, langsamen, schwingenden Bewegung, indem du dem Gegner blitzschnell ein paar Geraden ans Kinn knallst, im Bewusstsein, dass deine Geraden ihr Ziel schneller erreichen als seine ausschweifenden, kreisenden Schläge. Eine weitere Alternative besteht darin, unter den Schlägen den Abstand zu verringern und ihn entweder in den Clinch zu nehmen oder ihn zu Boden zu bringen. Ab da kannst du – sei es im Clinch oder am Boden – zur Tagesordnung übergehen.

Der *Tackle*

Eine weitere gängige Angriffsform beim Straßenkampf ist der *tackle*. Oberflächlich ähnelt er dem beidbeinigen *takedown* oder einer kräftigen beidarmigen Umklammerung. Wenn er von untrainierten Menschen ausgeführt wird, fällt er im Allgemeinen recht bescheiden aus – eher wie ein Tackling beim American Football als wie ein richtiger *takedown*. Typischerweise agieren Straßenkämpfer mit schlechter Balance, gesenktem Kopf, in der Taille vorgebeugt, nach vorn gestrecktem Hals und seitlich weit ausgestreckten Armen – ein wahrlich erbärmlicher Versuch eines *takedowns*. Diese Unbeholfenheit macht es leicht, den *tackle* zu kontern, besonders dann, wenn du deine Takedownabwehr wie in Kapitel 4 beschrieben trainierst. Du kannst den *tackle* ganz einfach blocken, indem du die Hände auf den Kopf oder an die Unterarme deines Gegners legst. Nun kannst du mit einem Kniestoß zum Kopf kontern. Eine weitere zuverlässige Möglichkeit besteht darin, einen *sprawl* und dann einen Schwitzkasten von vorn gegen deinen Gegner einzusetzen (Kapitel 5). Der beste Konter besteht vielleicht darin, einen festen Guillotine-Würgegriff (Kapitel 5) anzubringen und den Kampf auf diese Weise zu beenden.

Der Tritt in den Unterleib

Viele sehen den Tritt in den Unterleib (oder Knietritt) als *das* Zaubermittel im Straßenkampf. Sie glauben, dass ein ordentlicher Tritt in die Weichteile jeden Kampf auf der Stelle beendet und dass die Ausführung eines solchen Tritts einfach sei. In Wirklichkeit ist sie aber gar nicht so einfach. Oft macht ein wild entschlossener Kämpfer auch noch nach einem kräftigen Tritt in die Hoden weiter. Außerdem muss man das Ziel genau treffen, damit das Ganze wie gewünscht funktioniert. Trotzdem hält sich der Glaube, dass der Tritt in den Unterleib der König aller Techniken sei. Dementsprechend musst du darauf vorbereitet sein, dich dagegen zu verteidigen, gesetzt

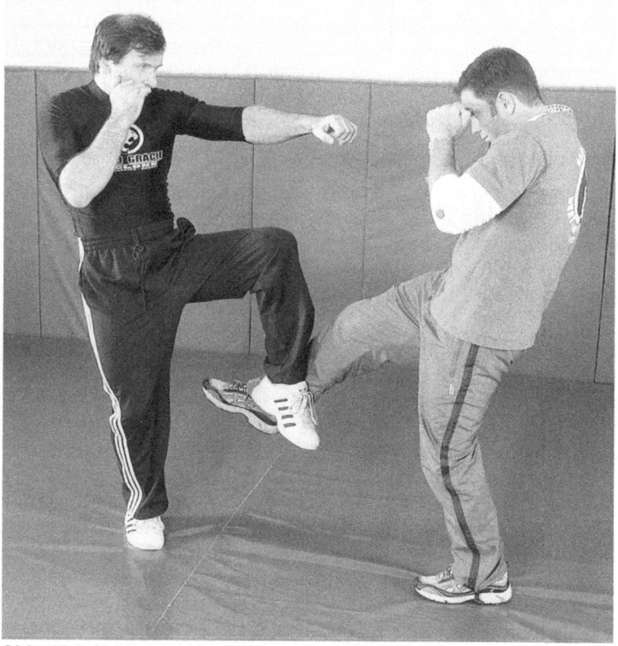

Abb. 10.7 Abblocken eines gegen den Unterleib oder die Beine gerichteten Tritts

den Fall, dass ihn jemand gegen dich anwendet, wenn du in einen Kampf verwickelt wirst. Um den Tritt abzublocken, hebst du einfach das vordere Bein an. Dann ziehst du das Bein vor dir in seitliche Richtung, um deinen Unterleib wirkungsvoll abzudecken (Abb. 10.7). Diese Bewegung ähnelt der zuvor in diesem Buch erläuterten Verteidigung gegen einen zum Bein hin ausgeführten *roundhouse kick.*

Der Kopfstoß *(headbutt)*

Der Kopfstoß ist eine hochwirksame Technik, die bei richtiger Ausführung verheerende Folgen haben kann. Dabei geht es darum, dass ein Angreifer auf seinen Gegner losgeht und ihm seine Stirn ohne vorherige Ausholbewegung vor die Nase oder den Mund rammt,. Manchmal packen Kämpfer den Kopf ihrer Gegner und machen ihn so bewegungsunfähig. Auf diese Weise sorgen sie für einen wirklich fürchterlichen Kopfstoß.

Der Schlüssel, um sich gegen einen Kopfstoß zu verteidigen, ist Abstand. Indem du dich von dem Gegner fern hältst, machst du es ihm unmöglich, dich mit einem solchen Stoß zu treffen. Zu einem echten Problem wird der Kopfstoß im Clinch sowie am Boden. Im Clinch kannst du eine Kopfstoßattacke zunichte machen, indem du dir eine dominante Position erarbeitest, um die Innenseitenkontrolle zu erlangen. Am Boden wird der Kopfstoß meistens eingesetzt, wenn sich dein Gegner in deiner *Guard* befindet. Zur Vermeidung dieser Situation legst du deine offene Hand gegen seine Stirn oder umklammerst seinen Kopf dicht an deiner Brust. Diese Haltungen kontrollieren seine Kopfbewegungen und verhindern Kopfstöße auf wirkungsvolle Weise.

Der gewöhnliche Schwitzkasten *(headlock)*

Einer der seit jeher beliebtesten Techniken derer, die in einen Straßenkampf geraten, ist der gewöhnliche Schwitzkasten. Wir reden hier vom „gewöhnlichen Schwitzkasten", um die in Straßenkämpfen von untrainierten Menschen mehr schlecht als recht ausgeführten Schwitzkästen von den kraftvollen Aktionen durchtrainierter Grappler zu unterscheiden. Alle Schwitzkästen basieren auf demselben Grundgedanken. Kontrollierst du den Kopf eines Gegners, kontrollierst du seinen ganzen Körper, da die Wirbelsäule vom Kopf hinunter bis zur Körpermitte verläuft. Wendet ein geübter Grappler irgendeine Variante eines sauber ausgeführten Schwitzkastens an, so ist dies eine kraftvolle Form der Kontrolle, die einen Gegner auf wirkungsvolle Weise bewegungsunfähig machen, unter Kontrolle bringen oder zu Boden werfen kann. Untrainierte Kämpfer probieren diese Art der Kontrolle zu imitieren, indem sie den Kopf so gut sie können, packen und ihn zu kontrollieren versuchen. Leider leisten sie dabei in der Regel schlechte Arbeit.

Sie beabsichtigen, den Kopf mit einem Arm festzuhalten und mit dem anderen auf das Gesicht und die Seite des Kopfs einzuschlagen. In anderen Fällen versuchen sie, den Kopf herunterzuziehen und den Gegner zu Boden zu zerren. Das Problem bei all diesen gewöhnlichen Schwitzkastenangriffen besteht darin, dass sie normalerweise nur eine unzureichende Kontrolle von Kopf und Oberkörper bewirken. Aus diesem Grund kann ein Kämpfer mit ausreichenden technischen Fähigkeiten einem solchen Schwitzkasten relativ leicht entwischen und schnell hinter seinen Gegner gelangen, sodass er zum Angriff übergehen kann.

Massenangriff

Es ist eine traurige Tatsache, dass vielen Menschen der Mut fehlt, allein gegen einen anderen zu kämpfen. Oft greifen sie als Teil einer Gruppe an und nutzen ihre zahlenmäßige Überlegenheit dazu, einen leichten (und feigen) Sieg zu erringen. Von allen unbewaffneten Selbstverteidigungssituationen ist die Verteidigung gegen diese am schwierigsten. Es gibt allerlei Ratschläge, wie man sich gegen eine solche Situation verteidigen soll. Vielfach wird behauptet, dass Beweglichkeit der Schlüssel sei und dass man, wenn man in Bewegung bleibt und dabei schlägt und tritt, Winkel zwischen sich und den Angreifern bilden und sich einen nach dem anderen herausfischen kann. Andere sagen, man solle einen der Angreifer besonders blutig zurichten, um die anderen abzuschrecken (doch dabei kommt ihnen nie die Idee, das gerade dies besonders starke Rachegelüste auslösen könnte). All dies mag sich gut anhören und ist in Hollywood-Filmen ganz besonders spannend. Leider macht einem die Wirklichkeit aber einen dicken Strich durch solche schönen Phantasien. Ernst zu nehmende Angreifer attackieren nicht einer nach dem anderen. Sie stürmen zusammen auf dich los, einer oben, einer unten und im Nu steckst du in einem

Trommelfeuer von Schlägen und Griffen. Der unweigerlich nächste Schritt, ist der, dass du hinfällst, wo deine Angreifer schließlich fürchterlich auf deinen Händen herumtrampeln.

Das beste Gegenmittel gegen einen solchen Angriff ist fast immer, blitzschnell abzuhauen. Dabei gibt es keine Garantie, dass das auch funktioniert, da sie vielleicht schneller sind als du. In diesem Fall beziehst du deine Prügel dann eben, wenn du schon total erschöpft bist. Manchmal ist Weglaufen aber auch keine Alternative. Vielleicht bist du gerade in Begleitung eines geliebten Menschen oder befindest dich in einem Ort ohne Fluchtmöglichkeit. Ein weiteres wirkungsvolles Gegenmittel wäre der Einsatz einer Waffe.

Waffen sind hervorragende Mittel zum Ausgleich einer Situation. Wenn du eine gefährliche Waffe trägst, kannst du sogar eine ganze Gruppe von Angreifern einschüchtern. Ziehen diese aber auch Waffen, steckst du in richtigen Schwierigkeiten. Halt dir vor Augen, dass du keine Waffe bei dir haben musst, um schnell an eine zu gelangen. Improvisierte Waffen finden sich überall in unserer Nähe: Besenstiele, Flaschen, Billardkugeln, Stühle, Gürtel und eine Menge anderer Gebrauchsgegenstände des täglichen Lebens sind allesamt ausgezeichnete improvisierte Waffen, die die Sache geraderücken können, wenn du von einer Gruppe angegriffen wirst. Es ist eine sehr gute Idee, sich vor einem möglichen Angriff schnell noch einmal umzusehen, um sich eine improvisierte Waffe zu besorgen. Ein solches Vorgehen birgt die Gefahr, dass es in der Regel auch die Angreifer dazu ermuntert, selbst derartige Waffen aufzunehmen und der dir zugedachten Prügel ein ganz neues Aussehen zu verleihen.

Bei manchen Gruppierungen kannst du die Angreifer dazu herausfordern, einer nach dem anderen gegen dich zu kämpfen, indem du ihre Feigheit anprangerst und an ihren Stolz und ihre Ehre appellierst. In anderen Fällen kannst du auch um Gnade bitten; allerdings funktioniert dies nicht immer. Menschen, die rücksichtslos genug sind, in Gruppen anzugreifen, lassen sich normalerweise nicht von derartigen Argumentationen beeindrucken. Manchmal musst du dich einfach in dein Schicksal fügen, akzeptieren, dass du gleich eine Tracht Prügel beziehst und deshalb vorher möglichst viel Schaden anrichten, bevor es dich selbst erwischt.

Derart realistisch über Massenangriffe zu sprechen, mag für Viele eine Enttäuschung sein. Häufig wurde ihnen erzählt, dass überzeugende Siege durchaus möglich seien, selbst wenn sie von einer großen Gruppe angegriffen würden. Es ist ebenso niederschmetternd zu hören, dass ein solcher Sieg unwahrscheinlich ist, wie es für Kinder eine Enttäuschung ist, wenn sie mitbekommen, dass es keinen Weihnachtsmann gibt. Dennoch ist es besser, die unangenehme Wahrheit zu erfahren. Zumindest bringt die harte Wahrheit Leute davon ab, törichterweise gegen Gruppen zu kämpfen, es sei denn, dass dies absolut unumgänglich ist. Der Kampfsportler, der behauptet, mehrere Kämpfer besiegen zu können, soll dies öffentlich gegen eine Gruppe entschlossener Männer unter Beweis stellen, die ihn ernsthaft angreifen und besiegen wollen. Nur dies würde solche Behauptungen glaubhaft machen.

Besonderheiten des Jujitsu für die Selbstverteidigung

Moderne Jujitsu-Stile bieten einen Zugang zur Selbstverteidigung der ganz anders ist als der der meisten anderen Methoden. Die speziellen Merkmale des modernen Jujitsu in der Rolle einer modernen Selbstverteidigung sind folgende:

1. Ein Bekenntnis dazu, dass die meisten Kämpfe nicht so verlaufen wie geplant. Es wird davon geredet, wie sich ein Kampf entwickeln soll - man vergisst dabei, dass der Gegner üblicherweise nicht bereit ist, dabei mitzuspielen. In einem Kampf steckt im Allgemeinen ein wildes, unvorhersehbares Element. Deshalb

musst du in der Lage sein, in allen drei Hauptphasen des Kampfs gut mithalten zu können, da du niemals wissen kannst, in welche der drei Phasen der Kampf übergeht. Somit ist Kompetenz in allen dreien unverzichtbar, wenn du in der Lage sein willst, dich gegen einen ernst zu nehmenden unbewaffneten Angriff zur Wehr zu setzen.

2. Die Mehrheit aller Kämpfe endet nicht mit einem einzigen Schlag, sondern geht stattdessen schnell in eine Grapplingsituation über. Mit anderen Worten: Zuerst findet der Kampf im Stand statt, danach am Boden. Grapplingkenntnisse, sowohl im Stand als auch am Boden sind deshalb unabdingbar für deine Verteidigungsfähigkeit. Der Grund dafür, warum fast alle Kämpfe in eine Grapplingphase übergehen, ist einfach. Wenn ein Kampf beginnt, greifen sich die Beteiligten immer gegenseitig mit Schlägen oder Tritten an. Zu irgendeinem Zeitpunkt des Kampfs gewinnt einer der beiden bei diesem Schlagabtausch die Oberhand. Der andere Kämpfer versucht dann immer, sich davon zu erholen, indem er seinen Gegner packt und dessen Schläge unterbindet. Diese natürliche Ereigniskette wiederholt sich in nahezu jedem unbewaffneten Straßenkampf.
3. Jujitsu bietet dir eine große Palette an möglichen Antworten auf Aggressionen, die auf jedes Szenario zugeschnitten werden können. Die Leute denken häufig, dass alle Kämpfe Überlebenskämpfe sind, bei denen nur einer lebend davonkommt. Manchmal mag das wohl stimmen, aber keinesfalls immer. Recht oft kommen Aggressionen auf weitaus niedrigerer Ebene vor. Wenn du auf alle aggressiven Handlungen so reagierst, als handele es sich für dich um pure Existenzkämpfe, würdest du auf eine Weise überreagieren, die dich wahrscheinlich ins Gefängnis brächte. Jiujitsu-Techniken basieren auf Kontrolle. Diese Kontrolle erlaubt es dir, die Härte deiner Reaktion deinem Gegner gegenüber in einer dem Szenario angemessenen Weise zu bestimmen. In einem minder schweren Konflikt, reicht es schon, dein Gegenüber bewegungsunfähig zu machen. In einer gefährlicheren Situation, muss man vielleicht dessen Gelenke schädigen, Würgegriffe einsetzen, um einen Angreifer bewusstlos zu machen oder bösartige Treffer aus einer kontrollierten Position landen. Der wichtige Unterschied ist, dass du dich selbst in eine kontrollierende Position bringst, aus der heraus du die Härte deiner Reaktion in einer der Situation angemessenen Weise dosieren kannst.

Fazit

In den Kapiteln zur Geschichte des Jujitsu haben wir gesehen, dass diese Kampfkunst als eine ergänzende Disziplin der japanischen Kriegerkaste auf dem Schlachtfeld ihren Anfang nahm. Im Laufe der Zeit wandelte sie sich zu einer selbstverteidigungsbezogenen Disziplin mit zivilem Charakter, wozu auch die heutigen Formen des Grappling-Jujitsu gehören. Dem Lernenden bieten sie eine schlagkräftige Auswahl an Techniken, die von friedlichen Formen der bloßen Beschwichtigung bis hin zu zerstörerischen Hebeln und potentiell tödlichen Würgegriffen reichen können. Im Rahmen der zahlreichen möglichen Selbstverteidigungsfälle, mit denen wir konfrontiert werden können, sind einige dieser Techniken durchaus dienlich. Richtig ausgeführt machen sie den Unterschied aus zwischen einer demütigenden und traumatischen Tracht Prügel und einem das Selbstbewusstsein stärkenden Sieg. In ernsteren Fällen entscheiden sie über Leben und Tod. Denk jedoch immer an unsere menschliche Schwäche. Lass dein Training nicht zum Ursprung ungesunder Selbstüberschätzung werden. In einem richtigen Kampf liegen Niederlagen immer im Bereich des Möglichen. Vergiss dies nicht, wenn du dich entscheidest, in einen Kampf einzutre-

ten. Beim Kämpfen ist es besser, auf Nummer sicher zu gehen. Geh niemals leichtsinnig in einen Kampf hinein, da die Folgen manchmal wesentlich schwerwiegender sein können als du glaubst. Lass dein Jujitsu-Training zu einer Quelle des Stolzes und des Selbstvertrauens werden. Wenn du dich verteidigen musst, wird dich dein Training gut auf diese Aufgabe vorbereiten.

Die Autoren

Eines der erfolgreichsten und aktivsten Mitglieder des weltberühmten Gracie Clans, **Renzo Gracie**, widmet sich seit fast 30 Jahren dem Training des Brazilian Jiu Jitsu. Auf höchster Ebene der *Mixed Martial Arts* (MMA), des Grapplings und der *No-Holds-Barred* (NHB)-Wettkämpfe antretend, gewann er den nationalen Brazilian Jiu Jitsu-Titel zwei Mal, die *World Combat Championships* (MMA-Wettkampf) und den Martial Arts Reality Series Superfight. Zudem ist er zweimaliger Gewinner der einmal jährlich in Abu Dhabi stattfindenden Weltmeisterschaft im *Submission Grappling*

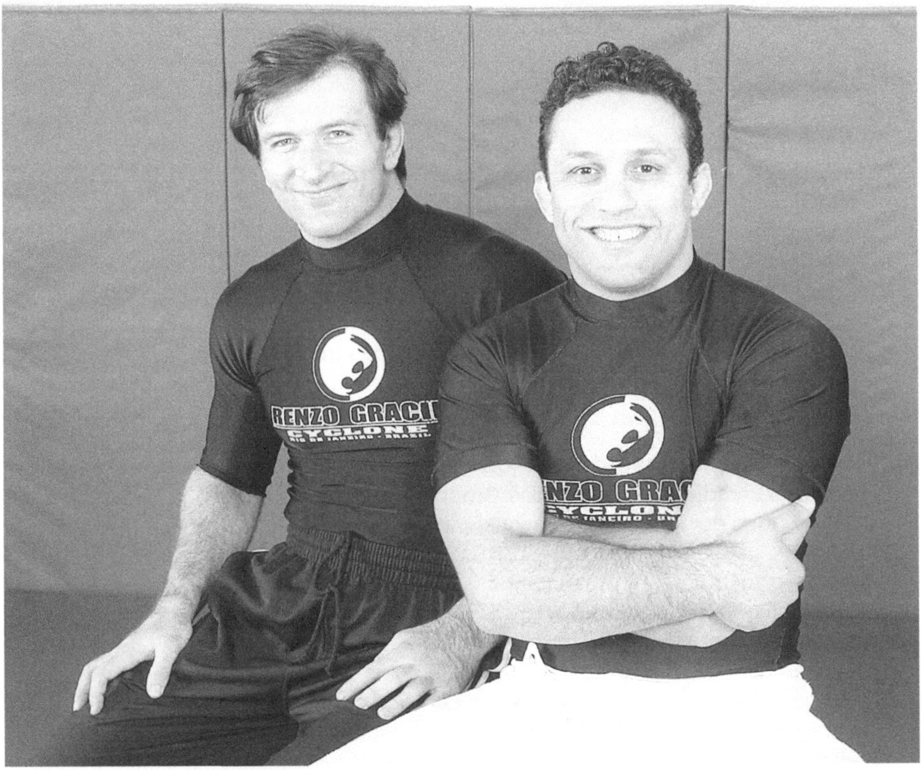

sowie mehrfacher Sieger des wichtigsten japanischen MMA-Turniers, PRIDE.

Gracie hat viele aktuelle UFC-Wettkämpfer und Schüler ausgebildet, die später Weltmeister im Brazilian Jiu Jitsu, PRIDE-Gewinner sowie Pan-American-Meister wurden. Seine Ausbildungsstätte in New York City zählt zu den größten und bekanntesten in den USA. Gracie unterrichtet, trainiert und kämpft immer noch auf der ganzen Welt. Er wohnt in New York.

John Danaher (links) und **Renzo Gracie**

Index

1. Klassisches JuJitsu - Theorie und Geschichte

2. Modernes JuJitsu - neue Konzepte, neue Wege

Wir senden Ihnen gern unser ausführliches bebildertes Verlagsverzeichnis!
Schreiben Sie uns oder rufen Sie an:

VERLAG WEINMANN
Beckerstraße 7 · 12157 Berlin
Tel.: 030 / 855 48 95 · Fax: 030/ 855 94 64

Ausführliche Informationen finden Sie auch im Internet:
www.weinmann-verlag.de

3 87892 - 020 2 **Das Judo-Brevier**
Der bewährte Leitfaden für Technik und Prüfung, 114 Abb.

000 8 **1 x 1 des Judo**
Die Grundlagen wirksamen Judotrainings, 101 Abb.

001 6 **Die Judo-Wurftechnik**
Die exakte Beschreibung aller wichtigen Würfe, 209 Abb.

002 4 **Die Judo-Bodentechnik**
Das Fachbuch für Halte-, Hebel- und Würgetechniken, 165 Abb.

003 2 **Kombinationen und Kontertechnik**
Erfolgreiche Techniken für Kampf und Prüfung, 110 Abb.

011 3 **Kinder-Judo**
Das fröhliche Lehrbuch für kleine Judoka, 72 Abb.

013 X **Koshiki-no-Kata**
Die ritterliche Verteidigungstechnik, 154 Abb.

3 87892 - 005 9 **Nage-no-Kata**
Die 15 Grundwürfe des Judo, 96 Abb.

006 7 **Katame-no-Kata**
Die 15 grundlegenden Bodentechniken, 70 Abb.

007 5 **Kime-no-Kata**
Die klassische japanische Selbstverteidigung, 140 Abb.

008 3 **Gonosen-no-Kata**
Die dynamischen Gegenwürfe des Judo, 58 Abb.

009 1 **Itsutsu-no-Kata**
Die Darstellung 5 traditioneller Judo-Elemente, 32 Abb.

010 5 **Ju-no-Kata**
Demonstration des „Siegens durch Nachgeben", 152 Abb.

012 1 **Goshin-Jitsu-no-Kata**
Die moderne japanische Selbstverteidigung, 118 Abb.

---

026 1 **Kraft-Training**
Ratschläge für Fitness + Leistungssport, 165 Abb.

021 0 **Karate ... mit bloßen Händen**
Die Grundlagen wirksamer Kampftechnik, 141 Abb.

044 X **Das Kampfsport-Lexikon**
Die Kampfkünste der Welt von A-Z, 51 Abb.

023 7 **Boxen ... Fechten mit der Faust**
Das bewährte Lehrbuch über den Faustkampf, 80 Abb.

059 8 **Das Taekwondo Brevier**
Der Leitfaden für Technik und Prüfung, 225 Abb.

028 8 **Taekwondo**
Kompaktlehrgang der koreanischen Kampfkunst, 104 Abb.

049 0 **Die 12 Taekwondo-Hyongs**
Präzisionsübungen für Fortgeschrittene, 436 Abb.

071 7 **Ein-Schritt-Kampf (Ilbo-Taeryon)**
Ausweichen · Abwehren · Kontern, 213 Abb.

076 8 **Allkampf-Jitsu**
Die vielseitige Selbstverteidigung, 235 Abb.

055 5 **Shuriken**
Sicherer Umgang mit Wurfsternen, 103 Abb.

029 6 **Ringen**
Freistiltechnik für Anfänger + Fortgeschrittene, 105 Abb.

024 5 **Sambo**
Der kraftvolle russische Kampfsport, 217 Abb.

022 9 **Aikido-Fibel**
Die Grundlagen des Aikido, 72 Abb.

045 8 **Das Aikido-Brevier**
Leitfaden für Technik und Prüfung, 140 Abb.

069 5 **Bokken**
Das Holzschwert der Samurai, 149 Abb.

041 5 **Die Kunst des Florettfechtens**
Das Fechtbuch für Anfänger + Fortgeschrittene, 266 Abb.

050 4 **Lehrbuch des Bogensports**
Vom ersten Schuß bis zur perfekten Technik, 132 Abb.

036 9 **Kyudo**
Die Kunst des japanischen Bogenschießens, 231 Abb.

053 9 **Armbrustschießen**
Das Standardwerk für Sport & Hobby, 95 Abb.

039 3 **Sport für Anfänger**
Strategien für etwas mehr Bewegung, 60 Abb.

075 X **Tai Chi Chuan**
Fitness für Körper & Seele, 619 Abb.

038 5 **Gymnastik**
Zweckmäßige Körperschule, die Spaß macht, 221 Abb.

047 4 **Fußball-Lehrbuch**
Mit vielen Spielübungen für die Praxis, 246 Abb.

056 3 **Sportliches Messerwerfen**
Über den sicheren Umgang mit Wurfmessern, 48 Abb.

063 6 **Arnis · Escrima · Kali**
Das Lehrbuch für den Stockkampf, mit 198 Abb.

067 9 **Pencak Silat**
Die alte indonesische Kampfkunst, 399 Abb.

065 2 **Tauch-Theorie**
Das Komplettwissen für den Tauchsport, 139 Abb.

070 9 **Das Wassersport Lexikon**
Die ganze Welt des Wassersports, 172 Abb.

079 2 **Tonfa**
... vom Kobudo zur modernen Waffe, 220 Abb.

091 1 **Schwertkampf**
vom Mittelalter zur Moderne, 238 Abb.

030 X **Das Ju-Jutsu Brevier**
Der Leitfaden für Selbstverteidigungssportler, 94 Abb.

004 0 **Selbstverteidigung**
Wirksame Verteidigungstechnik für den Ernstfall, 260 Abb.

074 1 **Krav Maga**
Abwehr bewaffneter Angriffe, 522 Abb.

031 8 **Chronik alter Kamptkünste**
Kampftechniken aus 3 Jahrhunderten, 369 Stiche

051 2 **Thai-Boxen**
Der dynamische asiatische Vollkontaktsport, 215 Abb.

073 3 **Kick Boxen**
Fitness · Kampfsport · Selbstverteidigung, 255 Abb.

027 X **Die 12 Karate-Kata**
Die wichtigsten Shotokan- und Wado-Ryu-Kata, 491 Abb.

033 4 **Sai**
Die Verteidigungstechnik mit der Waffe, 114 Abb.

072 5 **BO**
Kampf mit dem Langstock, 366 Abb.

032 6 **Kung-Fu**
Die Technik des chinesischen Boxens, 144 Abb.

040 7 **Sumo**
Der gewichtige japanische Ringkampf, 49 Abb.

042 3 **Spiele für Sport + Freizeit**
Ideen für alle, die gerne Spiele machen, 82 Abb.

035 0 **Iai-Do**
Blitzschnell die Waffe ziehen und treffen, 192 Abb.

025 3 **Das ist Kendo**
Eine Einführung in das japanische Fechten, 98 Abb.

037 7 **Kendo**
Lehrbuch des japanischen Schwertkampfes, 700 Abb.

068 7 **Capoeira**
Kampfkunst und Tanz aus Brasilien, 243 Abb.

034 2 **Yoga**
Die Kunst der Entspannung und Gelassenheit, 368 Abb.

061 X **SNOOKER**
Billard „made in England", 106 Abb.

048 2 **DARTS**
Konzentration + Präzision im Pfeilwurfspiel, 71 Abb.

052 0 **60 Spiele auf dem London-Board**
Die umfangreiche Spielesammlung für Darter, 22 Abb.

064 4 **Electronic Dart**
Das sportliche Spielvergnügen, 31 Abb.

078 4 **Boule - Pétanque**
Die Faszination der Eisenkugeln, 36 Abb.

054 7 **American Football**
Vom Kick-off zum Touchdown, 123 Abb.

057 1 **Baseball**
Vom Hit zum Homerun, 82 Abb.

060 1 **Rugby**
Kampf in Gasse und Gedränge, 90 Abb.

077 6 **Beachsport**
Sand · Fun · Action, 60 Abb.

062 8 **Das Ballsport Lexikon**
Die Ball- und Kugelspiele der Welt, 225 Abb.

066 0 **Das Wintersport Lexikon**
Sport & Spiel auf Eis und Schnee, 118 Abb.

090 3 **Wing Chun**
Für Anfänger und Fortgeschrittene, 186 Abb.

092 X **Brazilian Jujitsu**
Die überlegene Kampfkunst, 234 Abb.

---

081 4 **Der lachende Tennisball**
Humorvolle, aber treffende Tennisratschläge, 69 Cartoons

080 6 **Der lachende Ski**
Heiteres über den Skisport und seine Freuden, 52 Cartoons

083 0 **Die lachende Nixe**
Das Schmunzelbuch für alle Wassersportler, 64 Cartoons

082 2 **Das lachende Pferd**
Für Reiter und Pferdefreunde zum Wiehern, 57 Cartoons

084 9 **Der lachende Fußballer**
Viel Spaß um's runde Leder, 56 Cartoons

085 7 **Das lachende Fahrrad**
Schwungvolles über den Radsport, 49 Cartoons